OS ÚLTIMOS DIAS

O CONDE LIEV TOLSTÓI nasceu em 1828. Participou da Guerra da Crimeia e casou-se com Sófia Andrêievna Berhs em 1862. Nos quinze anos posteriores eles tiveram treze filhos, enquanto Tolstói administrava suas vastas propriedades nas estepes do Volga, dava continuidade a seus projetos educacionais, cuidava dos servos, e escrevia *Guerra e paz* (1869) e *Anna Kariênina* (1877). *Uma confissão* (1882) marcou uma crise espiritual em sua vida; ele se tornou um moralista extremista e, em uma série de panfletos, a partir de 1880, expressou sua rejeição em relação ao Estado, à Igreja e às fraquezas da carne e denunciou a propriedade privada. Em 1901 foi excomungado pelo Santo Sínodo russo. Morreu em 1910, em meio a uma dramática fuga de casa, na pequena estação de trem de Astápovo.

JAY PARINI, poeta e romancista, é professor de inglês D.E. Axinn no Middlebury College, em Vermont. Entre seus livros estão *The art of subtraction: New and selected poems* (2005) e *A última estação* (1990), um romance sobre os últimos anos de Tolstói. Também escreveu as biografias de John Steinbeck, Robert Frost e Willian Faulkner.

ELENA VÁSSINA nasceu na Rússia. É pesquisadora e professora dos cursos de graduação e pós-graduação em literatura e cultura russa na Universidade de São Paulo (USP). Seus livros, ensaios e traduções foram publicados na Rússia e no Brasil.

ANASTASSIA BYTSENKO é tradutora e pesquisadora. Traduziu artigos e ensaios para periódicos especializados; sua pesquisa de doutorado, no programa de estudos pós-graduados em literatura e cultura russa da USP, sob orientação de Elena Vássina, é sobre o teatro de Liev Tolstói.

BELKISS J. RABELLO nasceu em São Paulo, em 1961. É graduada e licenciada em Letras pela USP, onde também se especializou em tradução da língua francesa. Em 2005, foi responsável pela idealização e organização do livro *Contos da Nova Cartilha — Primeiro Livro de Leitura*, de Liev Tolstói (Ateliê Editorial). Em 2009, defendeu a dissertação de mestrado intitulada "As Cartilhas e os Livros de Leitura de Liev Tolstói".

DENISE REGINA DE SALES nasceu em Belo Horizonte e formou-se em Comunicação Social (Jornalismo) na Universidade Federal de Minas Gerais. Trabalhou na rádio Voz da Rússia de 1996 a 98. É doutoranda do programa de literatura e cultura russa na USP. Trabalha como tradutora de russo e inglês.

GRAZIELA SCHNEIDER é tradutora e doutoranda em tradução e literatura russa. Defendeu a dissertação "A Face Russa de Nabokov: poética e tradução". Traduziu, entre outros, *Primavera em Fialta*, de Nabokov; *Minha descoberta da América*, de Maiakóvsky e *O Cadáver vivo*, de Tolstói, em parceria com Elena Vássina.

NATALIA QUINTERO é colombiana, formada em literatura pela Universidade Nacional da Colômbia. É mestranda do departamento de literatura e cultura russa da USP e também tradutora do espanhol.

LIEV TOLSTÓI

Os últimos dias

Tradução de
ANASTASSIA BYTSENKO
BELKISS J. RABELLO
DENISE REGINA DE SALES
GRAZIELA SCHNEIDER
NATALIA QUINTERO

Coordenação editorial
ELENA VÁSSINA

Seleção e introdução de
JAY PARINI

2ª reimpressão

Copyright da seleção e introdução © 2009 Jay Parini

Grafia atualizada segundo o Acordo Ortográfico da Língua Portuguesa de 1990, que entrou em vigor no Brasil em 2009.

Penguin and the associated logo and trade dress are registered and/or unregistered trademarks of Penguin Books Limited and/or Penguin Group (USA) Inc. Used with permission.

Published by Companhia das Letras in association with Penguin Group (USA) Inc.

TÍTULO ORIGINAL
Last Steps
The Late Writings of Leo Tolstoy

CAPA E PROJETO GRÁFICO PENGUIN-COMPANHIA
Raul Loureiro, Claudia Warrak

PREPARAÇÃO
Leny Cordeiro

REVISÃO
Erika Nakahata
Luciane Helena Gomide

Dados Internacionais de Catalogação na Publicação (CIP)
(Câmara Brasileira do Livro, SP, Brasil)

Tolstói, Liev, 1828-1910.
    Os últimos dias / Liev Tolstói. — São Paulo : Penguin Classics Companhia das Letras, 2011.

    Título original: Last steps : the late writings of Leo Tolstoy.
    ISBN 978-85-63560-11-7

    1. Escritores russos – Biografia 2. Escritores russos – Biografia – Últimos dias e morte 3. Tolstói, Leão, 1828-1910 I. Título

11-01167   CDD-928.917

Índice para catálogo sistemático:
1. Escritores russos : Biografia 928.917

[2021]
Todos os direitos desta edição reservados à
EDITORA SCHWARCZ S.A.
Rua Bandeira Paulista, 702, cj. 32
04532-002 — São Paulo — SP
Telefone: (11) 3707-3500
www.penguincompanhia.com.br
www.companhiadasletras.com.br
www.blogdacompanhia.com.br

Sumário

Introdução — Jay Parini	7
OS ÚLTIMOS DIAS	19
De *Uma confissão* [1882]	21
De *O primeiro degrau* [1891]	36
Onde está o amor, Deus também está [1885]	54
De *O reino de Deus está em vós* [1893]	69
De *O que é arte?* [1896]	95
Carta a Ernest Howard Crosby, de Nova York, sobre a resistência não violenta [1896]	105
Cartas sobre Henry George [1897]	118
Ciência moderna [1898]	124
Carta a um oficial de baixa patente [1899]	135
De *Mas precisa mesmo ser assim?* [1900]	143
"Não matarás" [1900]	151
Patriotismo e governo [1900]	159
Resposta à determinação do Sínodo de excomunhão, de 20-22 de fevereiro, e às cartas recebidas por mim a esse respeito [1901]	185
De *O que é religião e em que consiste sua essência?* [1902]	196
Carta sobre a educação [1902]	213
Apelo ao clero [1902]	217
O trabalho, a morte e a doença (Uma lenda) [1903]	243
Três perguntas [1903]	246
Aliocha, o Pote [1905]	251

Sobre Shakespeare e o teatro
(Um ensaio crítico) [1906]   259
De *A lei da violência e a lei do amor* [1908]   332
Discurso para o Congresso da Paz
em Estocolmo em 1909   339
Das *Cartas de Tolstói* [1895-1910]   347
Dos *Diários de Tolstói* [1900-10]   391

Cronologia   411
Notas   419

Introdução

Uma versão simplificada da história de vida de Tolstói seria mais ou menos assim: Liev Tolstói (1828-1910) foi um aristocrata russo e eminente romancista que quando jovem levava uma vida aventureira, bebendo, jogando e frequentando bordéis. Na maturidade, converteu-se ao cristianismo e abdicou da atividade de romancista, dedicando sua vida a ações centradas em Deus, inclusive a uma espécie de ativismo social. Ele se tornou, na prática, um profeta, abraçando valores cristãos, o pacifismo, o vegetarianismo, a abstinência de álcool e tabaco, e até mesmo de sexo. Também se tornou um defensor dos pobres, e suas ideias sobre reforma da terra e distribuição da riqueza eram consideradas radicais na época.

É desnecessário dizer que esse retrato é simplista e equivocado. A vida de Tolstói como um todo era muito mais complexa do que esse retrato raso sugere. Também era muito mais integrada.

Quanto a seu comportamento da juventude, é preciso lembrar que jogar e frequentar prostitutas eram vícios comuns entre as pessoas de sua classe. De qualquer forma, ele cometeu exageros em ambos os casos. Foi criado na propriedade rural da família em Tula e também em Moscou, para onde a família se mudou a fim de que as crianças recebessem a devida formação. Mais tarde estudou letras e direito na Universidade de Kazan, mas nunca se formou. Logo depois, alistou-se em uma brigada de artilharia no Cáucaso, esperando ampliar sua experiência. Comandou uma unidade do exército durante a Guerra da Crimeia, na qual testemunhou o infame cerco de Sebastópol (1854-5). As observações sobre a batalha inspiraram *Contos de Sebastópol* — um notável volume de contos que confirmou sua posição como autor de grande talento. Ele já tinha publicado *Infância* (1852) e *Adolescência* (1854) e logo publicaria *Juventude* (1857) — uma trilogia autobiográfica que figura entre os tesouros da literatura russa.

Qualquer um que dê uma olhada na vasta estante de livros que ele deixou sabe que Tolstói foi imensamente prolífico, escrevendo, durante sua longa vida, contos e romances, peças, perfis, ensaios, diários e cartas. Os romances, claro, fizeram dele um luminar do universo literário. *Guerra e paz* (1869) e *Anna Kariênina* (1878) estão entre as maiores obras-primas da literatura ocidental, equiparando-se ao melhor de Dante, Shakespeare, Goethe e Dickens. Mas — como foi sugerido — Tolstói não se contentava em se considerar um simples romancista. Ele queria mais, para si mesmo e para os leitores.

Casou-se com Sófia Andrêievna Behrs, que tinha 19 anos em 1862, quando ele estava com 34. Tiveram treze filhos, e a vida na casa ancestral — Iásnaia Poliana — parecia boa, pelo menos para qualquer observador de fora. Mas Tolstói não estava feliz. "Todas as famílias felizes se parecem, cada família infeliz é infeliz à sua maneira" — numa citação célebre sua. Em seu caso, Tolstói sentia um anseio espiritual que não podia se satisfazer de forma convencional. Sua condição de nobre o enervava, pois se perguntava por que deveria viver no luxo enquanto milhões sofriam na pobreza degradante, terrível. Chegou a se opor ao Estado, governado por um tsar despótico e sua polícia secreta. Também se tornou hostil em relação à Igreja Ortodoxa, que, inexoravelmente ligada

INTRODUÇÃO 9

ao Estado, ajudava-o a oprimir as pessoas — pelo menos na opinião de Tolstói.

Uma confissão (1882), no qual ele concluiu que Deus de fato existia, representou uma reviravolta em sua carreira. Tolstói escreve: "'Ele existe', eu dizia para mim mesmo. Era só eu reconhecer isso por um instante e a vida imediatamente crescia dentro de mim e eu sentia a possibilidade e o prazer de viver". Esse livro seminal logo foi sucedido por outros, inclusive *O reino de Deus está em vós* (1893) — um reflexivo trabalho de introspecção e meditação religiosa. Foi quando Tolstói começou um estudo sistemático dos Evangelhos, que resultou em vários livros, como *Crítica da teologia dogmática* (1880) e *Em que acredito* (1882). Houve outros trabalhos também nesse sentido, a maioria repetitiva, todos apresentando uma versão de anarquismo cristão. Na década de 1890, Tolstói traduziu e "harmonizou" os quatro Evangelhos, tirando os elementos sobrenaturais (não muito diferente do que Thomas Jefferson fizera antes dele na chamada "Bíblia de Jefferson" — uma compilação só publicada muitos anos depois da morte de Jefferson, já que apresenta Jesus como um grande professor, sem atributos divinos). Dois trabalhos tardios sobre religião estão selecionados aqui: "O que é religião e em que consiste sua essência?" (1902) e "A lei da violência e a lei do amor" (1908). São tratados influentes que mostram Tolstói em sua plenitude como guia espiritual.

Com uma determinação única, Tolstói lançou-se a esses estudos religiosos e filosóficos, escrevendo inúmeras cartas sobre temas religiosos ou sociais para amigos e seguidores, alguns deles autodenominados "tolstoístas", que o rodeavam ou o apoiavam à distância. De fato, Tolstói se tornou um profeta, apresentando uma visão do cristianismo que desvencilhava Jesus de seu *status* sobrenatural e focava em sua visão social. A chave do cristianismo, para Tolstói, era a ideia da resistência não violenta ao mal, como exposto em vários trabalhos incluídos nesta coletânea, como a famosa "Carta a Ernest Howard Crosby, de Nova York, sobre a resistência não violenta" (1896) ou "Não matarás" (1900). O amor é a única coisa que importa, explicou Tolstói em um veemente ensaio publicado como "Apelo ao clero" (1902). Tolstói se recusava a aceitar as crenças cristãs tradicionais, as quais considerava "declarações sem sentido e contraditórias" que tinham sido apresentadas como verdade religiosa. Para ele, tudo que uma pessoa tinha que fazer era se unir a sua percepção original de Deus:

> Cada ser humano vem ao mundo com a consciência de que depende do princípio misterioso e todo-poderoso que lhe deu a vida; com a consciência de que é igual a todas as outras pessoas e de que todas as pessoas são iguais entre si; com o desejo de ser amado e de amar os outros; e com a aspiração ao autoaperfeiçoamento.

Em seu ávido "apelo", ele instava o clero a resistir à noção de que esse princípio misterioso fosse realmente "um Deus injusto, melindroso, que castiga e suplicia as pessoas". Esse Deus não era o Deus de Tolstói.

Em toda parte, a visão de Tolstói era abrangente, afetava as opiniões sobre a sociedade e a política, a guerra e a paz, estendendo-se também ao comportamento pessoal. Sabe-se que ele defendia uma dieta vegetariana — como pode ser visto em *O primeiro degrau* (1891), do qual um fragmento é apresentado na coletânea. Em outro desdobramento, ele se tornou cada vez mais puritano em relação ao sexo. Em uma estranha novela tardia chamada *Sonata a Kreutzer* (1890), defendeu a abstinência sexual no casamento, observando que a atração física entre homens e mulheres costuma levar à tragédia. Entretanto, mesmo esse trabalho peculiar tem seus defensores, inclusive Anton Tchekhov, que escreveu, exaltando-o: "Rara-

INTRODUÇÃO   11

mente se encontrará algo tão poderoso quanto à seriedade da concepção e à beleza da execução".

As implicações políticas do cristianismo de Tolstói
evoluíram ao longo das últimas três décadas de sua vida.
Em geral, ele se opunha à revolução violenta como forma de acabar com a violência dos governos. Como ele
dizia, a História tinha mostrado que não se derrotava
um governo sem que houvesse consequências violentas.
Ele aprendeu muito sobre isso em sua leitura dos livros
sagrados budistas e hindus. Entendia o princípio do
carma, e considerava que a violência só levava a mais
violência. O indivíduo precisava, de alguma maneira,
romper esse ciclo destrutivo. Foi esse tipo de pensamento que o levou a uma sintonia com as filosofias de Henry
David Thoreau e Gandhi. De fato, ele se correspondeu
com o jovem Gandhi, como pode ser visto em uma carta
incluída neste volume, de setembro de 1910, escrita pouco tempo antes da morte de Tolstói.

O escritor parecia ter uma natureza depressiva, até
autodestrutiva. Ele refletiu esse embate em seus diários,
tanto na juventude quanto na maturidade. Em janeiro de
1903, por exemplo, escreveu:

> Eu experimento agora os tormentos do inferno. Lem-
> bro toda a indecência de minha vida passada, e es-
> sas lembranças não me abandonam e envenenam a
> minha vida. Com frequência se lamenta que a pessoa
> não conserve as lembranças depois da morte. Que fe-
> licidade que isso não exista! Que tortura seria se eu,
> nesta vida, lembrasse tudo de ruim, todas as coisas
> torturantes para a consciência que fiz em minha vida
> pregressa. Mas, se é possível lembrar o bom, então
> também deve ser possível lembrar todo o ruim. Que
> felicidade que as lembranças desapareçam com a mor-
> te e reste apenas a consciência.

Claro que se pode perguntar o que significa "consciência", se o termo exclui a memória; mas Tolstói provavelmente quer sugerir que, depois da morte, há um tipo de presente eterno. De qualquer forma, o que parece ter incitado esse ímpeto de autorrecriminação foi uma carta de Pável Biriukov, um amigo e discípulo, que pediu ajuda para escrever a biografia de Tolstói. Ao que parece o escritor não podia encarar o próprio passado, embora o tivesse feito em vários romances.

Como visto anteriormente, é conveniente pensar em dois Tolstóis, mas esse pensamento distorce a realidade. Na verdade, Tolstói tinha uma poderosa percepção de culpa desde muito cedo, uma consciência intensamente aflita, assim como um forte desejo de se concentrar em assuntos espirituais. Aos 27 anos, por exemplo, escreveu em seu diário sobre uma conversa que tivera com um jovem amigo a respeito de ideias sobre divindade e fé. Esse diálogo, ele dizia, "tinha suscitado uma ideia extraordinária, cuja realização é algo sobre o que eu poderia ser persuadido a dedicar toda a minha vida". Em certo sentido, ele fez exatamente isso.

Desde o início, em seus romances, é possível encontrar uma aguda percepção de obrigação moral. Isso intensifica sua obra, tornando-a nitidamente "tolstoiana". E, claro, Tolstói continuou a trabalhar nos terrenos da ficção até suas últimas décadas. *A morte de Ivan Ilitch* foi publicado em 1886 e é considerado um de seus melhores trabalhos, um romance sublime, centrado na consciência da morte. A história interroga, de forma abrupta, as realidades de nossas preocupações mesquinhas sobre riqueza e poder. Tolstói usou a ficção para explorar os encantos e as agonias da consciência humana.

Poucos anos antes de sua morte, ele escreveu dois romances: *Ressurreição* (1899) e *Khadji-Murát* (escrito entre 1896 e 1904 e publicado logo após sua morte). O primeiro enfoca a vida do príncipe Nekhliúdov, um homem

INTRODUÇÃO 13

rico e indolente que experimenta a vergonha quando chamado ao dever de jurado; no tribunal ele se dá conta de que a moça julgada é alguém que seduzira no passado. A sedução arruinou sua vida, levando-a à prostituição e à rejeição da família e dos amigos. E ela estava sendo acusada de assassinato, embora (até o júri nota) nunca tenha pensado em machucar ninguém, nem o tenha feito. Entretanto, é considerada culpada, devido a um erro jurídico — até o sistema jurídico abandona o povo russo. O indolente príncipe experimenta uma mudança no coração, e essa "ressurreição" afeta sua vida de forma profunda, embora Tolstói pareça relutar em conceder poderes sobrenaturais do Espírito Santo. Nekhliúdov experimenta apenas uma mudança de atitude. Como era seu costume, Tolstói usa o romance para atacar a Igreja Ortodoxa, embora esses ataques sejam um de seus pontos mais fracos. Apesar de tudo, o romance reflete as contínuas tentativas de Tolstói no sentido da introspecção e do autoaperfeiçoamento, e insere-se bem em sua filosofia, que naquela época já tinha se tornado completamente definida.

Khadji-Murát é um livro muito diferente. Aqui Tolstói revisita o teatro da guerra. Ainda que não esteja no mesmo patamar de *Guerra e paz* (o qual lembra em certos trechos), essa última aventura em ficção histórica é um conto sobre traição que, como o anterior *Contos de Sebastópol*, ressalta o horror despropositado da guerra. À luz dos escritos tardios de Tolstói, o conto pode ser visto como uma reflexão sobre como a violência não pode ser facilmente eliminada uma vez que se torna um modo de vida, um meio de resolver problemas. Assim como com seus escritos anteriores sobre a guerra, o autor se vale de sua profunda reserva de recordações pessoais; nesse caso ele retorna a seus antigos dias no Cáucaso, quando pela primeira vez ouvira sobre esse lendário comandante rebelde capturado nas lutas entre russos e tchetchenos. Também há um traço de desafio aqui: Murát era como a planta à qual Tolstói alude no início do romance: um sobrevivente contra todas as possibilidades.

Há uma simplicidade comovente nos escritos da maturidade de Tolstói, em especial no gênero do conto popular, que o interessava muito. Nessa categoria estão incluídas algumas de suas histórias mais poderosas desse período, como "Senhor e servo" (1895), didáticas, quase infantis em relação ao sentimento e à abordagem. Como ele escreveria em um artigo chamado "A verdade na arte" (1887):

há contos de fadas, parábolas e lendas nos quais são descritas coisas maravilhosas que não aconteceram realmente, e jamais poderiam ter acontecido; mas esses contos são verdadeiros, em parte porque revelam que a vontade de Deus sempre existiu, existe e existirá eternamente. Em resumo, revelam a verdade do reino de Deus.

Anos depois, em 1905, Tolstói ainda escrevia histórias como "Aliocha, o Pote", o retrato de um camponês simplório que encontrou a paz em uma vida dedicada a ajudar os outros — uma paz que o próprio Tolstói buscava em seus últimos anos, sem muita sorte. Essa história foi incluída aqui com alguns outros poucos exemplos, como "Onde está o amor, Deus também está" (1885), uma ficção surpreendente.

Como um artista supremo, Tolstói também tinha interesse em estética, e suas fortes opiniões costumam estar expostas em seus escritos. Duas de suas considerações finais sobre esses tópicos podem ser encontradas em "O que é arte?" (1896) e "Sobre Shakespeare e o teatro" (1906). Os dois textos refletem a preocupação do autor com a moralidade como critério para julgar o valor da arte. Ele acreditava que muitos escritores e críticos excluíam considerações morais de seus critérios de "boa" arte e censurava esse desdobramento — a ideia da arte pela arte era um anátema para ele. É conhecida sua de-

INTRODUÇÃO

núncia de Shakespeare, na qual argumenta que muito do conteúdo de suas peças era moralmente suspeito, e até repreensível, e que o autor elisabetano tinha situado seus personagens "em situações trágicas impossíveis". Não podemos, claro, concordar com sua afirmação de que, "por mais que se comente e se admire as obras de Shakespeare, ou a despeito das qualidades que lhe sejam atribuídas, é indubitável que ele não era um artista". Entretanto, ele leu as peças com muita atenção e suas ideias — ainda que possam ser facilmente refutadas e consideradas excêntricas — são condizentes com suas visões estéticas.

Algumas cartas de Tolstói se tornaram bastante conhecidas, foram traduzidas para muitas línguas e divulgadas entre um círculo de admiradores. Algumas delas foram incluídas aqui como ensaios, como "Carta a um oficial de baixa patente" (1899) e duas cartas sobre o economista político norte-americano Henry George (1839-97), famoso por suas ideias originais a respeito de impostos territoriais. (George publicou *Progress and Poverty* em 1885 — um livro sobre desigualdade social que irrompeu nas teorias de ciclos econômicos.) A seleção de cartas incluídas aqui é bastante representativa do estilo extremamente particular do Tolstói missivista.

As mesmas preocupações ocorrem nas cartas e nos diários, dos mais refinados entre os autores ocidentais. Tolstói teve uma correspondência enorme, com milhares de cartas remanescentes. Pode-se aprender muito sobre sua vida e sua época com essa correspondência, muito variada, desde cartas de amor até relatos sobre suas experiências no Cáucaso e na Guerra da Crimeia. Em cartas mais antigas, ele descreve suas viagens à Europa e às vezes discute suas teorias sobre educação — sempre uma preocupação essencial, como pode ser visto em "Carta sobre educação" (1902), incluída no presente volume. Ele sempre se correspondia com autores, inclusive estrangeiros, como George Bernard Shaw. As cartas de suas últimas décadas de vida demonstram a preocupação com questões religiosas e sociais; ele sempre escreveu, claro, para "tolstoístas", como Vladímir Tchertkov, seu principal discípulo, que se tornou um obstinado inimigo de sua esposa, Sófia — à medida que, no fim, os dois lutavam para pressionar Tolstói para um lado ou para o outro. Essas cartas tardias também revelam, com extraordinária honestidade, o tormento de Tolstói, conforme tentava (sem muita sorte) pôr seus ideais em prática.

Na realidade, Tolstói não estava sozinho no hábito de manter diários. Em especial em seu último ano, todos a sua volta — sua esposa e seus filhos, seu secretário, seu médico e seus discípulos — escreveram furiosamente em seus diários sobre a crise que tinham em mãos: Tolstói pressionado de um lado pela esposa e de outro por Tchertkov e os tolstoístas, os quais queriam que ele abandonasse sua vida burguesa e desistisse dos direitos autorais de seus trabalhos (deixando-os em domínio público, para que ninguém lucrasse com eles). A tensão entre eles estava cada vez mais envenenada, e finalmente Tolstói se convenceu a abandonar a casa onde nascera, Iásnaia Poliana, partindo para a estrada como uma espécie de santo errante. A viagem não durou muito, já que ele ficou doente em poucas semanas e morreu na estação de Astápovo, rodeado pelos aliados mais próximos. Sófia foi atrás dele, mas não permitiram que ela entrasse na casa do chefe da estação, onde Tolstói estava morrendo, e onde por fim expirou.

Esse drama lírico é objeto de meu romance *A última estação*, que foi transformado em filme com Christopher Plummer e Helen Mirren como os Tolstói, Paul Giamatti no papel de Tchertkov e James McAvoy no papel do jovem secretário de Tolstói, Valentin Bulgákov, que chega a Iásnaia Poliana no último ano para ajudar o autor com seu trabalho e, por acaso, observar o fiasco final. A tragédia dos Tolstói continua um exemplo vivo

INTRODUÇÃO

de valores poderosos, mas inconciliáveis, centrados em um grande escritor, em cujo coração o terrível estrondo precisa se exaurir e extinguir, claro, como de fato aconteceria — nos espasmos e êxtases da morte, na bela e difícil vastidão da memória à medida que se reúne naqueles que continuam.

JAY PARINI

[Tradução de Graziela Schneider]

Os últimos dias

De *Uma confissão*
[1882]

I

Fui batizado e criado na fé cristã ortodoxa. Ela me foi ensinada desde a infância e durante todo o período de minha adolescência e juventude. Mas aos dezoito anos, quando larguei a universidade no segundo ano, já não acreditava em mais nada daquilo que me fora ensinado.

De acordo com o que me lembro, nunca acreditei seriamente, tinha apenas confiança naquilo que me fora ensinado e no que os adultos pregavam para mim; mas essa confiança era muito instável.

Quando eu tinha cerca de onze anos, um menino em idade escolar que já morreu há muito tempo, Volódinka M., ao nos visitar num domingo, anunciou como se fosse uma grande novidade a descoberta que fez no liceu. A descoberta era que Deus não existe e que tudo o que nos é ensinado são apenas invenções (isso foi em 1838). Lembro-me de como meus irmãos mais velhos ficaram interessados e me chamaram para uma conversa. Todos nós, eu me lembro, ficamos muito agitados e recebemos a notícia como algo muito interessante e bastante possível.

Lembro-me ainda de que, quando meu irmão mais velho, Dmítri, que estava na universidade, de repente, com o entusiasmo próprio de seu caráter, entregou-se à fé e começou a frequentar todas as missas, jejuar, levar uma vida pura e moral, todos nós, até mesmo os mais velhos, zombávamos dele o tempo todo e, por algum

motivo, começamos a chamá-lo de Noé. Lembro-me de
que Mússin-Púchkin, o diretor da Universidade de Kazan naquela época, que nos convidava para ir dançar em
sua casa, tentou convencer meu irmão, que se recusou a
ir, brincando que até Davi dançou diante da Arca. Naquele tempo, eu aprovava essas brincadeiras dos adultos
e tirava a conclusão de que estudar o catecismo e frequentar a igreja é necessário, mas não é preciso levar
isso muito a sério. Lembro-me de que ainda muito jovem
lia Voltaire, e seus escárnios não me deixavam indignado, mas me divertiam bastante.

Meu desprendimento da fé ocorreu da mesma forma
como acontece até hoje com pessoas com nosso tipo de
formação. Parece-me que na maioria dos casos isso ocorre assim: as pessoas vivem como todo mundo, à base de
princípios que, além de não terem nada em comum com
a doutrina religiosa, na maioria das vezes são contrários
a ela; a doutrina religiosa não faz parte da vida, tanto
na interação com outras pessoas quanto na vida privada; essa doutrina religiosa é pregada lá longe, em algum
lugar distante da vida e dissociado dela. Quando depara
com ela, é apenas como um fenômeno externo, sem relação direta com a vida.

Agora, assim como outrora, é impossível descobrir
pela vida e pelas ações de alguém se ele tem fé ou não.
Se existe alguma distinção entre os que seguem abertamente a religião ortodoxa e os que a negam, esta não
favorece os primeiros. Agora, assim como outrora, os
que praticam abertamente a religião ortodoxa são, na
maior parte, pessoas estúpidas, cruéis e imorais, que se
consideram muito importantes. Por outro lado, a inteligência, a honestidade, a franqueza, a bondade e as virtudes morais em geral se encontram nas pessoas que se
consideram descrentes.

As escolas ensinam o catecismo e enviam os alunos à
igreja; dos funcionários públicos, exigem certificados de

OS ÚLTIMOS DIAS DE TOLSTÓI

comunhão. Mas uma pessoa de nosso círculo que não
está mais estudando nem está no serviço público, agora
e nos tempos antigos mais ainda, pode viver por décadas
sem se lembrar uma vez sequer de que vive entre cristãos, e que ela própria é considerada uma seguidora da
fé cristã ortodoxa.

Portanto, agora como outrora, a doutrina religiosa,
aceita de boa-fé e mantida pela pressão externa, desaparece gradualmente sob influência do conhecimento e
da experiência de vida opostos ao ensinamento religioso, e em geral o homem vive muito tempo imaginando
que a doutrina religiosa que lhe foi ensinada desde a
infância continua intacta, quando ela já desapareceu há
muito tempo.

Certa vez S., um homem inteligente e honesto, con-
tou-me como deixou de acreditar. Aos 26 anos, certa
feita, à noite, ao se preparar para dormir no alojamento
após uma caçada, seguindo um velho hábito adquirido
desde a infância, ajoelhou-se para uma oração. Seu irmão mais velho, que o acompanhava na caçada, estava
deitado no feno e olhava para ele. Quando S. terminou e
começou a se deitar, o irmão lhe disse: "Você ainda faz
isso?". E nada mais disseram um para o outro. Desde
aquele dia S. deixou de rezar e ir à igreja. Durante trinta
anos ele não rezou, nem comungou, nem foi à igreja. Isso
aconteceu não porque ele tomou alguma decisão em sua
alma ao saber das convicções do irmão, mas simplesmente porque a palavra dita pelo irmão o atingiu como
um empurrão com o dedo em uma parede pronta para
cair com o próprio peso; essa palavra foi um indício de
que lá onde ele achava que existia fé havia muito tempo
era um lugar vazio, e por isso as palavras que pronuncia-
va quando se benzia e fazia reverências durante a oração
eram, em sua essência, movimentos completamente sem
sentido. Ao se dar conta de sua falta de sentido, ele não
podia mais continuar.

Penso que assim acontecia, e acontece, com a grande maioria das pessoas. Falo de pessoas de nosso nível de formação, falo de pessoas honestas consigo mesmas, e não daquelas que do próprio objeto da fé fazem meios para alcançar alguns objetivos provisórios. (Essas pessoas são as mais infiéis, já que, se para elas a fé significa um meio para a realização de alguns objetivos mundanos, isso certamente não é fé.) Essas pessoas de nosso nível de formação encontram-se no lugar em que a luz do conhecimento e da vida dissolveu a construção artificial, e elas ou já notaram isso e liberaram o espaço ou ainda não notaram isso.

Passado para mim desde a infância, o ensinamento religioso desapareceu dentro de mim da mesma forma como ocorreu nos demais, com a única diferença de que, por ter começado a ler e a pensar muito cedo, minha renúncia à doutrina religiosa se tornou consciente desde muito cedo. Desde os dezesseis anos deixei de ajoelhar para as orações, e voluntariamente parei de frequentar a igreja e de jejuar. Deixei de acreditar naquilo que me foi ensinado desde a infância, mas continuei acreditando em algo. Não saberia, de modo algum, dizer em que estava acreditando. Tinha fé em Deus ou, mais provavelmente, não negava Deus, mas qual Deus eu não saberia dizer; não negava Cristo e sua doutrina, mas em que essa doutrina consistia eu também não conseguiria dizer.

Agora, lembrando-me daquele tempo, vejo claramente que minha fé, ou aquilo que, além dos instintos animais, impulsionava minha vida, minha única e verdadeira fé, era a fé no autoaperfeiçoamento. Mas em que consistia o autoaperfeiçoamento e qual era seu objetivo eu não saberia dizer. Procurava aperfeiçoar-me intelectualmente — estudava tudo o que podia e tudo o que a vida punha diante de mim; procurava aperfeiçoar minha força de vontade — criava regras para mim mesmo e me esforçava para segui-las; aperfeiçoava-me fisicamente, com a ajuda de diferentes exercícios aprimorava minha força e destreza, e através de diversas privações aprendia a ser mais resistente e a ter mais paciência. Tudo isso eu considerava autoaperfeiçoamento. O início de tudo foi, por certo, o aperfeiçoamento moral, mas logo ele foi substituído pelo aperfeiçoamento em geral, isto é, o desejo de ser melhor não para si mesmo ou diante de Deus, mas diante das outras pessoas. E logo essa aspiração de ser melhor que as outras pessoas se transformou no desejo de ser mais forte que os demais, em outras palavras, mais honrado, mais importante, mais rico que os outros.

XII

A consciência do erro do conhecimento racional me ajudou a me livrar da tentação de filosofar ociosamente. A convicção de que o conhecimento da verdade só pode ser encontrado no decorrer da vida me levou a desconfiar da correção de minha vida; mas a única coisa que me salvou foi ter conseguido me libertar de minha condição privilegiada e enxergar a vida de verdade, do povo simples e trabalhador, e entender que a verdadeira vida é essa. Percebi que, se eu desejo compreender a vida e seu sentido, não posso levar a vida como um parasita; devo vivê-la de verdade e, acatando o sentido que a verdadeira humanidade dá à vida e absorvendo-o, comprová-la.

Na mesma época acontecia comigo o seguinte. Durante todo esse ano em que a cada minuto me perguntava se não devia acabar comigo com um laço ou uma bala, durante todo esse tempo, além daqueles pensamentos e observações sobre os quais falei, meu coração se afligia com um sentimento doloroso. Tal sentimento não posso definir de outro modo senão como a busca por Deus.

Digo que essa busca por Deus não foi um raciocínio, mas um sentimento, porque essa procura não decorria do fluxo de meus pensamentos, tendo sido, inclusive, oposta a ele, mas provinha de meu coração. Foi uma sensação de medo, de orfandade, de solidão num ambiente estranho e com a esperança da ajuda de alguém.

Apesar de estar bastante convencido da impossibilidade de provar a existência de Deus (Kant demonstrou e eu bem entendi que isso não pode ser comprovado), mesmo assim eu procurava Deus, esperava encontrá-Lo e, por força de um velho hábito, dirigia uma prece Àquele que procurava e não encontrava. Ora eu questionava em minha mente os argumentos de Kant e Schopenhauer sobre a impossibilidade de provar a existência de Deus, ora começava a refutá-los. A razão não é uma categoria do pensamento como o espaço e o tempo, eu dizia a mim mesmo. Se eu existo, para isso há razão, a razão das razões. E essa razão de tudo é aquilo que chamam de Deus; eu me detinha nesse pensamento e tentava com todo o meu ser tomar consciência dessa razão. E, tão logo eu entendia que há uma força sob cujo poder estou, imediatamente sentia a possibilidade de viver. Mas me perguntava: "O que é essa razão, essa força? Como devo pensar sobre ela, como devo me relacionar com aquilo que chamo de Deus?". E apenas respostas familiares me vinham à mente: "Ele é o Criador, o Onisciente". Essas respostas não me satisfaziam, e eu sentia que algo necessário para a vida desaparecia dentro de mim. Ficava horrorizado e começava a rezar para Aquele que estava procurando para que Ele me ajudasse. E, quanto mais eu rezava, ficava cada vez mais claro para mim que Ele não me ouvia e que não há ninguém a quem se possa dirigir. Com o desespero no coração por saber que não existe Deus, falei: "Deus, me perdoa, me salva! Deus, me ensina, meu Deus!". Mas ninguém me perdoava e eu sentia que minha vida estava em suspenso.

Mais e mais, e a partir de diferentes perspectivas, eu tinha de admitir que não poderia chegar a este mundo sem nenhum motivo, razão e sentido, que não podia ser um passarinho que caiu do ninho, como eu me sentia. Eu, como passarinho caído, pio deitado de costas no meio da grama alta, mas pio porque sei que minha mãe me gerou, chocou, aqueceu, alimentou e amou. Onde ela está, essa mãe? Se fui abandonado, então quem fez isso? Não posso negar a mim mesmo que alguém me deu à luz com amor. Mas quem é esse alguém? — De novo, Deus.

"Ele conhece e vê minhas buscas, meu desespero e minha luta. Ele existe", eu dizia para mim mesmo. Era só reconhecer isso por um instante e a vida imediatamente crescia dentro de mim e eu sentia a possibilidade e o prazer de viver. Mas, de novo, do reconhecimento da existência de Deus, eu passava a buscar minha relação com Ele, de novo imaginava aquele Deus, nosso Criador, em três pessoas distintas, que enviou o Filho — o Salvador. E de novo esse Deus apartado do mundo, de mim, derretia como uma pedra de gelo diante de meus olhos, e de novo nada sobrava, de novo secava a fonte de vida, eu ficava desesperado e sentia não haver nada a fazer senão me suicidar. Mas o pior de tudo foi sentir que nem isso eu conseguia fazer.

Não foram duas ou três, mas dezenas e centenas de vezes que cheguei a esse estado — ora felicidade e ânimo, ora de novo desespero e a consciência da impossibilidade de viver.

Lembro-me de que, num início de primavera, eu estava sozinho na floresta escutando os sons do bosque. Eu escutava e pensava sobre a mesma coisa, assim como vinha fazendo durante os três últimos anos. De novo, estava em busca de Deus.

"Está bem, não há nenhum Deus", eu dizia para mim mesmo, "não há ninguém que não seja a minha imaginação, apenas a realidade de toda a minha vida; Ele não existe. E nada, nenhum milagre, pode comprovar Sua existência, porque milagres serão a minha imaginação, ainda por cima irracional."

"Mas e minha ideia de Deus, Daquele a quem procuro?", eu me perguntava. "De onde veio essa concepção?" E mais uma vez, com esse pensamento, ondas alegres de vida ressurgiam em mim. Tudo em torno de mim voltava à vida, ganhava sentido. Porém, minha felicidade durava pouco. A mente continuava seu trabalho. "A ideia de Deus não é Deus", eu dizia a mim mesmo. "A ideia é algo que acontece dentro de mim, a ideia de Deus é o que eu posso evocar ou posso reprimir dentro de mim. Não é isso que eu procuro. Procuro algo sem o qual não pode haver vida." E de novo tudo começava a morrer ao redor e dentro de mim, de novo eu queria me matar.

Nesse momento olhei para mim mesmo, para o que ocorria dentro de mim, e lembrei-me de todas aquelas centenas de mortes e ressuscitações que já me aconteceram. Lembrei-me de que só vivi quando acreditava em Deus. Nesse momento, assim como antes, disse para mim mesmo: quando sei que Deus existe, eu vivo; basta esquecê-Lo e desacreditá-Lo que eu morro. O que são essas ressuscitações e essas mortes? Eu não vivo quando perco a fé na existência de Deus; teria me matado há muito tempo se não tivesse uma vaga esperança de encontrá-Lo. Pois eu só vivo, realmente vivo, quando o sinto e procuro por Ele. "Então o que mais eu procuro?", gritou uma voz dentro de mim. "Aqui está Ele. Ele é aquilo sem o qual não se pode viver. Ter consciência de Deus e viver é o mesmo. Deus é a vida.

"Viva em busca de Deus e então não haverá vida sem Deus." E, com mais força do que nunca, tudo se iluminou ao meu redor e essa luz não me abandonou mais.

E me salvei do suicídio. Não poderia dizer quando nem como ocorreu essa reviravolta. Da mesma forma como imperceptível e gradualmente se aniquilava dentro de mim a força da vida, até que eu chegasse à impossibilidade de viver, à interrupção da vida e à necessidade de suicídio, essa força vital voltou para mim do mesmo modo imperceptível e gradual. Mas o estranho é que aquela força que voltou não foi nova, mas aquela antiga que me instigava no início de minha vida. Voltei em tudo ao mais antigo, àquilo que pertencia à infância e à juventude. Voltei à fé naquela Vontade que me gerou e deseja algo de mim; voltei àquilo quando o principal e único objetivo de minha vida era me aperfeiçoar, isto é, viver de acordo com essa Vontade; voltei a acreditar que posso encontrar a expressão dessa Vontade naquilo que toda a humanidade produziu para se guiar no decorrer dos séculos que se perdem de vista, ou seja, voltei à fé em Deus, no aperfeiçoamento moral e nos mandamentos que transmitiram o sentido da vida. Só com uma diferença: naquela época tudo isso foi aceito inconscientemente, e agora eu sabia que não podia viver sem isso.

Foi como se tivesse acontecido o seguinte comigo: fui colocado dentro de um barco, não me lembro quando, que foi levado até uma margem do rio para mim desconhecida, indicaram-me a direção da outra, deram os remos em minhas mãos inexperientes e me deixaram sozinho. Remei como pude e me mantive à tona; mas, quanto mais me aproximava do meio, mais forte ficava a corrente que me afastava de minha meta e com mais frequência encontrava outros remadores que, assim como eu, estavam sendo levados pela correnteza. Havia algumas pessoas isoladas que continuavam remando; outros abandonavam os remos; havia barcos grandes e navios enormes cheios de pessoas; alguns brigavam contra a correnteza, outros ficavam à deriva. E, quanto mais eu me afastava, olhando para o fluxo de todos os remadores correnteza abaixo, mais esquecia a indicação que me foi dada. No meio da torrente, no aperto de barcos e navios que corriam rio abaixo, já tinha perdido de todo a direção e largado os remos. À minha volta, com alegria e júbilo, seguiam outras pessoas rio abaixo, à força de velas ou remos, que asseguravam para mim e uns aos outros que não poderia haver outra direção. Eu acreditei neles e flutuei junto. Fui levado para longe, tão longe que escutei o barulho das quedas-d'água nas quais deveria morrer, e vi os barcos que se quebraram nelas. E então voltei a mim. Durante muito tempo não conseguia entender o que acontecera comigo. Via diante de mim somente a morte, para a qual corri e da qual tinha medo; em nenhum lugar eu via a salvação, e não sabia o que fazer. Mas, ao olhar para trás, vi inúmeros barcos que incessante e persistentemente atravessavam a correnteza, lembrei-me da margem, dos remos e da direção e comecei a remar rio acima até a margem.

A margem era Deus, a direção era a tradição, os remos eram a liberdade que me foi dada para chegar até a margem a fim de unir-me com Deus. Desse modo, a força da vida renasceu dentro de mim e novamente voltei a viver.

XV

Quantas vezes invejei o analfabetismo e a ignorância dos mujiques. Naqueles preceitos da fé que para mim pareciam obviamente absurdos, eles não viam nada de falso; conseguiam aceitá-los e conseguiam acreditar na verdade, naquela verdade na qual eu também acreditava. Mas, para o infeliz que eu era, estava claro que a verdade se mantinha atada à mentira com os mais finos dos fios, e que eu não podia aceitá-la daquela forma.

Assim vivi por três anos e, no início, quando como um louco aos poucos aderia à verdade, guiado apenas pela intuição daquilo que me parecia mais claro, esses impactos me assombravam menos. Quando não entendia algo, falava para mim mesmo: "Eu sou culpado, eu sou ruim". Porém, quanto mais ficava imbuído daquelas verdades que aprendia, quanto mais elas se tornavam a base da vida, mais difíceis e surpreendentes se tornavam

OS ÚLTIMOS DIAS DE TOLSTÓI

os impactos e mais aguda a linha divisória que existe entre aquilo que não entendo, porque não sou capaz de entender, e aquilo que não pode ser entendido, a não ser que se minta para si mesmo.

A despeito dessas dúvidas e desses sofrimentos, eu ainda estava ligado à Igreja Ortodoxa. Mas surgiram perguntas sobre a vida que precisavam ser solucionadas, e nesse momento a resposta da Igreja a essas perguntas — contrária aos fundamentos daquela fé com a qual vivi — forçou-me a renunciar definitivamente à possibilidade do diálogo com a Igreja Ortodoxa. Essas perguntas foram, em primeiro lugar, a relação da Igreja Ortodoxa com outras igrejas — com o catolicismo e com os chamados cismáticos. Nessa época, em virtude de meu interesse pela fé, aproximei-me dos crentes de confissões diferentes: católicos, protestantes, velhos crentes, *molokanes** e outros. Entre eles, encontrei muitas pessoas de valores morais elevados e crentes de verdade. Desejei ser um irmão para essas pessoas. E o que aconteceu? Aquela doutrina que me prometia unir todos em um único amor e uma única fé foi o mesmo ensinamento que, na pessoa de seus melhores representantes, disse-me que a força vital para todos os que vivem na mentira é dada pela tentação do demônio, e que apenas nós possuímos a única verdade possível. Vi que todos que não seguem sua fé são considerados hereges pelos ortodoxos, exatamente como os católicos e outros consideram herege a Igreja Ortodoxa; vi que a Igreja Ortodoxa, embora tente ocultar isso, trata com

---

* Velhos crentes, ou *starovéri* em russo, dissidentes da Igreja Ortodoxa russa que não aceitaram a reforma religiosa proposta pelo patriarca Nikon, aprovada entre 1666 e 1667. *Molokanes* são os membros de uma seita que rejeita os sacramentos e os rituais. (À exceção das notas assinaladas pelo próprio Tolstói, todas as notas de rodapé são do tradutor. As numeradas, do editor, encontram-se ao final do livro.)

hostilidade os que não professam a fé através de seus símbolos externos e palavras; e isso é natural; em primeiro lugar, porque a afirmação de que você vive na mentira e eu na verdade são as palavras mais cruéis que uma pessoa pode dizer a outra; e, em segundo lugar, porque uma pessoa que ama suas crianças e seus irmãos não pode deixar de tratar com hostilidade os que desejam converter suas crianças e seus irmãos à falsa crença. E essa animosidade aumenta à medida que se torna maior o conhecimento do dogma religioso. E para mim, que acredito na verdade que surge da união pelo amor, involuntariamente saltou aos olhos que o próprio ensinamento religioso destrói o que deveria produzir.

Esse desvio de conduta é tão óbvio para nós, pessoas instruídas que tivemos a oportunidade de morar nos países onde são exercidas diferentes crenças e observar a negação desdenhosa, presunçosa e inabalável na forma como um católico trata um ortodoxo e um protestante; um católico ortodoxo trata um católico e um protestante; e como um protestante trata os outros dois; e a relação similar entre velhos crentes, *pachkoviets*,* *shakers*** e todas as religiões, que a própria obviedade desse desvio de conduta nos deixa perplexos no primeiro momento. Você diz a si mesmo: não pode ser tão simples, e no entanto as pessoas não percebem que, caso duas afirmações se contestem mutuamente, tanto uma quanto a outra não contêm a verdade única que deveria ser a fé. Há algo aqui. Existe alguma explicação. Eu supus que essa explicação existisse e procurei por ela, li tudo o que podia sobre o assunto e consultei todos que podia. E não ouvi nenhuma explicação além daquela segundo a qual

* Seguidores da seita evangélica batista fundada em 1876 por Vassíli Pachkov.
** Seguidores da seita religiosa fundada em 1747 na Inglaterra por Ann Lee, denominada Igreja do Milênio.

OS ÚLTIMOS DIAS DE TOLSTÓI

os hussardos Súmski consideram o melhor regimento do mundo o dos próprios hussardos Súmski, enquanto os ulanos amarelos consideram que o melhor regimento do mundo é o dos ulanos amarelos. Os sacerdotes das mais variadas religiões, seus melhores representantes, nada me disseram além de que a razão está com eles, que os outros estão enganados e que tudo o que podem fazer é rezar pelos demais. Visitei e questionei arquimandritas, bispos, *stariets** e monges ascetas, e ninguém fez nenhuma tentativa de me explicar essa questão. Somente um deles me explicou tudo, e de tal forma que não voltei mais a perguntar para ninguém.

Eu disse que, para qualquer incrédulo que se voltasse para a fé (e toda a nossa geração de jovens está nessa situação), esta pergunta é a primeira: por que a verdade não está no luteranismo, nem no catolicismo, e sim na Igreja Ortodoxa? Ele aprende na escola que não pode ignorar, como um mujique ignora, que um protestante e um católico afirmam da mesma maneira a verdade de sua fé. As provas históricas, ajustadas para cada religião conforme sua conveniência, são insuficientes. Será possível, falei, entender uma doutrina de forma mais elevada, para que de sua altura desaparecessem as diferenças, assim como desapareceriam para um verdadeiro crente? Será possível seguir adiante pelo caminho que seguimos com os velhos crentes? Eles afirmam que seu crucifixo, suas aleluias e sua procissão ao redor do altar são diferentes. Nós dizemos: vocês acreditam no credo niceno, nos sete sacramentos, e nós também. Vamos nos apegar a isso e no resto façam como quiserem. Unimo-nos com eles porque pusemos o essencial da fé acima do menos importante. E, com os católicos, por que não dizer: vocês acreditam nisso e naquilo que é o principal, mas, em

---

* Monge ancião, mentor espiritual e guia dos religiosos ou de outros monges.

relação à cláusula filioque e ao papa, façam como quiserem. Não podemos dizer o mesmo para os protestantes, unindo-nos a eles naquilo que é o mais importante?

Meu interlocutor concordou, mas me disse que tais concessões causariam reprovações das autoridades espirituais por se desviarem da crença de nossos antepassados e provocariam um cisma, e a vocação do poder espiritual é zelar pela pureza da religião greco-russa ortodoxa transmitida por nossos antepassados.

Então eu entendi tudo. Eu procuro a fé, força motriz da vida, enquanto eles procuram o melhor meio de exercer, diante das pessoas, certas obrigações humanas. E, na realização desses afazeres humanos, eles os cumprem também de forma humana. Por mais que falem sobre sua compaixão pelos irmãos desgarrados, sobre orações feitas em seu favor diante do trono supremo — para a execução das obrigações humanas a violência se faz necessária, e ela sempre foi aplicada, está sendo aplicada e continuará sendo aplicada. Se as duas religiões se consideram verdadeiras, e cada uma considera a outra falsa, quando desejarem atrair irmãos à verdade, pregarão cada uma sua doutrina. E se a doutrina falsa está sendo pregada para filhos inexperientes da igreja, que é verdadeira, então essa igreja não pode deixar de queimar livros nem de afastar a pessoa que tenta corromper seus filhos. O que fazer com aquele sectário que na visão da Igreja Ortodoxa arde com o fogo da falsa fé, e que seduz os filhos da igreja naquilo que é mais importante na vida, na fé? O que fazer com ele, como deixar de decapitá-lo ou de prendê-lo? Nos tempos do tsar Aleksei Mikháilovitch, sectários eram queimados na fogueira, ou seja, aplicava-se o maior castigo daqueles tempos. Em nossa época também se aplica a pena máxima, o confinamento na prisão solitária.[1] Olhei atentamente para tudo o que acontece em nome da religião e fiquei aterrorizado, quase renunciei por completo à religião ortodoxa.

A segunda relação da igreja com questões da vida foi sua relação com a guerra e as execuções. Nesse tempo houve uma guerra na Rússia. E em nome do amor cristão os russos começaram a matar seus irmãos. Deixar de pensar nisso era impossível. É impossível não perceber que o assassinato é um mal repugnante, contrário aos principais fundamentos de qualquer fé. Entretanto, nas igrejas se rezavam missas pelo sucesso de nossas armas, mestres da fé reconheciam esse assassinato como uma ação resultante da fé. E não só esses assassinatos durante a guerra, mas também durante revoltas que aconteceram depois dela, vi membros da igreja, seus mestres, monges, monges ascetas que aprovavam o assassinato de jovens desamparados e perdidos. Observei atentamente tudo o que acontece com pessoas que professam a cristandade e fiquei aterrorizado.

[Tradução de Anastassia Bytsenko]

De O *primeiro degrau*
[1891]

VIII

A vida nunca foi nem pode ser boa sem abstinência. Sem abstinência, nenhuma vida boa é imaginável. Qualquer realização de uma vida boa deve começar por meio dela. Existe uma escada de virtudes, e deve-se começar pelo primeiro degrau para subir ao seguinte. E a primeira virtude que o homem deve aprender, se quiser aprender as seguintes, é aquilo que os antigos chamavam de εγκράτεια ou σωφροσύνη, isto é, sensatez ou autodomínio.

Se na doutrina cristã a abstinência está ligada ao conceito de abnegação, seu fundamento, no entanto, permanece o mesmo, e a aquisição de qualquer virtude cristã é impossível sem abstinência, não porque alguém tenha inventado isso, mas porque essa é a essência da questão.

A abstinência constitui o primeiro degrau de qualquer vida boa.

Entretanto, não se chega à abstinência de repente, mas aos poucos.

A abstinência é libertar o homem de suas paixões e submetê-las à sensatez, σωφροσύνη. Mas o homem tem muitas paixões diferentes e, para que a luta contra elas seja bem-sucedida, deve começar pelas básicas — aquelas sobre as quais crescem as outras, as mais complexas, e não pelas mais complexas, que crescem sobre as básicas. Há paixões complexas, como a paixão de enfeitar o corpo, a do jogo, a da diversão, a da fofoca, a da curiosidade e muitas outras. E há paixões básicas: a da gula, a da ociosidade e a do amor carnal. Na luta contra as paixões, não se deve começar pelo fim, isto é, pela luta contra as paixões complexas. Deve-se começar pelas básicas, e em uma ordem definida. Essa ordem é determinada pela essência da questão e pela tradição da sabedoria humana.

O homem saciado não está em condição de lutar contra a preguiça, e o saciado e ocioso nunca terá forças para lutar contra a paixão sexual. Por isso, de acordo com todas as doutrinas, a tendência para a abstinência começa com a luta contra a paixão da gula, ou seja, começa com o jejum. Em nosso mundo, onde a tal ponto e há tanto tempo se perdeu qualquer intenção séria de conquistar uma vida boa que a virtude primordial, a abstinência, sem a qual as outras são impossíveis, é considerada supérflua, perdeu-se também o fundamento necessário para conquistar essa primeira virtude, e o jejum foi esquecido por muitos e ficou decidido que se trata de uma superstição estúpida, algo nem um pouco necessário.

Entretanto, assim como a primeira condição para a vida boa é a abstinência, a primeira condição para a vida abstinente é o jejum.

É possível desejar ser bom, sonhar com o bem, sem jejuar. Porém, ser bom de verdade sem o jejum é tão impossível como andar sem pernas.

O jejum é a condição indispensável para a vida boa. Já a gula foi e continua a ser o primeiro sinal do contrário — da vida má, e infelizmente esse sinal se relaciona em alto grau com a vida da maioria das pessoas de nossa época.

Vejam os rostos e as compleições das pessoas de nosso meio e de nossa época. Em muitos desses rostos, de queixos e bochechas caídos, membros gordos e barrigas protuberantes, encontra-se a marca indelével de uma vida libertina. E não pode ser diferente. Observem a nossa vida, aquilo que impulsiona a maioria das pessoas de nosso mundo; perguntem qual é o principal interesse dessa maioria. E, por mais que pareça estranho, já que estamos acostumados a esconder nossos verdadeiros interesses e exibir os falsos, artificiais, o principal interesse das pessoas de nossa época é a satisfação do paladar, o prazer da comida, da gula. Das classes sociais mais pobres às mais ricas, a gula, penso eu, é o objetivo principal, é o principal prazer de nossa vida. O povo pobre trabalhador constitui uma exceção, mas apenas no sentido de que a miséria o impede de se entregar a essa paixão. Quando ele tem tempo e meios para isso, à maneira das classes altas, compra o mais gostoso e o mais doce, come e bebe o quanto pode. Quanto mais come, mais ele se sente não só feliz, mas também forte e saudável. E as pessoas instruídas, que veem o alimento precisamente dessa forma, apoiam-no em tal convicção. A classe instruída imagina (embora se esforce para ocultá-lo) que a felicidade e a saúde (e disso a convencem os médicos, afirmando que o alimento mais caro, a carne, é o mais saudável) estão no alimento saboroso, nutritivo e facilmente digerível.

Observem a vida dessas pessoas e escutem suas conversas. Parece que só se ocupam de temas elevados: filosofia e ciência, arte e poesia, a distribuição da riqueza, o bem-estar do povo e a educação da juventude; mas tudo isso, para a imensa maioria, é uma mentira — eles se ocupam de tudo isso nas horas vagas, entre as verdadeiras ocupações, entre o café da manhã e o almoço, enquanto o estômago está cheio e não é possível comer mais. O interesse vivo e verdadeiro da maioria dos homens e das mulheres é a comida, sobretudo depois da primeira juventude. Como comer, o que comer, quando e onde?

Nenhuma solenidade, nenhuma alegria, nenhuma consagração ou abertura do que quer que seja acontece sem comida.

Observem as pessoas que viajam. Nelas isso é especialmente evidente. "Museu, bibliotecas, parlamento...

que interessante! Mas onde vamos almoçar? Quem oferece a melhor comida?" Mas vejam só as pessoas, como elas se reúnem para o almoço, arrumadas, perfumadas, a uma mesa enfeitada com flores, com que alegria esfregam as mãos e sorriem.

Se pudéssemos perscrutar a alma — de que está à espera a maioria das pessoas? De apetite, no café da manhã e no almoço. Qual o castigo mais cruel desde a infância? Deixar a pão e água. Que artesão recebe o maior salário? O cozinheiro. Em que consiste o principal interesse da dona de casa? Na maioria dos casos, para onde está voltada uma conversa entre donas de casa de classe média? E, se a conversa entre as pessoas da alta sociedade não está voltada para isso, não é porque sejam educadas e estejam ocupadas de temas mais elevados, mas apenas porque elas têm uma governanta ou um mordomo que se ocupam disso e providenciam seu almoço. Mas tentem privá-las desse conforto e verão qual é a preocupação delas. Tudo se reduz à questão da comida, do preço dos tetrazes, à melhor forma de fazer café, preparar pão doce e assim por diante. As pessoas se reúnem sob qualquer pretexto: batismos, enterros, casamentos, bênção de igreja, despedidas, recepções, celebrações de dias memoráveis, a morte ou o nascimento de um grande cientista, pensador ou moralista; as pessoas que parecem preocupadas com os mais elevados interesses se reúnem. É isso que dizem, mas fingem: todas elas sabem que haverá comida, boa e saborosa, e bebida, e esse é o principal motivo que as faz se reunir. Com uns dias de antecedência, já com esse exato propósito, abatem e sacrificam animais, trazem cestas de víveres de lojas gastronômicas, e os cozinheiros, seus ajudantes e os mujiques em serviço de bufê "trabalham" vestidos de forma especial, com aventais e toucas limpos e engomados. Os *chefs*, que recebem quinhentos rublos ou mais por mês, também trabalham, dando ordens. Os cozinheiros cortam, amassam, lavam, arrumam, enfeitam. E ainda por cima, com o mesmo ar solene e importante, também trabalha o chefe do serviço de mesa, que conta, reflete e examina com o olhar, como se fosse um artista. O jardineiro trabalha com as flores. As mulheres que lavam a louça... Um exército de pessoas trabalha, os resultados de mil dias de trabalho são devorados, tudo isso para que as pessoas reunidas conversem sobre algum grande e memorável professor de ciências ou de moralidade, ou se lembrem de um amigo falecido, ou deem conselhos de viagem a recém-casados que começam uma vida nova.

Na vida cotidiana da classe baixa, vê-se com clareza que a festa, o enterro, o casamento são pretextos para a comilança. É assim que eles entendem a questão. A comilança toma o lugar do próprio motivo da reunião a tal ponto que em grego e em francês casamento e banquete têm o mesmo significado: reunião. Mas na alta sociedade, entre as pessoas refinadas, faz-se uso de grande arte para esconder isso e fingir que a comida é uma coisa secundária, nada além de uma questão de decência. E para eles é simples fazer esse tipo de representação, porque em sua maioria estão saciados, no verdadeiro sentido da palavra, ou seja, nunca estão com fome.

Eles fingem que o almoço, a comida, não são necessários, que são até mesmo um peso; mas é mentira. Tentem dar-lhes, em lugar dos esperados pratos refinados, não digo pão e água, mas mingau e talharins, e verão a tormenta que surgirá e como aparecerá a verdade, a saber: o principal interesse da reunião dessas pessoas não é aquele que expõem, mas o interesse pela comida.

Vejam o que estão vendendo as pessoas, percorram a cidade e vejam o que se vende: roupas e produtos para satisfazer a gula.

Em essência, isso é e deve ser assim, e não pode ser diferente. Não pensar em comida, conter essa paixão dentro de limites, só é possível quando o homem está

OS ÚLTIMOS DIAS DE TOLSTÓI   41

submetido à necessidade de comer; mas, quando o homem para de comer, submetendo-se somente à necessidade, isto é, à necessidade de encher a barriga, então não pode ser de outra maneira. Se o homem se encantou com o prazer da comida, permitiu-se amar esse prazer e acha que é um prazer bom (como acha a imensa maioria das pessoas do nosso mundo, e mesmo as instruídas, embora finjam o contrário), então não há limites para que aumente, não há limites que esse prazer não possa ultrapassar. A satisfação da necessidade tem limites, mas a satisfação do prazer não tem. Para a satisfação da necessidade é suficiente comer pão, mingau ou arroz; para aumentar o prazer há uma infinidade de temperos e métodos.

O pão é um alimento necessário e suficiente (a prova disso são milhões de pessoas fortes, ágeis, saudáveis e que trabalham muito se alimentando somente com pão). Mas é melhor comer pão com tempero. É bom molhar pão em água com gordura de carne. Ainda melhor é pôr vegetais nessa água e ainda melhor se forem vegetais variados. É bom comer carne. Mas é melhor comer carne frita, não cozida. E melhor ainda é fritá-la um pouco na manteiga e deixá-la malpassada em certas partes. E ainda acrescentar verduras e mostarda. E acompanhar isso com vinho, de preferência tinto. Já não se sente fome, mas se pode comer mais um peixe se estiver temperado com molho e acompanhado de vinho branco. Parece que não se pode comer mais nada gorduroso ou saboroso. Mas ainda se pode comer um doce: um sorvete no verão, e no inverno pode ser uma compota, uma geleia e assim por diante. E eis um almoço, um discreto almoço. O prazer desse almoço ainda pode aumentar muito, muito mais. E aumentam-no, e esse aumento não tem limites: entradas que abrem o apetite, *entremets*, sobremesas, diferentes combinações de coisas gostosas, flores, enfeites e música durante o almoço.

E uma coisa surpreendente: as pessoas que todo dia se deleitam com almoços em comparação com os quais o banquete de Belsazar, que provocou um perigo admirável, não é nada, estão inocentemente convencidas de que podem, ao mesmo tempo, levar uma vida moral.

IX

O jejum é condição indispensável para uma vida decente. Mas, tanto no jejum como na abstinência, surge a questão de como começar o jejum, como jejuar — com que frequência comer, o que comer, o que não comer? E, assim como não é possível se ocupar seriamente de nenhum tema sem dominar os fundamentos necessários, também não é possível jejuar sem saber como começar o jejum, como começar a abstinência do alimento.

Jejum. Mas no jejum há ainda a escolha de como e com que jejuar. O sentido disso parece ridículo e absurdo para a maioria das pessoas.

Lembro-me de que um evangélico que atacava o ascetismo da vida monástica me disse, com orgulho de sua originalidade: meu cristianismo não está no jejum e nas privações, mas nos bifes. O cristianismo e a virtude do bife!

Coisas bárbaras e imorais têm corroído tanto nossa vida, especialmente na mais baixa esfera do primeiro passo para uma boa vida, da relação com o alimento, na qual tão poucos têm prestado atenção, que é até difícil para nós entender a impertinência e insensatez da convicção de nossa época, do cristianismo ou da virtude do bife.

Pois não nos espantamos diante de tais convicções somente porque uma situação incomum acontece conosco: olhamos e não vemos, ouvimos e não escutamos. Não há nada tão fétido a ponto de o homem não ter se acostumado, não há som para o qual não tenha dado ouvidos, não há monstruosidade com a qual não tenha se familiarizado,

OS ÚLTIMOS DIAS DE TOLSTÓI

de tal forma que já não nota o que é assombroso para o homem não acostumado. Exatamente a mesma coisa acontece na esfera da moral. O cristianismo e moral do bife! Há uns dias estive no matadouro da nossa cidade de Tula. O matadouro está construído à maneira nova, aperfeiçoada, assim como se constrói nas grandes cidades, para que os animais assassinados sofram o menos possível. Isso foi na sexta-feira, dois dias antes da festa da Santíssima Trindade. Havia muito gado.

Muito antes ainda, quando li o maravilhoso livro *Ethics of diet*, fiquei com vontade de visitar o matadouro para ver com meus próprios olhos a essência do que se trata quando o assunto é vegetarianismo. Mas adiava minha ida, pois sentia vergonha, como sempre temos vergonha de ver sofrimentos que certamente virão, mas que não podemos evitar.

Mas, há pouco, encontrei no caminho o açougueiro que tinha ido para casa e agora estava voltando para Tula. Ele ainda não é um açougueiro experiente, e a obrigação dele é dar golpes de punhal. Perguntei-lhe se tinha pena de matar o gado. E ele respondeu como sempre respondem: "Para que ter pena? Afinal, é preciso fazê-lo". Mas, quando eu disse que não é necessário alimentar-se de carne, ele concordou, e concordou que é uma pena. "Mas o que fazer, é preciso se alimentar", disse ele. "Antes eu *tinha medo* de matar. Meu pai, em toda a sua vida, não matou nem uma galinha." A maioria dos russos não é capaz de matar, sente pena, e expressa esse sentimento com a palavra "temer". Ele também teve medo, mas deixou de ter. Explicou-me que a parte pesada do trabalho começa às sextas-feiras, e que continua até a noite.

Há pouco também conversei com um soldado, um açougueiro, e igualmente ele se surpreendeu com minha afirmação de que matar é lamentável; e, como sempre, disse que tem de ser assim; mas depois concordou: "Especialmente quando o gado é manso, dócil. O pobre animal se aproxima acreditando em você. Dá pena de verdade!".

Uma vez, saímos de Moscou e, no caminho, uns cocheiros de carga, que saíram de Sérpukhov para pegar madeira no bosque de um comerciante, deram-nos carona. Era Quinta-Feira Santa. Eu ia na telega da frente com o cocheiro, um homem forte, corado, rude e, evidentemente, um grande companheiro de copo. Quando passamos por uma aldeia, vimos que da última casa estavam levando um porco cor-de-rosa, bem alimentado, para abater. Ele gania com sua voz desesperada, semelhante a gritos humanos. Exatamente naquele momento, quando passávamos ao lado, começaram a matar o porco. Uma das pessoas o esfaqueou na garganta. O porco começou a dar gritos ainda mais altos e estridentes, soltou-se e correu para fora, banhado em sangue. Sou míope e não vi tudo em detalhes, vi apenas o corpo cor-de-rosa do porco, semelhante ao do homem, e escutei um ganido desesperado; mas o cocheiro viu todos os pormenores e olhava para lá sem despegar os olhos. Apanharam o porco, derrubaram-no e terminaram de matá-lo. Quando os ganidos cessaram, o cocheiro suspirou com pesar: "Será possível que não vão pagar por isso?", disse ele.

Tão forte é a repugnância das pessoas diante de qualquer matança, mas, por causa dos exemplos, do estímulo à avareza delas, da convicção de que isso é permitido por Deus e, principalmente, por costume, os homens são induzidos à perda absoluta desse sentimento natural.

Na sexta-feira fui para Tula, e quando encontrei um conhecido meu, um homem dócil e bondoso, convidei-o para ir comigo.

"Sim, ouvi dizer que aqui tudo é bem organizado, e queria ver, mas, se ali matam, não entrarei."

"Por que não? É justamente isso que eu quero ver! Se comemos carne, então é necessário matar."

"Não, não, não posso."

O notável em tudo isso é que esse homem é caçador, e ele mesmo mata pássaros e animais.

Chegamos. Já na entrada era possível sentir o cheiro pesado, nojento, podre, da cola de marcenaria ou da tinta à base de cola. Quanto mais nos aproximávamos, mais intenso era o cheiro. Era uma construção vermelha, de tijolos, muito grande, com abóbadas e chaminés altas. Entramos pelo portão. À direita havia um quintal grande, cercado, de um quarto de dessiatina;* era uma pracinha onde duas vezes por semana levavam o gado para vender. E, no extremo desse espaço, estava a guarita do caseiro; à esquerda estavam as chamadas câmaras, isto é, quartos com portões circulares, chão côncavo de betume e um mecanismo para pendurar e movimentar as reses. Junto ao muro da casinha, à direita, estavam sentados seis açougueiros, de aventais cobertos de sangue e mangas arregaçadas e salpicadas de sangue nos braços musculosos. Eles tinham terminado o trabalho havia mais ou menos meia hora, por isso naquele dia só pudemos ver as câmaras vazias. Apesar de as portas estarem abertas de par em par, havia na câmara um cheiro pesado de sangue morno, o chão estava todo marrom, lustroso, e nas depressões do chão havia sangue preto espesso.

Um dos açougueiros nos contou como matavam e mostrou o lugar onde isso era feito. Não entendi por completo e tive uma ideia falsa e muito estranha de como matam, pensando que a realidade, como acontece com frequência, produziria em mim uma impressão menor que a esperada. Mas eu estava errado.

Na ocasião seguinte, cheguei ao matadouro a tempo. Isso foi na sexta-feira antes do dia da Santíssima Trindade. Era um dia quente de junho. O cheiro de cola e de sangue era ainda mais intenso e perceptível pela manhã

---

* Antiga medida russa, equivalente a 10 900 metros quadrados.

do que na minha primeira visita. O trabalho estava a todo vapor. A praça, toda empoeirada, estava repleta de gado, e o gado estava sendo empurrado para os compartimentos junto às câmaras.

Na rua, à entrada, havia telegas com bois, novilhos e vacas, presos aos canteiros e varais. Carroças, atreladas a bons cavalos, chegavam para descarregar os bezerros que, amontoados e ainda vivos, balançavam a cabeça; e as mesmas carroças, com patas se balançando dependuradas para fora, cabeças, pulmões escarlate e fígados pardos, saíam mais tarde do matadouro. Ao lado da cerca estavam os cavalos de sela dos boiadeiros. Os próprios boiadeiros, de longas sobrecasacas, látegos e chicotes nas mãos, andavam pelo quintal, ora marcando o gado de um proprietário com pinceladas de breu, ora regateando ou guiando a transferência dos novilhos e bois do quintal para aqueles compartimentos de onde o gado vinha para entrar nas câmaras. Essas pessoas, é claro, estavam absortas em cálculos monetários, e a preocupação de ser bom ou não matar esses animais era algo tão distante deles como a preocupação com a composição química do sangue que cobria o chão das câmaras.

Não se via nenhum açougueiro no quintal, todos estavam trabalhando nas câmaras. Naquele dia, cerca de cem bois foram mortos. Entrei em uma câmara e parei à porta. Parei porque estava apertado na câmara, por causa das reses que eram deslocadas, e também porque o sangue fluía para baixo e pingava de cima, todos os açougueiros que se encontravam ali estavam sujos de sangue, e se eu penetrasse mais certamente ficaria sujo também. Desceram uma rês que estava pendurada, outra foi levada para a porta e uma terceira — um bezerro morto — jazia com as patas brancas para cima, e um açougueiro, de punho forte, arrancava a pele, esticando-a.

Na porta oposta à que eu me encontrava, no mesmo momento, conduziam um grande novilho vermelho bem alimentado. Dois açougueiros o empurravam. E, mal conseguiram fazê-lo entrar, vi como um açougueiro levantou um punhal até o pescoço do novilho e o abateu. O novilho, como se de repente lhe tivessem cortado as quatro patas, caiu de barriga, logo se virou para um lado e começou a se debater com as quatro patas e o rabo. No mesmo instante, um açougueiro se jogou sobre ele, do lado oposto ao de suas patas estremecidas, agarrou-o pelos chifres e inclinou a cabeça do animal para o chão, enquanto outro açougueiro lhe cortou a garganta e de baixo da cabeça jorrou sangue vermelho-escuro, sob o qual um rapaz, todo sujo, colocou uma bacia de lata. Enquanto faziam isso, o novilho contorcia a cabeça sem parar, o tempo todo, como se tentasse se levantar, escoiceando suas quatro patas no ar. A bacia se encheu rapidamente, mas o novilho estava vivo e, sustentando a barriga com dificuldade, batia com as patas dianteiras e traseiras de tal modo que os açougueiros se afastavam dele. Quando a primeira bacia ficou cheia, um rapaz a carregou na cabeça até a usina de albumina, e outro abaixou a segunda bacia, que começou a se encher. Mas o novilho continuava a respirar com a barriga e se contorcia com as patas traseiras. Quando o sangue parou de fluir, um açougueiro levantou a cabeça do novilho e começou a tirar a pele. O novilho continuava lutando. A cabeça ficou pelada e vermelha, com veias brancas, e se manteve na posição em que os açougueiros a deixaram. A pele pendia dos dois lados. O novilho não parou de lutar. Depois, outro açougueiro o agarrou por uma pata, quebrou-a e cortou-a. A barriga e as patas restantes ainda estremeciam. Cortaram também as patas restantes e as jogaram onde jogavam as patas dos novilhos de um dos proprietários. Depois arrastaram a rês para o guincho e lá a crucificaram; já não havia movimento.

Assim, vi da porta o segundo, o terceiro e o quarto novilhos. Com todos foi a mesma coisa: a mesma cabeça arrancada com a língua mordida e o traseiro golpeado. A única diferença era que nem sempre o abatedor batia imediatamente no lugar que levava o novilho a morrer. Acontecia de o açougueiro errar o alvo, e o novilho erguer-se, mugindo, banhado em sangue, tentando se soltar. Mas então o atraíam sob uma trave, batiam nele mais uma vez e ele caía.

Depois entrei pela porta por onde o levaram. Ali vi a mesma coisa, só que mais de perto, e por isso com mais clareza. Ali vi o mais importante, o que não tinha visto da primeira porta: como obrigavam o novilho a entrar por essa porta. Cada vez que pegavam um novilho do cercado e o arrastavam para a frente com uma corda atada aos chifres, ele sentia o cheiro de sangue e resistia, às vezes mugindo e recuando. Seria impossível para duas peças o arrastarem à força e, por isso, cada vez um dos açougueiros ia andando por trás, agarrando-o pelo rabo, apertando-o até quebrar o rabo, de forma que a cartilagem estalava e o novilho se movimentava.

Acabaram os novilhos de um proprietário e trouxeram o gado de outro. O primeiro animal desse grupo não era um novilho, mas um boi. De raça, bonito, com manchas pretas e brancas nas patas, era um animal jovem, musculoso e vigoroso. Arrastaram-no. Ele abaixou a cabeça e resistiu, decidido. Mas o açougueiro que ia por trás, como o maquinista que segura a corda do apito, agarrou o rabo, retorceu-o, estalou a cartilagem e o boi saiu correndo para a frente, batendo nas pessoas que o puxavam pela corda, e de novo resistiu, olhando com o rabo do olho preto e a esclerótica injetada. Mas o rabo estalou de novo, e o boi deu um arranco e já estava onde era preciso. O abatedor se aproximou, mirou e bateu. Mas não deu o golpe no lugar certo. O boi deu um salto, balançou a cabeça, mugiu e, todo ensanguentado, escapou e atirou-se para trás. Todos os que estavam perto das portas saltaram para o lado. Mas os calejados açougueiros, com a valentia adquirida por causa do perigo, seguraram a corda com força, e depois o rabo, e de novo o boi estava na câmara, onde lhe puxaram a cabeça para baixo da barra, sob a qual já não escaparia. O abatedor buscou, rapidamente, aquele lugarzinho onde os pelos se abrem como uma estrela e, apesar do sangue, encontrou-o, bateu, e o maravilhoso animal, cheio de vida, desmoronou e debateu-se com a cabeça e as patas, enquanto deixavam correr o sangue e lhe esfolavam a cabeça.

"Vai, maldito diabo, cair onde não deve", resmungou o açougueiro, cortando-lhe a pele da cabeça.

Em cinco minutos sobressaiu uma cabeça vermelha, no lugar da preta, sem pele, os olhos vítreos, fixos, que cinco minutos antes tinham uma cor tão brilhante e bonita.

Depois fui para a seção onde cortam os animais pequenos. É uma câmara muito grande, comprida, de piso de betume e mesas com encostos, onde cortam ovelhas e bezerros. Aqui o trabalho já havia terminado. Na câmara comprida, saturada com o cheiro de sangue, havia apenas dois açougueiros. Um enchia de ar a pata de um carneiro já morto e dava-lhe palmadas na barriga inchada. O outro, um jovem rapaz de avental salpicado de sangue, fumava um cigarro amassado. Não havia mais ninguém na sombria e comprida câmara, saturada de um cheiro desagradável. Logo depois de mim chegou um homem com aspecto de ex-soldado que carregava, amarrado pelas patas, um cordeirinho preto com uma mancha no pescoço. Deitou-o em uma das mesas, como se o estivesse pondo na cama. O soldado, ao que parecia conhecido dos outros, cumprimentou-os e perguntou quando o dono iria lhes dar folga. O rapaz do cigarro se aproximou com uma faca, amolou-a na borda da mesa e respondeu que no feriado. O cordeiro vivo permanecia deitado, quieto como um morto, inchado. Só agitava rapidamente o rabinho curto e com a respiração mais pesada que de costume. O soldado segurou, de leve, sem força, a cabeça que tinha levantado. O rapaz continuou a conversa, levou a mão direita à cabeça do cordeiro e cortou-lhe a garganta. O cordeiro começou a se agitar, o rabinho ficou tenso e deixou de se mexer. O rapaz, enquanto esperava que o sangue fluísse, começou a fumar um cigarro que já tinha apagado. O sangue correu, e o cordeiro começou a estremecer. A conversa continuou sem a menor interrupção.

E essas galinhas e frangos que todo dia, em milhares de cozinhas, com as cabeças cortadas e banhadas em sangue, saltam, cômica e espantosamente, levantando as asas?

E, vejam, uma terna e refinada senhora vai devorar o cadáver desses animais, com a certeza absoluta de que está certa, convencida por duas condições que se excluem mutuamente: a primeira é que ela, e disso a persuade seu médico, é tão delicada que não pode suportar nenhum alimento vegetal e que seu fraco organismo precisa de carne. A segunda é que ela é tão sensível que não só não pode ser ela mesma a causa dos sofrimentos dos animais, senão que não pode sequer suportar a visão deles.

E, no entanto, essa pobre senhora só é fraca porque foi acostumada a se alimentar com comidas que não são apropriadas para o homem. E ela não pode não causar sofrimentos aos animais, porque os devora.

X

É impossível fingir que não sabemos disso. Não somos avestruzes, e não podemos acreditar que, se não vemos, aquilo que não queremos ver não existe. E isso é ainda mais impossível quando não queremos ver aquilo que queremos comer. E, o mais importante, como se isso fosse indispensável. Suponhamos que não seja indispensável, mas necessário para alguma coisa. Mas para quê? Para nada.* Somente para formar sentimentos ferozes, provocar a luxúria, a libertinagem e a bebedeira, o que se confirma constantemente com as pessoas jovens, boas, puras, sobretudo mulheres e moças, que sentem, sem saber como uma coisa resulta da outra, que a virtude é incompatível com o bife e, assim que desejam ser boas, abrem mão da carne.

Mas o que eu quero dizer? Que para ter moral as pessoas precisam deixar de comer carne? Em absoluto.

O quero dizer é que, para uma boa vida, é necessária uma certa sequência de ações; que, se a aspiração à vida boa é séria em uma pessoa, então tal aspiração, inevitavelmente, assumirá uma certa ordem; e que, nessa ordem, a primeira virtude sobre a qual o homem trabalhará será a abstinência, o domínio de si mesmo. E, quando aspira à abstinência, o homem inevitavelmente segue também uma certa ordem, e o primeiro objeto dessa ordem será a abstinência na alimentação, o jejum. E quando jejuar, se ele busca uma vida boa, de forma séria e sincera, a primeira coisa de que o homem se absterá será sempre o consumo de alimentos de origem animal, porque, sem falar no estímulo às paixões provocado por esse tipo de alimento, seu consumo é verdadeiramente imoral, já que exige um ato contrário ao nosso senso moral: o assassinato, provocado apenas pela avareza e pelo desejo de gulodices.

---

* Os que duvidam devem ler os numerosos livros redigidos pelos cientistas e médicos sobre esse tema, nos quais se demonstra que carne não é necessária para a alimentação do homem. E que não se escutem esses velhos médicos que defendem a necessidade da alimentação com carne só porque por muito tempo seus antecessores e eles mesmos declararam isso. Defendem isso com obstinação, com maldade, da mesma forma como defendem tudo o que é velho, retrógado. (Liev Tolstói)

Sobre a razão pela qual a abstinência de alimentos de origem animal se tornará o primeiro objetivo do jejum e da vida moral, falou-se de maneira brilhante, e não só uma pessoa, mas a humanidade inteira, por meio de seus melhores representantes, falou-se sobre isso ao longo de toda a vida consciente da humanidade. Mas por que, se a ilegalidade, isto é, a imoralidade do alimento animal é conhecida há tanto tempo pela humanidade, as pessoas até agora não tomaram consciência dessa lei?, perguntarão os acostumados a se guiar nem tanto por sua própria razão quanto pela opinião pública. A resposta a essa pergunta é que o avanço moral da humanidade, que constitui a base de qualquer avanço, é sempre lento; mas que o sinal do verdadeiro avanço é, não por acaso, sua aceleração incessante e contínua.

Assim é o movimento do vegetarianismo. Esse movimento se expressa em todos os pensamentos dos escritores sobre essa matéria e na própria vida da humanidade, que passa cada vez, de forma inconsciente, da alimentação à base de carne para a alimentação vegetal e, de forma consciente, para o movimento vegetariano que tem-se manifestado com força especial e está adquirindo dimensões cada vez maiores. Nos últimos dez anos, esse movimento tem avançado mais e mais rapidamente, e a cada ano são publicados mais e mais livros e revistas a esse respeito; cada vez mais e mais se encontram pessoas que recusam a alimentação com carne, e no exterior, especialmente na Alemanha, na Inglaterra e nos Estados Unidos, aumenta a cada ano o número de hotéis e restaurantes vegetarianos.

Esse movimento deve agradar em especial aos que vivem aspirando à realização do reino de Deus na terra, e não porque o vegetarianismo seja um passo importante em direção a esse reino (todos os verdadeiros passos são importantes e não importantes), mas porque serve como sinal de que a aspiração ao aperfeiçoamento moral do homem é séria e sincera, porque segue sua própria ordem inabalável, que começa pelo primeiro degrau.

É impossível não se alegrar com isso, assim como é impossível que não se alegrassem as pessoas que, antes, aspirando a chegar ao alto de uma casa, em vão e de forma desordenada tentavam escalar os muros por diferentes lados, quando por fim se encontraram no primeiro degrau da escada e todas se aglomeraram a seu redor, sabendo que o caminho para cima não pode ser outro senão esse primeiro degrau.

[Tradução de Natalia Quintero]

Onde está o amor,
Deus também está
[1885]

Em uma certa cidade, vivia o sapateiro Martin Avdiéitch.*
Morava em um quartinho, em um porão com uma janela. A janela dava para a rua. Dela se via a passagem
das pessoas e, embora só os pés fossem visíveis, Martin
Avdiéitch as reconhecia pelas botas. Fazia tempo que
Martin Avdiéitch vivia no mesmo lugar e tinha muitos
conhecidos. Era raro o par de botas dos arredores que
não tivesse passado por suas mãos uma ou duas vezes.
Em umas ele punha solas, em outras fazia remendos,
dava acabamento, em outras fazia biqueiras novas. E
com frequência ele via seu trabalho pela janela. Havia
muito o que fazer, pois Avdiéitch era zeloso, fazia um
trabalho de qualidade, não cobrava caro demais e cumpria com sua palavra. Se podia fazer o trabalho no prazo, então aceitava, caso contrário falava logo e não enganava ninguém. Todos conheciam Avdiéitch, e trabalho
não lhe faltava. Avdiéitch sempre foi um homem bom,
mas na velhice começou a pensar mais em sua alma e
se aproximou mais de Deus. Quando Avdiéitch ainda
trabalhava para um patrão, sua esposa morreu, deixando-lhe um menino de três anos. Seus outros filhos não
tinham sobrevivido — todos os que vieram antes morreram. A princípio Martin queria entregar o filho à irmã,

* Avdiéitch é uma variação do patronímico Avdiéevitch.

na aldeia, mas depois teve pena e pensou: vai ser difícil para meu Kapitochka crescer em outra família. Vou ficar com ele. E Avdiéitch abandonou o patrão e começou a viver em um quarto com o filhinho. Pois é... Deus não deu sorte a Avdiéitch com os filhos. Mal tinha crescido o menino e começado a ajudar o pai, mal tinha começado a ser uma alegria para ele, quando uma doença atacou Kapitochka, que caiu de cama, ardeu em febre uma semaninha e morreu. Martin enterrou o filho e caiu em desespero. Tanto se desesperou que começou a reclamar de Deus. Em tal abatimento se encontrava Martin que mais de uma vez pediu a Deus sua morte, e aborreceu-se com Deus por ter levado, no lugar dele, já um velho, seu amado e único filho. Avdiéitch deixou até de ir à igreja. E eis que certa vez passou pela casa dele, no dia da Santíssima Trindade, um velhinho, conterrâneo seu, já no oitavo ano de peregrinação. Avdiéitch conversou com ele, e começou a lamentar-se de sua desgraça.

"Eu não tenho mais vontade de viver, santo homem", disse. "Agora é só morrer. É só o que peço a Deus. Eu me tornei uma pessoa sem esperança."

E o velhinho disse:

"O que você fala não está certo, Martin, não devemos julgar os assuntos de Deus. Não é coisa para a nossa inteligência, mas do juízo de Deus. Deus sentenciou assim — o seu filho vai morrer e você vai viver. Então assim é melhor. E o seu desespero é porque você quer viver para a sua alegria."

"Então viver para quê?", perguntou Martin.

E o velhinho disse:

"Para Deus, Martin, precisamos viver para Deus. É Ele que dá a vida, então devemos viver para Ele. Quando começamos a viver para Ele, não nos afligimos por nada, e parece tudo mais simples."

Martin ficou calado e depois perguntou:

"E como viver para Deus?"

E o velhinho disse:

"Cristo nos mostrou como viver para Deus. Você sabe ler? Então compre o Evangelho e leia: ali verá como viver para Deus. Está tudo ali."

E essas palavras penetraram o coração de Avdiéitch. E nesse mesmo dia ele comprou o Novo Testamento impresso em grandes caracteres e começou a ler. Avdiéitch pretendia ler só nos dias santos, mas, tão logo iniciou a leitura, passou a sentir tamanho bem-estar na alma que pôs-se a ler todos os dias. Às vezes se concentrava de tal forma na leitura que só conseguia largar o livro quando todo o querosene da lâmpada se consumia. E assim Avdiéitch começou a ler todas as noites. E, quanto mais lia, mais claro ficava para ele o que Deus queria dele e como viver para Deus. E tudo se tornava mais e mais leve em seu coração. Antes acontecia de ir se deitar soltando ais e uis e gemendo, lembrando-se o tempo todo do Kapitochka. Mas agora só repetia "Glória a Ti, Glória a Ti, Senhor! Seja feita a Tua vontade". E desde então toda a vida de Avdiéitch mudou. Antes ele frequentava a taverna nos feriados, bebia um chazinho e não recusava uma vodca. Às vezes bebia com algum conhecido e, embora não ficasse bêbado, saía da taverna meio alegre e dizia bobagens, chamava alguém aos gritos e o insultava. Agora tudo isso estava distante dele. Sua vida se tornara calma e feliz. Punha-se a trabalhar desde cedo e, uma vez terminado seu trabalho, tirava a lâmpada do ganchinho, colocava-a sobre a mesa, puxava o livro da prateleira, abria-o e punha-se a ler. E, quanto mais lia, mais compreendia, e tudo se tornava mais claro e alegre em seu coração.

Aconteceu que uma vez Martin ficou lendo até tarde. Estava lendo o Evangelho de Lucas. Leu os seguintes versículos no capítulo 6: "A quem te ferir numa face, oferece a outra; a quem te arrebatar o manto, não recuses a túnica. Dá a quem te pedir e não reclames de quem tomar o que é teu. Como quereis que os outros vos façam, fazei também a eles".

E leu ainda estes versículos, em que o Senhor diz:

"Por que me chamais 'Senhor! Senhor!' mas não fazeis o que eu digo? Vou mostrar-vos a quem é comparável todo o que vem a mim, escuta as minhas palavras e as põe em prática. Assemelha-se a um homem que, ao construir uma casa, cavou, aprofundou e lançou o alicerce sobre a rocha. Veio a enchente, a torrente deu contra essa casa, mas não a pôde abalar porque estava bem construída. Aquele, porém, que escutou e não pôs em prática é semelhante a um homem que construiu sua casa ao rés do chão, sem alicerce. A torrente deu contra ela, e imediatamente desabou; e foi grande a sua ruína!"

Avdiéitch leu essas palavras e sentiu alegria na alma. Tirou os óculos, colocou-os sobre o livro, acotovelou-se sobre a mesa e meditou, começou a comparar sua vida com essas palavras e pensou consigo:

"Como a minha casa está construída? Na rocha ou na areia? Seria bom se fosse na rocha. Parece fácil, sentado aqui, fazer tudo como Deus manda, mas a gente se distrai um pouco e volta a pecar. Mas eu vou perseverar, pois é muito bom. Ajuda-me, Senhor!"

Meditando assim, queria deitar-se, mas tinha pena de deixar o livro e leu ainda o sétimo capítulo. Leu sobre o centurião, sobre o filho da viúva, sobre a resposta aos discípulos de João, e chegou à passagem em que o fariseu rico convida o Senhor para sua casa, e leu como a mulher pecadora ungiu e banhou Seus pés com suas lágrimas e como Ele a absolveu. Então chegou até o versículo 44 e começou a ler:

"E, voltando-se para a mulher, disse a Simão: 'Vês esta mulher? Entrei em tua casa e não me derramaste água nos pés; ela, ao contrário, regou-me os pés com lágrimas e enxugou-os com os cabelos. Não me deste um ósculo; ela, porém, desde que eu entrei, não parou de cobrir-me os pés de beijos. Não me derramaste óleo na cabeça; ela, ao invés, ungiu-me os pés com perfume'." Leu esses versos e pensou: "Não lhe derramou água nos pés, não lhe deu um ósculo, não lhe derramou óleo na cabeça...".

E de novo Avdiéitch tirou os óculos, colocou-os sobre o livro e mais uma vez meditou.

"Dá para ver que o fariseu deve ter sido como eu. Talvez eu também só me preocupasse comigo. Tendo bebido um chazinho, ficava quente e aconchegado, não pensava no convidado. Preocupava-me comigo, mas com o convidado não me preocupava nada. E quem era esse convidado? O próprio Senhor. Se Ele tivesse vindo a mim, será que eu teria agido assim?"

E Avdiéitch acotovelou-se, e não percebeu que cochilou.

"Martin!", alguém de repente começou a sussurrar em seu ouvido.

E Martin despertou do sono:

"Quem está aí?"

Ele se voltou, deu uma olhada na porta — não havia ninguém. Adormeceu de novo. De repente, escutou nitidamente:

"Martin, Martin! Olha amanhã para a rua. Eu virei!"

Martin acordou, levantou-se da cadeira e começou a esfregar os olhos, e não sabia se tinha escutado essas palavras no sonho ou na realidade. Apagou a lâmpada e foi dormir.

No dia seguinte, Avdiéitch se levantou antes do amanhecer, rezou a Deus, aqueceu a estufa, preparou *schi*,* o mingau, acendeu o samovar, pôs o avental e sentou-se junto à janela para trabalhar. E, trabalhando, Avdiéitch pensava no acontecido no dia anterior. E pensava duas coisas: ora pensava que tinha imaginado, ora lhe parecia

---

* Sopa russa à base de repolho com cenoura, cebola, às vezes beterraba ou outros legumes e alguma carne, bovina ou suína.

que tinha mesmo escutado uma voz. Mas para que pensar! Essas coisas acontecem.

E, sentado à janela, quando não estava trabalhando, olhava para fora e, quando passava alguém de botas desconhecidas, inclinava-se para espiar da janela, a fim de ver não só os pés, mas o rosto também. Passou o zelador usando umas botas de feltro novas, passou o aguadeiro, depois passou pela janela um soldado velho dos tempos de Nicolau I, com velhas botas de feltro revestidas e uma pá na mão. Avdiéitch o reconheceu pelas botas de feltro. O velhinho se chamava Stepánitch* e vivia de caridade em casa de um comerciante vizinho. Ele tinha a obrigação de ajudar o zelador. Stepánitch começou a limpar a neve em frente à janela de Avdiéitch. Avdiéitch olhou para ele e de novo se pôs a trabalhar.

"Olha só que bobo me tornei por causa da velhice", Avdiéitch riu de si mesmo. "Stepánitch está limpando a neve e eu pensando que Cristo vem me ver. Virei um bestalhão, um velhote bobo!"

Porém, Avdiéitch deu uns dez pontos e, de novo, sentiu vontade de olhar pela janela. E, ao olhar de novo pela janela, viu que Stepánitch tinha encostado a pá na parede, e ou bem tentava esquentar-se ou bem descansava.

Dá para ver que ele está velho, doente, e não tem forças para recolher a neve. E pensou Avdiéitch: eu podia lhe dar chá; o meu samovar, por sinal, está fervendo. Avdiéitch cravou a sovela, levantou-se, colocou o samovar na mesa, serviu o chá e bateu com os dedos no vidro. Stepánitch se voltou e aproximou-se da janela. Avdiéitch acenou para ele e foi abrir a porta.

"Vem cá se esquentar um pouco", disse ele. "Você deve estar gelado, não é?"

"Deus te abençoe! Já me doem os ossos", disse Stepánitch.

---

* Variação do patronímico Stepánovitch.

Stepánitch entrou, sacudiu a neve e começou a limpar os pés para não sujar o chão, e então cambaleou.

"Não precisa se limpar tanto. Eu vou enxugar depois, estou acostumado. Entra e senta, bebe um chazinho."

E Avdiéitch serviu dois copos, passou um ao convidado e ele mesmo despejou o seu num pires e começou a soprar.

Stepánitch bebeu seu copo, virou-o de ponta-cabeça, colocou em cima o restinho de açúcar e começou a agradecer. Via-se que ainda queria mais.

"Bebe mais", disse Avdiéitch, e serviu mais um copo para ele e para o convidado.

Avdiéitch bebia e olhava para a rua de quando em quando.

"O que foi, está esperando alguém?", perguntou o convidado.

"Quem estou esperando? Tenho vergonha de dizer: não sei mesmo se espero ou não, mas umas palavras ficaram gravadas no meu coração. Se é uma visão ou não, eu mesmo não sei. Mas sabe, irmãozinho, ontem li o Evangelho sobre Cristo Deus, como Ele sofreu, como Ele viveu na Terra. Você já ouviu falar disso, não é?"

"Ouvir ouvi", disse Stepánitch, "mas nós, gente ignorante, não sabemos ler."

"Pois eu li justamente como Ele viveu na Terra e li, sabe, como Ele chegou à casa de um fariseu e não fizeram nenhuma recepção para Ele. E eis, irmãozinho, que li ontem sobre isso e pensei em que ele não fez uma recepção de honra para Cristo Deus. E cheguei à conclusão de que eu, por exemplo, ou outra pessoa, não saberia recebê-lo e também não lhe faria uma recepção de honra. Mas ele não tentou fazer a recepção. E estava pensando nisso quando cochilei. Cochilei, meu irmãozinho, mas eis que escutei que me chamavam pelo meu nome: levantei-me e a voz murmurou, exatamente, 'amanhã virei'. Escutei duas vezes. Acredite ou não, isso ficou na minha cabeça. Repreendo a mim mesmo, mas só espero por Ele, pelo Meu Deus."

Stepánitch balançou a cabeça e não disse nada, terminou de beber seu copo e o deixou de lado, mas Avdiéitch pegou de novo o copo e serviu mais.

"Bebe mais e bom proveito! Também penso que, quando Ele, Meu Deus, esteve na Terra, não desprezou ninguém, e se deu bem melhor com as pessoas simples. Sempre andou com os simples e escolheu seus discípulos, sobretudo, no meio de nós, entre os trabalhadores, entre gente como nós, assim pecadores. Disse: 'Aquele que se eleva, esse se rebaixará, e aquele que se rebaixa, esse se elevará. Vocês Me chamam de Senhor e Eu digo: vou lavar seus pés. Digo, aquele que quiser ser o primeiro, então que seja o criado de todos. Porque bem-aventurados os humilhados, os humildes, os dóceis, os benevolentes'."

Stepánitch tinha esquecido seu chá, pois era velho e de pranto fácil. Escutava, sentado, e as lágrimas lhe rolavam pelo rosto.

"Bebe mais", disse-lhe Avdiéitch.

Mas Stepánitch se benzeu, agradeceu, afastou o copo e levantou-se.

"Obrigado, Martin Avdiéitch", ele disse. "Você me serviu e me saciou o corpo e a alma."

"Você é sempre bem-vindo! Volte outra vez, meu bom convidado", disse Avdiéitch.

Stepánitch saiu e Martin serviu o resto do chá, bebeu-o, arrumou a louça e de novo sentou-se à janela para trabalhar, costurar um contraforte. Costurava e olhava o tempo todo pela janela. Esperava Cristo e só pensava Nele e nas coisas que Ele faz, só tinha na cabeça as palavras de Cristo.

Passaram por ali dois soldados, um deles de botas cedidas pelo batalhão e o outro com botas próprias; passou depois o dono da casa vizinha, de galochas lustradas, e passou o padeiro com uma cesta. Todos passaram sem parar, e eis que ainda à janela se encostou uma mulher com meias de lã e sapatos rústicos. Passou junto à janela e parou entre a janela e a porta. Avdiéitch a acompanhou com o olhar desde a janela e viu que a mulher desconhecida estava malvestida e tinha uma criança no colo; ela ficou em pé junto à parede, com as costas ao vento, tentando agasalhar o bebê, mas não tinha com quê. A mulher estava vestida com roupas de verão em mau estado. E, por entre o caixilho, Avdiéitch escutava o bebê gritar, e ela tentava acalmá-lo, mas não conseguia de jeito nenhum. Avdiéitch levantou-se, saiu à porta e da escada gritou:

"Moça, moça!"

A mulher escutou e se virou.

"Mas por que fica aí no frio com o bebê? Venha para dentro. Dentro de casa será melhor para agasalhar o bebê. Venha por aqui."

A mulher se surpreendeu. Viu que era o velhinho de avental e óculos no nariz que a estava chamando. Foi atrás dele.

Desceram as escadas, entraram na casa e o velhinho conduziu a mulher à cama.

"Por aqui", disse. "Sente-se aqui, moça, mais perto da estufa, aqueça-se e dê de mamar ao bebê."

"Não tenho leite no peito. Eu mesma não como nada desde cedo", disse a mulher, mas apesar disso levou a criança ao peito.

Avdiéitch balançou a cabeça, foi até a mesa e pegou pão e uma tigela, abriu a porta da estufa,* serviu *schi*

---

* A estufa russa pode ter dois compartimentos com pequenas portas: um para a lenha e outro que funciona como forno para preparar alimentos como a *schi* ou o mingau, que precisavam de longa cocção, ou simplesmente para manter quentes os alimentos já preparados.

na tigela, pegou a panela de mingau, mas, como ainda não estava pronto, serviu apenas a *schi* e a pôs sobre a mesa. Pegou o pão, apanhou um lenço do ganchinho e o colocou sobre a mesa.

"Sente-se aqui", disse. "Coma, moça, que eu vou sentar com o bebê, pois tive filhos e sei cuidar deles."

A mulher se benzeu, sentou-se à mesa e começou a comer. Avdiéitch sentou-se na cama com o bebê. Avdiéitch tentava e tentava estalar os lábios para entreter o menino, mas não conseguia porque não tinha dentes. E o bebezinho gritava sem parar. Avdiéitch pensou em assustá-lo com os dedos; aproximava-os diretamente da boca e depois os retirava. E não lhe tocava a boca porque o dedo estava preto, sujo de breu. E, olhando para o dedo, o bebezinho acalmou-se e depois começou a rir. Então Avdiéitch se alegrou. A mulher comia, e começou a contar quem era e para onde ia.

"Eu sou mulher de um soldado", disse. "Há oito meses levaram meu marido para longe e não mandam notícias. Vivia do meu trabalho de cozinheira até dar à luz. Depois, com a criança, fui mandada embora, e eis que já faz três meses que ando por aí sem achar trabalho. Vendi tudo o que tinha para comprar comida. Queria achar trabalho como ama de leite, mas não me aceitaram! Dizem que estou magrela. Fui ver então a mulher de um comerciante. Como lá mora uma conhecida nossa, prometeu nos receber. Pensei que fosse logo, mas ela mandou que fôssemos na semana que vem. E mora longe. Eu estava exausta e senti pena de torturar o coitado. Por sorte a senhoria, que tem pena de nós, deixa-nos viver no apartamento de graça, caso contrário não sei como viveríamos."

Avdiéitch sussurrou:

"E você não tem uma roupa mais quente?"

"Como posso ter roupa quente? Ontem empenhei a última manta por uma moeda de vinte copeques."

A mulher se aproximou da cama e pegou o bebê. Avdiéitch se levantou, dirigiu-se ao armário, remexeu e trouxe uma velha *podióvka*.*

"Tome", disse. "Embora não seja boa, ainda presta para agasalhar."

A mulher olhou para a *podióvka*, olhou para o velhinho e começou a chorar. Avdiéitch virou-se, meteu-se debaixo da cama, abriu um bauzinho, procurou algo dentro dele e sentou-se de novo, diante da mulher.

E a mulher disse:

"Deus lhe pague, vovozinho, com certeza foi Ele que me trouxe à sua janela. Senão o meu filhinho teria congelado! Quando saí não estava tão frio, e agora está gelado. Mas Ele, Deus Meu, colocou o senhor à janela para que me visse e tivesse pena de mim."

Avdiéitch sorriu e disse:

"Pois é! Ele me pôs lá! Não é por acaso que eu olhava pela janela, moça."

E Martin contou seu sonho à mulher do soldado, e disse que ouviu uma voz prometendo que hoje o Senhor viria à casa dele.

"Tudo é possível", disse a mulher. Levantou-se, enrolou o filho na *podióvka*, começou a despedir-se e de novo agradeceu a Avdiéitch.

"Receba isto, em nome de Deus", disse Avdiéitch, e lhe deu vinte copeques. "Resgate a manta." A mulher se benzeu, Avdiéitch se benzeu também e a acompanhou até a porta.

A mulher foi embora. Avdiéitch tomou a *schi*, arrumou tudo e se sentou para trabalhar. Enquanto trabalhava, lembrava-se de olhar pela janela e ver se escurecia e quem passava. Passaram tanto conhecidos como desconhecidos, e não havia ninguém especial.

---

* Peça de roupa masculina comprida, franzida na cintura, que se veste por baixo do agasalho.

OS ÚLTIMOS DIAS DE TOLSTÓI

E eis que Avdiéitch viu que, justo em frente à sua janela, parou uma velha vendedora. Ela carregava uma cesta com maçãs. Só restavam algumas, via-se que tinha vendido quase tudo. Ela levava um saco de lenha no ombro. Provavelmente a tinha juntado em alguma construção e iria levá-la para casa. Notava-se que seu ombro já se cansara, e por isso queria passá-la para o outro. Descarregou o saco na calçada, colocou a cesta com maçãs na colunazinha e começou a arrumar a lenha no saco. Enquanto arrumava o saco, não se sabe de onde apareceu um rapazinho de quepe rasgado, agarrou uma maçã da cesta e tentou fugir, mas a velha percebeu, virou-se e o agarrou pelas mãos. O rapazinho se agitava, queria soltar-se, mas a velha o segurava com ambas as mãos; então derrubou-lhe o quepe e segurou-o pelos cabelos. O menino gritava, a velha xingava. Avdiéitch não teve tempo de espetar a sovela, deixou-a cair no chão, e correu até a porta, até tropeçou na escada e deixou cair os óculos. Avdiéitch saiu correndo à rua: a velha sacudia o rapazinho por um tufo de cabelos, e xingava, queria levá-lo à polícia. O rapazinho se defendia e se justificava:

"Eu não peguei nada. Por que está me batendo? Me solte!"

Avdiéitch começou a apartá-los, pegou o menino pela mão e disse:

"Solte-o, vovó, perdoe-o pelo amor de Deus!"

"Eu vou fazê-lo pagar, para que não se esqueça até o ano que vem. Para a polícia é que vou levar esse bicho danado!"

Avdiéitch começou a suplicar à velha:

"Solte-o, vovó", disse. "Ele nunca mais vai fazer isso. Solte-o, pelo amor de Deus!"

A velha o soltou, e o menino queria correr, mas Avdiéitch o segurou.

"Peça perdão à vovó", ele disse. "E daqui em diante não faça mais isso. Eu vi que você pegou a maçã."

O rapazinho começou a chorar e a pedir perdão.

"É isso mesmo. E agora toma uma maçã."

Avdiéitch pegou a maçã da cesta e a deu ao rapazinho.

"Eu vou lhe pagar, vovó", ele disse à velha.

"Assim você vai acabar mimando esses canalhas", disse a velha. "Tem mais é que lhe dar uma surra que o deixe sem poder sentar por uma semana."

"Ai, vovó, vovó", disse Avdiéitch. "Pela lei dos homens deve ser assim, mas, segundo Deus, não. Se por causa da maçã é preciso açoitá-lo, o que é preciso fazer conosco por causa dos nossos pecados?"

A velha ficou calada.

E Avdiéitch contou à velha a parábola do credor que perdoou por completo uma grande dívida de um servo, que por sua vez foi embora e começou a esganar alguém que lhe devia. A velha escutava e o menino também.

"Deus nos disse para perdoar", disse Avdiéitch, "ou não seremos perdoados. Perdoar a todos, especialmente os ingênuos."

A velha balançou a cabeça e suspirou.

"Isso é verdade", disse a velha. "Mas eles são travessos demais."

"Cabe a nós, os velhos, educá-los", disse Avdiéitch.

"Isso digo eu", disse a velha. "Tive sete filhos, mas apenas uma sobreviveu."

E a velha começou a contar onde e como vivia, na casa da filha, e quantos netinhos tinha.

"Pois é!", disse. "E, com as forças que tenho, trabalho sem parar. Tenho pena dos meus netinhos, são tão bons! Ninguém me recebe como eles. Aksiutka gosta mais de estar comigo do que com qualquer um, e não se desgruda de mim. 'Vovó querida, vovozinha amada'", e a velha era só ternura.

"É coisa de crianças. Vá com Deus", disse a velha ao rapazinho.

E, mal a velha mostrou que queria levantar o saco e colocá-lo no ombro, o rapazinho se aproximou de um salto e disse:

"Me dê aqui que eu levo, vovó, está no meu caminho." A velha fez que sim e passou o saco para o rapazinho.

E foram embora pela rua. A velha se esqueceu de pedir a Avdiéitch o dinheiro da maçã. Avdiéitch ficou olhando para eles e ouviu que iam conversando sobre algum assunto.

Avdiéitch os acompanhou com o olhar, depois voltou para casa, achou seus óculos, que não se quebraram na escada, levantou a sovela e sentou-se de novo para trabalhar. Trabalhou um pouco e, quando não conseguiu enfiar a linha na agulha, viu que o lanterneiro passava para acender as lâmpadas. "Dá para ver que está na hora de acender o fogo", pensou. Colocou querosene na lâmpada, pendurou-a e de novo se pôs a trabalhar. Terminou uma bota por completo, girou-a, olhou para ela e disse: Está boa. Arrumou os instrumentos, limpou os retalhos, organizou as linhas e finalmente as sovelas, pegou a lâmpada, colocou-a em cima da mesa e pegou o Evangelho da prateleira. Queria abrir o livro no mesmo lugar em que tinha enfiado um pedaço de marroquim um dia antes, mas o abriu em outra parte. E, assim que abriu o Evangelho, Avdiéitch se lembrou do sonho do dia anterior. E, assim que se lembrou, na mesma hora ouviu um barulho, como se alguém se mexesse, como se dessem passos atrás dele. Avdiéitch olhou ao redor e viu: havia de fato alguém no canto escuro, havia alguém e ele não podia distinguir quem era. E uma voz lhe murmurou ao ouvido:

"Martin! Martin! Será que você não me reconheceu?"

"Quem é?", perguntou Avdiéitch.

"Sou eu", disse a voz. "Sou Eu mesmo."

E Stepánitch saiu do canto escuro, sorriu e, assim como uma nuvenzinha se desmancha, desapareceu...

"E sou Eu", disse a voz.

E a mulher com o bebê saiu do canto escuro. Ela sorriu, e o bebezinho começou a rir, e também desapareceram.

"E sou Eu", disse a voz.

E saíram a velha e o rapazinho com a maçã, e ambos sorriram e desapareceram.

E a alma de Avdiéitch se alegrou, ele se benzeu, pôs os óculos e começou a ler o Evangelho, no lugar em que abrira. E no alto da página leu:

"Pois tive fome e me destes de comer, tive sede e me destes de beber. Era forasteiro e me recolhestes" (Mateus, 25: 35).

E no fim da página leu:

"Em verdade vos digo: cada vez que o fizestes a um desses meus irmãos mais pequeninos, a mim o fizestes" (Mateus, 25: 40).

E Avdiéitch compreendeu que seu sonho não fora um engano, e que seu Salvador de fato tinha ido à sua casa e que de fato ele O tinha recebido.

[Tradução de Natalia Quintero]

De O *reino de Deus está em vós*
[1893]

*A questão da resistência não violenta ao mal
deve ser aceita pelos homens de hoje*

VIII

Costuma-se dizer que, se o cristianismo fosse uma verdade, então deveria ter sido aceito por todas as pessoas assim que apareceu, e que deveria ter mudado a vida das pessoas, tornando-a melhor. Mas dizer isso é a mesma coisa que dizer que, se o grão de trigo é germinativo, então deve imediatamente produzir broto, flor e fruto.

A doutrina cristã não tem uma legislação que, ao ser imposta à força, possa no mesmo instante mudar a vida das pessoas. O cristianismo é, antes de mais nada, uma nova e elevada concepção de vida. Uma nova concepção da vida não pode ser prescrita, só pode ser assimilada livremente.

E a livre assimilação de uma nova concepção de vida só pode acontecer por dois meios: um espiritual, interior, e outro experimental, exterior.

A algumas pessoas — à minoria — os sentimentos proféticos mostram, imediatamente, a verdadeira doutrina, de forma que se entregam a ela e a cumprem. Outras — a maioria — somente por um longo caminho de erros, experiências e sofrimentos são levadas ao conhecimento da verdade da doutrina e de sua necessária assimilação.

E eis que agora a maioria das pessoas da humanidade cristã é levada a essa necessária assimilação da doutrina por meio da experiência e de meios externos.

Às vezes se pensa: para que foi necessária a deturpação do cristianismo, que é agora o grande obstáculo à sua adoção em seu verdadeiro sentido? E no entanto essa deturpação do cristianismo que conduz as pessoas à situação em que se encontram foi a condição necessária para que a maioria delas pudesse compreendê-lo em seu verdadeiro significado.

Se o cristianismo tivesse sido apresentado às pessoas em sua forma verdadeira, e não deturpada, não teria sido aceito pela sua maioria, e essa maioria teria ficado alheia a ele, como o são os povos da Ásia. Ao aceitar o cristianismo em sua forma deturpada, os povos que o aceitaram submeteram-se, mesmo que de forma lenta, a sua influência indubitável, e o longo caminho experimental de erros e dos sofrimentos deles decorrentes conduziu agora à necessidade de sua assimilação em seu verdadeiro sentido.

A deturpação do cristianismo e sua adoção pela maioria das pessoas em sua forma deturpada foram necessárias da mesma forma que, para que o grão de trigo germinasse, foi necessário ter permanecido coberto pela terra.

A doutrina cristã é ao mesmo tempo doutrina de verdade e profecia.

Há 1800 anos, a doutrina cristã revelou às pessoas a verdade acerca de como devem viver, e ao mesmo tempo previu como seria a vida humana caso as pessoas não vivessem de acordo com ela, mas continuassem a viver sobre as bases em que haviam vivido até então, e como seria se aceitassem a doutrina cristã e a praticassem na própria vida.

Ao proferir o Sermão da Montanha, que deve guiar a vida das pessoas, Cristo disse:

Assim, todo aquele que ouve estas minhas palavras e as põe em prática será comparado a um homem sensato que construiu a sua casa sobre a rocha. Caiu a chuva, vieram as enxurradas, sopraram os ventos e deram contra aquela casa, mas ela não caiu, porque estava alicerçada na rocha. Por outro lado, todo aquele que ouve estas minhas palavras, mas não as pratica, será comparado a um homem insensato que construiu a sua casa sobre a areia. Caiu a chuva, vieram as enxurradas, sopraram os ventos e deram contra aquela casa, e ela caiu, e foi grande a sua ruína! (Mateus, 7: 24-27).

E eis que depois de dezoito séculos a profecia se cumpriu. Ao não seguir a doutrina de Cristo em geral, e sua revelação sobre a resistência não violenta na vida em sociedade, as pessoas involuntariamente chegaram a essa situação de inevitável perecimento que Cristo prometeu aos que não seguissem sua doutrina.

Costuma-se pensar que a questão da resistência não violenta ao mal é uma questão inventada que pode ser desprezada. Contudo, a própria vida põe essa questão diante de todas as pessoas e diante de cada homem que pensa e exige, inevitavelmente, sua resolução. Essa questão existe na vida social das pessoas, desde que foi pregada a doutrina cristã, e é a mesma que se apresenta ao viajante sobre qual caminho seguir quando ele chega a uma bifurcação na estrada por onde seguia. Ele não pode dizer "não vou pensar, vou continuar da mesma forma que ia antes", porque antes havia apenas um caminho e agora existem dois, e é inevitável escolher um dos dois.

Da mesma forma, desde que a doutrina de Cristo se tornou conhecida para as pessoas, não é possível dizer: vou viver como vivia antes, sem resolver a questão da resistência não violenta ao mal. É necessário, diante do aparecimento de cada disputa, decidir: resistir ou não resistir àquilo que considero o mal por meio da violência.

A questão da resistência não violenta ao mal surgiu quando aconteceu a primeira disputa entre as pessoas, já que cada disputa não é senão a resistência violenta àquilo que cada um dos que disputam considera o mal. Mas antes de Cristo as pessoas não tinham percebido que a resistência violenta ao que cada um considera o mal, só porque ele considera que o mal é aquilo que outro considera o bem, é apenas uma das maneiras de resolver as disputas, e que outra maneira é a resistência não violenta ao mal.

Antes da doutrina de Cristo, imaginava-se que a resistência ao mal pela violência fosse a única forma de resolução das disputas, e nessas situações cada um dos disputantes agiu assim, esforçando-se para convencer a si mesmo e aos outros de que isso que considera o mal é em verdade o mal absoluto.

E por isso, desde a antiguidade, as pessoas começaram a inventar definições do mal que fossem obrigatórias para todos. Essas definições do mal obrigatórias para todos foram apresentadas como decretos de leis que, supostamente, foram recebidos por uma via sobrenatural, ou como ordens das pessoas ou do conjunto de pessoas a que se atribuiu a virtude da infalibilidade. As pessoas têm utilizado a violência contra outras pessoas e persuadiram a si mesmas e aos outros de que usavam essa violência contra o mal reconhecido por todos como tal.

Tal método tem sido utilizado desde tempos antigos, especialmente pelos que tomaram o poder, e por muito tempo as pessoas não viram a insensatez desse método.

Mas, quanto mais as pessoas têm vivido, e quanto mais complexas se tornaram suas relações, mais evidente se tornou que resistir pela violência ao que cada um considera o mal é insensato, e que uma disputa não se torna menor com isso e que nenhuma definição humana pode fazer que aquilo que uns consideram o mal seja considerado pelos demais como tal.

Já na época em que surgiu o cristianismo, no mesmo lugar de seu surgimento, no Império Romano, estava claro para grande número de pessoas que aquilo que Nero e Calígula consideravam o mal contra o qual se devia resistir pela violência não podia ser considerado o mal pelas demais pessoas. Já então as pessoas começaram a entender que as leis humanas, mesmo que emitidas como se fossem lei divina, eram escritas por pessoas, e que as pessoas não são infalíveis, ainda que estivessem investidas de majestade externa, e que as pessoas que erram não se tornam infalíveis pelo fato de se juntarem e denominarem a si mesmas como "o Senado" ou qualquer outro nome semelhante. Já então isso foi sentido e entendido por muitos. E então Cristo pregava sua doutrina, que consiste não apenas na não resistência ao mal pela violência, mas em uma doutrina de uma nova concepção de vida.

Parte dessa doutrina, ou melhor, sua aplicação para a vida social, era justamente o ensino sobre os meios de aniquilação dos conflitos entre todos os homens não em termos de uma obrigação aplicada somente para que uma parte das pessoas se submeta sem resistência ao que lhe seria prescrito por uma autoridade reconhecida. Pelo contrário, a aplicação desse novo conceito de vida deve ser realizada nos termos de que ninguém, especialmente aqueles que estão no poder, deveria recorrer à violência contra as pessoas em nenhum caso.

Essa doutrina só foi aceita então por uma minoria de discípulos. Mesmo depois da aceitação simbólica do cristianismo, a maioria das pessoas, sobretudo as que exerciam o poder sobre os outros, continuou a manter para si o princípio de resistir pela violência ao que considerava o mal. Assim foi durante os Impérios Romano e Bizantino, e assim continuou depois.

A inconsistência da definição do princípio autoritário do mal e da resistência a ele pela violência, já evidente nos primeiros anos do cristianismo, tornou-se ainda mais óbvia com a desagregação do Império Romano em vários Estados com poderes iguais, durante as hostilidades entre eles e em suas lutas internas.

Mas as pessoas não estavam preparadas para receber a solução dada por Cristo, e o antigo meio de definição do mal, ao qual se deve resistir através do estabelecimento de leis obrigatórias para todos e que resultaram na utilização da força, continuou a ser empregado. E o responsável por decidir o que devia ser considerado o mal e a que se devia resistir por meio da violência era o papa, o imperador, o rei, um conjunto de pessoas eleitas ou todo o povo. Mas dentro e fora do Estado sempre se encontraram pessoas que não reconheciam para si a obrigatoriedade das ordens emitidas como se fossem divinas, nem as estabelecidas pelas pessoas investidas de santidade, nem as instituições obrigadas a representar a vontade do povo. E houve também quem considerasse o bem aquilo que o poder existente considerava o mal, e esses lutaram contra o poder com a mesma violência utilizada contra eles.

As pessoas investidas de santidade consideravam que o mal era aquilo que as pessoas e instituições investidas de poder laico consideravam ser o bem, e vice-versa. E as lutas se tornaram mais e mais cruéis. E, quanto mais tempo as pessoas mantinham tal método de resolução das lutas, tanto mais evidente se tornou que esse método não presta, porque não há, nem pode haver, uma autoridade externa que dê uma definição do mal que seja reconhecida por todos.

Assim continuou por dezoito séculos e se chegou ao que existe agora: à evidência absoluta de que uma definição externa do mal que faça sentido para todos não existe e não pode existir. Chegamos à situação em que não só não se acredita na possibilidade de encontrar essa definição geral que faça sentido para todos, mas à situação em que os que detêm o poder deixaram de demonstrar o que consideram ser o mal. O mal existe, mas eles dizem diretamente que consideram o mal aquilo de que não gostam, e as pessoas que obedecem ao poder começaram a fazê-lo não porque acreditam que a definição do mal dada por esse poder seja justa, mas apenas porque não podem deixar de obedecer. Não é porque Nice foi anexada à França e a Lorena à Alemanha ou a Boêmia à Áustria. Nem porque a Polônia foi desmembrada, nem porque a Irlanda e a Índia estejam submetidas ao governo britânico, nem porque se combata contra a China e se matem os africanos, nem porque os americanos expulsem os chineses e os russos persigam os judeus, nem porque os proprietários sejam donos da terra que não cultivam e os capitalistas aproveitem o fruto do trabalho realizado por outros que isso é o bem necessário e útil para as pessoas, contra o qual existe o mal. Isso é o bem só porque os que detêm o poder querem que assim seja. E aconteceu o que temos agora: algumas pessoas exercem a violência não mais em nome da resistência ao mal, mas em nome de seu próprio proveito ou capricho, e os demais se submetem à violência não porque considerem, como se supunha antes, que a violência é feita contra eles em nome de sua libertação do mal, mas só porque não conseguem se livrar da violência.

Se o romano, o homem da Idade Média, ou nosso homem russo, tal e como me lembro dele há cinquenta anos, estava indubitavelmente convencido de que a violência existente era necessária para libertá-lo do mal e de que os impostos, os tributos, a servidão, as prisões, os látegos, os chicotes, os trabalhos forçados, as execuções, o serviço militar e as guerras existiam porque assim devia ser, agora não só é raro encontrar uma pessoa que acredite que toda essa violência que se faz liberte alguém de algum mal, como é difícil achar alguém que não veja com clareza que a maior parte dessa violência à qual ele está sujeito e da qual participa pelo menos em parte é, em si mesma, um grande e inútil mal.

Não há agora quem não veja não só a inutilidade e o absurdo de arrecadar impostos do povo trabalhador para o enriquecimento de funcionários ociosos ou a insensata imposição de castigos, como a deportação de um lugar para outro, ou o confinamento em prisões de pessoas fracas e corruptas que, vivendo assim, na ociosidade e abastecidas, só se tornam mais corruptas e fracas. E não só a inutilidade e o absurdo, mas também, diretamente, a loucura e a crueldade dos preparativos militares e das guerras que devastam e arruínam os povos não têm explicação nem justificativa. No entanto, essas formas de violência são continuadas e apoiadas pelos mesmos que veem sua inutilidade, seu absurdo e sua crueldade, e que sofrem por causa delas.

Se há cinquenta anos tanto o rico ocioso como o trabalhador ignorante acreditavam que a situação de ociosidade eterna para uns e de trabalho eterno para outros tinha sido determinada por Deus, agora, não só na Europa mas também na Rússia, graças ao aumento da população e à difusão da alfabetização e da publicação de livros, é difícil encontrar entre os ricos ou entre os pobres alguém em quem, de uma forma ou de outra, não tenha penetrado a dúvida sobre a justiça dessa ordem de coisas. Os ricos não só sabem que são culpados pelo fato de serem ricos como se esforçam em expiar sua culpa fazendo sacrifícios em prol da ciência ou da arte, da mesma forma como antes faziam sacrifícios à igreja. Mas a metade do povo trabalhador agora reconhece francamente que a ordem existente está errada, e portanto destinada à destruição ou à mudança. Algumas pessoas religiosas, as assim chamadas "sectárias", das quais temos milhões na Rússia, reconhecem que essa ordem de coisas está errada e destinada à destruição, com base na compreensão da doutrina evangélica no seu verdadeiro sentido. Outros consideram errada essa ordem com base nas teorias socialistas, comunistas e anarquistas, que têm surgido agora nas camadas mais baixas do povo trabalhador.

A violência agora se sustenta não no fato de ser considerada necessária, mas no fato de existir há muito tempo e de ser organizada pelas pessoas para quem é proveitosa, isto é, para os governos e para as classes dirigentes, de tal forma que as pessoas que se encontram sob seu poder não podem se livrar dela.

Em nossos tempos, os governos — todos eles, tanto os mais despóticos como os liberais — se tornaram o que Herzen[1] tão bem denominou como Gengis Khan com telégrafo, isto é, organizações da violência em cuja base não há nada além do brutal arbítrio, e que ao mesmo tempo se aproveitam, para a dominação e a opressão das pessoas, de todos os meios que a ciência elaborou para a pacífica atividade social e coletiva de pessoas livres e com direitos iguais.

Os governos e as classes dirigentes não se apoiam hoje no direito, nem sequer em uma aparência de justiça, mas em uma organização tão engenhosa, graças ao progresso da ciência, que todas as pessoas estão enredadas em um círculo de violência do qual não há nenhuma possibilidade de escapar. Esse círculo é agora formado por quatro meios de influência sobre as pessoas. Esses meios estão relacionados entre si e dão sustentação um ao outro, como os elos de uma corrente.

O primeiro e mais antigo dos métodos é a intimidação. Esse método consiste na apresentação da organização existente do Estado (seja ele livre e republicano ou o mais selvagem e despótico) como algo sagrado e imutável, e assim se castigam com as mais cruéis execuções todas as tentativas de transformá-la. Da mesma forma que antes, esse meio é utilizado agora, invariavelmente, onde quer que exista um governo: na Rússia contra os chamados niilistas, nos Estados Unidos contra os anarquistas, na França contra os imperialistas, monarquistas, *communards* e anarquistas. As estradas de ferro, os telégrafos, os telefones, a fotografia e o método aperfeiçoado para manter as pessoas afastadas em prisões isoladas por anos, sem matá-las, mas onde elas, ocultas dos outros, morrem e são esquecidas, e muitas outras invenções modernas que, de preferência, os governos utilizam, dão-lhes tamanha força que, uma vez que o poder cai em certas mãos, a polícia, tanto a secreta como a comum, a administração e qualquer tipo de promotor, carcereiros ou verdugos trabalham com tal zelo que não há a menor possibilidade de se derrubar o governo, por mais insensato e cruel que seja.

O segundo método é a corrupção. Ela consiste em arrancar a riqueza do laborioso povo trabalhador por meio de tributos pecuniários, a fim de distribuir essa riqueza entre funcionários que, a troco disso, estão incumbidos de sustentar e fortalecer a submissão do povo.

Esses funcionários corruptos, dos mais altos ministros aos mais baixos escriturários, ao estabelecer uma inquebrantável rede de pessoas ligadas umas às outras pelo único interesse comum de nutrir-se do trabalho do povo, quanto mais enriquecidos, tanto mais docilmente executam a vontade dos governos, sempre e em todas as partes, sem se deter ante qualquer procedimento, e em todas as esferas de ação, eles se defendem com a palavra e obra da violência do governo, na qual se baseia seu bem-estar.

O terceiro método não posso chamar de outra forma a não ser hipnotização do povo. Esse meio consiste em deter o desenvolvimento espiritual das pessoas e, por meio de diversas sugestões, sustentar nelas uma concepção de vida humana já caduca na qual se fundamenta o poder do governo. Essa hipnotização está atualmente organizada da forma mais complexa, começando sua influência desde a primeira infância, e continuando até a morte. Essa hipnotização tem início nos primeiros anos nas escolas obrigatórias, criadas para esse propósito, nas quais se instila nas crianças uma visão de mundo própria de seus antepassados, que contradiz diretamente a consciência humana moderna. Nos países onde existe uma religião estatal, ensinam-se às crianças absurdos sacrilégios de catecismos eclesiásticos, com a instrução da necessidade de obedecer às autoridades. Nos Estados republicanos, ensinam-lhes a selvagem superstição do patriotismo e a imaginária obrigação da obediência ao governo. Em anos posteriores, continua-se essa hipnotização mediante o estímulo da superstição religiosa e patriótica. A superstição religiosa é estimulada por meio da reunião do povo em templos, procissões, monumentos e festividades, com o auxílio da pintura, da arquitetura, da música e de bálsamos que deixam as pessoas atordoadas e, o mais importante de tudo, com a manutenção do chamado clero, cuja responsabilidade consiste em ofuscar as pessoas e mantê-las permanentemente atordoadas, por meio da ênfase nos serviços religiosos, dos sermões e da intervenção na vida privada das pessoas quando de seu nascimento, de seu casamento e de sua morte. A superstição patriótica é estimulada por meio de solenidades, espetáculos, monumentos e festividades organizados pelos governos e pelas classes dirigentes — com a arrecadação de dinheiro do povo —, que levam as pessoas à aceitação da importância exclusiva de sua nação e da grandeza exclusiva de seu Estado e seus governantes, e à hostilidade e até ao ódio contra as outras nações. Por isso, a impressão e difusão de livros que esclarecem o povo são diretamente proibidas pelos governos despóticos, e todas as pessoas que podem fazer acordar os outros de sua inconsciência são deportadas ou trancafiadas. Além disso, em todos os governos, sem exceção, oculta-se do povo aquilo que pode libertá-lo e estimula-se o que pode pervertê-lo, como as obras literárias que apoiam superstições religiosas e patrióticas primitivas, e todo tipo de divertimento sensual, como espetáculos, circos, teatros, e até alguns tipos de entorpecimento físico, como o tabaco ou a vodca, que constituem a principal fonte de renda do Estado.

Estimula-se até a prostituição, que não só é reconhecida, mas organizada pela maioria dos governos. Tal é o terceiro método.

O quarto método consiste em selecionar, de todas as pessoas que foram escravizadas e entorpecidas mediante os três métodos anteriores, uma parte delas para serem submetidas a métodos especialmente intensos de entorpecimento e embrutecimento, a fim de torná-las instrumento de todas as crueldades e atrocidades necessárias ao governo. Esse entorpecimento e embrutecimento são conseguidos porque tomam essas pessoas quando são tão novas que não houve tempo de amadurecer nelas qualquer concepção clara, ou qualquer moral, quando são afastadas de todas as condições humanas normais de vida — casa, família, pátria, um trabalho sensato — para, trancadas juntas em quartéis e vestidas com roupa especial, obrigá-las a fazer todo dia certos movimentos inventados para esse fim, sob a coerção de gritos, tambores, música e objetivos fulgurantes. E esses métodos levam as pessoas a tal estado de hipnose que elas deixam de ser gente para se tornarem máquinas insensatas submetidas ao hipnotizador. Esses jovens fisicamente fortes e hipnotizados (e agora, durante o serviço militar obrigatório, todos os jovens), munidos de instrumentos de assassínio, sempre submetidos ao poder do governo e dispostos a cometer qualquer ato violência por ordem dele, constituem o quarto e mais importante método de submissão das pessoas.

Esses métodos encerram o círculo da violência.

A intimidação, a corrupção e a hipnotização levam as pessoas a se disporem a ser soldados. Os soldados sustentam o poder e a possibilidade de castigar e espoliar as pessoas (subornando os funcionários com o dinheiro tomado delas), e de hipnotizar e recrutar novas pessoas para se transformar nesses mesmos soldados, que sustentam o poder de fazer tudo isso.

O círculo está fechado e é impossível escapar dele pela força.

Se muitos afirmam que a libertação da violência, ou pelo menos seu enfraquecimento, pode acontecer como consequência da derrubada pela força do governo opressor pelos oprimidos e de sua substituição por outro, contra o qual já não será necessária essa violência e submissão, e alguns tentam fazer isso, então essas pessoas apenas se enganam e enganam os outros, e com isso não melhoram, mas pioram essa situação. A atividade dessas pessoas só fortalece o despotismo dos governos. Essas tentativas de libertação só fornecem pretextos aos governos para o fortalecimento de seu poder, e de fato provocam seu fortalecimento.

Até se admitirmos que, como consequência de condições especialmente desfavoráveis ao governo, como aconteceu por exemplo na França em 1870, qualquer governo poderia ser derrubado pela força e o poder passar para outras mãos, então esse novo poder de forma alguma seria menos opressivo que o anterior, e sempre, pelo contrário, ao defender-se de todos os seus exacerbados inimigos derrocados, seria ainda mais despótico e cruel que o anterior, como tem acontecido em todas as revoluções.

Se os socialistas e comunistas consideram que o mal é a organização individualista capitalista da sociedade, e os anarquistas consideram que o mal é o governo em si, existem monarquistas, conservadores e capitalistas que consideram que o mal é o socialismo, a organização comunista e a anarquia. E nenhum desses partidos tem algum outro vínculo entre as pessoas além da violência. E, como nenhum desses partidos conseguiu triunfar, tanto para introduzir sua ordem como para manter o poder, devem utilizar não só as formas de violência existentes, mas inventar outras. Novas pessoas serão subjugadas, e as pessoas serão coagidas de outra forma, por meio de uma violência e de uma submissão ainda mais cruéis porque, em razão das disputas, o ódio entre as pessoas se torna mais forte, e ao mesmo tempo se fortalecem e se criam novas formas de submissão.

Sempre foi assim depois de todas as revoluções e de todas as tentativas de revolução, e de todas as conspirações e de todas as mudanças violentas de governo. Qualquer luta só faz fortalecer os métodos de subjugação daqueles que em dado momento se encontram no poder.

A situação das pessoas em nosso mundo cristão e, em especial, seus ideais mais aparentes comprovam isso de forma assombrosamente convincente.

Resta apenas uma esfera da atividade humana não tomada pelo poder governamental: a esfera familiar-econômica, a esfera da vida privada e do trabalho. E agora essa esfera, graças às lutas entre comunistas e socialistas, começa aos poucos a ser atingida pelos governos, de forma que o trabalho, o descanso, a moradia, a roupa e o alimento das pessoas serão aos poucos determinados e prescritos pelos governos, caso se cumpra a vontade dos reformadores.

Todo o longo percurso de 1800 anos de vida dos povos cristãos os conduziu de novo à necessidade por eles evitada, a de resolver a questão da aceitação ou não aceitação da doutrina de Cristo, e à resolução da questão sobre a resistência não violenta ao mal que resulta dessa doutrina, mas com a diferença de que antes as pessoas podiam aceitar ou não a solução dada pelo cristianismo, enquanto hoje essa decisão é inevitável porque só ela pode libertá-los da situação de escravidão em que eles se emaranharam, como se estivessem presos a uma rede.

Mas não só o desastre da situação das pessoas as conduz a essa necessidade. Com a prova negativa da falsidade da organização pagã, apareceu a prova positiva da veracidade da doutrina cristã.

Não por acaso, ao longo de dezoito séculos as melhores pessoas de toda a humanidade cristã reconheceram a verdade da doutrina por via interna espiritual, e deram seu testemunho a respeito, apesar de quaisquer ameaças, privações, desastres e torturas. Essas pessoas, com seu martírio, encarnaram a verdade da doutrina e a transmitiram às massas.

O cristianismo penetrou na consciência da humanidade não só por via negativa, mediante a prova da impossibilidade de continuar a vida pagã, mas também por meio de sua simplificação, de seu esclarecimento, da libertação das superstições misturadas com ele, e de sua difusão entre todo tipo de pessoas.

Dezoito séculos de fé cristã não passaram sem efeito para as pessoas que a receberam, embora apenas em aparência. Esses dezoito séculos fizeram com que agora as pessoas, tendo continuado a vida pagã, que não corresponde à idade da humanidade, não só vejam claramente todo o desastre da situação em que se encontram, como também acreditem no fundo da alma (só vivem porque têm fé) que a salvação dessa condição está no cumprimento da doutrina cristã em seu verdadeiro sentido. Sobre como e quando acontecerá essa salvação, as pessoas pensam de modo diferente, de acordo com seu desenvolvimento mental e com os preconceitos do seu meio, mas qualquer um em nosso mundo reconhece que nossa salvação está na prática da doutrina cristã. Alguns crentes que reconhecem o caráter divino da doutrina cristã consideram que a salvação chegará quando todas as pessoas acreditarem em Cristo, e que o segundo advento está próximo. Outros, que também reconhecem a divindade da doutrina de Cristo, consideram que a salvação acontecerá por meio da igreja, que subordina todas as pessoas, ensina-lhes as virtudes cristãs e transforma a própria vida. Um terceiro grupo, que não reconhece Cristo como Deus, considera que a salvação das pessoas acontecerá por meio de um progresso lento e gradativo, durante o qual os fundamentos da vida pagã serão aos poucos trocados pelos fundamentos da liberdade, igualdade e fraternidade, isto é, pelos fundamentos cristãos. Um quarto grupo, que prega uma reestruturação social, considera que a salvação acontecerá quando, por meio de uma violenta reviravolta, as pessoas forem forçadas à propriedade coletiva, à ausência de governos e ao trabalho coletivo e não individual, isto é, à realização unilateral da doutrina cristã.

De uma maneira ou de outra, mas em qualquer caso, todas as pessoas do nosso tempo rejeitam em sua consciência a organização pagã caduca vigente e reconhecem — com frequência sem sabê-lo e achando-se inimigos da cristandade — que nossa salvação está na aplicação da doutrina cristã, ou de uma parte dela, em seu verdadeiro sentido.

O cristianismo, como disse seu mestre, não pôde materializar-se imediatamente para a maioria das pessoas, mas teve de crescer, como uma árvore gigante, a partir de uma semente minúscula. E assim cresceu, se não ainda na realidade, pelo menos na consciência das pessoas de nossa época.

Agora não só a minoria das pessoas, que sempre reconheceu o cristianismo por via interna, reconhece seu verdadeiro sentido, mas também toda a enorme maioria das pessoas que por sua vida social parecia tão distante do cristianismo.

Observem a vida privada dos indivíduos, escutem as avaliações dos atos que fazem ao julgar outras pessoas, escutem não só os sermões e discursos públicos, mas também as instruções que dão os pais e educadores a seus pupilos, e verão como a vida social das pessoas, ligada à violência, está longe da realização da verdade cristã na vida privada, em que só as virtudes cristãs são consideradas boas por todos sem exceção nem discussão e em que os atos anticristãos são considerados ruins por todos sem exceção e sem discussão. E consideram-se as melhores pessoas as que dedicam abnegadamente a vida ao serviço da humanidade e sacrificam-se em prol dos outros. E consideram-se as piores pessoas as egoístas que usam as calamidades do próximo em benefício pessoal.

E se alguns ideais não cristãos como a força, a coragem e a riqueza são ainda reconhecidos por pessoas puramente cristãs, esses não são vividos e compartilhados por todos, nem pelas pessoas consideradas as melhores. Já ideais diferentes dos cristãos que sejam compartilhados e sempre reconhecidos como concernentes a todos não existem.

A situação da nossa humanidade cristã, se vista desde fora, com sua crueldade e sua escravidão de pessoas, é verdadeiramente terrível. Mas, se olharmos para ela da perspectiva da consciência, o espetáculo que se apresenta é com certeza diferente.

É como se todo o mal da nossa vida existisse só porque apareceu há muito tempo, e as pessoas que o fazem não conseguiram, não aprenderam a deixar de fazê-lo, mas nenhuma deseja fazê-lo. É como se todo esse mal existisse por alguma outra causa que não dependesse da consciência das pessoas.

Por mais estranho e contraditório que pareça, todas as pessoas de nossa época odeiam essa mesma ordem de coisas que elas próprias sustentam.

Parece-me que é Max Müller[2] quem conta da admiração de um índio convertido ao cristianismo que, tendo absorvido a essência da doutrina cristã, chegou à Europa e deparou com a vida dos cristãos. Esse homem não conseguia esconder seu assombro diante da realidade, absolutamente contraditória com aquilo que esperava achar entre os povos cristãos.

Se não nos assombramos com a contradição entre nossas crenças, convicções e atos, é porque a influência que oculta das pessoas tal contradição também age sobre nós. Basta olharmos para a nossa vida da perspectiva desse índio que compreendeu o cristianismo em seu verdadeiro sentido, sem concessões ou adaptações, e para as selvagens atrocidades de que está cheia nossa vida para que nos espantemos diante dessas contradições entre as quais vivemos, frequentemente sem percebê-las.

Basta lembrar os preparativos para as guerras, as metralhas, as balas prateadas, os torpedos — e a Cruz Vermelha; o estabelecimento de prisões isoladas, os experimentos de execução com eletricidade — e a preocupação com o bem-estar dos prisioneiros; as atividades filantrópicas dos ricos — e sua vida, que leva à pobreza daqueles pobres que eles beneficiam. E essas contradições não provêm, como pode parecer, do fato de as pessoas fingirem ser cristãs quando são pagãs, mas, ao contrário, do fato de lhes faltar alguma coisa, ou da existência de alguma força que as impede de ser aquilo que elas sentem dentro de sua consciência, e que de verdade querem ser. As pessoas de nossa época não fingem que odeiam a opressão, a desigualdade, a segregação das pessoas e qualquer tipo de crueldade não somente contra as pessoas senão também contra os animais. Elas de fato odeiam tudo isso, mas não sabem como pôr um fim a isso, ou não se decidem a abandonar aquilo que sustenta todas essas contradições e que lhes parece necessário.

Na verdade, perguntem em separado a cada contemporâneo nosso se ele considera não só louvável, mas digno de uma pessoa do nosso tempo, receber um ordenado desproporcional por se dedicar à arrecadação de impostos do povo — que na maioria dos casos é pobre — para com esse dinheiro fazer canhões, torpedos e instrumentos de assassínio de pessoas com quem desejamos estar em paz, e que desejam o mesmo em relação a nós; ou perguntem se acham digno dedicar a vida à construção desses instrumentos de assassínio, por esse mesmo salário, ou preparar-se para matar e preparar outras pessoas para esse fim. E perguntem se é louvável e digno do ser humano, e apropriado para um cristão, dedicar-se, de novo por dinheiro, a capturar os infelizes, perdidos e frequentemente ignorantes bêbados, porque eles se apropriam dos bens dos outros em quantidades menores do que nós nos apropriamos, e porque matam de uma forma diferente da nossa, e por isso trancá-los em prisões, torturá-los e matá-los. Será que é louvável e digno da pessoa e de um cristão, de novo por dinheiro, no lugar do cristianismo pregar entre o povo superstições claramente absurdas e nocivas? Será que é louvável e digno da pessoa privar o próximo daquilo que lhe é necessário para a satisfação de suas necessidades básicas, só por capricho, como fazem os grandes proprietários, ou obrigá-lo a levar uma insuportável vida de trabalhos destrutivos a fim de aumentar suas riquezas, como fazem os usineiros e fabricantes, ou aproveitar-se das necessidades das pessoas para o aumento de suas riquezas, como fazem os comerciantes? E cada um em separado, especialmente quando se estiver falando sobre outra pessoa, dirá que não.

Ao mesmo tempo, essa mesma pessoa que vê a baixeza desses atos, ele mesmo, sem ser obrigado por ninguém e às vezes até sem o benefício pecuniário do salário, ele mesmo, livremente, movido pela vaidade infantil, por uma bugiganga de porcelana, por uma fitinha ou por um galãozinho que lhe permitirão portar, ele próprio, livremente, irá fazer o serviço militar, ou tornar-se juiz de instrução, juiz de paz, ministro, policial, bispo, diácono, em cumprimento de cargos em que deve fazer todas essas coisas de cuja baixeza e vergonha ele inevitavelmente tenha conhecimento.

Sei que muitas dessas pessoas, confiantes em si próprias, vão tentar provar que consideram sua situação não somente legal, mas necessária; e vão dizer, em defesa própria, que o poder vem de Deus, que cargos estatais são necessários para o bem da humanidade, que a riqueza não é contrária ao cristianismo, que ao jovem rico foi ordenado entregar seus bens só se ele quiser ser perfeito, e que a atual distribuição da riqueza e o atual comércio são como devem ser, pois são proveitosos para todos, e assim por diante. No entanto, todas essas pessoas sabem, mesmo que tentem enganar a si mesmas e aos outros, que tudo quanto fazem é contrário àquilo em que creem e em cujo nome vivem e, no fundo da alma, quando ficam a sós com sua consciência, sentem vergonha e pena ao lembrar-se do que fazem, especialmente se a baixeza de suas ações lhes for mostrada. É impossível que o homem da nossa época, quer professe ou não a divindade de Cristo, não saiba que participar seja como tsar, ministro, governador, ou policial, em fazer vender a última vaca de uma família pobre para com isso pagar impostos por meio dos quais serão feitos canhões ou para pagar o salário e a pensão de funcionários ociosos e prejudiciais que vivem no luxo; ou participar de atos como trancar em prisão o arrimo da família que nós mesmos pervertemos, deixando sua família sem nada no mundo; ou participar de roubos e de assassínios das guerras; ou incutir superstições selvagens de idolatria em vez da Lei de Cristo; ou apropriar-se da vaca de alguém que não tem terra por tê-la achado na sua própria terra; ou descontar do salário do trabalhador de uma fábrica porque ele quebrou alguma coisa sem querer; ou cobrar de um pobre o dobro do valor de algo só porque ele está em extrema necessidade — é impossível que uma pessoa de nossa época não saiba que essas práticas são ruins, vergonhosas e que não devem ser perpetradas. Todos sabem isso. Todos sabem que o que fazem é ruim, e não começariam a fazer isso por nada no mundo se estivessem em condição de resistir às forças que lhes fecham os olhos para a criminalidade de seus atos e os arrastam a cometê-los.

Não há nada em que o grau de contradição ao qual chegou a vida das pessoas do nosso tempo seja tão evidente do que, precisamente, o fenômeno que constitui

OS ÚLTIMOS DIAS DE TOLSTÓI   89

o quarto método de expressão da violência: o serviço
militar obrigatório.

Pois eis que, só porque essa situação de armamento
universal e serviço militar obrigatório aconteceu passo
a passo, tornou-se imperceptível que para sua manutenção o governo emprega todos os meios de poder com
que conta, tais como a intimidação, a corrupção, o entorpecimento e a violência, de forma que não vemos a
gritante contradição entre essa situação e os sentimentos
e as ideias cristãs que realmente penetraram em todas as
pessoas de nosso tempo.

Tal contradição se tornou tão costumeira para nós
que não percebemos o absurdo horroroso e a imoralidade dos atos, tanto das pessoas que por vontade própria escolhem a profissão de assassinar, como se fosse
algo honorável, quanto das infelizes pessoas que aceitam cumprir o serviço militar obrigatório, ou das que
vivem em países onde ele não vigora, mas entregam o
fruto do seu trabalho, voluntariamente, para recrutar
os soldados e prepará-los para se tornar assassinos.
Pois todas essas pessoas, sejam cristãs ou pregadoras
do humanismo ou de ideias liberais, todas sabem que
ao realizar esses atos se tornam participantes e, por
causa do serviço militar obrigatório, executores dos
mais insensatos, inúteis e cruéis assassinatos, mas mesmo assim elas os cometem.

E, como se não bastasse, na Alemanha, de onde tira-
ram o conceito de serviço militar obrigatório, Caprivi[3]
revelou um fato que antes tinha sido diligentemente es-
condido, a saber, que não apenas os estrangeiros devem
ser mortos, mas os conterrâneos, esses mesmos trabalhadores dentre os quais foi recrutada a maioria dos soldados. E essa confissão não abriu os olhos das pessoas, e
não as deixou espantadas. Depois de tudo isso elas continuam, como antes, indo como cordeiros para o quartel
e submetendo-se a tudo o que lhes é exigido.

E isso não é tudo: há pouco tempo, o imperador alemão esclareceu de maneira ainda mais exata o significado e a vocação do combatente, ao distinguir com condecoração um soldado e agradecer-lhe por ter assassinado um prisioneiro indefeso em sua tentativa de fuga. Ao agradecer a uma pessoa e condecorá-la por uma ação que sempre foi considerada a mais infame até mesmo pelas pessoas do mais baixo nível moral, Guilherme II[4] mostrou que o dever mais importante do soldado e apreciado pelas autoridades consiste em ser um carrasco, mas não como os carrascos profissionais, que executam apenas criminosos condenados, mas um carrasco que executa todos os inocentes que os superiores ordenam matar.

E mesmo isso não é tudo: em 1891, esse mesmo Guilherme, *enfant terrible* do poder de Estado que manifesta aquilo que outros apenas pensam, ao falar com uns soldados disse publicamente o seguinte, o que foi divulgado por milhares de jornais um dia depois. Disse ele:

Recrutas! Diante do altar e do servo de Deus vocês prometeram fidelidade a *mim*. E vocês são ainda demasiado jovens para entender o verdadeiro significado de tudo o que foi dito aqui, mas antes de tudo se preocupem em seguir sempre as ordens e instruções dadas. Vocês *me* juraram fidelidade, jovens da *minha* guarda. Significa que agora vocês são *meus* soldados, que vocês *se entregaram a mim de corpo e alma*. Agora existe para vocês um inimigo, e é aquele que é *meu* inimigo. Nas atuais intrigas socialistas *pode acontecer que eu ordene a vocês atirar contra seus próprios parentes, irmãos, até seus pais* — que Deus me livre —, *e então vocês estão obrigados a cumprir as minhas ordens sem dizer nada.*

Esse homem expressa o que todos os governantes sabem, mas que cuidadosamente ocultam. Ele diz com todas as letras que as pessoas que servem no exército estão a serviço *dele* e de *seu* proveito, e que devem estar preparadas para matar seus irmãos e pais, para o proveito *dele*.

Ele manifesta diretamente, com as palavras mais grosseiras, todo o horror do crime para o qual se preparam os homens que se tornam soldados, e todo o pântano de humilhação ao qual chegam ao prometer obediência. Como hipnotizador corajoso, ele prova o grau de entorpecimento do hipnotizado: ao lhe encostar um ferro incandescente no corpo, este estala e fumega, mas o entorpecido não acorda.

Esse pobre homem doente, atordoado pelo poder, insulta com as suas palavras tudo o que pode haver de sagrado para o ser humano de nossa época, e as pessoas, cristãs, liberais e pessoas instruídas de nosso tempo, todas, não apenas não se perturbam diante desse insulto como nem sequer o notam. Apresenta-se às pessoas o último e mais extremo experimento, em sua forma mais grosseira e ríspida. E é como se as pessoas nem notassem que isso é um experimento, e que elas têm possibilidade de escolha. É como se não houvesse possibilidade de escolha, como se o caminho da obediência servil fosse o único. Pode-se pensar que tais palavras, que insultam tudo o que o homem de nosso tempo considera sagrado, deveriam revoltar as pessoas, mas não acontece nada semelhante. Todos os jovens de toda a Europa, ano após ano, submetem-se a esse experimento, e, com exceções mínimas, todos renunciam a tudo o que pode ser sagrado para o ser humano, todos manifestam disposição de matar seus irmãos, até seus pais, por ordem do primeiro homem perdido, ataviado com libré orlada de vermelho e ouro, e só perguntam quem e quando lhes ordenam matar. E eles estão dispostos a isso.

Pois cada selvagem tem algo sagrado pelo qual está disposto a sofrer e não se render. Mas onde está o sagrado para o homem de nosso tempo? Dizem-lhe: vem para a escravidão, para tal escravidão em que estás obrigado a matar até o teu próprio pai e ele, em geral um homem erudito, que passou por todas as ciências na universidade, docilmente deixa que lhe ponham a coleira no pescoço. Vestem-lhe um traje de bufão, ordenam-lhe que pule, que faça caretas, que faça mesuras e que mate, e ele faz tudo de forma obediente. E, quando é liberado, ele volta todo atordoado para sua vida anterior, e continua a falar sobre a dignidade do homem, a liberdade, a igualdade e a fraternidade.

"Sim, mas o que fazer?", perguntam com frequência as pessoas, com sincera perplexidade. "Se todos se negassem, então já seria alguma coisa, mas o que eu posso fazer sozinho? Sofrer e não ser útil para nada nem ninguém."

É verdade. O homem com uma concepção social da vida não pode se recusar. O sentido de sua vida é seu bem-estar pessoal. É melhor para ele submeter-se, então ele se submete.

Não importa o que lhe for feito, não importa que o torturem, que o humilhem, ele se submeterá porque sozinho não pode fazer nada, pois não tem um princípio em nome do qual possa resistir sozinho à violência. E aqueles que os controlam nunca permitem unir-se. Costumam dizer que a invenção de terríveis instrumentos bélicos de assassínio aniquilará a guerra, que a guerra aniquilará a si própria. Isso não é verdade. Assim como é possível aprimorar os métodos de extermínio das pessoas, é possível também aprimorar os métodos de submissão das pessoas a uma concepção social de vida. Matem-nos aos milhares, aos milhões, façam-nos em pedaços, e eles, de todas as maneiras, como gado insensato, irão ao matadouro porque os levam a chicotadas, e outros irão porque, a troco disso, lhes permitirão levar fitinhas e galõezinhos, e eles até estarão orgulhosos disso.

E essa massa de pessoas, entorpecida a ponto de prometer matar os próprios pais, esses homens públicos —

OS ÚLTIMOS DIAS DE TOLSTÓI

conservadores, liberais, socialistas, anarquistas — falam sobre como construir uma sociedade sensata e moral. Mas que sociedade sensata e moral pode ser construída por tais pessoas? Assim como com troncos podres e tortos não é possível construir uma casa, por mais que sejam colocados juntos, com tais pessoas não é possível construir uma sociedade sensata e moral. Com tais pessoas pode-se apenas formar um rebanho de animais dirigidos por meio de gritos e do látego do pastor.

E eis que pessoas por um lado consideradas cristãs, que professam a liberdade, igualdade e fraternidade, estão também dispostas, em nome da liberdade, a submeter-se à própria escravidão, à obediência humilhante, e em nome da igualdade estão dispostas às mais violentas e insensatas divisões entre as pessoas — apenas a partir de sinais externos — entre elevadas e baixas, e entre aliados e inimigos, e em nome da fraternidade estão dispostas a matar seus irmãos.*

A contradição entre a consciência e a vida, e portanto o tormento resultante desse desastre, chegou ao último degrau, para além do qual é impossível continuar. A vida, construída sobre os princípios da violência, chegou à rejeição desses mesmos fundamentos em nome dos quais foi instituída. A construção da sociedade sobre os princípios da violência, com o objetivo da manutenção do bem-estar pessoal, familiar e social, conduziu as pessoas à completa rejeição e à aniquilação desses bens.

---

* O fato de em algumas nações, como a Inglaterra ou os Estados Unidos, não existir o serviço militar obrigatório (embora já ressoem vozes em favor disso), mas o recrutamento de soldados, não muda muito a situação de escravidão do cidadão em relação ao governo. Uns devem, eles próprios, ir e matar ou serem mortos, e os outros, entregar o fruto de seu trabalho para o recrutamento e a preparação para o assassínio. (Liev Tolstói)

A primeira parte da profecia se cumpriu contra as pessoas e suas gerações que não receberam a doutrina, e seus descendentes foram agora levados à necessidade de experimentar a justiça da segunda parte dessa profecia.

[Tradução de Natalia Quintero]

De O *que é arte?*
[1896]

V

Para uma definição mais precisa de arte, é necessário, antes de mais nada, parar de olhar para ela como se fosse um meio de prazer e passar a observá-la como uma das condições da vida humana. Observando a arte dessa forma, não podemos deixar de notar que ela é um dos meios para a comunicação entre os homens.

Toda obra de arte faz com que o receptor entre numa espécie de comunicação com quem criava ou cria a arte e com todos que ao mesmo tempo, antes ou depois, receberam ou vão receber a mesma impressão artística.

A arte age exatamente da mesma forma como a palavra que transmite o pensamento e a experiência das pessoas, servindo para unir os homens. A peculiaridade desse meio de comunicação, que o distingue da comunicação por meio de palavras, consiste nisto: enquanto através das palavras um homem transmite seus pensamentos, através da arte as pessoas transmitem sentimentos umas às outras.

A ação da arte é baseada na capacidade do homem de experimentar, por meio da audição ou da visão, a expressão do sentimento experimentado por outrem.

Um exemplo simples: uma pessoa ri — outra fica mais alegre; alguém chora e os que ouvem esse choro se entristecem; alguém se excita e se irrita, e o outro que olha para ele é levado ao mesmo estado de espírito. Uma pessoa expressa ânimo ou, ao contrário, frustração, calma, por meio de gestos ou de sons da voz, e seu estado de humor será comunicado aos outros. Uma pessoa sofre e manifesta seu sofrimento através de gemidos e crispação, e sua dor é transmitida aos outros; uma pessoa expressa seu sentimento de admiração, reverência, temor, respeito por determinados objetos, indivíduos e acontecimentos — e outras pessoas se contagiam, experimentam os mesmos sentimentos de admiração, reverência, temor, respeito para com os mesmos objetos, indivíduos e acontecimentos.

Ora, nessa capacidade das pessoas de se contagiar com sentimentos de outras pessoas se fundamenta a ação de arte.

Se uma pessoa contagia outra ou outras diretamente por sua aparência ou por um som que emite, e no mesmo instante, quando experimenta essa sensação, obriga o outro a bocejar quando ela quer bocejar, faz com que outros riam ou chorem; quando ela mesma ri, chora ou sofre por algum motivo, isso ainda não é a arte.

A arte começa quando o homem evoca novamente dentro de si o sentimento já experimentado, com o objetivo de transmiti-lo para outras pessoas, e o expressa por meio de determinados sinais externos.

Tomemos um exemplo mais simples: suponhamos que um menino assustado após ter encontrado um lobo narre esse encontro. Para despertar nos outros a sensação por ele experimentada, descreve a si próprio, seu estado antes do encontro, o ambiente, a floresta, sua despreocupação, a aparência do lobo, seus movimentos, a distância entre ele e o lobo etc. Caso o menino, ao contar sua história, volte a experimentar a sensação, contagie os ouvintes e faça que eles próprios passem a sentir o mesmo que o narrador — isso é a arte. E caso o menino, ainda que jamais tenha visto um lobo, mas costumasse temê-lo e quisesse comunicar a outros sua sensação de pavor, tenha inventado um encontro com um lobo e o narrado de modo a provocar nos ouvintes a mesma sensação que experimentou ao imaginar o lobo — nesse caso, também há arte. Da mesma forma, portanto, a arte existirá quando uma pessoa, tendo experimentado o pavor do sofrimento ou o fascínio do prazer, na realidade ou na imaginação, expressar na tela ou no mármore esses sentimentos de modo a contagiar alguém. A arte também existirá quando uma pessoa tiver sentido ou imaginado sensações de alegria, felicidade, tristeza, desespero, ânimo, aflição, bem como as transições entre esses sentimentos, expressando-os de tal maneira que os ouvintes se contagiem e os vivenciem assim como ela os vivenciou.

Os sentimentos dos mais variados, muito fortes ou muito fracos, muito importantes ou muito insignificantes, muito maus ou muito bons, só compõem o objeto da arte quando contagiam o leitor, o espectador e o ouvinte. Sentimentos de abdicação e submissão ao destino ou a Deus expressos num drama; ou êxtase de amantes descrito num romance; ou o sentimento de voluptuosidade retratado num quadro; ou o de ânimo expresso pela marcha triunfal na música; ou de alegria evocada por uma dança; ou o cômico suscitado por uma anedota; ou o sentimento de quietude transmitido por uma paisagem de entardecer ou por uma canção — é tudo arte.

No momento em que os espectadores e os ouvintes se contagiam pela mesma sensação que experimentou seu autor — isso é a arte.

A ação da arte consiste em despertar um sentimento já experimentado e ao fazer isso transmitir esse sentimento através de movimentos, cores, sons, imagens, palavras, de tal forma que os outros experimentem o mesmo sentimento. A arte é a atividade humana em que uma pessoa, conscientemente, através de certos sinais exteriores, comunica aos outros sentimentos vivenciados por ela, de tal modo que estes se contagiem e vivenciem os mesmos sentimentos.

A arte não é, como dizem os metafísicos, a manifestação de uma ideia misteriosa da beleza ou de Deus; tampouco, como dizem os estetas fisiologistas, a arte é uma atividade lúdica na qual o homem libera o excedente de sua energia acumulada; não é a manifestação de emoções por sinais externos; nem a produção de objetos agradáveis. O principal é que a arte não é o prazer, mas um meio de comunicação que, unindo pessoas pelos mesmos sentimentos, é indispensável para a vida e o progresso de cada indivíduo e de toda a humanidade.

Graças à capacidade humana de entender pensamentos expressos por meio de palavras, cada indivíduo pode conhecer tudo o que a humanidade fez para ele no âmbito do pensamento, pode, no presente, em virtude dessa capacidade de entender pensamentos alheios, participar das atividades de outras pessoas; graças a essa capacidade, ele mesmo pode transmitir pensamentos que recebeu dos outros e os formulados por ele mesmo para seus contemporâneos e descendentes. Assim, em virtude de nossa capacidade de nos contagiarmos, por meio da arte, com sentimentos de outras pessoas, torna-se acessível para nós tudo o que a humanidade experimentou no âmbito dos sentimentos antes de nós; tornam-se acessíveis para seus contemporâneos sentimentos experimentados por outras pessoas há milhares de anos; e torna-se possível a transmissão desse sentimento para outras.

Se não tivéssemos a capacidade de compreender todas as ideias concebidas por nossos predecessores e de transmitir nossos pensamentos às outras pessoas, seríamos semelhantes aos animais ou a Kaspar Hauser.[1]

Se faltasse ao homem a faculdade de se contagiar pela arte, seríamos ainda mais selvagens e, principalmente, ainda mais distantes e hostis.

É por isso que a atividade da arte é uma atividade de suma importância, tão importante e tão difundida quanto a atividade da fala.

Assim como a palavra não age sobre nós apenas em sermões, discursos ou livros, mas em todas aquelas falas através das quais transmitimos ao outro nosso pensamento e nossa experiência, da mesma forma também a arte (no sentido amplo da palavra) permeia toda a nossa vida, mas só para algumas de suas manifestações é que aplicamos o termo arte propriamente dito.

Fomos habituados a só reconhecer como arte aquilo que lemos, ouvimos e vemos nos teatros, nos concertos, nas exposições, assim como prédios, estátuas, poemas, romances... Porém, tudo isso não passa de uma ínfima parte daquela arte através da qual nos comunicamos com outros durante a vida. Toda a existência humana está plena de criações artísticas de toda espécie, desde canções de ninar, brincadeiras, arremedos, decoração de casas, vestimentas, utensílios, até os ofícios religiosos e cerimônias solenes. Tudo isso é atividade artística. Portanto, não chamamos de arte (no sentido estrito da palavra) toda atividade humana que transmite os sentimentos, mas apenas a que por algum motivo destacamos dentre todas essas atividades e à qual atribuímos um significado especial.

Essa importância especial sempre foi atribuída àquela porção de atividade que transmitia os sentimentos decorrentes da consciência religiosa das pessoas, e é essa pequena parte de toda a arte que foi chamada de arte no sentido pleno da palavra.

Assim entendiam a arte antigos sábios: Sócrates, Platão e Aristóteles. Assim também a compreendiam os profetas hebreus e os primeiros cristãos; desse modo a entendiam e continuam entendendo os muçulmanos; e como, em nosso tempo, entende-a a gente religiosa do povo.

Alguns mestres da humanidade, como Platão, em *A República*, os primeiros cristãos, os rígidos muçulmanos e os budistas costumavam negar qualquer forma de arte.

Os que viam a arte desse modo, ao contrário da visão atual que considera qualquer arte boa desde que dê prazer, achavam e acham que a arte (ao contrário da palavra que não necessita ser ouvida) é tão altamente perigosa em seu poder de contagiar as pessoas contra sua vontade, que a humanidade perderia muito menos se toda arte fosse banida do que se todo tipo de arte fosse permitido.

Certamente, essas pessoas que negavam toda e qualquer arte estavam erradas, pois rejeitavam o que não pode ser rejeitado — um dos meios de comunicação sem o qual a humanidade não poderia viver. Mas não estão menos erradas as pessoas de nossa civilizada sociedade europeia, de nosso círculo e de nossa época quando admitem toda e qualquer arte que sirva ao belo, ou seja, desde que proporcione prazer às pessoas.

Antigamente, temendo deparar com objetos de arte capazes de corromper as pessoas, proibiam-na completamente. Agora, diante do medo de privar-se de algum prazer proporcionado pela arte, patrocinam toda e qualquer arte. Penso que o segundo erro é bem mais grosseiro que o primeiro, e que suas consequências são mais nocivas.

XV

Em nossa sociedade, a arte foi desvirtuada a tal ponto que não somente a arte ruim veio a ser considerada boa, como a própria noção do que é arte se perdeu. Desse modo, para poder falar sobre a arte em nossa sociedade, é preciso, antes de tudo, distinguir a verdadeira arte da falsa.

Existe um indício incontestável que distingue a arte verdadeira da falsa — o contágio. Se uma pessoa, sem nenhum esforço de sua parte e sem mudar sua situação, ao ler, ouvir ou ver uma obra de outro homem, experimenta um estado de espírito que a une a esse homem e aos outros que percebem assim como ela o objeto de arte, então o objeto que provocou esse estado é uma obra de arte. Por mais que esse objeto seja poético, pareça autêntico, impressionante ou interessante, não será uma obra de arte se não despertar no homem aquela sensação muito peculiar de felicidade, de comunhão espiritual com o outro (autor) ou com outros (ouvintes ou espectadores) que contemplam a mesma obra de arte.

É verdade que esse indício é *interno* e que as pessoas que esqueceram a ação produzida pela verdadeira arte e esperam dela algo completamente diferente — essas pessoas são a grande maioria na nossa sociedade — podem pensar que a sensação de diversão e uma certa excitação provocada por uma falsificação da arte constituem uma sensação estética. Embora seja impossível dissuadir tais pessoas, assim como é impossível convencer um daltônico de que o verde não é o vermelho, para pessoas que não tiveram seu gosto corrompido e atrofiado em relação à arte, esse indício continua bem definido, permitindo distinguir com nitidez a sensação produzida pela arte de todas as outras.

A principal particularidade dessa sensação é que o receptor se funde de tal modo com o artista que lhe parece que o objeto percebido não foi feito por outra pessoa, mas por ele mesmo, e que tudo o que esse objeto expressa é exatamente o que ele gostaria de expressar há muito tempo. A verdadeira obra de arte faz com que na consciência do receptor se elimine a divisão entre ele e o artista, e não só entre ele e o artista, mas entre ele e todas as pessoas que entram em contato com a mesma obra de arte. E nessa libertação da pessoa de seu isolamento de outras pessoas, de sua solidão, nessa fusão de um indivíduo com outros, está a principal força atrativa e característica da arte.

Se um homem experimenta esse sentimento, se fica contagiado com o estado de espírito do autor, se vivencia uma fusão com outras pessoas, então o objeto que evoca esse estado é arte; sem esse contágio, sem a fusão com o autor e com os receptores da obra, não há arte. Mas não basta que o contágio seja um sinal irrefutável da arte, o grau desse contágio é a única medida do valor artístico.

Quanto mais forte o contágio, melhor é a arte como arte, sem falar de seu conteúdo — isto é, sem considerar o valor dos sentimentos que ela transmite.

A arte se torna mais ou menos contagiante em consequência de três condições: 1) da maior ou menor singularidade daquele sentimento que está sendo transmitido; 2) da maior ou menor clareza da transmissão desse sentimento; e 3) da sinceridade do artista, isto é, da maior ou menor força com a qual o artista experimenta os sentimentos que transmite.

Quanto mais singular for o sentimento transmitido, mais fortemente ele atuará sobre o receptor. Quanto mais particular for o estado de espírito para o qual o receptor é transportado, maior prazer ele experimentará e, portanto, irá fundir-se com esse estado com maior vontade e força.

A clareza da expressão do sentimento contribui para o contágio porque, ao fundir-se com o autor em sua consciência, o receptor fica mais satisfeito à medida que se torna mais claramente expresso o sentimento que, conforme lhe parece, ele já experimenta e conhece há muito tempo, e para o qual só agora encontrou uma expressão.

Porém, o grau de contágio da arte aumenta muito mais pelo grau de sinceridade do artista. Assim que o espectador, ouvinte ou leitor sente que o artista está contagiado por sua obra e está escrevendo, cantando ou atuando para si mesmo, e não apenas para exercer influência sobre os outros, o estado de espírito do artista contagia o receptor. E, ao contrário, se o espectador, leitor ou ouvinte sente que o autor está escrevendo, cantando ou atuando não para a própria satisfação, mas para ele, para o receptor, e não sente aquilo que deseja expressar, surge uma resistência, e então o mais novo e particular sentimento, a mais requintada técnica não produzem impressão alguma e até se tornam repulsivos.

Estou falando de três condições de contágio e valor artístico, mas de fato só existe uma — a última, a de que o artista deve sentir uma necessidade interior de expressar o sentimento que transmite. Essa condição inclui a primeira porque, se o artista é sincero, ele vai expressar seu sentimento tal como o percebeu. Uma vez que cada homem é diferente do outro, o sentimento será singular para todos os demais e, quanto mais intenso for o artista, tanto mais singular, mais sincero e mais íntimo será o sentimento. A mesma sinceridade o forçará a encontrar uma expressão clara do sentimento que deseja transmitir.

Portanto, a terceira condição — a sinceridade — é a mais importante das três. Ela sempre se manifesta na arte popular, o que garante seu poderoso efeito, e está quase totalmente ausente na arte de nossa classe alta, que é incessantemente produzida pelos artistas com vistas a seus objetivos pessoais, por ganância ou vaidade.

Trata-se de três condições cuja presença separa a arte de suas falsificações e, ao mesmo tempo, determina o valor de qualquer obra de arte, a despeito de seu conteúdo.

Na ausência de uma dessas condições, a obra não pertencerá à arte, mas sim às suas falsificações. Se ela não transmite a particularidade individual do sentimento do artista e, portanto, não é especial, se a obra não é expressa de forma inteligível ou se não procede da necessidade íntima do autor, não é uma obra de arte. Ao passo que, se todas as três condições estiverem presentes, ainda que em menor grau, a obra será arte, mesmo que seja fraca.

A presença em graus variados das três condições, a singularidade, a clareza e a sinceridade, determina o valor dos objetos de arte como tal, seja qual for seu conteúdo. Todas as obras de arte são classificadas conforme seu valor, segundo a presença dessas três condições em maior ou menor grau. Em uma prevalece a singularidade do sentimento transmitido; em outra, a clareza da expressão; na terceira, a sinceridade; enquanto em uma quarta, a sinceridade e a singularidade, mas falta clareza; na quinta, a singularidade e a clareza, mas tem menos sinceridade, e assim por diante, em todos os graus e combinações possíveis.

[Tradução de Anastassia Bytsenko]

Carta a Ernest Howard Crosby, de Nova York, sobre a resistência não violenta

[1896]

My dear Mr. Crosby,

Estou muito feliz com as notícias sobre seu trabalho e que esse trabalho esteja começando a atrair atenção. Há cinquenta anos, a declaração de Garrison sobre a resistência não violenta ao mal[1] despertou apenas apatia, e todo o trabalho de cinquenta anos de Ballou[2] na mesma direção foi recebido com silêncio tenaz. Tive o grande prazer de ler no *Voice* excelentes pensamentos de escritores americanos sobre a questão da resistência não violenta. Considero uma exceção apenas a opinião do sr. Bemis, retrógrada, em nada fundamentada, que difama Cristo, supondo que a expulsão do gado do templo significa que ele fustigou as pessoas, aconselhando seus discípulos a fazer o mesmo.[3]

Os pensamentos formulados por esses escritores, especialmente H. Newton[*] e G. Herron,[**] são excelentes, mas não posso deixar de lamentar o fato de esses pensamentos não responderem à questão que Cristo apresentou diante do povo, mas à que apresentaram em seu

[*] Richard Heber Newton (1840-1914), pastor norte-americano de Boston.
[**] George Herron (1862-1925), pastor norte-americano, partidário do socialismo cristão.

lugar os chamados mestres ortodoxos da igreja, os principais e mais perigosos inimigos do cristianismo.

Mr. Higginson* afirma que a lei da resistência não violenta é inadmissível como regra geral (*"non-resistance is not admissible as a general rule"*). H. Newton afirma que os resultados práticos (*"practical results"*) da aplicação da doutrina de Cristo vão depender do grau de fé das pessoas nessa doutrina. O sr. C. Martyn** considera que essa etapa em que nos encontramos ainda não é conveniente para a aplicação da doutrina da resistência não violenta. G. Herron afirma que, para seguir a lei da resistência não violenta, é preciso aprender a aplicá-la à vida. O mesmo afirma a sra. Livermore,*** supondo que só será possível seguir a lei da resistência não violenta no futuro.

Todas essas visões tratam do que aconteceria com as pessoas se lhes impusessem o cumprimento da lei da resistência não violenta; mas, em primeiro lugar, é totalmente impossível forçar todas as pessoas a adotar a lei da resistência não violenta e, em segundo, se isso fosse possível, seria a negação mais aguda do próprio princípio que se está desenvolvendo. Forçar todas as pessoas a não usar a força com os outros! Quem vai forçar as pessoas a fazer isso?

Em terceiro lugar, e mais importante, a questão apresentada por Cristo não é, de jeito nenhum, se a resistência não violenta pode se tornar uma lei geral para toda a humanidade, mas sobre o que deve fazer cada pessoa em particular para realizar seu desígnio, salvar sua alma e realizar a obra de Deus, o que conflui para a mesma coisa.

---

* Thomas Wentworth Higginson (1823-1911), jornalista norte-americano, colaborador do jornal *Voice*.
** Carlos Martyn (1843-1917), pastor norte-americano.
*** Mary Ashton Livermore (1820-1905), militante do movimento pela abolição da escravidão nos Estados Unidos e pela igualdade de direitos das mulheres.

A doutrina cristã não prescreve nenhuma lei para todas as pessoas, não diz às pessoas: por medo da punição, siga tudo, tais e tais regras, e todos serão felizes — mas explica para cada pessoa em particular sua condição no mundo, e mostra-lhe o que é inevitável para ela sair pessoalmente dessa situação. A doutrina cristã diz para cada indivíduo que sua vida, se ele reconhece que sua vida é sua e que o objetivo dela são os bens mundanos, para ele próprio ou para outras pessoas, não pode ter nenhum sentido racional, porque esses bens, apresentados como objetivo da vida, nunca podem ser alcançados, já que, em primeiro lugar, todas as criaturas aspiram aos bens da vida mundana, e esses bens são adquiridos por algumas criaturas sempre à custa de outras, de modo que cada indivíduo em particular não apenas não pode obter os bens desejados como muito provavelmente deve até provocar muitos sofrimentos desnecessários na luta por esses bens inalcançáveis; em segundo lugar porque, se uma pessoa adquire bens mundanos, quanto mais os adquire, menos fica satisfeita e mais quer novos bens; em terceiro lugar, e o mais importante, porque, quanto mais tempo uma pessoa vive, inevitavelmente chegarão a velhice, as doenças e por fim a morte, que aniquila a possibilidade de qualquer bem mundano.

Assim, se uma pessoa considera que sua vida é sua e que o objetivo dela é a satisfação mundana, para si mesma ou para outras pessoas, então essa vida não pode ter nenhum sentido racional para ela. A vida só ganha um sentido racional quando a pessoa percebe que o reconhecimento de sua vida como sua e o objetivo dela de ser a satisfação mundana, para si mesma ou para os outros, são um erro, e que a vida de uma pessoa não lhe pertence, que recebeu essa vida de alguém, mas que ela pertence àquele que a criou e, portanto, seu objetivo deveria consistir não na obtenção dessa satisfação mundana, para si mesma ou para os outros, mas apenas na realização da vontade de quem a criou. Só com essa compreensão da vida ela ganha um sentido racional, e o objetivo dela, que consiste na realização da vontade de Deus, torna-se possível; e, o mais importante, apenas com essa compreensão determinadas atividades humanas se tornam claras, e o desespero e o sofrimento do antigo sentido já não são inerentes.

O mundo e eu dentro dele, fala para si mesma essa pessoa, existimos por vontade de Deus. Não posso saber sobre minha relação e a de todo mundo com ele, mas posso saber o que Deus quer de mim, enviando-me a esse mundo infinito no tempo e no espaço e, portanto, inacessível à minha compreensão, porque isso se abriu para mim e faz parte da tradição, ou seja, tanto na mentalidade coletiva das melhores pessoas do mundo que viveram antes de mim como em minha mente e em meu coração, ou seja, no anseio de todo o meu ser.

A tradição, a sabedoria reunida de todas as melhores pessoas que viveram antes de mim, diz-me que devo agir com os outros como gostaria que agissem comigo; minha mente me diz que o bem maior das pessoas só é possível quando todas as pessoas fizerem o mesmo.

Meu coração só está calmo e contente quando tenho o sentimento de amor pelas pessoas, demandando o mesmo. E não sei apenas o que devo fazer, mas posso saber e sei da obra para a qual minha ação é necessária e foi definida.

Não posso alcançar toda a obra de Deus, para a qual o mundo existe e vive, mas a obra de Deus que se realiza neste mundo, da qual participo com minha própria vida, é acessível para mim. Essa obra aniquila a discórdia e a competição entre as pessoas e outras criaturas e desenvolve maior união, harmonia e amor entre elas; essa obra é a materialização do que os profetas hebreus prometeram, dizendo que chegaria o tempo em que todas as pessoas aprenderiam a verdade, forjariam lanças de uma foice, e espadas de um arado, e o leão correria do cordeiro. Então a pessoa de compreensão cristã não apenas saberá como deve agir na vida, mas também o que deve fazer.

Deve fazer o que contribui para instaurar o reino de Deus no mundo. Para fazer isso, precisa realizar as aspirações internas da vontade de Deus, ou seja, agir com amor com os outros como gostaria que fizessem com ela. Assim, as aspirações internas da alma humana confluem nesse propósito exterior da vida, que se apresenta diante dela.

De acordo com a doutrina cristã, o homem é um trabalhador de Deus. O trabalhador não conhece por inteiro a obra do patrão, mas lhe foi revelado esse propósito imediato, que é alcançado por seu trabalho, e foram-lhe dadas determinadas orientações sobre o que não fazer para não atrapalhar o propósito para cuja realização foi mandado a trabalhar. Quanto ao resto, foi-lhe concedida total liberdade. E, portanto, para alguém que assimila a compreensão cristã da vida, o sentido de sua vida é muito claro e racional, e não pode haver hesitação em nenhum momento sobre como deve agir na vida e o que deve e, o mais importante, o que não deve fazer para realizar o desígnio de sua vida.

É nessa orientação de ambos os lados clara e indiscutível para uma pessoa de compreensão cristã que consistem o sentido e o propósito da vida humana, e como uma pessoa deve agir e o que fazer; mas aparecem pessoas que se denominam cristãs, as quais decidem que, em tal e tal caso, uma pessoa deve renunciar à lei de Deus e às orientações sobre a obra comum da vida e agir contrariamente tanto à lei como à obra comum da vida, porque, segundo sua conclusão, as consequências dos atos executados segundo a lei de Deus podem ser prejudiciais ou inconvenientes para as pessoas.

Segundo a lei, seja na tradição, na mente ou no coração, uma pessoa sempre deve agir com os outros exatamente como quer que ajam com ela; deve contribuir para instaurar o amor e a união entre os seres; segundo a decisão dessas pessoas de visão, uma pessoa deve, ainda antes de obedecer à lei, na opinião delas, de maneira intempestiva, atacar, prender, matar pessoas e com isso contribuir não para a união amorosa, mas para a irritação e a fúria das pessoas. Da mesma forma, é como se para determinada obra um pedreiro, que sabe que participa com outros da construção de uma casa, e sabe que recebeu uma orientação clara e inquestionável do proprietário de que deve erigir uma parede, recebesse uma ordem de outros, como ele, pedreiros, que não conhecem, como ele também não conhece, o plano comum de construção nem aquilo que é útil para o bem comum, ordem de parar de erigir a parede e desmanchar o trabalho dos outros.

É um erro impressionante! O ser que agora respira amanhã perece, um ser para o qual foi dada uma lei definida, inquestionável, de como viver sua curta duração; esse ser imagina saber o que é necessário, útil e oportuno para todas as pessoas, para todo o mundo, para um mundo que avança sem parar, está em constante evolução, e, em nome dessa vantagem imaginária de cada um por si, impõe para si e para os outros renunciar por um tempo à inquestionável lei destinada a ele e a todas as pessoas, e não agir com todos como gostaria que fizessem com ele, não levar amor para o mundo, mas atacar, prender, punir, matar, levar fúria para o mundo, quando achar necessário. E impõe que se aja assim, sabendo que as mais terríveis atrocidades, torturas, assassinatos, desde a Inquisição, execuções e horrores de todas as revoluções até as atrocidades de hoje dos anarquistas e seus massacres, só ocorreram e estão ocorrendo porque as pessoas acham que sabem o que é necessário para as pessoas e para o mundo; sabendo que a cada momento sempre há duas partes em oposição, cada uma alegando que é preciso empregar a violência contra a oposta: partidários do governo contra anarquistas, anarquistas contra partidários do governo, ingleses contra norte-americanos, norte-americanos contra ingleses, alemães contra ingleses, ingleses contra alemães, e assim por diante, em todas as direções e combinações possíveis.

No caso da pessoa com uma compreensão cristã da vida, além de constatar pelo raciocínio que não há fundamento para que renuncie à lei de sua vida, claramente indicada por Deus, para seguir as aspirações humanas, fortuitas, instáveis, muitas vezes contraditórias, se essa pessoa já vive a vida cristã por algum tempo e desenvolveu em si uma sensibilidade moral cristã, já não é pelo raciocínio, mas pelo sentimento — literalmente, ela não pode agir como as pessoas exigem que aja.

Assim como para muita gente do nosso mundo não é possível torturar, matar uma criança, mesmo que essa tortura possa salvar centenas de outras pessoas, também para a pessoa que desenvolveu em si a sensibilidade cristã do coração toda uma série de atos se torna impossível. Um cristão, por exemplo, obrigado a participar de um julgamento em que uma pessoa pode ser condenada à morte, obrigado a participar de discussões sobre a privação forçada de propriedades, do debate sobre a declaração de guerra ou da preparação para ela, sem falar na própria guerra, encontra-se na mesma posição em que se encontraria um homem bom quando obrigado a torturar ou assassinar uma criança. Não é só pelo raciocínio que ele decide não fazê-lo, ele não *é capaz* de fazer o que exigem dele. Porque para o homem existe uma impossibilidade moral em relação a certos atos, exatamente como uma impossibilidade física. Assim como é impossível para um homem levantar uma montanha, assim como para um homem bom é impossível matar uma criança, também é impossível, para uma pessoa que vive a vida cristã, tomar parte em um ato violento. Que sentido pode haver para esse homem o raciocínio de que, para algum bem imaginário, ele deve fazer algo moralmente impossível?

Mas como deve agir uma pessoa quando lhe parece evidente o mal de seguir a lei do amor e a lei da resistência não violenta que dela emana? Como deve agir uma pessoa — sempre o mesmo exemplo — quando diante de seus olhos um assaltante agride e mata uma criança, e para salvar a criança não há outra maneira senão matar o assaltante?

Geralmente se pressupõe que, quando se apresenta um exemplo desses, a resposta à questão não pode ser outra senão que é preciso matar o assaltante para salvar a criança. Mas essa resposta só é dada de forma tão decisiva e rápida porque não apenas estamos todos acostumados a agir assim em defesa das crianças, mas também estamos acostumados a agir assim quando se ultrapassa a fronteira do Estado vizinho em detrimento do nosso, ou quando transportam mercadorias pela fronteira, ou até em defesa dos frutos de nosso pomar quando há gente furtando.

Vamos supor que fosse necessário matar o assaltante para salvar a criança; mas basta pensar com base em que uma pessoa deve fazê-lo, seja ela cristã ou não cristã, para se convencer de que tal ato não pode ter base racional e só é considerado necessário porque há 2 mil anos esse modo de agir era considerado justo e as pessoas estavam acostumadas a agir assim. Por que os não cristãos, que não reconhecem Deus nem o sentido da vida na realização de sua vontade, matariam o assaltante para defender a criança? Sem falar no fato de que, se o assaltante for morto, com certeza haverá um assassinato, mas até o último minuto ainda não se saberá com certeza se o assaltante mataria ou não a criança, sem falar na seguinte irregularidade: quem decidiu que a vida da criança é mais necessária e melhor que a vida do assaltante?

Afinal, se uma pessoa não é cristã e não reconhece Deus e o sentido da vida na realização de sua vontade, a única regra que preside seus atos é o cálculo, ou seja, considerações do que é mais vantajoso para ela e para todas as pessoas: manter a vida de um assaltante ou a de uma criança? Para decidir isso, ela precisa saber o que vai acontecer com a criança que está salvando, e o que seria do assaltante que está matando caso ele não fosse morto. E isso ela não pode saber. Portanto, se a pessoa não é cristã, não tem embasamento racional para salvar a criança com a morte do assaltante.

Se uma pessoa é cristã, e portanto reconhece Deus e o sentido da vida na realização de sua vontade, e um terrível assaltante atacasse uma criança inocente e maravilhosa, teria ainda menos fundamentos para renegar a lei divina e fazer com o assaltante o que o assaltante quer fazer com a criança — ela pode implorar ao assaltante, pode lançar seu corpo entre o assaltante e sua vítima, mas uma coisa ela não pode: renunciar conscientemente à lei divina, cuja realização é o sentido de sua vida. Pode até ser que, por sua falta de educação, seu caráter animal, uma pessoa, pagã ou cristã, mate o assaltante não só em defesa da criança, mas para defender a si mesma ou até sua carteira, mas não significa de jeito nenhum que isso é o que deve fazer, que deve se acostumar e fazer com que os outros se acostumem a pensar que é isso que precisa ser feito.

Isso só vai significar que, apesar da educação e do cristianismo, os costumes da idade da pedra são tão fortes no homem que ele pode cometer atos há muito renegados por sua consciência. O assaltante irá matar a criança diante de meus próprios olhos, e eu posso salvá-la, matando o assaltante; logo, em certos casos é preciso resistir ao mal com violência.

Uma pessoa corre perigo de morrer e pode ser salva apenas com uma mentira dita por mim; logo, em certos casos é preciso mentir. Uma pessoa está morrendo de fome, e eu não posso salvá-la senão roubando; logo, em certos casos é preciso roubar.

Recentemente li um conto de Coppée,* no qual um ordenança mata o oficial que tinha assegurado sua vida, e assim salvou sua honra e a vida de sua família. Logo, em certos casos é preciso matar.

Esses casos fictícios e o raciocínio deles proveniente só fazem provar que há pessoas que sabem que não é bom roubar, mentir, matar, mas que de tal forma não querem parar de fazê-lo, que usam todo o poder de sua mente para justificar esses atos. Não há regra moral contra a qual não se poderia inventar uma situação em que seja difícil decidir o que é mais moral: renunciar à regra ou cumpri-la? Mas esses casos fictícios não provam de jeito nenhum que as regras sobre não se poder mentir, roubar, matar sejam injustas. O mesmo se aplica à questão da resistência não violenta ao mal: as pessoas sabem que usar a violência é ruim, mas querem tanto continuar a viver dessa forma que utilizam todo o poder de sua mente não para elucidar todo esse mal que o ato de reconhecer o direito de violência de uma pessoa sobre outra provocou e continuará provocando, mas para defender esse direito.

"*Fais ce que dois, advienne que pourra*" (Faze o teu dever, suceda o que suceder) — é uma expressão de profunda sabedoria. Cada um de nós sabe aquilo que deve fazer, sem dúvida nenhuma, mas não sabemos nem podemos saber o que vai acontecer. Portanto, estamos reduzidos não só ao fato de que devemos fazer o que deve ser feito, mas também ao fato de que sabemos o que deve ser feito, entretanto nada sabemos sobre o que vai acontecer com nossos atos e o que desencadearão.

---

* François Coppée (1842-1908), poeta e dramaturgo francês. Trata-se de seu conto "Le bon crime", da coletânea *Contes tout simples*, Paris, 1894, pp. 1-37.

A doutrina cristã é a doutrina sobre aquilo que uma pessoa deve fazer para realizar a vontade daquele que a enviou para a vida. O raciocínio sobre aquilo que pressupomos que serão as consequências desses ou daqueles atos das pessoas não apenas não tem nada em comum com o cristianismo como contém aquele mesmo erro que o cristianismo elimina.

Ninguém ainda viu o assaltante imaginário com a criança imaginária, nem todos os horrores que sobrecarregam a história e a contemporaneidade, nem o que aconteceu e o que acontecerá, só porque as pessoas imaginam que podem saber as consequências dos atos que podem vir a ser cometidos.

Então, afinal, qual é a questão? Antes se levava uma vida atroz, as pessoas atacavam e matavam a quem achavam vantajoso atacar e matar, até comiam uns aos outros e consideravam isso bom. Depois veio o tempo, há uns mil anos, antes de Moisés, em que surgiu a consciência de que atacar e matar uns aos outros era algo ruim. Mas havia pessoas para as quais a violência era vantajosa, e elas não reconheciam isso, e convenciam, a si próprias e aos outros, de que atacar e matar as pessoas nem sempre era ruim, mas que há casos em que isso é necessário, útil e até bom. Tanto a violência quanto o assassinato continuaram a acontecer, embora não com a mesma frequência e brutalidade, apenas com a diferença de que aqueles que os cometiam os justificavam como benefícios para as pessoas. Cristo desmascarou essa falsa justificativa para a violência. Ele mostrou que, da mesma maneira que qualquer violência pode ser justificada, como acontece quando dois inimigos cometem um ato de violência um com o outro e ambos consideram seu ato de violência justificável, e não há nenhuma comprovação de legitimidade em relação aos atos de um ou de outro, não devemos acreditar em nenhuma justificativa para a violência, e nunca se deve usá-la, sob nenhum pretexto, como reconhecido pela humanidade no princípio.

Pode-se pensar que as pessoas que pregam o cristianismo deveriam desmascarar esse engano com desvelo, porque desmascarar esse engano é uma das principais manifestações do cristianismo. Mas aconteceu o contrário: as pessoas para as quais a violência era uma vantagem e que não queriam abrir mão dessa vantagem se apossaram de um sermão excepcional do cristianismo e, pregando-o, alegaram que, assim como existem casos nos quais o não uso da violência produz mais mal do que seu uso (o assaltante imaginário, que mata a criança imaginária), então não é preciso seguir por inteiro a doutrina de Cristo sobre a resistência não violenta ao mal; e que é possível renunciar a essa doutrina em defesa da própria vida ou em defesa da vida de outras pessoas, da pátria, para proteger a sociedade dos criminosos e loucos, e ainda em muitos outros casos. A decisão a respeito dos casos em que a doutrina de Cristo deve ser anulada coube exatamente a essas pessoas que usaram da violência. Então a doutrina de Cristo sobre a resistência não violenta ao mal foi considerada completamente nula e, o pior disso tudo, aqueles que Cristo desmascarou começaram a se considerar excepcionais pregadores e intérpretes de sua doutrina. Mas a luz brilha nas trevas, e falsos pregadores do cristianismo serão outra vez desmascarados por sua doutrina.

Pode-se pensar em uma organização a partir de nosso gosto pelo mundo, ninguém pode impedir isso; podemos fazer tudo para nossa vantagem e nosso prazer, e para isso usar a violência contra pessoas sob o pretexto de ser para o bem das pessoas; mas é impossível afirmar que, quando fazemos isso, professamos a doutrina de Cristo, porque Cristo desmascarou esse mesmo engano. Mais cedo ou mais tarde a verdade aparece e desmascara os embusteiros, como está acontecendo agora.

Se a questão sobre a vida humana tivesse sido apresentada corretamente, tal como apresentada por Cristo, e não como foi distorcida pelas igrejas, os enganos sobre a doutrina de Cristo acumulados pelas igrejas se destruiriam por si sós. Não se trata de ser bom ou ruim para a sociedade humana que as pessoas sigam a lei do amor e a lei da resistência não violenta que dela emana, e sim se você — ser que está vivo agora, mas que amanhã e a qualquer momento morrerá, pouco a pouco — quer realizar agora, neste minuto, e por inteiro, a vontade daquele que lhe enviou, e que claramente a enunciou, na tradição, em sua mente e em seu coração, ou se quer fazer o c`ontrário dessa vontade. E, tão logo a questão for assim apresentada, a resposta só pode ser uma: eu quero, agora, neste minuto, sem poréns, sem demora e sem nada esperar, sem considerar as consequências imaginárias para mim, e com todas as minhas forças, realizar o que sem dúvida me foi ordenado por aquele que me enviou ao mundo, e em hipótese alguma, sob quaisquer circunstâncias, quero, posso fazer o oposto, porque essa é minha única possibilidade de vida racional e afortunada.

LIEV TOLSTÓI, 12 de janeiro de 1896

[Tradução de Graziela Schneider]

Cartas sobre Henry George
[1897]

*Para T. M. Bodárev, que escreveu da Sibéria em busca
de informações sobre o imposto único.*

O projeto de Henry George* consiste no seguinte:

As vantagens e a conveniência do uso da terra não são
as mesmas em todos os lugares; no caso da terra mais
fértil, bem localizada e próxima de lugares mais povoados, sempre há muitos interessados; quanto mais terra,
melhor e mais rentável, mais pessoas irão se interessar. É
preciso, portanto, avaliar todas as terras de acordo com
suas vantagens: quanto mais rentável, mais cara, quanto
menos rentável, mais barata, ainda menos rentável, ainda mais barata. Uma terra dessas, que não tem muitos
interessados, não deve ser avaliada de jeito nenhum, mas
concedida gratuitamente para os que querem cultivá-la.

Nessa avaliação da terra acontecerá o que houve, por
exemplo, na província de Tula: um bom terreno no campo será avaliado em cerca de cinco ou seis rublos por dessiatina; se for para a horticultura e próximo a povoados,
em cerca de dez rublos por dessiatina; em regiões sujeitas
a inundações, em cerca de quinze rublos,[1] e assim por
diante. Em uma cidade, será avaliado entre cem e quinhentos rublos por dessiatina e, em Moscou ou São Petersburgo, em lugares movimentados e próximos a portos

---

* Henry George (1839-97), economista norte-americano, autor da teoria da resolução das contradições sociais a partir da
instituição de um "imposto único" sobre o valor da terra.

de rios navegáveis, em alguns milhares ou mesmo dezenas de milhares de rublos por dessiatina. Avaliando dessa forma todos os terrenos do país, Henry George propõe que seja promulgada uma lei segundo a qual todas as terras, a partir de determinada data e ano, não pertencerão a ninguém em particular, mas a toda a nação, a todo o povo, e que, portanto, todos os donos de terra devem pagar por ela ao Estado, ou seja, a todo o povo, o valor em que foi avaliada. Esse tributo deve ser usado em todas as transações públicas e governamentais, de modo que deve substituir todos os outros impostos e encargos fiscais aduaneiros, internos e externos. Esse projeto fará que o dono de 2 mil dessiatinas possa continuar a sê-lo, mas com a condição de pagar por elas ao fisco; em Tula serão uns 12 mil ou 15 mil rublos por ano, porque se incluirão os terrenos, os prados e as propriedades, e os grandes proprietários não aceitarão esse pagamento, e terão que abrir mão dessa terra. Por outro lado, um camponês de Tula, na mesma localidade, pagará por dessiatina um ou dois rublos a menos do que paga agora, terá sempre a terra livre ao seu redor, terra que poderá ter por cinco ou seis rublos e, além disso, não só não pagará nenhum imposto, mas ainda terá todos os produtos necessários, russos e estrangeiros, sem encargos. Nas cidades, os proprietários de casas e fábricas poderão continuar a possuir seu patrimônio, mas terão que pagar ao fisco geral[*] pela terra que ocupam, de acordo com sua avaliação.

As vantagens dessa estrutura consistem no seguinte:

Em primeiro lugar, não haverá pessoas privadas da possibilidade de utilizar a terra.

---

[*] Segue o projeto: as cidades e a produção fabril se esvaziariam muito com essas novas práticas, já que todas as pessoas se precipitariam para terrenos baratos que foram liberados. Essa estrutura ainda prevê muitas outras vantagens. E é esse o projeto de Henry George. (Liev Tolstói)

Em segundo, não haverá pessoas ociosas, que possuam terras e obriguem outros a trabalhar para elas em troca do direito de uso da terra.

Em terceiro, a terra estará nas mãos dos que nela trabalham, e não dos que não trabalham.

Em quarto, o povo terá a possibilidade de trabalhar na terra, deixará de se escravizar como trabalhadores em usinas e fábricas, no serviço das cidades, e voltará para o campo.

Em quinto, não haverá mais nenhum fiscal nem cobrador de impostos nas usinas, fábricas, estabelecimentos e aduanas, mas só coletores de tributos pela terra, que não podem ser roubados e que são mais fácil de pagar.

E em sexto, o mais importante, libertar as pessoas desempregadas do pecado de recorrer ao trabalho alheio, algo de que muitas vezes não são culpadas, já que desde crianças são criadas na ociosidade e não podem trabalhar, e do pecado ainda maior de todas as mentiras e subterfúgios para se justificar desse pecado; libertar os que trabalham da tentação e do pecado, da inveja, da condenação e ira contra as pessoas que não trabalham, e aniquilar uma das razões da desunião das pessoas.

II

Para um propagandista alemão das ideias de Henry George

Em resposta à sua carta de 23 de março, tenho o imenso prazer de prontamente lhe comunicar o seguinte:

Conheço Henry George desde a publicação de seu *Problemas sociais*. Li o livro e fiquei impressionado com a autenticidade de seus pensamentos, essenciais e excepcionais, de uma clareza, popularidade e força de composição sem paralelos na literatura científica e, em particular, com um espírito cristão também excepcional na literatura científica, que permeia todo o livro. Depois dessa leitura, voltei no tempo e li *Progresso e pobreza*, e valorizei ainda mais o significado da obra de Henry George.

O senhor pede minha opinião sobre a obra de Henry George e seu sistema de imposto único. Minha opinião sobre esse assunto é a seguinte: a humanidade está em constante movimento, avançando no sentido de compreender sua consciência e instituir formas de vida que correspondam a essa consciência instável. E, por isso, em cada período da vida a humanidade passa, por um lado, pelo processo de compreensão de sua consciência e, por outro, pelo de realização na vida daquilo que é compreendido pela consciência.

No final do século passado e início deste, ocorreu na humanidade cristã um processo de compreensão da consciência da classe trabalhadora, que se encontrava na condição de várias formas de escravidão, e um processo de instituição de novas formas de vida, correspondentes à consciência compreendida: a abolição da escravidão e sua substituição pelo trabalho assalariado livre; no presente está em andamento um processo de compreensão da consciência das pessoas em relação ao uso da terra, e em breve deve começar, parece-me, um processo de materialização dessa consciência.

E, nesse processo, tanto a compreensão da consciência em relação ao uso da terra como a realização dessa consciência constituem a principal missão de nossa época, e o homem progressista, líder do movimento, era e é Henry George. Nisso está sua enorme e primordial importância. Ele contribuiu, com seus excelentes livros, tanto para a compreensão da consciência das pessoas, no que se refere a essa questão, como para sua realização em termos práticos.

Entretanto, no que diz respeito ao aniquilamento do ultrajante direito à propriedade da terra, repete-se exatamente o que aconteceu, de acordo com a nossa memória, com a abolição da escravidão. O governo e as classes dominantes, sabendo que a questão da terra está relacionada à sua situação na sociedade, de vantagem e predominância, o governo e as classes dominantes, fingindo estar preocupados com o bem-estar do povo, criando fundos para os trabalhadores, inspeções, imposto de renda, e até mesmo a jornada de trabalho de oito horas, e empenhando-se em ignorar a questão da terra, até com a ajuda de sua ciência, complacente, que prova tudo o que eles precisam que seja provado, argumentam que a desapropriação da terra é inútil, prejudicial, impossível. Acontece exatamente o mesmo que houve com a escravidão. As pessoas do princípio do século atual e final do anterior já sentiam havia muito que a escravidão é algo terrível, revoltante para a alma humana com seu anacronismo; mas a pseudorreligião e a pseudociência provavam que não havia nada de errado com a escravidão, que ela é necessária, ou pelo menos que sua abolição seria precipitada. Agora, o mesmo acontece em relação à propriedade da terra. Da mesma forma, a pseudorreligião e a pseudociência provam que não há nada de errado com a propriedade da terra, e que não há nenhuma necessidade de aboli-la.

Deveria estar claro para qualquer homem culto de nossa época que o direito exclusivo à terra para pessoas que não trabalham nela e que privam o acesso a ela a centenas de milhares de famílias miseráveis é algo tão perverso e infame como a posse de escravos, e no entanto vemos aristocratas sofisticados, pseudocultos, ingleses, austríacos, prussianos, russos, servindo-se desse direito cruel e infame, não apenas não envergonhados, mas orgulhosos. A religião abençoa essa posse e a ciência político-econômica prova que é assim que deve ser, para o bem maior das pessoas. O mérito de Henry George está não apenas em ter rompido com todos esses

OS ÚLTIMOS DIAS DE TOLSTÓI

sofismas com os quais a religião e a ciência justificam a propriedade da terra, levando a questão adiante até o último grau de clareza, a partir do qual não é possível reconhecer a ilegalidade da propriedade da terra de outra forma senão tapando os ouvidos, mas também em ter sido o primeiro a dar uma indicação da possibilidade de se resolver essa questão. Primeiro ele deu uma resposta clara e direta aos costumeiros pretextos utilizados pelos inimigos de qualquer progresso, de que as demandas do progresso são sonhos, impraticáveis e inaplicáveis.

O projeto de Henry George aniquila esse pretexto, levantando a questão para que amanhã comissões possam se reunir com o intuito de analisar e discutir o projeto e transformá-lo em lei. Na Rússia, por exemplo, a discussão sobre a questão do resgate de terras ou de sua nacionalização sem pagamento de indenização pode ser iniciada amanhã, e, exatamente da mesma maneira, depois de se submeter a determinadas vicissitudes, ser decidida, da mesma forma que foi solucionada, há 33 anos,[2] a questão sobre a libertação dos camponeses. A necessidade de mudar a situação foi elucidada para as pessoas e sua possibilidade foi demonstrada (pode haver também mudanças e emendas no sistema de imposto único, mas um pensamento essencial é factível); portanto, elas não podem não fazer o que a mente exige. É necessário apenas que esse pensamento se torne opinião pública, e, para que ele se torne opinião pública, é necessário difundi-lo e compreendê-lo, exatamente o que o senhor está fazendo, e com o que me solidarizo de todo o coração e desejo todo o sucesso.

[Tradução de Graziela Schneider]

Ciência moderna[1]
[1898]

παντὶ λόγω λόγος ἴσος ἀντιχεῖται[2]

Eu penso que o presente artigo de Carpenter acerca da ciência moderna pode ser especialmente útil em nossa sociedade russa, na qual, mais do que em qualquer outra sociedade europeia, difundiu-se e enraizou-se a superstição graças à qual se considera que para o bem da humanidade não é de modo algum necessária a difusão das verdades religiosas e dos conhecimentos morais, e que só é necessário o ensino das ciências experimentais, e que o conhecimento dessa ciência satisfaz todas as exigências espirituais da humanidade.

É clara a influência nociva (em tudo similar à das superstições religiosas) que tão rude superstição tem na vida das pessoas. E por isso a difusão das ideias dos escritores com posição crítica em relação às ciências experimentais e seu método é especialmente desejável para a nossa sociedade.

Carpenter demonstra que nem a astronomia, nem a física, nem a química, nem a biologia, nem a sociologia nos dão um conhecimento verdadeiro da realidade, que todas as leis descobertas por essas ciências são apenas uma generalização com um sentido aproximado do significado das leis — tanto mais quando outras condições são desconhecidas ou ignoradas — e que até essas leis só nos parecem leis porque as descobrimos num campo tão afastado de nós no tempo e no espaço que não podemos ver a discordância dessas leis com a realidade.

Além disso, Carpenter aponta que o método da ciência, que consiste na explicação dos fenômenos mais próximos e importantes para nós, por meio dos fenômenos mais longínquos e indiferentes para nós, é um método falso, que jamais poderá conduzir ao resultado desejado. Diz ele:

Cada ciência explica os fenômenos por ela pesquisados por meio de conceitos de uma ordem inferior. Assim, a ética se reduz à questão da utilidade e dos costumes herdados. Da economia política se extraem todos os conceitos sobre a justiça entre as pessoas: a compaixão, a afeição, a inclinação para a solidariedade, e ela [a economia] está fundamentada no mais baixo princípio que é possível encontrar nela, a saber: o princípio do interesse pessoal. Da biologia foi excluído o significado da individualidade, tanto nas plantas e nos animais como nas pessoas. A questão sobre a consciência do indivíduo foi deixada de lado aqui, e tentou-se reduzir as questões da biologia à interação entre as células e à afinidade química — o protoplasma e o fenômeno da osmose. Depois, a afinidade química e todos os surpreendentes fenômenos da física foram reduzidos ao movimento dos átomos, e o movimento dos átomos, tal como o movimento dos corpos celestes, foi reduzido às leis da mecânica.

Supõe-se que a redução de questões de ordem superior a questões de ordem inferior esclareça as questões de ordem superior. Mas esse esclarecimento jamais é conseguido, e o que acontece é que, ao descer em suas pesquisas cada vez mais e mais baixo, das perguntas fundamentais às menos importantes, a ciência chega, afinal, a uma esfera completamente alheia para o homem, que mal lhe diz respeito, e nessa esfera se detém sua atenção, ficando sem solução as questões mais importantes para o homem.

É como se alguém que deseja compreender o significado de um objeto que está diante dele, em lugar de aproximar-se, examiná-lo por todos os lados e tocá-lo, começasse a se afastar mais e mais dele e afinal, estando a tal distância em que todas as particularidades da cor, as irregularidades do relevo se desfazem e restam apenas alguns traços do objeto visíveis no horizonte, a pessoa começasse a descrever detalhadamente esse objeto, supondo que agora tem uma compreensão clara sobre ele, e que uma compreensão estabelecida a tal distância favorecerá uma compreensão completa do objeto. Esse autoengano em parte se revela na crítica de Carpenter, que mostra, em primeiro lugar, que tais conhecimentos que a ciência nos dá na esfera das ciências naturais são apenas procedimentos cômodos de generalização, mas de modo algum uma representação da realidade e, em segundo lugar, que esse método das ciências por meio do qual os fenômenos de ordem superior se reduzem a fenômenos de ordem inferior nunca nos levará à explicação dos fenômenos de ordem superior.

E, sem resolver de antemão se a ciência experimental nos levará à solução dos problemas mais importantes da vida do homem, a própria atividade da ciência experimental, em relação às exigências eternas e legítimas da humanidade, surpreende por sua irregularidade.

As pessoas precisam viver. E, para viver, precisam saber como viver. E todos sempre souberam disso — bem ou mal —, e em conformidade com esse conhecimento viveram e progrediram; e esse conhecimento de como devem viver as pessoas, nos tempos de Moisés, Sólon e Confúcio, sempre foi considerado uma ciência, a ciência das ciências. E só nos nossos tempos passou-se a considerar que a ciência do viver não é em absoluto uma ciência, e que a verdadeira ciência é só a ciência experimental, que começa com a matemática e termina na sociologia.

E surge um estranho mal-entendido.

Um simples e sensato trabalhador supõe, à maneira antiga — que é também o senso comum —, que se há pessoas que dedicam toda a vida a estudar — e por isso ele as alimenta e sustenta —, e pensam por ele, provavelmente se ocupam em estudar aquilo que é necessário às pessoas, e o que ele espera da ciência é que ela resolva para ele aquelas questões das quais depende seu bem-estar e o de toda a humanidade. Ele espera que a ciência lhe ensine como viver, como tratar sua família, seus vizinhos, os forasteiros, como lutar contra suas paixões, no que acreditar e no que não acreditar e muito mais. Mas o que a nossa ciência lhe diz sobre todas essas questões?

Ela solenemente lhe anuncia quantos milhões de milhas há entre o Sol e a Terra, quantos milhões de vezes o éter oscila por segundo para produzir a luz e quantas oscilações se faz no ar para produzir o som. Conta sobre a composição química da Via Láctea, sobre um novo elemento — o hélio —, sobre os micro-organismos e suas excreções, sobre os pontos das mãos onde se concentra a eletricidade, sobre os raios X e outras coisas semelhantes.

"Mas eu não preciso disso", diz o homem simples e sensato, "preciso saber como viver."

"E o que importa o que você precisa saber?", responde a ciência. "O que você pergunta se relaciona com a sociologia. Antes de responder a questões sociológicas, devemos ainda resolver questões de zoologia, botânica, fisiologia, em termos gerais, de biologia. E, para a solução dessas questões, é necessário ainda resolver questões de física, depois de química, e é necessário ainda chegar a um acordo sobre a forma dos átomos infinitamente pequenos e sobre como o leve e inelástico éter transmite o movimento."

E as pessoas, de preferência as que estão sentadas nas costas das outras e para quem por isso é cômodo esperar, satisfazem-se com essas respostas, e ficam sentadas, de olhos arregalados, esperando o prometido; mas o simples e sensato trabalhador, sobre cujas costas estão sentadas as pessoas dedicadas à ciência, toda a enorme massa de pessoas, toda a humanidade não pode ficar satisfeita com tais respostas e, naturalmente, pergunta, perplexa: "Sim, mas quando vai ser isso? Não temos tempo para esperar. Vocês mesmos dizem que saberão tudo isso daqui a algumas gerações. Mas nós vivemos agora: hoje estamos vivos e amanhã morreremos, por isso precisamos saber como viver esta vida em que estamos agora. Ensinem-nos".

"Homem estúpido e ignorante", responde a ciência. "Ele não entende que a ciência está a serviço não da utilidade, mas da ciência. A ciência estuda o que é possível estudar, e não pode escolher um assunto para estudo. A ciência estuda *tudo*. Tal é a natureza da ciência."

E os homens da ciência estão seguros de que a propriedade de ocupar-se de ninharias, desprezando o mais essencial e importante, não é uma característica deles, mas da ciência. Mas o homem simples e sensato começa a desconfiar de que essa propriedade pertence não à ciência, mas às pessoas propensas a dedicar-se a ninharias, dando a essas ninharias um significado importante.

A ciência estuda *tudo*, dizem os homens de ciência. Mas tudo é demasiado. *Tudo* é uma interminável quantidade de objetos; é impossível estudar *tudo* de uma vez. Assim como a lanterna não pode iluminar tudo, mas só aquele lugar para onde está sendo dirigida, assim também a ciência não pode estudar tudo e, inevitavelmente, estuda apenas aquilo para que se dirige sua atenção. E, assim como o poste ilumina com mais intensidade os objetos mais próximos dele e cada vez mais fracamente os que estão longe, e não ilumina em absoluto aqueles aos quais não chega sua luz, assim a ciência humana, seja qual for, sempre estudou e estuda da forma mais detalhada o que os estudiosos consideram o mais importante, e estudam menos detalhadamente o que consideram menos importante, e não estuda em absoluto todo o resto de uma quantidade interminável de objetos.

O senso comum, isto é, a religião, determinou e determina o que é muito importante, o que é menos importante e o que não é importante em absoluto para as pessoas, o sentido e objetivo da vida.

Os homens da ciência da nossa época, sem nenhuma religião e por isso sem base para escolher — pelo grau de importância — os objetos de estudo e separá-los dos menos importantes, e afinal da interminável quantidade de objetos que ficarão para sempre incompreendidos, por causa das limitações da inteligência humana e por causa da infinidade desses objetos, estabeleceram para si uma teoria: "a ciência para a ciência", pela qual a ciência estuda não o que é necessário, mas tudo.

E, de fato, a ciência experimental estuda *tudo*, mas não no sentido do conjunto de todos os objetivos, mas no sentido da desordem, do caos na disposição dos objetivos. Isto é, a ciência não estuda o que é preferível, quer dizer, não estuda mais o que as pessoas mais precisam, e menos o que elas menos precisam, e não estuda o que não é em absoluto necessário, mas estuda tudo com que topar. Embora exista a classificação das ciências de Comte e outras, essa classificação não guia a escolha dos objetivos de estudo; a escolha é orientada pelas debilidades humanas, que são próprias dos homens de ciência, assim como de todos os demais. Então, na verdade, os cientistas experimentais não estudam *tudo,* como imaginam e afirmam, mas o que é mais vantajoso e fácil de estudar. É mais vantajoso estudar aquilo que pode contribuir para o bem-estar daquelas classes elevadas às quais pertencem os que se ocupam da ciência; é ainda mais fácil estudar tudo o que não está vivo. Assim agem os cientistas experimentais: eles estudam livros, monumentos, corpos mortos; e isso, esse estudo, é o que consideram a verdadeira ciência.

Assim, a verdadeira "ciência", a única digna de tal nome, assim como a Bíblia foi chamada de o único livro, é considerada na nossa época não a pesquisa sobre como fazer as pessoas mais bondosas e sua vida mais feliz, mas a reunião e cópia dos muitos livros em apenas um com tudo o que foi escrito pelos que vieram antes sobre determinado objeto ou o derramamento de um líquido de um frasquinho para outro, a delicada desagregação dos preparados microscópicos, o cultivo de bactérias, a dissecção de rãs e cachorros, a pesquisa dos raios X, da composição química das estrelas e assim por diante.

No entanto, as ciências que têm o objetivo de fazer as pessoas mais bondosas e sua vida mais feliz, isto é, as ciências religiosas, morais, sociais, essas ciências são consideradas pela ciência dominante como não ciências e relegadas aos teólogos, filósofos, juristas, historiadores, economistas políticos que estão apenas ocupados em demonstrar, sob o aspecto de pesquisas científicas, que a ordem social existente, de cujas vantagens eles se aproveitam, é exatamente aquela que deve existir e, por isso, não só não deve ser mudada como deve ser mantida com todas as forças possíveis.

Já sem falar da teologia, da filosofia e da jurisprudência, a economia política é a mais surpreendente dessa relação e, dentro dessa espécie de ciências, é a que está mais em voga. A economia política mais difundida (graças a Marx),[3] ao reconhecer a ordem social existente tal como deve ser, não só não exige das pessoas mudanças nessa ordem, isto é, não lhes indica como devem viver para que sua situação melhore, como, pelo contrário, exige a continuação da crueldade da ordem existente para que se realizem as mais duvidosas previsões acerca do que deve acontecer se as pessoas continuarem vivendo tão mal como vivem agora.

E, como costuma acontecer, quanto mais baixo desce a atividade humana, tanto mais ela se afasta do que deveria ser, tanto mais cresce sua confiança em si. E isso aconteceu com a ciência de nossa época. E não pode ser de outra forma. A verdadeira ciência indica às pessoas seus erros e novos e inéditos caminhos de vida. Tanto uma coisa como a outra são desagradáveis para o setor dominante da sociedade. Já a ciência contemporânea não só não contraria o gosto e as exigências do setor dominante da sociedade como lhe é completamente servil: satisfaz a curiosidade ociosa, deixa as pessoas admiradas e lhes promete ainda mais deleite. E por isso, enquanto tudo o que é verdadeiramente grandioso é silencioso, modesto, imperceptível, a ciência do nosso tempo não conhece limites na autobajulação.

Todos os métodos anteriores eram errôneos, e por isso tudo o que antes era considerado ciência é engano, erros, ninharias; só o nosso método é verdadeiro, e a única ciência verdadeira é a nossa. Os êxitos da nossa ciência são tais que em mil anos não se fez o que nós fizemos em cem anos. No futuro, se formos pelo mesmo caminho, a nossa ciência resolverá todas as questões e tornará feliz toda a humanidade. A nossa ciência é a atividade mais importante do mundo, e nós, homens de ciência, somos as pessoas mais importantes e necessárias do mundo.

Assim pensam os homens de ciência do nosso tempo, e porém, em nenhuma outra época e em nenhum outro povo, a ciência, toda a ciência em seu sentido pleno, esteve em um grau tão baixo como está a ciência atual. Uma parte dela, aquela que deveria estudar como fazer o homem mais bondoso e sua vida mais feliz, está ocupada em justificar a má ordem social existente, e a outra parte se ocupa na solução das questões surgidas da curiosidade ociosa.

"Mas que curiosidade ociosa?" Escuto vozes ofendidas por esse sacrilégio. "E o vapor, e a eletricidade, e o telefone e todo o aperfeiçoamento da técnica? Para não falar do seu significado científico, vejam apenas que resultados práticos nos trouxeram eles. O homem venceu a natureza, submeteu as forças dela", e assim por diante.

"Mas acontece que todos os resultados práticos da vitória sobre a natureza até agora — e já há muito tempo — só são oferecidos às fábricas que são nocivas para o povo, só contribuíram para os instrumentos de extermínio das pessoas, para o aumento do luxo, da libertinagem", responde o homem simples e sensato, "e por isso a vitória sobre a natureza não só não aumentou o bem-estar do homem como, ao contrário, piorou sua situação."

Se uma organização social é ruim, como a nossa, em que uns poucos dominam a maioria e a oprimem, é porque qualquer vitória sobre a natureza, inevitavelmente, só está a serviço do aumento desse poder e dessa opressão. É isso que está acontecendo.

Diante de uma ciência que supõe que seu objetivo não é o estudo acerca de como devem viver pessoas, mas o estudo daquilo que existe, e por isso tem como principal ocupação a pesquisa dos corpos mortos e a manutenção da organização social humana como está, então nenhum aperfeiçoamento, nenhuma vitória sobre a natureza pode melhorar a situação do homem.

"E a medicina? Você esquece os êxitos benéficos da medicina? E a inoculação das bactérias? E as operações atuais?", exclamam em última instância os defensores da ciência, apresentando, como de costume, os êxitos da medicina como prova do caráter prolífico de toda a ciência.

"Por meio da inoculação, podemos nos proteger das doenças e curá-las, podemos fazer operações sem dor, abrir as entranhas e purificá-las e podemos endireitar as corcundas", costumam dizer os defensores da ciência, supondo por algum motivo que a cura da difteria de uma em cada mil crianças, das quais cinquenta por cento morrem por outras causas na Rússia, e oitenta por cento em orfanatos, deve convencer as pessoas do benefício da ciência em geral.

A organização da nossa vida é tal que não só as crianças, mas a maioria das pessoas, por causa da má alimentação, do trabalho nocivo, excessivamente pesado, das más moradias, das vestimentas inadequadas e das necessidades não atendidas, não chega a viver nem metade do que deveriam. A organização da vida é tal que as doenças infantis, a sífilis, a tísica e o alcoolismo atingem cada vez mais e mais pessoas, e grande parte delas é retirada do trabalho para se preparar para a guerra e, a cada dez a vinte anos, milhões de pessoas são exterminadas na guerra. E tudo isso acontece porque a ciência, em lugar de difundir entre as pessoas conceitos religiosos, morais e sociais adequados, com os quais se autoaniquilaria todo esse desastre, ocupa-se, por um lado, da justificação da ordem existente e, por outro, de ninharias. E, para nos provar a proficuidade da ciência, apontam como ela cura a milésima parte daqueles doentes que adoecem pelo fato de a ciência não realizar sua tarefa.

Sim. Se pelo menos uma parte mínima do esforço, da atenção e do trabalho que a ciência emprega em ninharias como as de que ela se ocupa, se a dirigisse à provisão de noções religiosas, morais, sociais e até mesmo de higiene corretas, não haveria uma centésima parte da difteria, das doenças uterinas e das corcundas cuja cura tanto orgulha a ciência que as produz em clínicas cujo luxo não pode ser repartido entre todos.

É como se as pessoas que lavraram e semearam mal o campo, com sementes ruins, começassem a andar por esse campo lavrado e curar as espigas quebradas, pisando as restantes que cresceram ao lado das doentes, e expusessem essa mestria na cura das espigas doentes como prova de seu conhecimento em agricultura.

Nossa ciência, para tornar-se uma ciência e ser verdadeiramente proveitosa, e não nociva para a humanidade, deve antes de mais nada renunciar a seu método experimental que a induz a considerar que sua tarefa é só o estudo daquilo que existe e voltar-se para a única noção sensata e proveitosa da ciência, segundo a qual seu objetivo é o estudo de como deve ser a vida das pessoas. Nisso estão o objetivo e sentido da ciência. O estudo do que existe pode ser objetivo da ciência somente quando esse estudo contribuir para o conhecimento de como devem viver as pessoas.

O reconhecimento da inconsistência da ciência experimental e da necessidade da assimilação de outro método é mostrado no presente artigo de Carpenter.

[Tradução de Natalia Quintero]

Carta a um oficial de baixa patente
[1899]

O senhor se surpreende porque os soldados aprendem que em certos casos, e também na guerra, podem matar pessoas, apesar de não haver nada semelhante a essa permissão na escritura que reconhece os temas sagrados que aprendem — e sim o contrário: a proibição não apenas de matar qualquer pessoa, mas também de ofender o outro, a proibição de fazer ao outro aquilo que não se quer para si. O senhor pergunta: não seria um engano e, se for um engano, em benefício de quem ele acontece?

Sim, é um engano, e acontece em benefício dos que se acostumaram a viver do suor e do sangue alheios, e que para esse objetivo distorceram e deturparam a doutrina de Cristo, concedida às pessoas para seu bem; e agora, em seu estado distorcido, tornou-se a principal fonte de todas as desgraças das pessoas.

Aconteceu o seguinte.

Para o governo e todos os indivíduos das classes sociais mais elevadas, que apoiam o governo e vivem do trabalho alheio, é preciso ter um meio de domínio sobre os trabalhadores; o meio para isso é o exército. A defesa contra inimigos externos é apenas um pretexto. O governo alemão ameaça seu povo com os russos e os franceses, o francês ameaça seu povo com os alemães, o governo russo ameaça seu povo com os franceses e alemães, e assim fazem todos os governos; e os alemães, os russos e os franceses não só não desejam guerrear com os povos vizinhos e os outros como, mesmo vivendo em paz com eles, temem a guerra muito mais do que tudo no mundo. Para terem um pretexto para dominar o povo trabalhador, os governos e as classes dominantes ociosas se comportam como os ciganos, que enlaçam o cavalo em um canto e depois fingem que não podem detê-lo. Exasperam seu povo e outros governos e depois fingem que, pelo bem-estar de seu povo, ou em sua defesa, não podem deixar de declarar a guerra, a qual, além do mais, só é vantajosa para generais, oficiais, funcionários, comerciantes e as classes abastadas em geral. Na realidade, a guerra é só uma consequência inevitável da existência do exército; e os exércitos são necessários para os governos apenas para dominar o povo trabalhador.

É um ato criminoso, mas o pior de tudo é que, para terem fundamentos razoáveis para exercer seu domínio sobre o povo, os governos precisam fingir que professam a doutrina religiosa mais elevada e conhecida para as pessoas, ou seja, o cristianismo, e com essa doutrina instruem seus súditos. A doutrina, em sua essência, é contra não só matar, mas também contra qualquer tipo de violência e, portanto, para os governos dominarem o povo e serem considerados cristãos, era necessário distorcer o cristianismo e esconder do povo seu verdadeiro sentido, privando assim as pessoas do bem que Cristo lhes trouxe.

Essa distorção do cristianismo aconteceu há muito tempo, e some-se a isso a face de santos ainda mais cruéis do que o tsar Constantino.[1] Todos os governos subsequentes, sobretudo o nosso, tentam manter essa distorção com todas as forças e tentam não deixar que o povo veja o verdadeiro significado do cristianismo, porque, se o povo visse o verdadeiro significado do cristianismo, entenderia que os governos, com seus impostos, seus soldados, suas prisões, seus cadafalsos e seus sacerdotes embusteiros, não apenas não são os pilares do cristianismo como se apresentam, mas são seus maiores inimigos.

Como consequência dessa distorção, acontecem aqueles enganos que o surpreenderam, e todas aquelas terríveis desgraças que o povo sofre.

O povo oprimido, desprovido, miserável, ignorante, morre. Por quê? Porque a terra está nas mãos dos ricos, o povo está subjugado em fábricas, usinas, salários, pois dele arrancam impostos, derrubam o valor de seu trabalho e aumentam o valor do que ele precisa. Como se livrar disso? Tomando a terra dos ricos? Mas, se você fizer isso, vêm os soldados, matam os rebeldes e os jogam na prisão. Tomando as fábricas, as usinas? Acontecerá o mesmo. Organizando e sustentando uma greve? Mas isso nunca terá êxito. Os ricos resistirão mais tempo do que os trabalhadores, o exército estará sempre do lado dos capitalistas. O povo nunca sairá dessa indigência na qual é mantido enquanto o exército estiver em poder das classes dominantes.

Mas quem faz parte desse exército que mantém o povo sob tal jugo? Quem são os soldados que vão atirar nos camponeses que se apropriarem da terra, nos grevistas, se não se dispersarem, e nos contrabandistas, que transportam mercadorias sem impostos — os quais serão metidos e mantidos na prisão, caso se recusem a pagar? Os soldados são os próprios camponeses cujas terras foram tomadas, os próprios grevistas que querem aumentar seu salário, os próprios contribuintes que querem se livrar dos impostos.

Por que essas pessoas atiram em seus irmãos? Por causa daquilo que lhes foi inculcado, sobre ser obrigatório o juramento que foram forçados a aceitar na admissão do serviço de que, em geral, é proibido matar pessoas, mas que sob ordens de superiores é possível, ou seja, acima deles acontece o mesmo engano que os surpreendeu. Mas aí está a questão: como podem pessoas razoáveis, muitas vezes alfabetizadas e até mesmo cultas, acreditarem em uma mentira tão evidente? Por menos instruída que seja uma pessoa, não pode deixar de saber que Cristo, em nome de quem lhe ensinam a matar, não só não permitia que se matasse, mas ensinava a bondade, a humildade, o perdão das ofensas, o amor aos inimigos; não pode deixar de ver que, de acordo com os fundamentos da doutrina cristã, não pode prometer antecipadamente matar todos os que lhe ordenam matar.

A questão é: como podem as pessoas razoáveis acreditar, como acreditaram e acreditam todos os que agora prestam o serviço militar, em um engano tão evidente? A resposta a essa pergunta é que as pessoas não se enganam apenas com esse engano, mas desde a infância são condicionadas a toda uma série de enganos, todo um sistema de enganos, denominado fé ortodoxa, e que não passa da mais grosseira idolatria. Nessa fé, só se aprende que Deus é uma trindade e que, além dessa trindade, ainda há uma rainha celeste[2] e, além dessa rainha, vários santos, cujos corpos não apodreceram,[3] e, além dos santos, ícones[4] dos deuses e da rainha celeste, para os quais é preciso acender velas e rezar com as mãos, e que o mais importante e sagrado do mundo é essa maçaroca que o pope faz de vinho e pão[5] aos domingos atrás do biombo — e, depois que o pope sussurra sobre ela, o vinho não é mais vinho e o pão não é mais pão, mas o sangue e o corpo de um dos três deuses, e assim por diante. Tudo isso é tão tolo, sem sentido, que não há possibilidade de entender o que tudo isso significa, e aqueles que ensinam essa fé não ordenam que se entenda, apenas ordenam que se acredite e, acostumadas a isso desde a infância, as pessoas acreditam em qualquer absurdo que lhes dizem. Quando estão iludidas a ponto de acreditar que Deus está pendurado no canto[6] ou em um pedaço de maçaroca que o pope lhes dá em uma colher, que beijar uma tábua ou relíquias e acender velas para ele pode ser útil tanto para essa vida como para a futura — então as pessoas são chamadas a servir, e então se pode enganá-las à vontade, convencendo-as de que, segundo a lei de Cristo, pode-se matar, e obrigando--as antes de tudo a jurar sobre o Evangelho (no qual é proibido fazer juramentos) que vão fazer a mesma coisa que é proibida nesse Evangelho, e depois lhes ensinam que matar sob ordens de superiores não é pecado, mas não obedecer aos superiores sim, é pecado, e assim por diante.

Então o engano dos soldados, que lhes é inculcado, de que podem matar pessoas sob ordens de superiores sem que seja pecado, não deve ser isolado, mas relacionado a todo o sistema de enganos, sem os quais esse engano seria nulo.

Só uma pessoa iludida por essa falsa fé, denominada ortodoxa, que lhe foi apresentada como cristã, pode acreditar que para um cristão não é pecado entrar no serviço militar e prometer cegamente obedecer a todos considerados em posição superior e, pela vontade de outro homem, aprender a matar e a executar o crime mais terrível e proibido por todas as leis.

Uma pessoa livre do engano da falsa fé cristã, denominada ortodoxa, nunca vai acreditar nisso.

Por isso os denominados sectários, ou seja, os cristãos que renunciam à doutrina ortodoxa e reconhecem a doutrina de Cristo como enunciada nos Evangelhos, especialmente no Sermão da Montanha, nunca recairão nesse engano, e sempre se recusaram e se recusam a servir o exército, reconhecendo que ele não é compatível com o cristianismo, e preferem sofrer todos os tipos de tortura, como agora fazem centenas e milhares de pessoas na Rússia (os *dukhobors*, os *molokanes*),* na Áustria (os nazarenos), na Suécia, Suíça e Alemanha (os evangélicos). O governo sabe disso, e por isso acompanha com medo e atenção, para garantir que o engano comum da Igreja, sem o qual seu poder não é possível, esteja presente desde a infância de todas as crianças e se mantenha constantemente para que nem sequer uma pessoa se esquive dele. O governo permite tudo: a embriaguez, a libertinagem (e não apenas permite, como incentiva a embriaguez e a libertinagem: ajudam a iludir), mas se opõe com todas as forças ao fato de que as pessoas, libertando-se do engano, também libertem outras pessoas.

O governo russo executa esse engano de forma particularmente cruel e pérfida. Exige que todos os seus súditos sejam batizados, na mais tenra infância, na falsa fé denominada ortodoxa e, caso contrário, faz-lhes ameaças de castigo. Quando as crianças são batizadas, ou seja, são consideradas ortodoxas, então, sob a ameaça de castigo penal, são proibidas de questionar a fé na qual foram batizadas contra sua vontade e, por questionarem essa crença, assim como se desviarem dela ou mudarem para outra, são submetidas a castigos. Portanto, não se pode dizer que os russos creem na fé ortodoxa — não sabem se creem ou não, porque foram todos convertidos a essa fé quando bebês; por medo do castigo, mantêm essa fé que lhes foi imposta. Todos os russos foram capturados pelo insidioso engano ortodoxo e são mantidos nele com cruel violência.

---

* Os *dukhobors* ("lutadores espirituais") eram os membros de um movimento religioso e social pacifista russo; os *molokanes* ("bebedores de leite") eram sectários que surgiram entre os camponeses russos, "cristãos espirituais" que se recusaram a obedecer à Igreja Ortodoxa russa no começo do século XVII.

Aproveitando-se do poder que tem, o governo propaga e sustenta o engano, e o engano também sustenta seu poder.

E a única maneira de salvar as pessoas de todas as suas desgraças consiste em libertá-las da falsa fé que lhes foi incutida pelo governo, e na assimilação da verdadeira doutrina cristã, encoberta por essa falsa doutrina. A verdadeira doutrina cristã é muito simples, clara e acessível a todos, como dizia o próprio Cristo. Mas só é simples e acessível quando uma pessoa se livra das mentiras em meio às quais todos nós somos criados e que nos apresentam como verdade divina.

Não se deve derramar nada de necessário em um recipiente cheio do que é desnecessário. É preciso primeiro retirar o desnecessário. Assim também deve ser feito na assimilação da verdadeira doutrina cristã. É preciso primeiro entender que todas as histórias sobre como Deus teria criado o mundo há 6 mil anos, como Adão pecou, como o gênero humano caiu, e o filho de Deus, e Deus, nascido da Virgem, veio ao mundo e o purificou, todas as fábulas da Bíblia e do Evangelho, todas as vidas dos santos e histórias sobre milagres, ícones e relíquias — não passam de uma mistura grosseira de superstições do povo judeu com os enganos do clero. A doutrina simples e clara de Cristo, que não exige nenhum tipo de interpretação e que é impossível deixar de entender, só é acessível e compreensível para quem se liberta completamente desses enganos.

Essa doutrina nada diz sobre o início nem sobre o fim do mundo, nem sobre Deus e seu desígnio, nem, em geral, sobre coisas que não podemos saber e de que não precisamos saber; fala apenas sobre o que a pessoa precisa fazer para se salvar, ou seja, viver a vida para a qual veio ao mundo da melhor maneira possível, do nascimento à morte. Para isso é preciso agir com os outros como queremos que ajam conosco. Nisso está toda a lei do profeta, como disse Cristo. Para agir dessa maneira não precisamos nem de ícones, nem de relíquias, nem de celebrações religiosas, popes, histórias sagradas, catecismos, governo; pelo contrário, precisamos estar completamente livres de tudo isso; porque só uma pessoa livre dessas fábulas que os padres lhe apresentam como única verdade pode agir com os outros como gostaria que agissem com ela, e isso não tem nada a ver com a promessa de outros de que a pessoa aja como elas querem. Só então a pessoa estará na posição de cumprir a vontade, não a própria, não a alheia, mas a vontade de Deus.

E a vontade de Deus não consiste em guerrear e explorar os fracos, mas em reconhecer todas as pessoas como irmãos e servirmos uns aos outros.

São esses os pensamentos que sua carta me despertou. Ficarei muito feliz se contribuírem para elucidar as questões que lhe interessam.

[Tradução de Graziela Schneider]

De *Mas precisa mesmo ser assim?*
[1900]

I

Em meio aos campos há uma fábrica de fundição de ferro com muros ao redor, enormes chaminés que não param de fumegar, correntes estrondosas, altos-fornos, uma ferrovia de acesso e as casas esparramadas de administradores e trabalhadores. Nessa fábrica e em suas minas, como formigas, os trabalhadores escavam: uns a 100 *archins** debaixo da terra, em passagens escuras, estreitas, abafadas, úmidas, enfrentando constantemente a morte, da manhã à noite ou da noite à manhã, extraem minério; outros, no escuro, encurvados, levam esse minério ou argila para o poço e trazem de volta pequenos vagões vazios para voltar a enchê-los, e assim trabalham doze, catorze horas por dia a semana toda.

Assim trabalham nas minas. Trabalham nos altos-fornos, uns no forno, no calor sufocante, outros na descida de minérios e resíduos fundidos; outros, ainda — maquinistas, fornalheiros, serralheiros, tijoleiros, carpinteiros —, em oficinas, também, doze, catorze horas, a semana toda.

Aos domingos, todas essas pessoas recebem o pagamento, lavam-se ou, às vezes sujos, embriagam-se em tavernas e bares cercados de fábricas por todos os lados, a tentação dos operários, e de manhã cedo, na segunda-feira, mais uma vez voltam para o mesmo trabalho.

---

* Antiga medida russa equivalente a 0,71 metro.

Ali perto da fábrica, mujiques em cavalos extenuados, surrados, aram terras alheias. Esses mujiques se levantaram de madrugada, se é que não passaram a noite pastando, ou seja, se é que não pernoitaram no pântano — o único lugar onde podem alimentar os cavalos. Levantaram-se de madrugada, chegaram em casa, atrelaram os cavalos e, tomando um pedaço de pão, foram arar a terra alheia.

Outros mujiques estão sentados na estrada, não muito longe da fábrica, resguardados atrás das esteiras de proteção, quebrando pedras da estrada. Essas pessoas têm os pés esfolados, as mãos calejadas, o corpo todo sujo, e não apenas o rosto, o cabelo e a barba, mas também os pulmões estão impregnados de pó calcário.

Pegando uma grande pedra inteiriça de uma pilha inteiriça, colocando-a entre as plantas dos pés, calçadas com *lápti** e envoltas em trapos, essas pessoas desferem golpes na pedra com um martelo pesado, até a pedra se despedaçar. E, quando se despedaça, pegam os pedaços quebrados e batem neles até que estes se estraçalhem em fragmentos ínfimos; e mais uma vez pegam pedras inteiras e começam tudo de novo... Assim, essas pessoas trabalham dia e noite, da madrugada estival até o crepúsculo — quinze, dezesseis horas, descansando apenas umas duas horas depois do almoço, e duas vezes, no café da manhã e ao meio-dia, reanimam-se com pão e água.

Assim vivem todas essas pessoas, nas minas e nas fábricas, lavradores e quebradores de pedras, da juventude à velhice; e assim vivem suas esposas e mães, do trabalho árduo, contraindo doenças uterinas; e assim vivem seus pais e filhos, desnutridos, maltrapilhos, em um trabalho árduo, que destrói a saúde, da manhã à noite, da juventude à velhice.

---

* Calçado típico camponês, espécie de alpargata feita de palha.

E então, diante da fábrica, diante dos quebradores de pedra, diante dos mujiques lavradores, encontrando e passando por homens esfarrapados e mulheres carregadas, vagando de um lado para o outro e se alimentando do nome de Cristo, ressoando sinos, desliza uma carruagem atrelada por quatro cavalos baios de cinco verstas, da mesma cor, dos quais o mais magro valia o mesmo que a casa de cada um desse quarteto de mujiques observadores. Na carruagem havia duas senhoritas, reluzindo as cores brilhantes das sombrinhas, chapéus de fitas e plumas, cada uma custando mais do que aquele cavalo em que um camponês está arando a terra; no banco da frente, um oficial de jaqueta militar com cordões e botões que brilhavam ao sol; na boleia um cocheiro corpulento de camisa de seda de mangas azuis e *podióvka* de veludo. Por pouco ele não atropelou um peregrino e não bateu na valeta que o mujique sem bagagem atravessava, a camisa imunda de minério, sacudindo em uma telega.

"Você está cego?", disse o cocheiro, apontando o chicote para o mujique, que se encolheu, mas não rápido o suficiente, puxou as rédeas com uma das mãos, e com a outra tirou o chapéu da cabeça cheia de piolhos, assustado.

Atrás da carruagem, dois ciclistas e uma ciclista, voando silenciosamente e brilhando ao sol com as partes niqueladas da bicicleta, riam, alegres, ultrapassando e assustando o peregrino, que fazia o sinal da cruz.

Paralelos à estrada, dois cavaleiros: um homem em um garanhão inglês e uma dama em um esquipador. O chapéu preto com véu lilás custa dois meses de trabalho de quebradores de pedra, sem falar no preço dos cavalos e das selas; e pelo látego, inglês, elegante, paga-se tanto quanto recebe por uma semana de trabalho subterrâneo aquele jovem ali, que, contente por ter sido contratado para trabalhar nas minas, desvia, admirado com os contornos brilhantes dos cavalos e dos cavaleiros e com um cachorro gordo, estranho, enorme, com uma coleira cara, correndo atrás deles com a língua de fora.

Não muito longe desse grupo, uma moça elegante, sorridente, com madeixas onduladas, de avental branco, e um homem gordo, o rosto avermelhado, suíças penteadas, um cigarro no meio dos dentes, sussurrando algo para a menina. Na telega aparecia um samovar, um pacote de guardanapos e uma máquina de gelo.

Essa é a criadagem das pessoas que andam de carruagem, a cavalo e de bicicleta. O dia de hoje não representa nada de excepcional para eles. Vivem assim durante todo o verão, passeiam quase todos os dias e às vezes, como hoje, com chá, bebidas e iguarias, para comer e beber não no mesmo lugar, mas em novas paisagens.

Os senhores dessas três famílias vivem no campo e na *datcha*. Uma família é de um proprietário, dono de 2 mil dessiatinas de terra, a outra, de um funcionário, que recebe um salário de 3 mil, e a terceira — a família mais rica — é a dos filhos do dono de fábrica.

Todas essas pessoas não se surpreendem nem se comovem nem um pouco com a aparência de toda aquela miséria e com o duro trabalho que as cerca. Acreditam que tudo é como deve ser. Estão ocupadas com outras coisas, completamente diferentes.

"Não, isso é impossível", disse a moça a cavalo, olhando para o cão. "Não posso ver isso!" E para a carruagem. Todos falam ao mesmo tempo, em francês, riem, fazem o cachorro sentar na carruagem e continuam a viagem, cobrindo os quebradores de pedra e transeuntes da estrada com nuvens de poeira calcária.

A carruagem, os cavaleiros, os ciclistas, todos passaram voando, como criaturas de outro mundo; os operários da fábrica, os quebradores de pedra, os mujiques lavradores continuam seu trabalho pesado, monótono, alheio, que vai acabar quando sua vida acabar.

"As pessoas estão vivendo", pensam eles, acompanhando os passantes com os olhos. E sua existência torturante lhes parece ainda mais torturante.

II

E o que significa isso? Será que esses trabalhadores por acaso cometeram algum crime pelo qual precisam ser tão castigados assim? Ou isso é atributo de todas as pessoas? E os que andam de carruagem e de bicicleta fizeram ou ainda vão fazer algo muito útil e importante pelo qual precisam ser tão recompensados assim? De jeito nenhum! Pelo contrário, os que trabalham com tanta intensidade em grande parte são pessoas de moral, moderadas, modestas, trabalhadoras; os que estavam passando em grande parte são pessoas corrompidas, lascivas, impudentes, ociosas. E tudo isso é assim porque essa organização da vida é considerada natural e justa no mundo de pessoas que afirmam professar a lei de Cristo do amor ao próximo, ou que se consideram cultas, ou seja, pessoas requintadas.

E essa organização existe não apenas naquele canto do distrito de Tula, que me ocorre de maneira vívida, porque muitas vezes o vejo, mas em qualquer lugar, não apenas na Rússia, de São Petersburgo a Batúmi, mas também na França — de Paris a Auvergne —, na Itália — de Roma a Palermo —, na Alemanha, Espanha, nos Estados Unidos e na Austrália, e até mesmo na Índia e na China. Em qualquer lugar, de cada mil, duas ou três pessoas vivem assim, sem fazer nada para si, comendo e bebendo em um dia o que alimentaria centenas de pessoas em um ano; vestem roupas que custam milhares, vivem em palácios, onde poderiam se acomodar milhares de trabalhadores; gastam milhares, milhões de dias de trabalho com seus caprichos; já outros, sem dormir ou se alimentar o suficiente, trabalham mais do que sua força permite, destruindo sua saúde física e mental pelos escolhidos.

Para algumas pessoas, quando estão prestes a nascer, chamam uma parteira, um médico, às vezes dois para uma parturiente, preparam um enxoval de cem roupinhas, balançam carrinhos; outros, a imensa maioria, dão à luz onde e como é possível, sem ajuda alguma, envolvem a criança em trapos, colocam-na em um berço de palha com xilogravuras populares, e alegram-se quando acabam morrendo.

Das crianças de algumas pessoas, enquanto a mãe fica de cama nove dias, cuidam a avó, a babá, a ama; de outras ninguém cuida, porque não há ninguém, e a própria mãe, imediatamente após o parto, levanta-se, acende o forno, ordenha a vaca, e às vezes até lava as roupas dela e as do marido. Algumas crescem em meio a brinquedos, divertimento e instrução, outras em primeiro lugar arrastam a barriga de fora pelos umbrais, esfolam-se, devoram porcos, e aos cinco anos já começam o trabalho forçado. Algumas assimilam toda a sabedoria científica, adaptada à idade das crianças, outras aprendem palavrões e as superstições mais grosseiras. Algumas se apaixonam, começam um romance e depois se casam, quando já experimentaram todos os deleites do amor; outras se casam com quem os pais querem, para ajudar no trabalho, dos dezesseis aos vinte anos. Algumas comem e bebem do melhor e do mais caro que existe no mundo, alimentam seus cães com pão branco e carne vermelha; outras comem um pão com *kvas*, nem demais, nem pouco, para não acabar com a reserva. Algumas, mesmo não se sujando, trocam a roupa branca fina todos os dias; outras, constantemente fazendo o trabalho alheio, trocam a roupa branca grosseira, esfarrapada, asquerosa, a cada duas semanas, ou nem isso, usando-as até se desfazerem. Algumas dormem em lençóis limpos, em colchões de penas e plumas; outras dormem no chão, cobertas com cafetãs esfarrapados.

Algumas pessoas andam em cavalos robustos, bem alimentados, perambulando, passeando; outras trabalham, torturadas, em cavalos mal alimentados, e vão trabalhar a pé. Algumas se perguntam o que poderiam fazer para ocupar seu tempo ocioso; outras nem ao menos conseguem ter tempo para se limpar, tomar banho, descansar, abrir a boca, visitar parentes. Algumas leem em quatro línguas, deleitando-se todos os dias com uma grande variedade de distrações; outras não sabem o alfabeto e não conhecem outra alegria a não ser a de se embriagar. Algumas sabem tudo e não acreditam em absolutamente nada; outras não sabem nada e acreditam em qualquer disparate que ouvem. Algumas, quando ficam doentes, deslocam-se de um lugar para outro, procurando o ar mais saudável, sem falar em todas as águas imagináveis, todo o cuidado, toda a limpeza e medicamentos; outras são jogadas na isbá sem chaminé, no forno, com feridas imundas, sem nenhum alimento além de pão seco, sem ar além do contaminado pelos dez membros da família, pelos bezerros e ovelhas, apodrecem vivas e morrem prematuramente.

Mas precisa mesmo ser assim?

Se há uma razão e amor supremo guiando o mundo, se Deus existe, então Ele não pode querer que haja essa segmentação entre as pessoas, que alguns não saibam o que fazer com o excesso de riqueza, e desperdicem em vão o fruto do trabalho dos outros; e que outros se debilitem e morram prematuramente ou vivam uma vida torturante de trabalho árduo.

Se Deus existe, então isso não pode e não deve acontecer. Se Deus não existe, então, com o ponto de vista humano mais simples, essa organização da vida, na qual a maioria das pessoas deve se arruinar para que um pequeno número de pessoas utilize em excesso, o que só complica e corrompe essa minoria — uma organização de vida assim é um absurdo porque não é vantajosa para todos.

[Tradução de Graziela Schneider]

"Não matarás"[1]
[1900]

Não matarás.

ÊXODO, 20: 13

O discípulo não está acima do mestre; todo discípulo bem formado será como o mestre.

LUCAS, 6: 40

Pois todos os que usam a espada pela espada morrerão.

MATEUS, 26: 52

Tudo, portanto, quanto desejais que os outros vos façam, fazei-o, vós também, a eles. Isto é a Lei e os Profetas.

MATEUS, 7: 12

Quando os reis são executados pela sentença de um tribunal, como no caso de Carlos I, Luís XVI ou Maximiliano do México, ou matam-nos em revoluções de palácio, como Pedro III, Paulo* e vários sultões, xeques e imperadores chineses, cala-se sobre isso. Mas quando os matam sem tribunal nem revoluções de palácio, como Henrique IV, Alexandre II, a imperatriz da Áustria, o xeque persa e agora Humberto,** então tais assassinatos

---

* Referência ao tsar Paulo I, da Rússia, assassinado em 1801.

** O rei Humberto I, da Itália, foi assassinado em 1900.

despertam entre os reis, imperadores e sua corte a maior surpresa e indignação, exatamente como se essas pessoas nunca tivessem participado de assassinatos, não os tivessem aproveitado e não os tivessem ordenado. E no entanto os melhores dos reis assassinados, como Alexandre II ou Humberto, eram culpados, participantes e cúmplices — para não falar das execuções domésticas — da morte de dezenas de milhares de pessoas que pereceram nos campos de batalha; já os reis ruins eram culpados de centenas de milhares, e até milhões de assassinatos.

A doutrina de Cristo abole a lei do "olho por olho, dente por dente", mas aqueles que não só sempre observaram e ainda agora observam essa lei em proporções terríveis, utilizando-a nos castigos e nas guerras, e, além disso, não apenas olho por olho, mas sem nenhuma provocação, ordenam a morte a milhares, como o fazem ao anunciar guerras, não têm direito de indignar-se pelo emprego dessa lei contra eles, nesse mínimo e insignificante grau, pois é pouco provável que haja o assassinato de um rei ou imperador para cada 100 mil ou talvez 1 milhão de vítimas assassinadas por ordem e com o consentimento de reis e imperadores. Reis e imperadores não só não devem se indignar diante de assassinatos como o de Alexandre II ou de Humberto, mas devem admirar-se de que esses assassinatos sejam tão escassos, depois do permanente exemplo de assassínio nacional que eles dão às pessoas.

A multidão está tão hipnotizada que vê, mas não entende, o significado daquilo que se realiza constantemente à sua frente. Ela observa a preocupação constante dos reis, imperadores e presidentes com a disciplina do exército, vê essas revistas, paradas e manobras com as quais se vangloriam uns diante dos outros, e correm entusiasmados para ver como seus irmãos, vestidos com estúpidas e brilhantes roupas coloridas, ao som de tambores e cornetas, transformam-se em máquinas e, ao grito de uma pessoa, fazem todos, ao mesmo tempo, o mesmo movimento, e não compreendem o que isso significa. Pois eis que o significado disso é muito simples e claro: nada mais é que preparação para o assassínio. É o entorpecimento das pessoas para torná-las instrumentos do homicídio. E os que fazem, dirigem e se orgulham disso são os reis, imperadores e presidentes. E eles, que estão especialmente ocupados com o assassínio, que fizeram do assassínio uma profissão, e levam sempre farda militar e instrumentos de assassínio — espadas no flanco —, espantam-se e indignam-se quando um deles é assassinado.

O assassínio de reis, tal como o último assassinato, o de Humberto, é terrível, mas não por sua crueldade. Os atos realizados por disposição de reis e imperadores, não só no passado, como o massacre da Noite de São Bartolomeu, massacres por causa da fé, horríveis repressões das revoltas camponesas, os massacres de Versalhes, mas as execuções governamentais presentes, o confinamento em prisões isoladas, os batalhões disciplinares, os enforcamentos, as decapitações, as refregas na guerra, são incomparavelmente mais cruéis que os assassinatos cometidos pelos anarquistas. São terríveis esses homicídios, e não por sua injustiça. Se Alexandre II e Humberto não mereciam seus assassínios, muito menos o mereciam milhares de russos que pereceram em Pléven, ou de italianos que pereceram na Abissínia. São terríveis esses homicídios, não por sua crueldade e injustiça, mas pela insensatez de quem os executa.

Se os assassinos dos reis agem sob a influência do sentimento pessoal de indignação, provocado pelos sofrimentos do povo subjugado, dos quais consideram culpados Alexandre, Carnot ou Humberto, ou por um sentimento pessoal de ofensa e vingança, então, apesar de serem imorais, tais atos são compreensíveis. Mas como uma organização de pessoas — anarquistas, como dizem agora —, enviada por Bresci,* que ameaça outros imperadores, não pode inventar nada melhor para a melhora da situação das pessoas do que o assassínio daqueles cuja aniquilação pode ser tão útil como cortar a cabeça daquele monstro mitológico que ao ter a cabeça cortada imediatamente constitui outra no lugar? Reis e imperadores há muito tempo já estruturaram para si uma ordem como a dos carregadores das espingardas: assim que uma bala cai, outra, instantaneamente, fica no lugar dela. *Le roi est mort, vive le roi!* Então, para que matá-los?

Só na opinião mais superficial o homicídio dessas pessoas pode ser apresentado como um meio de salvação da opressão dos povos e das guerras que destroem as vidas humanas.

Basta lembrar que tais opressões e guerras sempre aconteceram, a despeito de quem esteja à frente do governo: Nicolau ou Alexandre, Frederico ou Guilherme, Napoleão ou Luís, Palmerston ou Gladstone, Carnot ou Faure, McKinley ou outro qualquer, para compreender que determinada pessoa, seja qual for, não pode causar essas opressões e essas guerras pelas quais os povos padecem. Os desastres do povo procedem não de uma pessoa particular, mas da estrutura da sociedade em que as pessoas estão de tal forma relacionadas que se encontram todas sob o poder de uns poucos ou, com mais frequência, sob o poder de uma pessoa, a qual ou as quais estão tão corrompidas pela sua situação antinatural sobre o destino e a vida de milhões de pessoas que se encontram sempre em uma situação doentia, sempre em maior ou menor grau obcecadas por uma mania de grandeza que só é dissimulada do conhecimento geral em virtude de sua excepcional posição.

---

* Gaetano Bresci (1869-1901), anarquista ítalo-americano, condenado e morto pelo assassinato do rei Humberto I.

Sem falar que essas pessoas, desde a primeira infância até a sepultura, estão rodeadas do mais insensato luxo e estão sempre acompanhadas por uma atmosfera de mentira e servilismo, toda a sua educação, todas as ocupações, tudo se concentra em uma coisa: no aprendizado dos assassínios anteriores, e dos melhores meios de assassínio de nosso tempo, e na melhor preparação para o assassínio. Desde a infância, estudam o homicídio em todas as suas formas possíveis, sempre levam consigo instrumentos de assassínio: sabres, espadas, adereçados com diferentes fardas, fazem paradas, revistas, manobras, encontram-se uns com outros e presenteiam-se com ordens e regimentos, e nem uma só pessoa chamará aquilo que eles fazem pelo verdadeiro nome nem lhes dirá que se ocupar da preparação para o assassínio é abominável e criminoso, e de todos os lados eles só escutam aprovação e enlevo a suas atividades. A cada saída, parada e revista, acorre uma multidão de pessoas que os cumprimenta com entusiasmo, e parece-lhes que todo o povo expressa aprovação por seus atos. A parte da imprensa que eles veem, e que lhes parece expressar sentimentos de todo o povo ou de seus melhores representantes na forma mais servil, não para de engrandecer suas palavras e seus atos, como se não fossem estúpidos e ruins. E todos os homens e mulheres próximos, laicos ou do clero, todos os que não valorizam a dignidade humana, esforçam-se em eclipsar um ao outro por meio de lisonjas refinadas, sendo em tudo indulgentes com eles e enganando-os, sem dar-lhes a oportunidade de ver a vida real. Essas pessoas podem viver cem anos e nunca ouvir a verdade. Às vezes você se espanta ao escutar as palavras e ver os atos dessas pessoas; mas basta refletir sobre sua situação para entender que qualquer pessoa, no lugar delas, agiria da mesma forma. O homem sensato que tenha caído no lugar deles pode realizar apenas uma ação sensata: sair dessa situação; ao ficar na situação deles, qualquer um fará a mesma coisa.

Na verdade, o que pode acontecer na cabeça de um Guilherme da Alemanha, um homem limitado, pouco educado e vaidoso, com os ideais de um cadete alemão, quando não há uma estupidez ou besteira que ele tenha dito que não tenha sido recebida com um entusiasmado *hoch* e tenha sido comentada pela imprensa do mundo inteiro como se não houvesse nada mais importante?

Ele diz que, por ser sua vontade, os soldados devem matar até os próprios pais — gritam hurra! Diz que o Evangelho deve ser estabelecido com punho de ferro — hurra! Diz que na China os exércitos não devem fazer prisioneiros, mas matar todos, e não o internam em uma casa de loucos, mas gritam hurra e navegam para a China para cumprir sua prescrição. Ou Nicolau II, discreto por natureza, que começa seu reinado com o anúncio aos veneráveis anciãos de que seu desejo de debater seus assuntos, a autonomia, são sonhos sem sentido, e os órgãos da imprensa, essas pessoas que ele vê, elogiam-no por isso. Ele propõe um infantil, estúpido e falso projeto de paz universal e ao mesmo tempo faz disposições para aumentar o exército, e não há limites ao elogio da sua sabedoria e virtude. Sem nenhuma necessidade, sem sentido e sem piedade, ele afronta e tortura um povo inteiro — os finlandeses —, e de novo ouve apenas elogios. Organiza, por fim, o massacre chinês, terrível por sua injustiça, crueldade e incongruência com seu projeto de paz. E todos, de todos os lados, elogiam-no simultaneamente pela vitória e pela continuidade da política de paz de seu pai.

O que se passa em realidade na cabeça e no coração dessas pessoas?

Portanto, os culpados da opressão aos povos e dos assassínios na guerra não são os Alexandres, e Humbertos, e Guilhermes, e Nicolaus, e Chamberlains que decretam essa opressão e essas guerras, mas os que os puseram na condição de soberanos da vida das pessoas. E por isso não se deve matar os Alexandres, Nicolaus, Guilhermes, e Humbertos, mas deixar de sustentar essa estrutura da sociedade que os produz. E o que sustenta a estrutura atual da sociedade é o egoísmo das pessoas, que vendem sua liberdade e sua honra por pequenos ganhos materiais.

Os que se encontram no degrau mais baixo da escada, em parte como consequência do entorpecimento da educação patriótica e pseudorreligiosa, em parte como consequência dos lucros pessoais, renunciam a sua liberdade e seu senso da dignidade humana em proveito dos que se encontram em posição superior a eles e que lhes oferecem ganhos materiais. Em tal situação se encontram os que estão alguns degraus acima na escada e, também como consequência do entorpecimento e sobretudo dos ganhos, renunciam a sua liberdade e à dignidade humana; assim também os que estão ainda mais alto e assim por diante até os mais altos degraus, até aquelas pessoas, ou aquela única pessoa, que se encontram no topo da pirâmide e que já não têm nada a conquistar, e para quem o único motivo de ação é a ambição e a vaidade e que, com frequência, estão tão corrompidas e entorpecidas pelo poder sobre a vida e a morte das pessoas, e pela lisonja e pelo servilismo das pessoas que os rodeiam, que não cessam de fazer o mal, completamente convencidas de que fazem bem à humanidade.

Os próprios povos, ao sacrificar sua dignidade humana a seus ganhos, produzem essas pessoas que não podem fazer nada diferente do que eles fazem, e depois se zangam por suas estúpidas e más ações. Matar essas pessoas é a mesma coisa que mimar as crianças e depois açoitá-las.

Para que não houvesse opressão dos povos nem guerras desnecessárias, e para que ninguém se irritasse com os que parecem culpados disso e os matasse, é necessário muito pouco, a saber: apenas que as pessoas compreendam as coisas como são e as chamem pelo verdadeiro nome; que o exército é um instrumento de assassínio, assim como o ajuntamento e a direção do exército — aquilo com que presunçosamente se ocupam reis, imperadores e presidentes é uma preparação para o assassínio.

Se cada rei, imperador e presidente entendesse que sua função de dirigir os exércitos não é nenhuma obrigação honorável e importante, como são persuadidos por seus aduladores, mas um vicioso e vergonhoso ato de preparação para o assassínio, e se cada indivíduo entendesse que o pagamento dos tributos com os quais se contratam e dão armas aos soldados e tanto mais o ingresso no serviço militar não são atos indiferentes, mas ruins e vergonhosos, não só de conivência como de participação em um assassinato, então se aniquilaria por si só esse poder dos imperadores, presidentes e reis, pelo qual agora eles são mortos.

De modo que não se deve matar os Alexandres, Carnots, Humbertos e outros, mas explicar-lhes que eles próprios são assassinos; e, o mais importante, não se deve permitir que matem os que se negam a matar por ordem deles.

Se as pessoas ainda não agem assim, é por causa da hipnose sob a qual o governo as mantém, zelosamente, por senso de autopreservação. E, por isso, contribuir para que as pessoas parem de matar os reis, e de matar-se entre si, é possível não por meio de assassinatos — os assassinatos, pelo contrário, fortalecem a hipnose —, mas despertando as pessoas da hipnose.

É exatamente isso o que tento fazer com estas anotações.

8 de agosto de 1900

[Tradução de Natalia Quintero]

Patriotismo e governo
[1900]

Está próximo o tempo em que chamar um homem de patriota será o insulto mais baixo que lhe possa fazer. Patriotismo agora significa defender a pilhagem no interesse das classes privilegiadas do regime de governo em que nos ocorreu ter nascido.

E. BELFORT BAX

I

Algumas vezes já tive a oportunidade de expressar a ideia de que o patriotismo é, em nossa época, um sentimento antinatural, insensato, prejudicial, causador de grande parte das catástrofes pelas quais sofre a humanidade, e que por isso esse sentimento não deve ser alimentado como se faz atualmente, mas, ao contrário, deve ser contido e eliminado, utilizando-se todos os meios à disposição das pessoas sensatas. Mas, surpreendentemente, apesar do fato irrefutável e evidente de que os armamentos universais e as guerras mortais que devastam os povos dependem apenas disso, todos os meus argumentos sobre a obsolescência, o anacronismo e os efeitos danosos do patriotismo encontraram e encontram, em nossos dias, o silêncio, a incompreensão intencional ou ainda uma mesma e sempre estranha objeção: a de que apenas o mau patriotismo é prejudicial, o jingoísmo, o chauvinismo, ao passo que o verdadeiro e bom patriotismo seria um sentimento moral muito elevado, cuja condenação se mostraria não apenas irracional, mas também criminosa. Sobre os fundamentos desse verdadeiro e bom patriotismo, nada se diz ou, em vez de explicações, pronunciam-se frases grandiloquentes e empoladas, ou ainda oferecem como definição de patriotismo algo que não tem nada a ver com o patriotismo que todos conhecemos e em razão do qual tanto sofremos.

Em geral se diz que o verdadeiro e bom patriotismo consiste em desejar ao próprio povo ou Estado o verdadeiro bem, aquele que não prejudica o bem de outros povos.

Há pouco, conversando com um inglês sobre a presente guerra,[1] eu lhe disse que o verdadeiro motivo dessa guerra não é a ganância, como se costuma dizer, mas o patriotismo, como fica evidente pelo estado de espírito de toda a sociedade inglesa. O inglês não concordou comigo e disse que, se essa afirmação for verdadeira, então isso é resultado do fato de que o patriotismo que agora anima os ingleses é o mau patriotismo; já o bom patriotismo — o que ele compreende como tal — implica que os ingleses, seus compatriotas, não se comportariam mal.

"O senhor deseja, então, que só os ingleses não se comportem mal?", perguntei eu.

"Eu desejo isso a todos!", respondeu ele, mostrando claramente com essa resposta que as características do verdadeiro bem, seja ele moral, científico ou até aplicado, prático, são tais em sua essência que se disseminam entre todas as pessoas; e, por isso, desejar o bem a todos não apenas não é patriotismo como é o contrário do patriotismo.

Do mesmo modo não são patriotismo as particularidades de cada povo, com as quais outros defensores do patriotismo, intencionalmente, o definem. Eles dizem que as particularidades de cada povo são condição indispen-

OS ÚLTIMOS DIAS DE TOLSTÓI

sável ao progresso da humanidade, e que por isso o patriotismo, direcionado à manutenção dessas particularidades, é um sentimento bom e útil. Mas não será evidente que se, em certa época, as particularidades de cada povo, hábitos, crenças, idioma eram condição indispensável à vida da humanidade, em nosso tempo essas mesmas particularidades servem como principal obstáculo à concretização do ideal já reconhecido de união irmanada dos povos? Por isso, a manutenção e a conservação de particularidades, sejam quais forem — russas, alemãs, francesas, anglo-saxãs —, ao despertar também a manutenção e a conservação não apenas do espírito nacional húngaro, polonês, holandês, mas também basco, provençal, mordoviano, *tchuvaque*[2] e de muitos outros povos, servem não para a aproximação e unidade dos povos, mas para um isolamento e uma separação cada vez maiores.

Portanto, não o imaginário, mas o patriotismo real — aquele que todos nós conhecemos, sob cuja influência se encontra a maioria das pessoas de nosso tempo e por causa do qual a humanidade tanto sofre — não significa desejar o bem espiritual ao próprio povo (não se pode desejar o bem espiritual apenas ao próprio povo), nem se resume às particularidades das individualidades de cada povo (isso é uma característica, não um sentimento); é um sentimento muito específico de predileção pelo próprio povo ou Estado em detrimento de todos os outros povos ou Estados e, consequentemente, um desejo de que esse povo ou Estado tenha maior bem-estar e poder, que podem ser obtidos e sempre são obtidos apenas em prejuízo do bem-estar e do poder de outros povos ou Estados.

Parece muito evidente que o patriotismo, como sentimento, seja um sentimento ruim e danoso; já como ensinamento, é um ensinamento estúpido, uma vez que está claro que, se cada povo e Estado decidir se considerar o melhor dos povos e dos Estados, então todos incorrerão em grosseiro e prejudicial engano.

II

Pode parecer que tanto a nocividade quanto a insensatez do patriotismo deveriam ser bem evidentes para todas as pessoas. Mas, surpreendentemente, as pessoas esclarecidas e inteligentes não apenas não enxergam isso por si sós, mas, com enorme teimosia e ardor, e sem nenhum fundamento sensato, contestam qualquer indicação dos danos e da insensatez do patriotismo e continuam a cumular de louvores a sua virtude e distinção.

O que significa isso?

Uma única explicação para esse fenômeno surpreendente se apresenta a mim. Toda a história da humanidade, desde os tempos antigos até a atualidade, pode ser examinada como o movimento da consciência, tanto de pessoas isoladas quanto de grupos homogêneos, de ideias baixas para ideias elevadas.

Todo o caminho percorrido, por uma pessoa isolada ou por um grupo homogêneo de pessoas, pode ser representado como uma série sucessiva de degraus, do mais baixo, que se encontra no nível da vida animal, ao mais elevado, ao qual se pode ascender apenas em determinado momento histórico da criação humana.

Cada ser humano, assim como cada grupo homogêneo isolado — povos, Estados —, sempre passou e ainda passa por esses, podemos dizer, degraus de ideias. Algumas partes da humanidade seguem à frente, outras ficam muito atrás e outras ainda, a maioria, movimentam-se no meio desse caminho. Mas todos, não importa em que degrau estejam, inevitável e fatalmente passam das ideias mais baixas às mais elevadas. E sempre, em cada momento específico, tanto a pessoa isolada quanto o grupo homogêneo de pessoas, na dianteira, no meio ou atrás, encontram-se em três posições diferentes em relação aos três degraus de ideias entre os quais se movimentam.

Sempre, tanto para a pessoa isolada quanto para o grupo homogêneo de pessoas, há as ideias do passado, obsoletas e tornadas estranhas, às quais as pessoas já não podem voltar, como para o nosso mundo cristão as ideias do canibalismo, da pilhagem de nações, do rapto de mulheres e assim por diante, das quais resta apenas a lembrança; há as ideias do presente, incutidas nas pessoas pela educação, pelo exemplo, pelo modo de agir do meio circundante, e pelas ideias sob cujo poder elas vivem em dado momento, como em nossa época as ideias de propriedade, sistema de governo, comércio, utilização de animais domésticos e assim por diante. E há as ideias do futuro, das quais algumas já estão próximas da concretização e forçam as pessoas a mudar a própria vida e a lutar contra as formas anteriores, como no nosso mundo as ideias de emancipação dos operários, igualdade de direitos das mulheres, supressão do consumo de carne e assim por diante, enquanto outras, embora já reconhecidas pelas pessoas, ainda não tenham entrado em conflito com as formas de vida anteriores. Estas, em nossa época, são os chamados ideais: a eliminação da violência, o estabelecimento de um sistema geral de propriedade, uma única religião, a irmandade universal dos povos.

Portanto, todo ser humano e todo grupo homogêneo de pessoas, seja qual for o degrau em que estejam, tendo atrás de si lembranças obsoletas do passado e diante de si ideais do futuro, sempre se encontram em processo de conflito entre as ideias do presente, que vão ficando ultrapassadas, e as ideias do futuro, que começam a entrar em nossa vida. Normalmente acontece que, quando uma ideia, antes útil e até imprescindível no passado, torna-se supérflua, após um conflito mais ou menos prolongado, ela cede lugar a outra, nova, que antes era um ideal e agora se torna uma ideia do presente.

Mas por vezes a ideia obsoleta, já substituída na consciência das pessoas por outra superior, é de tal natureza que sua conservação se torna útil àquelas pessoas que possuem maior influência sobre a sociedade. Nesse caso, a ideia obsoleta, apesar de sua aguda contraposição a toda uma organização de vida que já se encontra em mudança em outros aspectos, continua a influenciar as pessoas e a orientar suas condutas. A manutenção de ideias obsoletas sempre aconteceu e acontece no campo religioso. O motivo disso é que os sacerdotes, cuja vantajosa posição está relacionada com ideias religiosas obsoletas, utilizando-se do próprio poder, intencionalmente mantêm as pessoas presas a ideias obsoletas.

O mesmo acontece, por razões similares, no âmbito estatal, a respeito da ideia do patriotismo, base de todo o conceito de Estado. As pessoas para as quais é vantajosa a sustentação dessa ideia já sem nenhum sentido nem utilidade garantem sua sustentação de forma artificial. E elas podem fazer isso, pois dominam os meios mais poderosos de persuasão dos demais.

Nisso está, a meu ver, a explicação para a estranha contradição em que se encontra a ideia obsoleta de patriotismo e toda uma disposição de ideias contrárias a ela, já inseridas em nosso tempo na consciência do mundo cristão.

III

O patriotismo, como sentimento de amor exclusivo pelo próprio povo e como doutrina que prega a bravura de sacrificar a própria tranquilidade, os próprios bens e até a própria vida para defender os fracos do massacre e da violência perpetrados por inimigos, era a ideia mais elevada da época em que todos os povos consideravam possível e justo, para seu próprio bem e poder, submeter pessoas de outro povo a massacres e saques; porém, há cerca de 2 mil anos já começara a se apresentar à consciência dos supremos representantes da sabedoria da humanidade a ideia mais elevada da irmandade dos povos, e essa ideia, ao se enraizar cada vez mais na consciência de todos, alcançou em nossa época as mais diversas formas de concretização. Graças à facilitação dos meios de comunicação, à unidade da indústria, do comércio, das artes e dos conhecimentos, as pessoas de nosso tempo estão a tal ponto ligadas entre si que o perigo de conquistas, mortandades e violência por parte dos povos vizinhos já desapareceu por completo, e todos os povos (povos, e não governos) mantêm entre si relações comerciais, industriais e intelectuais pacíficas, proveitosas e amigáveis, que eles não têm intenção nem necessidade de perturbar. Por isso, parece que o obsoleto sentimento de patriotismo deveria ser, como algo supérfluo e incompatível com a consciência nascente da irmandade entre pessoas de diversas nacionalidades, cada vez mais reprimido até desaparecer por completo. No entanto, em vez disso acontece o contrário: esse sentimento danoso e obsoleto não apenas continua a existir como cada vez mais se inflama.

Os povos, sem nenhum fundamento racional, contrariamente tanto à sua própria consciência quanto a seus próprios interesses, não só compactuam com seus governos nos ataques a outros povos, na usurpação de bens alheios, na defesa, à força, daquilo que foi usurpado, como também exigem esses ataques, usurpações e defesas, alegram-se com eles, orgulham-se deles. As pequenas nacionalidades oprimidas — poloneses, irlandeses, boêmios, finlandeses, armênios —, abatidas pelo poder dos grandes Estados, ao reagir ao patriotismo dos opressores, que as esmagou, a tal ponto se contagiam por esse sentimento de patriotismo obsoleto, desnecessário, insensato e danoso de seus conquistadores que toda sua ação se concentra nele, e elas próprias, vítimas do patriotismo dos povos mais poderosos, estão prontas a cometer, contra outras nacionalidades, por causa desse mesmo patriotismo, exatamente o que os opressores de sua nacionalidade lhes fizeram e fazem.

Isso se dá porque as classes governantes (tendo em vista aqui não apenas o governo e seus funcionários, mas também todas as classes que se valem de uma posição excepcionalmente vantajosa: capitalistas, jornalistas, a maioria dos criadores e cientistas) só podem conservar sua posição excepcionalmente vantajosa em comparação com as massas populares graças ao sistema de governo, sustentado pelo patriotismo. Por terem em suas mãos os meios mais poderosos de persuasão do povos, elas sempre e obrigatoriamente alimentam sentimentos patrióticos dentro de si e nos demais, sobretudo porque esses sentimentos que sustentam o poder governamental, mais do quaisquer outros, são premiados por esse poder.

Quanto mais se mostra patriota, mais êxito um funcionário alcança no serviço; exatamente do mesmo modo, o militar só pode progredir em sua carreira na guerra, que é fruto do patriotismo.

O patriotismo e suas consequências — as guerras — constituem uma enorme fonte de renda aos proprietários de jornais e de grandes lucros à maioria dos comerciantes. Todo escritor, professor, catedrático, quanto mais prega o patriotismo, mais assegura a própria posição. Quanto mais dedicado ao patriotismo, mais glórias um imperador ou rei conquista.

Nas mãos das classes dirigentes estão o exército, o dinheiro, as escolas, a religião e a imprensa. Nas escolas, elas atiçam o patriotismo nas crianças com histórias que descrevem o próprio povo como sempre correto e melhor do que todos os outros; nos adultos, atiçam esse mesmo sentimento com espetáculos, cerimônias, monumentos e uma imprensa patriótica mentirosa; e, o mais importante, atiçam o patriotismo pelo fato de que, ao promover todo tipo de injustiça e crueldade contra outros povos, despertam neles a hostilidade contra seu próprio povo e depois utilizam essa hostilidade para despertar atitudes hostis em seu próprio povo.

Esse terrível sentimento de patriotismo arde entre os povos europeus em progressão assustadoramente crescente, e em nossa época chegou a um grau extremo, além do qual já não há mais para onde ir.

IV

Na memória de todos, inclusive daqueles ainda jovens, houve um acontecimento que mostra com a maior clareza o impressionante atordoamento a que pessoas do mundo cristão foram levadas pelo patriotismo.

As classes governantes alemãs atiçaram o patriotismo em suas massas populares a tal ponto que na segunda metade do século xix foi proposta uma lei segundo a qual todo indivíduo, sem exceção, devia servir como soldado; todos os filhos, maridos, pais, cientistas e sacerdotes devem se ocupar de assassinatos, devem ser escravos obedientes de seus superiores hierárquicos imediatos e devem estar prontos, sem objeções, para matar os que lhes ordenarem que matem: matar pessoas de nacionalidades oprimidas, trabalhadores que defendem os próprios direitos e os próprios pais e irmãos, como anunciou publicamente o mais insolente de todos os soberanos: Guilherme ii.

Essa medida repugnante, que ultraja do modo mais grosseiro todos os melhores sentimentos do ser humano, sob influência do patriotismo, foi aceita sem reclamações pelo povo da Alemanha. Sua consequência foi a vitória sobre os franceses. Essa vitória atiçou ainda mais o patriotismo da Alemanha e, em seguida, da França, da Rússia e de outras potências, e todas as pessoas das potências continentais, sem reagir, submeteram-se à introdução do serviço militar obrigatório, ou seja, à escravidão, com a qual não se pode comparar nenhuma escravidão de outrora em termos de humilhação e submissão à vontade alheia. Após essa submissão servil das massas, em nome do patriotismo, a impertinência, a crueldade e a insensatez dos governos já não conheciam limites. Tiveram início, de modo intermitente e despertadas em parte por capricho, em parte por vaidade e em parte por interesse, conquistas de terras alheias na Ásia, África e América, e cresceu ainda mais a desconfiança e animosidade entre os diferentes governos.

O extermínio dos povos das terras conquistadas foi aceito como algo que se justificava por si só. A única questão levantada era: quem seria o primeiro a conquistar a terra alheia e exterminar seus habitantes?

Os governantes não apenas violaram e violam, do modo mais evidente, os requisitos mais primordiais da justiça contra os povos subjugados e uns contra os outros, como também praticaram e praticam todo tipo de embuste, vigarice, suborno, fraude, espionagem, saque e assassinato; e os povos não apenas concordaram e concordam com tudo isso, mas também se alegram com o fato de que seu governo, e não outros, pratica esses delitos. A hostilidade mútua entre povos e governos atingiu nos últimos tempos limites tão surpreendentes que, embora não exista motivo para um governo atacar outros, todos sabem que todos os governos se posicionam uns contra os outros, com garras à mostra e dentes arreganhados, e esperam apenas que algum caia em desgraça e se enfraqueça para que seja possível atacá-lo e destroçá-lo com o menor risco possível.

Todos os povos do chamado mundo cristão foram levados pelo patriotismo a tamanho grau de selvageria que desejam matar ou se alegram com isso não apenas as pessoas às quais se apresenta a obrigatoriedade de matar ou ser morta, mas também as que vivem tranquilamente em suas casas, em nada ameaçadas, na Europa; graças às rápidas e fáceis comunicações e à imprensa, as pessoas da Europa e da América — em qualquer situação de guerra — sentem-se à vontade na posição de espectadores de um circo romano de tal modo que, como lá, se alegram com a morte e do mesmo modo gritam com sede de sangue: *Pollice verso*.[3]

Não apenas os adultos, mas também as crianças, as puras e sábias crianças, de acordo com a nacionalidade à qual pertencem, alegram-se quando ficam sabendo que foram mortos ou destroçados por projéteis de lidite não setecentos, mas mil ingleses ou bôeres.

E os pais — eu conheço alguns casos — incentivam as crianças a essa selvageria.

Mas isso não é tudo. Qualquer expansão do exército de um determinado governo (e todos os governos, vendo-se em perigo, graças ao patriotismo, esforçam-se para expandi-lo) obriga os vizinhos, também por patriotismo, a expandir seus exércitos, o que leva a uma nova expansão por parte do primeiro.

O mesmo acontece com as fortificações e as frotas: um governo constrói dez encouraçados, os vizinhos constroem onze; então o primeiro constrói doze e assim por diante, em progressão infinita.

"Te lasco um beliscão." "Pois eu te dou um murro." "E eu te desço o chicote." "E eu mando uma paulada." "E eu ataco com a minha espingarda..." Assim brigam e lutam apenas crianças malcomportadas, bêbados ou animais, porém, apesar disso, assim acontece na esfera dos representantes máximos dos governos mais esclarecidos, aqueles mesmos que orientam a educação e a moral de seus súditos.

v

A situação piora mais e mais, e não há possibilidade de se deter esse agravamento em direção à evidente perdição. A única saída contemplada pelos crédulos para essa situação acaba de ser suprimida pelos últimos acontecimentos; eu me refiro à Conferência de Haia e à subsequente guerra entre Inglaterra e Transvaal.

Se as pessoas racionais ainda podiam, pouco e superficialmente, consolar-se com o pensamento de que as cortes internacionais seriam capazes de evitar a catástrofe da guerra e a escalada dos armamentos, então a Conferência de Haia, com a subsequente guerra, demonstrou da forma mais evidente a impossibilidade de solucionar a questão por esse caminho. Após a Conferência de Haia se tornou óbvio que, enquanto existirem governos com exércitos, não será possível eliminar nem dos armamentos nem da guerra. Para que seja possível um acordo, é necessário que as partes confiem umas nas outras. Para isso, para que as potências possam confiar umas nas outras, elas precisam depor as armas, como fazem os parlamentares quando se reúnem em assembleia. Enquanto os governos, desconfiando uns dos outros, não eliminarem nem reduzirem, mas todo o tempo expandirem seus exércitos de acordo com o tamanho do exército dos vizinhos, e, meio de espionagem, investigarem cada movimentação das tropas, sabendo que cada uma das potências atacará a vizinha assim que tiver oportunidade, não haverá possibilidade de acordo, e qualquer conferência será uma tolice, um passatempo, uma enganação ou uma impertinência, ou tudo isso junto.

Particularmente ao governo russo, mais que aos outros, coube o papel de *enfant terrible* dessa conferência. O governo russo está tão estragado pelo fato de, em casa, ninguém fazer objeções a seus manifestos e escritos obviamente enganosos que, tendo sem a mínima hesitação arruinado o próprio povo com armamentos, sufocado a Polônia, saqueado o Turquestão e a China e, com particular exasperação, sufocado a Finlândia, com a plena confiança de que todos confiavam nele, propôs aos governos o desarmamento.

No entanto, por mais estranha, inesperada e desagradável que tenha sido essa proposta, sobretudo naquele momento, quando havia ordens para expandir os exércitos, as palavras, pronunciadas em público, tiveram tal efeito que os governos das outras potências não puderam rejeitar, diante de seu povo, as cômicas e claramente enganosas reuniões, e os delegados se reuniram sabendo de antemão que nada poderia resultar disso, e por um período de alguns meses, durante os quais receberam um bom ordenado, embora rissem às escondidas, todo o tempo fingiam, escrupulosamente, estar muito preocupados com o estabelecimento da paz entre os povos.

A Conferência de Haia, concluída com um terrível derramamento de sangue — a Guerra do Transvaal —, que ninguém tentou nem está tentando deter, de qualquer modo foi útil, embora não por aquela razão que todos esperavam; foi útil porque, do modo mais evidente, mostrou que o mal causador de sofrimento às pessoas não pode ser reparado pelos governos, que, ainda que quisessem, não poderiam eliminar nem os armamentos nem as guerras. Para existir, os governos devem defender seu povo do ataque de outros povos; no entanto, nenhum povo quer atacar nem ataca o outro, e por isso os governos não apenas não desejam a paz, como também despertam com afinco o ódio de outros povos contra si. Depois de despertar o ódio de outros povos contra si e o patriotismo em seu próprio povo, os governos asseguram a seu povo que ele corre perigo e precisa ser defendido.

Tendo o poder em suas mãos, os governos podem tanto provocar outros povos quanto despertar o patriotismo no seu, e com afinco fazem um e outro; eles não podem deixar de fazê-lo, porque nisso se fundamenta sua existência.

Se, anteriormente, os governos eram necessários para defender seus povos dos ataques de outros, agora, ao contrário, de forma artificial, eles perturbam a paz existente entre os povos e estimulam a hostilidade entre eles.

Quando era preciso semear para colher, então a semeadura era algo sensato; mas evidentemente é insensato e danoso lançar sementes quando a plantação já está germinando. No entanto, é isso que os governos estão obrigando seus povos a fazer — perturbar a unidade existente, que por nada seria perturbada caso não existissem governos.

VI

Na verdade, o que são os governos, sem os quais as pessoas acham que seria impossível existir?

Pode ter havido um tempo em que os governos eram um mal necessário e menor do que adviria da falta de defesa contra os vizinhos organizados, mas atualmente os governos se tornaram um mal desnecessário e bem maior do que aquilo com que amedrontam seus povos.

Não apenas os governos militares, mas os governos em geral, só poderiam ser, eu não diria nem úteis, mas pelo menos inofensivos, se fossem constituídos de pessoas santas e imaculadas, como se propõe entre os chineses. Entretanto, os governos, por sua própria atividade, que consiste em perpetrar violências,[4] sempre são constituídos pelos elementos mais contrários à santidade, pelas pessoas mais impertinentes, ordinárias e depravadas.

Por isso, todo governo, e ainda mais o governo ao qual é outorgado o poder militar, é a instituição mais terrível e perigosa do mundo. O governo, no seu sentido mais amplo, incluindo capitalistas e a imprensa, não passa de uma organização em que grande parte das pessoas se encontra sob o poder de uma pequena parte; essa pequena parte, por sua vez, se submete ao poder de uma parte ainda menor, e esta, a outra ainda menor e assim por diante, chegando, finalmente, a algumas poucas pessoas ou a um único indivíduo que, por meio da violência militar, exerce o poder sobre todos os restantes. De modo que toda essa instituição se assemelha a um cone, cujas partes encontram-se sob o pleno poder de algumas pessoas ou de um único indivíduo que se encontra no topo.

O topo desse cone é tomado por aquelas pessoas ou aquele indivíduo mais espertos, impertinentes e inescrupulosos do que os outros, ou pelos ocasionais herdeiros dos mais impertinentes e inescrupulosos.

Hoje é Boris Godunov,[5] amanhã Grigóri Otriepev;[6] hoje a devassa Ekaterina,* que estrangulou o marido ajudada pelos amantes, amanhã Pugatchov,[7] depois de amanhã o enlouquecido Pável,** Nicolau I,*** Alexandre III.****

Hoje Napoleão, amanhã um Bourbon ou um Orléans; Boulanger ou a Companhia do Panamá; hoje Gladstone, amanhã Salisbury, Chamberlain ou Rhodes.

E a esses governos é outorgado pleno poder não apenas sobre propriedades e sobre a vida, mas também sobre o desenvolvimento espiritual e moral, sobre a educação e a orientação religiosa de todos.

As pessoas montam para si essa monstruosa máquina de poder, deixando que esse poder seja tomado por quem puder (e maiores chances de tomá-lo tem o indivíduo mais imprestável moralmente), submetem-se servilmente e se surpreendem com as más condições em que vivem. Temem as bombas dos anarquistas, mas não temem essa instituição terrível, que a cada minuto os ameaça com as mais grandiosas catástrofes.

As pessoas concluíram que, para se defender dos inimigos, seria útil ficar amarradas umas às outras, como fazem os circassianos para se defender.[8] No entanto, já não há mais perigo, e as pessoas continuam a se amarrar.

* Tsarina russa de 1762 a 1796.
** Tsar russo (Paulo I) de 1796 a 1801.
*** Tsar russo de 1825 a 1855.
**** Tsar russo de 1881 a 1894.

Amarram-se com tanto rigor que um único indivíduo pode fazer com todos os outros tudo o que quiser; depois deixam solta a ponta da corda que os prende e a oferecem ao primeiro patife ou imbecil, para que faça com eles tudo o que lhe vier à cabeça.

Agem desse modo e depois se surpreendem por estarem tão mal.

Pois não é exatamente isso o que fazem os povos quando instalam e apoiam um governo organizado com base no poder militar e a este se submetem?

VII

Para livrar as pessoas das terríveis catástrofes que são os armamentos e as guerras, que elas agora sustentam e que crescem cada vez mais, são necessários não congressos, nem conferências, nem tratados, nem cortes, mas sim a eliminação do instrumento de violência que se chama governo e que causa enormes catástrofes à humanidade.

Para a eliminação dos governos é necessária apenas uma coisa: que se compreenda que o sentimento de patriotismo, único sustentáculo desse instrumento de violência, é um sentimento grosseiro, danoso, vergonhoso, vil e, principalmente, imoral. É um sentimento grosseiro por ser próprio apenas de pessoas que se encontram no mais baixo degrau da moralidade, que esperam dos outros povos as mesmas violências que elas próprias estão prontas a praticar; é um sentimento danoso porque destrói as relações pacíficas, úteis e prazerosas com outros povos e, o mais importante, promove a organização de governos, cujo poder pode ser dado e sempre é dado ao pior dos homens; é um sentimento vergonhoso porque converte o ser humano não apenas em um escravo, mas em um galo de briga, um touro, um gladiador, que enterra as próprias forças e a própria vida em objetivos que não são seus, mas sim de seu governo; é um sentimento imoral porque o ser humano, em vez de se reconhecer filho de Deus, como nos ensina o cristianismo, ou pelo menos um homem livre, guiado pela própria razão, sob influência do patriotismo, reconhece-se filho de sua pátria e escravo de seu governo e adota uma conduta contrária à sua própria razão e à sua própria consciência.

Se as pessoas compreenderem isso, e por sua própria iniciativa, sem conflitos, será desfeito o terrível elo que as prende e que se chama governo, e, com ele, também o terrível e inútil mal que ele inflige aos povos.

E as pessoas já começam a compreender isso. Eis o que escreve, por exemplo, um cidadão dos Estados Unidos da América:

A única coisa que todos nós — lavradores, mecânicos, comerciantes, fabricantes, professores — pedimos é o direito de cuidar de nossas próprias ocupações. Temos nossas casas, amamos nossos amigos, somos dedicados a nossas famílias e não nos intrometemos nos negócios de nossos vizinhos; nós temos trabalho e queremos trabalhar!

Deixem-nos em paz!

Mas os políticos não querem nos deixar em paz. Eles nos impõem impostos, dilapidam nossos bens, obrigam-nos a trabalhar para eles, mandam nossa juventude para suas guerras.

Uma infinidade de pessoas que vivem à custa do governo depende de o governo nos cobrar impostos; e, para que essa imposição seja bem-sucedida, são mantidos exércitos permanentes. A justificativa de que as forças militares são necessárias para defender o país é uma visível enganação. O governo francês assusta o povo, dizendo que os alemães querem atacar o país; os russos temem os ingleses; os ingleses temem todos; e, agora, nos Estados Unidos, dizem-nos que é preciso aumentar a frota e complementar nosso exército porque a Europa, a qualquer momento, pode se unir contra nós. Isso é mentira e enganação. As pessoas comuns na França, na Alemanha, na Inglaterra e nos Estados Unidos são contra a guerra. Queremos apenas que nos deixem em paz. Aqueles que têm esposa, pais, filhos, casa não querem sair por aí para lutar contra quem quer que seja. Somos pacíficos e tememos a guerra, odiamos a guerra.

Só o que desejamos é não fazer aos outros o que não queremos que nos façam.

A guerra é consequência inevitável da existência de pessoas armadas. O país que mantém um grande exército permanente, cedo ou tarde, vai lutar. O homem que se vangloria da própria força em uma queda de braço em algum momento vai encontrar outro homem, que se considera o melhor lutador, e eles vão lutar. A Alemanha e a França só esperam uma oportunidade de medir forças. Elas já lutaram algumas vezes e lutarão de novo. Não que o povo queira a guerra, mas a classe superior insufla neles o ódio mútuo e faz com que as pessoas pensem que devem entrar em guerra para se defender.

Pessoas que gostariam de seguir o ensinamento de Cristo são sobrecarregadas com impostos, são ultrajadas, enganadas e obrigadas a participar de guerras.

Cristo ensinou a humildade, a docilidade, o perdão das ofensas, e nos mostrou que matar é ruim. As Escrituras ensinam as pessoas a não cometer perjúrio, mas "a classe superior" nos obriga a jurar falsamente pelas Escrituras, em que não acredita.

Como podemos nos libertar desses perdulários, que não trabalham, mas usam lã fina, com botões de cobre e caros adereços, que se alimentam de nosso trabalho e para os quais lavramos a terra?

Devemos lutar contra eles?

Mas nós somos contra o derramamento de sangue e, além disso, eles possuem armas e dinheiro e conseguiriam se manter por mais tempo do que nós.

Mas quem comporia o exército montado para lutar contra nós?

Pois esse exército é composto por nós, nossos iludidos irmãos e vizinhos, que acreditam estar servindo a Deus ao defender o próprio país dos inimigos. Na verdade, nosso país não tem inimigos, a não ser a classe que tomou a si a tarefa de zelar por nossos interesses, bastando-nos apenas concordar em pagar impostos. Eles sugam nossos recursos e indispõem nossos verdadeiros irmãos contra nós para nos subjugar e humilhar.

Não podemos enviar um telegrama a nossa esposa nem uma encomenda a um amigo, nem dar um cheque a nosso fornecedor sem pagar impostos, recolhidos para a manutenção de pessoas armadas, que podem ser usadas para nos matar e que, sem dúvida, nos levarão para a prisão se não pagarmos.

A única salvação está em incutir nas pessoas a ideia de que matar não é bom, ensinar-lhes que todo mandamento e sermão consiste em fazer aos outros o que queremos que nos façam. Sem alarde, não dê importância a essa classe superior, recusando-se a se inclinar diante de seu ídolo militar. Pare de sustentar os profetas que pregam a guerra e apresentam o patriotismo como algo importante.

Deixe que eles trabalhem, como nós.

Nós acreditamos em Cristo, e eles não. Cristo dizia aquilo que pensava; eles dizem aquilo que julgam agradar aos que detêm o poder — "a classe superior".

Nós não vamos nos alistar. Não vamos atirar quando eles ordenarem. Não vamos nos armar com baionetas contra um povo bom e dócil. Não vamos, por sugestão de Cecil Rhodes, atirar em pastores e lavradores que defendem o próprio lar.

Seu falso grito, "É o lobo! É o lobo!", não nos assusta. Só lhe pagamos impostos porque somos coagidos a fazê-lo. Nós os pagaremos apenas enquanto formos coagidos a fazê-lo. Não vamos pagar tributos religiosos a santarrões nem dízimos à sua filantropia hipócrita, e vamos expressar nossa opinião em todas as ocasiões. Vamos educar as pessoas.

E, todo o tempo, nossa influência silenciosa será disseminada; e até aqueles que já tenham sido convocados como soldados irão hesitar e se recusar a combater. Vamos incutir a ideia de que uma vida cristã de paz e caridade é melhor que uma vida de luta, derramamento de sangue e guerra.

Só poderá haver "Paz na terra!" quando as pessoas abandonarem os exércitos e quiserem fazer aos outros aquilo que gostariam que lhes fizessem.

Assim escreve um cidadão dos Estados Unidos da América, e de várias partes e em várias formas se ouvem essas vozes.

Eis o que escreve um soldado alemão:

Eu participei de duas campanhas com a guarda prussiana (em 1866 e 1870) e odeio a guerra, do fundo da minha alma, pois ela me fez indescritivelmente infeliz. Nós, soldados feridos, recebemos, na grande maioria, uma compensação tão miserável que nos resta apenas a vergonha de algum dia ter sido patriota. Eu, por exemplo, recebo por dia oitenta fênigues por meu braço direito, atravessado por uma bala no ataque a St. Privat, em 18 de agosto de 1870. Um cão de caça precisa de mais do que isso para sua manutenção. E sofri anos inteiros por causa de dois ferimentos nesse braço direito. Em 1866 participei da guerra contra a Áustria, combati em Trautenau e Königgrätz e presenciei esses horrores até não mais poder. Em 1870, estando na reserva, fui novamente convocado e, como já disse, fui ferido no ataque a St. Privat: meu braço direito foi atravessado duas vezes de uma ponta à outra. Perdi um bom cargo no trabalho (eu era cervejeiro) e não o consegui de volta. Desde aquela época, não consegui mais me reerguer. O entorpecimento logo se dissipou, ao soldado inválido restou apenas se alimentar de migalhas miseráveis e esmolas...

Em um mundo onde as pessoas correm como animais adestrados e não são capazes de pensar em outra coisa a não ser em passar a perna umas nas outras em nome de Mamon; neste mundo, que me julguem um excêntrico, mas eu sinto em mim mesmo a ideia divina de mundo tão bem expressa no Sermão da Montanha. Tenho a convicção mais profunda de que a guerra é apenas um comércio de grandes proporções, o comércio da felicidade dos povos conduzido por gente ambiciosa e poderosa.

E que horrores não sofremos por causa disso! Nunca esquecerei esses horrores, gemidos dolorosos que nos penetram até a medula.

Pessoas que nunca causaram mal umas às outras mortificam-se mutuamente como animais selvagens, enquanto almas servis e insignificantes implicam o bom Deus como cúmplice nesses assuntos. Meu vizinho na formação da tropa teve o maxilar estraçalhado por uma bala. O infeliz enlouqueceu completamente de dor. Ele corria feito louco e, no calor abrasador do verão, não encontrou nem água para refrescar o terrível ferimento. Nosso comandante, o príncipe herdeiro do trono Frederico (posteriormente o nobre imperador Frederico) escreveu então em seu diário: "A guerra é uma ironia ao Evangelho...".

As pessoas começam a compreender a fraude do patriotismo, na qual todos os governos tão zelosamente se esforçam em mantê-las.

VIII

"Mas o que haverá no lugar dos governos?", costumam perguntar.

Não haverá nada; haverá apenas a eliminação daquilo que há muito já é desnecessário e, por isso, supérfluo e ruim; a eliminação daquele órgão que, tendo se tornado desnecessário, se fez prejudicial.

"Mas, se não houver governo, as pessoas vão atacar e matar umas às outras", costumam dizer.

Por quê? Por que a eliminação dessa instituição, que surgiu em consequência da violência e, por tradição, foi transferida de geração à geração para praticar a violência, por que a eliminação dessa organização que perdeu sua utilidade fará com que as pessoas ataquem e matem umas às outras? Parece-me que, ao contrário, a eliminação desse órgão de violência fará com que as pessoas deixem de matar e atacar umas às outras.

Agora há pessoas especialmente educadas e treinadas para matar e atacar outras pessoas, pessoas às quais se concede o direito de praticar a violência e que se utilizam de uma organização montada para isso; e o ato de atacar e matar é considerado um feito decente; depois, entretanto, as pessoas não serão educadas para isso, a ninguém será concedido o direito de praticar a violência contra outros, não haverá uma organização dedicada à violência e, como é próprio às pessoas de nosso tempo, o ato de atacar e matar será, para sempre e para todos, considerado um malfeito.

Se, ainda depois da eliminação dos governos, houver atos de violência, então, evidentemente, eles serão em menor número do que os que se praticam agora, quando há organizações montadas especialmente para praticar a violência, nas quais a violência e o assassinato são considerados bons e úteis.

A eliminação dos governos abolirá apenas uma organização desnecessária, transferida a nós por tradição, que pratica a violência e a justifica.

"Não haverá leis, nem propriedade, nem tribunais, nem polícia, nem educação popular", costumam dizer,

OS ÚLTIMOS DIAS DE TOLSTÓI

misturando intencionalmente a violência do poder com diversas atividades sociais.

A eliminação da organização dos governos, instalados para praticar a violência contra as pessoas, não implica, de modo algum, a eliminação das leis, dos tribunais, da propriedade, da proteção policial, das instituições financeiras, da educação popular. Ao contrário, a inexistência do poder brutal dos governos, cujo objetivo é apenas se sustentar, vai contribuir para uma organização social que não precisa de violência. Tanto o tribunal como as atividades sociais e a educação popular, tudo isso vai existir na medida em que for necessário aos povos; só será eliminado o que era ruim e impedia a livre manifestação da vontade dos povos.

Porém, mesmo se imaginarmos que, na falta de governos, acontecerão desordens e conflitos internos, ainda assim a situação dos povos será melhor do que a atual. A situação atual dos povos é tal que fica difícil imaginar algo pior. O povo está inteiramente arruinado, e essa ruína, inevitavelmente, vai prosseguir e aumentar. Os homens foram transformados em escravos militares e devem esperar, a qualquer momento, uma ordem para irem matar e serem mortos. O que mais esperar? Que os povos arruinados morram de fome? Isso já começa a acontecer na Rússia, na Itália e na Índia. Ou então que, além dos homens, convoquem como soldados também as mulheres? Em Transvaal também isso já começa a acontecer.

De modo que, mesmo que a ausência de governos signifique anarquia no sentido negativo, de confusão, da palavra (o que na verdade não é), ainda assim nenhuma desordem anárquica pode ser pior do que a situação à qual os governos já levaram seus povos e ainda os estão levando.

E por isso não pode deixar de ser útil para as pessoas sua libertação do patriotismo e a eliminação do despotismo dos governos nele fundamentados.

IX

Pensem bem, todos vocês, e em nome do bem geral, tanto do físico quanto do espírito, e também de seus irmãos e irmãs, detenham-se, reflitam, pensem naquilo que estão fazendo!

Pensem bem e entendam que seus inimigos não são os bôeres, nem os ingleses, nem os franceses, nem os alemães, nem os boêmios, nem os finlandeses, nem os russos, seus inimigos, seus únicos inimigos, são vocês mesmos, que sustentam com o próprio patriotismo os governos que os oprimem e promovem sua infelicidade.

Eles tomaram a si a tarefa de protegê-los do perigo e levaram essa pseudoproposição de defesa a tal ponto que todos vocês se tornaram soldados, escravos, todos arruinados e arruinando-se cada vez mais, e a qualquer minuto podem e devem esperar que a corda, esticada ao máximo, arrebente, e uma terrível mortandade de todos vocês e de seus filhos tenha início.

E, a despeito da dimensão dessa mortandade e seus resultados, de qualquer forma a situação continuará igual. Do mesmo modo, e ainda com maior intensidade, os governos vão armar, arruinar e perverter vocês e seus filhos, e, se vocês próprios não se ajudarem, ninguém virá ajudá-los a deter ou evitar isso.

A única ajuda possível consiste na eliminação do elo que os une ao cone de violência, que permite a esse ou àquele alcançar o topo do cone, dominar todo o povo e, quanto mais cruel e desumano ele é, com mais firmeza domina, como já sabemos pelo exemplo de Napoleão, Nicolau I, Bismarck, Chamberlain, Rhodes e nossos ditadores, que governam os povos em nome do tsar.

Para eliminar esse elo, só existe um meio — despertar da hipnose do patriotismo.

Entendam que todos os males que vocês sofrem são vocês próprios que se infligem, submetendo-se às sugestões enganosas de imperadores, reis, membros do parlamento, governantes, militares, capitalistas, sacerdotes, escritores, artistas — todos os que necessitam da fraude do patriotismo para viver do trabalho de vocês.

Cada um de vocês — franceses, russos, poloneses, ingleses, irlandeses, alemães, boêmios — entenda que todos os seus verdadeiros interesses humanos, sejam quais forem — agrícolas, industriais, comerciais, artísticos ou científicos —, todos esses interesses, assim como a satisfação e a alegria, de modo algum se contrapõem aos interesses de outros povos e governos, e que todos vocês estão ligados pela cooperação mútua, pela troca de serviços, pelo prazer de se relacionar ampla e amigavelmente, pela troca não apenas de mercadorias, mas também de pensamentos e sentimentos com as pessoas de outros povos.

Entendam que as questões relacionadas com quem tomou Wei-hai-wei, Port Arthur ou Cuba — o seu ou outro governo — são para vocês não apenas indiferentes, mas também danosas; qualquer invasão desse tipo, feita por seu governo, prejudica vocês porque, inevitavelmente, traz consigo todo tipo de pressão do governo sobre vocês para obrigá-los a participar de pilhagens e violências, necessárias à invasão e conquista e à manutenção do que foi conquistado. Entendam que sua vida não pode melhorar em nada em função de a Alsácia ser tomada pela Alemanha ou pela França, de a Irlanda e a Polônia serem livres ou vassalas; seja como for, vocês podem viver onde quiserem, inclusive se forem alsacianos, irlandeses ou poloneses; entendam que todo o seu ardor patriótico só fará piorar sua situação, porque o estado de vassalagem em que se encontra sua nacionalidade se originou exatamente da luta entre patriotismos, e qualquer manifestação de patriotismo em um povo aumenta a reação contra ele no outro. Entendam que vocês só conseguirão escapar das calamidades quando se libertarem da ideia obsoleta do patriotismo e da submissão aos governos nela fundamentada, e quando penetrarem, corajosamente, no campo da ideia superior de unidade irmanada entre os povos que há muito se manifesta e de todas as partes os chama a si.

Se as pessoas compreendessem que não são filhas de nenhuma pátria ou governo, mas filhas de Deus, e que por isso não podem ser escravas nem inimigas de outras pessoas, essas instituições perniciosas, insensatas, inteiramente desnecessárias e antiquadas chamadas governos, e os sofrimentos, as violências, as destruições e os crimes que elas provocam seriam eliminados.

LIEV TOLSTÓI
Pirogovo, 10 de maio de 1900

[Tradução de Denise Regina de Sales]

Resposta à determinação do Sínodo de excomunhão, de 20-22 de fevereiro, e às cartas recebidas por mim a esse respeito

[1901]

Quem começa por amar o cristianismo mais do que a verdade logo passa a amar a própria seita ou a própria igreja mais do que o cristianismo e termina por amar a si próprio mais do que tudo.

COLERIDGE

A princípio, eu não queria responder à resolução do Sínodo a meu respeito, mas essa resolução originou muitas cartas de remetentes que me são desconhecidos — alguns me repreendem por repudiar aquilo que não repudio, outros me exortam a acreditar naquilo em que não deixei de acreditar, outros ainda manifestam sua concordância comigo, que dificilmente existe de verdade na prática, e sua compaixão, de que dificilmente sou merecedor; por isso decidi responder tanto à própria resolução, apontando o que nela há de injusto, quanto ao que me foi endereçado por remetentes desconhecidos.

A resolução do Sínodo, em geral, tem muitas falhas; é ilegítima ou propositadamente ambígua; é arbitrária, infundada, inverídica e, além disso, contém calúnia e incitação a maus sentimentos e comportamentos.

É ilegítima ou propositadamente ambígua porque, se pretende ser uma excomunhão da parte da Igreja, então não satisfaz as normas religiosas com base nas quais deve ser proferida uma excomunhão; por outro lado, se é uma declaração de que quem não crê na Igreja e em seus dogmas a ela não pertence, então isso já fica evidente por si só, e a declaração não pode ter nenhum outro objetivo a não ser o de, sem consistir essencialmente em uma excomunhão, parecer-se com uma, o que de fato aconteceu, pois assim foi compreendida.

Ela é arbitrária porque acusa apenas a mim de não crer nos pontos citados na resolução, insubstancial como poucas, enquanto quase todas as pessoas cultas na Rússia compartilham dessa incredulidade e a têm expressado sem cessar em suas conversas, em suas leituras, em seus folhetos e em seus livros.

Ela é infundada porque, como principal motivo de sua publicação, apresenta a ampla propagação de minha falsa doutrina, que desencaminha as pessoas, e isso quando eu sei muito bem que as pessoas que compartilham de meu ponto de vista dificilmente chegam a uma centena, e que a propagação dos meus escritos sobre religião, graças à censura, é tão insignificante que a maioria dos que leram a resolução do Sínodo não faz a menor ideia do que escrevi sobre religião, como está evidente nas cartas por mim recebidas.

Ela contém uma evidente inverdade por afirmar que, da parte da Igreja, foram feitas tentativas inteiramente fracassadas de me persuadir, quando na verdade não houve nada semelhante.

Ela contém o que na linguagem jurídica se denomina calúnia, porque nela se encerram afirmações notoriamente injustas e tendenciosas, destinadas a me prejudicar.

Finalmente, trata-se de uma incitação a maus sentimentos e maus comportamentos porque despertou, como era de esperar, cólera e ódio contra mim por parte de pessoas incultas e insensatas, a ponto de me fazerem ameaças e expressarem isso nas cartas que recebi. "Agora você foi excomungado e, após a morte, passará ao martírio eterno, vai estrebuchar como um cão [...] você é um excomungado, diabo velho [...] maldito seja", escreve um. Outro recrimina o governo por eu ainda não estar preso em um mosteiro, e enche a carta de xingamentos. Um terceiro escreve: "Se o governo não cuidar de você, nós mesmos o obrigaremos a se calar"; a carta termina com maldições. "Para arruinar você, seu canalha", escreve um quarto, "vou encontrar meios." Seguem-se xingamentos indecorosos. Sinais dessa mesma cólera, após a resolução do Sínodo, tenho notado também em encontros com algumas pessoas. Já no dia 25 de fevereiro, quando foi publicada a resolução, ao passar por uma praça, ouvi as seguintes palavras a mim dirigidas: "Aí está o diabo em forma de gente" e, se a multidão fosse composta de outro modo, muito provavelmente teriam me matado, como mataram, faz alguns anos, um homem na capela de são Pantaleão.

Portanto, a resolução do Sínodo, em geral, é péssima coisa; o fato de, no final da resolução, dizerem que as pessoas que a assinaram estão rezando para que eu me torne alguém como eles não a faz melhor.

Isso se refere à resolução como um todo, mas, também em suas partes, ela é injusta no que se segue. Na resolução está escrito:

O conde Tolstói, escritor conhecido no mundo inteiro, russo de nascimento, ortodoxo por batismo e formação, seduzido por sua orgulhosa inteligência, insurgiu-se insolentemente contra o Senhor, contra Cristo e contra toda a sua herança sagrada e, diante de todos, renegou claramente a Igreja Ortodoxa, a mãe que o alimentou e educou.

Dizer que eu reneguei a Igreja que se chama Ortodoxa, isso é inteiramente justo. Porém eu a reneguei não porque tenha me insurgido contra o Senhor, mas, ao contrário, apenas porque queria servi-lo com todas as forças

188   LIEV TOLSTÓI

de minha alma. Antes de renegar a Igreja e a unidade com
o povo, que me era inexprimivelmente cara, e diante de
certos sinais tendo duvidado da correção da Igreja, dediquei alguns anos a pesquisar a teoria e a prática de seu
ensinamento: na parte teórica, li tudo o que pude sobre
o ensinamento da Igreja, estudei e analisei criticamente a
teologia dogmática; na prática, obedeci com rigor, no decorrer de mais de um ano, todas as ordens da Igreja, observando todos os jejuns e frequentando todas as cerimônias religiosas. E então me convenci de que o ensinamento
da Igreja é, em sua teoria, uma mentira pérfida e maléfica
e, em sua prática, a reunião das superstições mais grosseiras e de sortilégios que ocultam completamente todo o
sentido do ensinamento cristão.*

E eu de fato reneguei a Igreja, deixei de seguir seus
ritos e, no testamento, escrevi a meus próximos que,
quando eu morrer, eles não devem permitir que servido-
res da Igreja venham me ver, e que o meu corpo morto
deve ser descartado o mais rapidamente possível, sem

---

* Basta lermos o missal e seguirmos aquelas cerimônias rea-
lizadas ininterruptamente pelo clero ortodoxo e consideradas
ofícios cristãos para nos convencermos de que essas cerimônias nada mais são do que sessões variadas de sortilégios
adaptados a todas as situações de vida possíveis. Para que o
bebê vá para o paraíso caso morra, é preciso que ele seja un-
gido com óleo e banhado enquanto se pronunciam determinadas palavras; para que a progenitora deixe de ser impura, é
preciso pronunciar determinadas fórmulas sacramentais; para
que a pessoa tenha êxito nos negócios ou uma vida tranquila na casa nova, para que os cereais cresçam bastante, para
que a seca tenha fim, para que a viagem seja bem-sucedida,
para que a pessoa se cure de uma doença, para atenuar a situação do moribundo no outro mundo, para tudo isso e para
milhares de outras circunstâncias, há fórmulas sacramentais
específicas que, em um lugar específico e diante de oferendas
específicas, são pronunciadas pelo sacerdote. (Liev Tolstói)

nenhum tipo de fórmula sacramental nem orações sobre ele, como se descarta qualquer coisa repugnante e desnecessária para que não perturbe os vivos.

Quanto ao que foi dito — que "dedica sua atividade literária e o talento que lhe foi dado por Deus à propagação, entre o povo, de ensinamentos contra Cristo e a Igreja" e assim por diante, e também que "em suas obras e cartas, enviadas em grande quantidade por ele e seus discípulos ao mundo inteiro, em particular dentro das fronteiras de nossa pátria querida; que ele prega, com zelo de fanático, a derrocada de todos os dogmas da Igreja Ortodoxa e da própria essência da fé cristã" — isso também é injusto. Jamais me ocupei da propagação de meu próprio ensinamento. É verdade que eu, para mim mesmo, expressei em minhas obras o modo como compreendo o ensinamento de Cristo e não escondi essas obras das pessoas que queriam conhecê-las, mas nunca eu próprio as publiquei; só falava às pessoas sobre o modo como compreendo o ensinamento de Cristo quando me perguntavam sobre isso. A essas pessoas eu dizia o que penso e a elas dava meus livros quando tinha algum deles comigo.

Depois foi dito que "ele repudia o Deus glorificado na Santa Trindade, criador e provedor do universo, nega o senhor Jesus Cristo, Deus feito homem, redentor e salvador do mundo, que sofreu pelos homens e pela nossa salvação e ressuscitou dos mortos, nega a imaculada concepção do Cristo Senhor como homem e a virgindade da pura mãe de Deus antes da natividade e depois da natividade".

Dizer que eu repudio a incompreensível Trindade e a lenda sobre a queda do primeiro homem, que não tem o menor sentido no nosso tempo, e a história sacrílega sobre um Deus nascido de uma virgem e salvador da humanidade, isso é inteiramente justo. Já o Deus-espírito, o Deus-amor, o Deus único e princípio de tudo eu não apenas não repudio como não reconheço nenhuma outra existência real que não seja a de Deus, e vejo o sentido da vida apenas no cumprimento da vontade de Deus, expressa no ensinamento cristão.

Foi dito ainda: "Ele não reconhece a vida de além-túmulo nem a remissão dos pecados". Se tivermos em vista a vida de além-túmulo no sentido de um segundo advento, um inferno com suplícios eternos e diabos e um paraíso de constante beatitude, então é inteiramente justo dizer que eu não reconheço essa vida de além-túmulo; mas a vida eterna e o pagamento dos pecados aqui e em toda parte, agora e sempre, eu reconheço a tal ponto que, estando, pela minha idade, à beira do túmulo, com frequência preciso me esforçar para não desejar a morte da carne, ou seja, o nascimento de uma nova vida; creio que todo bom comportamento contribui para meu bem-estar na vida eterna, enquanto todo mau comportamento o prejudica.

Foi dito também que eu repudio todos os sacramentos. Isso é inteiramente justo. Considero todos os sacramentos sortilégios baixos e grosseiros, incompatíveis com a compreensão de Deus e com o ensinamento cristão e, além disso, uma violação dos preceitos mais diretos do Evangelho. No batismo de recém-nascidos, vejo a depravação evidente de todo o sentido que o batismo poderia ter para adultos, que receberiam o cristianismo de forma consciente; na realização do sacramento do casamento entre pessoas que notoriamente já estiveram juntas, na permissão do divórcio e na santificação de casamentos de divorciados, vejo a violação direta também das ideias e letras do ensinamento do Evangelho. No perdão periódico dos pecados na confissão, vejo uma fraude maléfica, que apenas incentiva a imoralidade e destrói o receio diante do que é pecaminoso.

Na extrema-unção, assim como no crisma, vejo cerimônias de sortilégios grosseiros, assim como na reverência a ícones e relíquias, assim como em todos os ritos, as orações e as fórmulas sacramentais de que está repleto o missal. Na comunhão, vejo o endeusamento da carne e a distorção do ensinamento cristão. No sacerdócio, além da evidente preparação para a fraude, vejo a violação direta das palavras de Cristo, que proibiu claramente chamar quem quer que fosse de mestre, pai ou guia (Mateus, 23: 8-10).[1]

Foi dito, finalmente, como grau derradeiro e mais grave de minha culpa, que eu, "praguejando contra as mais santificadas matérias da fé, não tive receio de submeter ao escarnecimento o mais sagrado de todos os sacramentos — a eucaristia".[2] Dizer que não tive receio de descrever de modo simples e objetivo aquilo que o sacerdote faz para as preparações do que se chama sacramento, isso é inteiramente justo; porém, que aquilo que se chama de sacramento é algo santo e que o descrever de modo simples, como ele de fato acontece, consiste em sacrilégio, isso é inteiramente injusto. O sacrilégio não está em chamar um tabique de tabique e não de iconóstase[3] e um vaso de vaso e não de cibório e assim por diante; o sortilégio mais terrível, revoltante, incessante está no fato de que as pessoas, utilizando-se de todos os meios possíveis de fraude e hipnose, garantem a crianças e ao povo simplório que, se cortarmos pedacinhos de pão por determinados meios e pronunciarmos determinadas palavras e colocarmos esses pedacinhos de pão no vinho,[4] então neles entrará Deus; e que aquela pessoa em nome da qual é pego um desses pedacinhos ficará curada; e que o morto em nome do qual é pego um desses pedacinhos ficará melhor no outro mundo; e que naquele que comer um desses pedacinhos entrará Deus.

Isso é terrível!

Seja como for que compreendam a pessoa de Cristo, seu ensinamento, que destrói o mal do mundo e concede o bem às pessoas de modo tão simples, fácil e indiscutível, bastando apenas que elas não o distorçam, esse ensinamento está inteiramente oculto, inteiramente transformado em um sortilégio grosseiro de banhos, unções com óleo, gestos, fórmulas sacramentais, deglutição de pedacinhos de pão e assim por diante, de modo que do ensinamento nada restou. E, se em algum momento alguém tenta lembrar às pessoas que não é nessas bruxarias, nem em te-déuns, missas, velas e ícones que se encontra o ensinamento de Cristo, e sim em que as pessoas amem umas às outras, não paguem o mal com o mal, não julguem, não matem uma à outra, então se ergue um lamento de indignação daqueles aos quais essas fraudes são úteis, e essas pessoas, em alto e bom som, com inconcebível insolência, falam em igrejas e escrevem em livros, jornais e catecismos que Cristo nunca proibiu o juramento (o perjúrio), nunca proibiu o assassinato (execuções, guerras), que o ensinamento de que não devemos usar da violência para combater o mal foi engendrado com astúcia satânica pelos inimigos de Cristo.*

É terrível sobretudo que as pessoas às quais isso é útil enganem não apenas os adultos, mas, tendo poder para isso, também as crianças, aquelas a respeito das quais Cristo disse que quem as enganar irá sofrer. É terrível que essas pessoas, em benefício de suas pequenas vantagens, façam um mal tão terrível, escondendo das pessoas a verdade revelada por Cristo e que lhes daria um bem que não se iguala nem à milésima parte da vantagem que levam. Elas se comportam como aquele ladrão que mata uma família inteira, de cinco, seis pessoas, para levar um casaco velho e quarenta copeques em dinheiro. A ele teriam dado, voluntariamente, toda a roupa e todo o dinheiro, desde que não os matassem. Mas ele não pode agir de outro modo. O mesmo acontece com os fraudadores religiosos. Poderíamos concordar em mantê-los dez vezes melhor, no mais grandioso dos luxos, desde que eles não arruinassem as pessoas com suas fraudes. Mas eles não podem agir de outro modo. Eis o que é

* Discurso de Ambrósio, bispo de Kharkov. (Liev Tolstói)

terrível. Por isso, enfraquecer suas fraudes é não apenas possível, como também imprescindível. Se há algo sagrado, de modo algum é o que eles chamam de sacramento, mas exatamente a obrigação de enfraquecer sua fraude religiosa quando a vemos. Se um *tchuvaque* lambuza seu ídolo de creme de leite ou o açoita, eu posso passar direto, indiferente, porque ele o faz em nome de uma superstição que me é estranha, e isso não se trata do que para mim é sagrado; mas quando as pessoas, por mais numerosas que sejam, por mais antiga que seja sua superstição e por mais poderosas que sejam, em nome do Deus pelo qual eu vivo e do ensinamento de Cristo que me deu a vida e pode dá-la a todas as pessoas, pregam um sortilégio grosseiro, não posso ver isso com tranquilidade. E, se eu chamo pelo nome aquilo que elas fazem, só estou fazendo aquilo que devo fazer, aquilo que não posso deixar de fazer se acredito em Deus e no ensinamento cristão. Se elas, em vez de se horrorizar com o próprio sortilégio, chamam de sacrilégio o desmascaramento de sua fraude, então isso apenas comprova a força de sua fraude e deve somente aumentar o esforço das pessoas que creem em Deus e no ensinamento de Cristo para arruinar essa fraude, que oculta das pessoas o verdadeiro Deus.

A respeito de Cristo, que expulsou do templo bois, ovelhas e vendedores, deviam dizer que ele cometeu um sacrilégio. Se ele viesse ao mundo agora e visse o que se faz na igreja em seu nome, provavelmente, com ira ainda maior e mais legítima, jogaria fora todos esses mantéis,[5] lanças, cruzes, vasos, velas, ícones, e tudo por meio do qual — usando de sortilégios — eles ocultam Deus e seu ensinamento do povo.

Aqui está o que é justo e o que é injusto na resolução do Sínodo a meu respeito. De fato não creio naquilo em que eles dizem crer. Porém creio em muito do que eles querem provar às pessoas que não creio.

Eu creio no seguinte: creio em Deus, que compreendo como espírito, como amor, como o princípio de tudo. Creio que ele está em mim e eu nele. Creio que a vontade de Deus está expressa do modo mais claro e compreensível no ensinamento do Cristo homem, mas compreender este como Deus e rezar a ele eu considero o mais grandioso sacrilégio. Creio que o verdadeiro bem para o ser humano é o cumprimento da vontade de Deus, e a vontade Dele está em que as pessoas amem umas às outras e, em consequência disso, façam umas às outras aquilo que gostariam que lhes fizessem, como está dito no Evangelho, porque nele está toda a lei e os profetas. Creio que, portanto, o sentido da vida de cada ser humano específico é apenas fortalecer em si o amor, que o fortalecimento do amor leva cada ser humano, nesta vida, a um bem-estar cada vez maior e maior e, após a morte, concede-lhe um bem-estar tanto maior quanto mais amor houver nele e, junto a isso, e mais ainda do que qualquer outra coisa, contribui para o estabelecimento do reino de Deus no mundo, ou seja, de uma disposição da vida em que a discórdia, a fraude e a violência que reinam agora serão substituídas por concórdia, verdade e amor fraternal entre as pessoas. Creio que, para o êxito do amor, só existe um meio: a oração, não a oração coletiva em templos, diretamente proibida por Cristo[6] (Mateus 6: 5-13), mas a oração cujo modelo nos deu o próprio Cristo — a oração recolhida, que consiste em recuperar e fortalecer na própria consciência o significado da própria vida e de sua dependência apenas da vontade de Deus.

Ainda que essas minhas crenças ofendam, desgostem ou enganem quem quer que seja, incomodem algo ou alguém, desagradem a alguém, eu posso mudá-las tão pouco como posso mudar meu corpo. Tenho de viver sozinho, por mim mesmo, e tenho de morrer sozinho, por mim mesmo (e muito em breve), e por isso não posso crer de outro modo a não ser do modo como creio. Estou me preparando para ir ter com aquele Deus do qual vim. Não digo que minha crença seja a única verdadeira em todos os tempos, mas não vejo outra mais simples, clara e harmônica com todas as exigências de meu intelecto e coração; caso eu veja uma outra, então logo a tomarei, porque Deus não precisa de nada além da verdade. Não posso de modo algum voltar àquilo de que, com tantos sofrimentos, mal acabei de sair, assim como um pássaro que já voa não pode entrar na casca do ovo do qual saiu. "Quem começa por amar o cristianismo mais do que a verdade logo passa a amar a própria seita ou a própria Igreja mais do que ao cristianismo e termina por amar a si próprio [a própria tranquilidade] mais do que tudo", afirmou Coleridge.

Eu fiz o caminho inverso. Comecei por amar minha profissão de fé ortodoxa mais do que minha tranquilidade, depois passei a amar o cristianismo mais do que a minha igreja, e agora amo a verdade mais do que tudo no mundo. E, até este momento, para mim, a verdade coincide com o cristianismo como eu o compreendo. E eu professo esse cristianismo; e, nessa medida em que o professo, vivo com tranquilidade e alegria, e com tranquilidade e alegria me aproximo da morte.

LIEV TOLSTÓI
Moscou, 4 de abril de 1901

[Tradução de Denise Regina de Sales]

De O *que é religião e em que consiste sua essência?*
[1902]

I

Em todas as sociedades humanas, em determinados períodos de sua existência, houve época em que a religião começou a se afastar de seu sentido original, e depois se afastou mais e mais, perdeu esse sentido original e, por fim, se petrificou de vez em formas fixas, de modo que sua influência sobre a vida das pessoas foi se tornando cada vez menor.

Nesses períodos, a minoria culta, tendo deixado de crer no ensinamento religioso existente, apenas fingia acreditar nele, por considerá-lo necessário ao controle das massas populares no modo de vida já estabelecido; as massas populares, por sua vez, embora por inércia mantivessem as formas religiosas preestabelecidas, já não conduziam sua vida cotidiana por ensinamentos religiosos, mas apenas por hábitos gerais e leis do governo.

Assim aconteceu muitas vezes em diferentes sociedades humanas. Mas nunca houve o que está acontecendo agora em nossa sociedade cristã. Nunca houve um momento em que a minoria rica, governante e culta, que exerce maior influência sobre as massas, além de não acreditar na religião existente, também se convencesse de que em sua época não há necessidade de religião alguma, e incutisse nas pessoas que duvidam da verdade da religião professada não algum ensinamento religioso mais razoável e mais claro do que o existente, mas a

OS ÚLTIMOS DIAS DE TOLSTÓI

ideia de que a religião em geral é coisa obsoleta e passou a ser uma instituição não apenas inútil como também prejudicial à vida da sociedade, à semelhança do apêndice cecal no organismo do ser humano. A religião é considerada por essas pessoas não algo familiar por meio da experiência interior, mas um fenômeno externo, como uma doença, pela qual alguns ficam obcecados e a qual só pode ser reconhecida por sintomas externos.

A religião, na opinião de algumas dessas pessoas, originou-se da espiritualização das diversas manifestações da natureza (animismo); na opinião de outras, originou--se da suposta possibilidade de se comunicar com ancestrais falecidos; na opinião de outras ainda, do medo diante da força da natureza.

No entanto, prosseguem os homens de ciência de nosso tempo em seu raciocínio, a ciência demonstrou que árvores e pedras não podem ser seres animados, que os ancestrais falecidos já não se sensibilizam com o que fazem os vivos, e que as manifestações da natureza são explicadas por razões naturais; assim ruiu a necessidade de uma religião, e também de todas aquelas limitações que, como consequência das convicções religiosas, as pessoas costumavam impor a si mesmas. Na opinião dos cientistas, houve uma época de ignorância — a época religiosa. Essa época há muito teria sido superada pela humanidade, dela restariam raros e atávicos sinais. Depois teria havido a época da metafísica, e esta também teria sido superada. Agora, nós, pessoas ilustradas, viveríamos na época científica, na época da ciência positiva, que substitui a religião e conduz a humanidade a um elevado grau de desenvolvimento, que ela nunca alcançaria se estivesse subjugada a ensinamentos religiosos supersticiosos.

No início deste ano de 1901, o famoso cientista francês Berthelot proferiu um discurso[*] em que comunicou

---

[*] *Revue de Paris*, janeiro de 1901. (Liev Tolstói)

a seu público a ideia de que a época da religião havia passado e que na atualidade a religião seria substituída pela ciência. Eu cito esse discurso por ser o que primeiro veio parar em minhas mãos e por ter sido proferido na capital do mundo culto por um cientista renomado, mas essa ideia se manifesta sem cessar e em toda parte, em tratados filosóficos e em artigos de jornais. O sr. Berthelot diz nesse discurso que outrora havia dois princípios motores da humanidade: a força e a religião. Hoje, porém, esses motores se tornaram obsoletos, porque em seu lugar está a ciência. Evidentemente, o sr. Berthelot, assim como todos os que creem nela, entende como ciência aquela que abarca todo o campo dos conhecimentos humanos, relacionados harmonicamente e classificados entre si por grau de importância, e também aquela ciência cujos métodos são tais que todos os dados obtidos por ela consistem em verdades inquestionáveis. Porém, considerando que essa ciência na realidade não existe — e o que se chama de ciência consiste na reunião de conhecimentos ocasionais, em nada relacionados uns com os outros, com frequência inteiramente desnecessários; assim, em lugar de verdades inquestionáveis, costumam apresentar os mais grosseiros erros, hoje expostos como verdade e amanhã refutados —, torna-se evidente que não há o tal objeto que deveria, segundo o sr. Berthelot, substituir a religião. Por isso, a afirmação do sr. Berthelot e dos que concordam com ele sobre a ciência substituir a religião é de todo arbitrária e baseia-se na crença, inteiramente injustificada, em uma ciência infalível, semelhante em tudo à crença em uma igreja infalível. Ainda assim, os que se denominam e são considerados cientistas têm total convicção de que já existe uma ciência que deve e pode substituir a religião e que, inclusive, já faz esse papel.

"A religião se tornou obsoleta; crer em outra coisa que não na ciência é ignorância. A ciência organiza tudo o que é preciso, e na vida devemos nos guiar apenas pela ciência", pensam e dizem esses mesmos cientistas, assim como aquelas pessoas da multidão que, embora estejam muito distantes da ciência, creem nos cientistas e com eles afirmam que a religião é uma crença obsoleta e que na vida devemos nos guiar apenas pela ciência, ou seja, por nada em particular, porque essa ciência, por seu próprio objetivo — a investigação de todo ser vivo — não é capaz de fornecer orientação alguma para a vida das pessoas.

II

Em nosso tempo, os homens de ciência decidiram que a religião é desnecessária, que a ciência a substituirá ou já a substituiu; porém é fato que agora, assim como outrora, na sociedade humana, nem um único homem racional pode viver sem religião (eu digo homem racional porque o homem irracional, do mesmo modo que um animal, pode viver sem religião). E o homem racional não pode viver sem religião porque somente a religião dá ao homem racional a necessária orientação sobre o que fazer, o que fazer antes e o que fazer depois. O homem racional não pode viver sem religião justamente porque a racionalidade é uma característica de sua natureza. Todo animal orienta o próprio comportamento — com exceção daqueles que são arrastados pela necessidade imediata de satisfação de seus desejos — considerando as consequências diretas desse comportamento. Considerando essas consequências pelos recursos cognitivos que possui, o animal age de acordo com elas e sempre, sem indecisões, age de uma única maneira, de acordo com suas considerações. Assim, por exemplo, a abelha voa em busca de néctar e o leva à colmeia, porque no inverno o alimento recolhido será necessário, para si e para seus filhos, e além dessas considerações ela nada sabe e nada pode saber; assim também se comporta a ave, que constrói seu ninho ou migra do norte para o sul e vice-versa. Assim também se comporta qualquer animal que age levado não por uma necessidade imediata e momentânea, mas por considerações fundamentadas em consequências esperadas. Mas não é assim com o ser humano. A diferença entre o ser humano e o animal é que as capacidades cognitivas do animal se limitam ao que chamamos de instinto, enquanto a capacidade cognitiva elementar do ser humano é a razão. À abelha, que coleta o alimento, não pode ocorrer nenhuma dúvida: será bom ou ruim coletá-lo? Mas o ser humano, ao fazer a ceifa de cereais ou a colheita de frutas, não pode deixar de pensar: não estaria arruinando o desenvolvimento futuro dos cereais ou das frutas? E não estaria, com essa colheita, privando de alimento seu próximo? Também não pode deixar de pensar: o que será das crianças que ele está alimentando agora? — e muito mais. As questões mais importantes, relacionadas ao modo como o homem racional conduz a própria vida, não podem ser solucionadas de modo definitivo justamente por causa da abundância de possíveis consequências, das quais talvez ele nem tenha consciência. Qualquer pessoa racional, se não sabe, pelo menos sente que, nas questões mais importantes da vida, não pode se guiar nem por impulsos sentimentais pessoais nem por considerações sobre as consequências imediatas de sua ação, pois percebe que essas consequências são muitas, diversas e com frequência contraditórias, ou seja, são tais que, provavelmente, podem ser benéficas ou maléficas tanto para ela própria quanto para outras pessoas. Há uma lenda sobre um anjo que desceu à Terra, à casa de uma família temente a Deus, matou a criança que estava no berço e, quando lhe perguntaram por que havia feito isso, explicou que a criança seria um homem extremamente cruel e faria famílias infelizes. No entanto, não apenas a questão de qual vida humana é útil, inútil ou maléfica, mas todas as questões mais importantes da vida são impossíveis de ser solucionadas por um homem racional com base na consideração de suas relações e consequências diretas. O homem racional não pode se contentar com as mesmas considerações que guiam o comportamento dos animais. O ser humano pode se considerar um animal no meio de animais que vivem o dia presente, pode se considerar membro de uma família, de uma sociedade e de um povo que existe há séculos, pode e até deve, obrigatoriamente (porque a isso conduz irreprimivelmente sua razão), considerar-se parte do universo, que é infinito e eterno. Por isso, o ser humano devia fazer, e sempre fez em relação aos fenômenos infinitamente pequenos da vida que podem afetar seu comportamento, o que na matemática se chama integração, ou seja, o estabelecimento de relações não apenas com os fenômenos diretos da vida, mas com todo o mundo infinito no tempo e no espaço, compreendendo-o como uma unidade. E o estabelecimento dessa relação do ser humano com o todo, do qual ele se sente parte e no qual busca orientação para seu comportamento, é exatamente o que se chamava e se chama religião. Por isso a religião sempre foi e não pode deixar de ser condição básica e insuperável para a vida do homem racional e da humanidade racional.

XIV

"Mas será que existe a verdadeira religião? Todas as religiões são infinitamente diversas, e não temos o direito de chamar nenhuma delas de verdadeira por ser ela a que mais se aproxima de nosso gosto", dizem os que julgam a religião por suas formas externas, como alguma doença da qual se sentem livres, mas que afeta o restante das pessoas. Porém, isso não é verdade: as religiões são diversas em sua forma externa, mas são iguais em seus princípios básicos. E eis que esses princípios básicos de todas as religiões são o que compõe a verdadeira religião, a única que, em nossa época, é própria a todas as pessoas e cuja assimilação pode salvar os seres humanos da catástrofe.

A humanidade existe há muito tempo; assim como ela tem alcançado avanços práticos por sucessivas gerações, não poderia deixar de elaborar também os princípios espirituais que formam a base da vida e regras de comportamento deles derivadas. Se os que vivem em estado de cegueira não os enxergam, isso não quer dizer que não existam. A religião de nosso tempo é aquela comum a todas as pessoas; não é uma religião específica, com todas as particularidades e deturpações, mas uma religião composta de fundamentos presentes em todas as religiões difundidas e conhecidas por nós e professadas por mais de noventa por cento da raça humana; essa religião existe, e o ser humano ainda não se bestializou em definitivo apenas porque as melhores pessoas de todos os povos, mesmo que inconscientemente, mantêm essa religião e a professam; apenas a fraude sugerida por sacerdotes e cientistas impede as pessoas de aceitar isso conscientemente.

Os valores dessa verdadeira religião são a tal ponto próprios dos seres humanos que, nem bem comunicados às pessoas, de imediato são acatados como algo há muito conhecido e lógico por si só. Para nós, essa verdadeira religião é o cristianismo, com seus valores que, não em suas formas externas, mas em seus princípios básicos, convergem para o bramanismo, o confucionismo, o taoismo, o judaísmo, o budismo e até o islamismo. Do mesmo modo, para os seguidores do bramanismo, do confucionismo e assim por diante, a verdadeira religião é aquela cujos valores convergem para os princípios básicos de todas as grandes religiões. E esses valores são muito simples, compreensíveis e pouco complexos.

Esses valores são: que existe um Deus e é o princípio de tudo; que no ser humano há uma partícula desse princípio divino, que ele pode enfraquecer ou fortalecer de acordo com o modo como conduz a própria vida; que, para fortalecer esse princípio, o ser humano deve conter suas paixões e cultivar dentro de si o amor; que o meio prático de alcançar isso é fazer aos outros aquilo que queremos que façam a nós. Todos esses valores são comuns ao bramanismo, ao judaísmo, ao confucionismo, ao taoismo, ao budismo, ao cristianismo e ao islamismo. (Se por um lado o budismo não oferece uma definição de Deus, por outro, de qualquer modo, reconhece algo com que o ser humano se une e em que o ser humano mergulha ao atingir o nirvana. De modo que aquilo com que o ser humano se une ao mergulhar no nirvana é exatamente o princípio que, no judaísmo, no cristianismo e no islamismo, reconhece a existência de Deus.)

"Mas isso não é uma religião", dirão as pessoas de nosso tempo acostumadas a considerar o sobrenatural, ou seja, o insensato, como a principal característica de uma religião; "isso é qualquer coisa que se queira: filosofia, ética ou racionalismo, mas não uma religião." A religião, como eles a compreendem, deve ser absurda e incompreensível (*credo quia absurdum*). Aliás, foi apenas a partir desses princípios ou, mais precisamente, em consequência da pregação deles como ensinamento religioso, que se desenvolveram, por um longo processo de deturpação, todos os absurdos dos milagres e acontecimentos sobrenaturais, considerados característica básica de qualquer religião. Asseverar que o sobrenatural e a insensatez são os fundamentos da religião é o mesmo que, observando apenas maçãs estragadas, afirmar que o amargor insosso e a ação danosa ao estômago são as características básicas do fruto da macieira.

A religião determina a relação do ser humano com o princípio de tudo, o destino do ser humano decorrente dessa relação e as regras de comportamento decorrentes desse destino. E a religião universal, cujos valores básicos são exatamente os mesmos em todas as expressões de fé, satisfaz plenamente essas exigências. Ela define a relação do ser humano com Deus como parte de um todo; e a partir dessa relação é traçado o destino do ser humano, que consiste em fortalecer em si o fundamento divino; o destino do ser humano, por sua vez, traça regras práticas a partir do mandamento: fazei aos outros o que quereis que vos façam.

É comum haver dúvidas, e eu mesmo, em certa época, duvidei de que um mandamento tão abstrato como este, "fazei aos outros o que quereis que vos façam", pudesse ser algo obrigatório e pudesse servir como guia de conduta, assim como outras regras mais simples — o jejum, as orações, a comunhão e assim por diante. Entretanto, uma resposta irrefutável a essa dúvida é o estado de espírito em que se encontra um camponês russo capaz de morrer para não cuspir uma hóstia no estrume e, ao mesmo tempo, capaz de matar seus irmãos por ordem de outros.

Por que as exigências derivadas do mandamento "fazei aos outros o que quereis que vos façam", como não matar seus irmãos, não praguejar, não cometer adultério, não se vingar, não se aproveitar da necessidade dos outros para satisfazer os próprios caprichos e muitas outras, não puderam ser incutidas com tanta força nem se fazer tão obrigatórias e invioláveis quanto a fé na santidade das imagens, e assim por diante, para as pessoas cuja fé se fundamenta mais na credulidade do que em uma consciência interior clara?

XV

As verdades da religião comum a todas as pessoas de nosso tempo são tão simples e compreensíveis e estão tão próximas do coração de cada homem que, parece, bastaria apenas a pais, governantes e preceptores, em lugar de ensinamentos obsoletos e absurdos sobre trindades, virgens mães de Deus, redenções, Indras, Trimúrtis, Budas e Maomés que voam pelo céu e em que, com frequência, nem eles próprios acreditam, incutir nas crianças e nos adultos as verdades simples e evidentes da religião comum a todas as pessoas — a essência metafísica de que, no ser humano, vive o espírito de Deus, e o mandamento prático segundo o qual o ser humano deve fazer ao próximo o que gostariam que lhe fizessem — e toda a vida humana por si só se transformaria. Então, assim como atualmente se incute nas crianças e se afirma aos adultos a crença de que Deus enviou seu filho para expiar os pecados de Adão e fundou sua igreja, que deve ser seguida, e as regras decorrentes disso, segundo as quais se deve, em certa época e em certo lugar, rezar e fazer sacrifícios, e também em certa época abster-se desse ou daquele alimento e do trabalho em tais e tais dias, se incutiria e se afirmaria que Deus é um espírito, cuja força pode fortalecer nossa vida. Apenas incutiríamos isso e tudo o que por si só decorre desses fundamentos — do mesmo modo como incutem agora histórias totalmente desnecessárias sobre acontecimentos impossíveis e regras de cerimônias disparatadas derivadas dessas histórias — e, em lugar da luta irracional e da divisão, muito rapidamente, sem a ajuda de diplomatas, do direito internacional ou de congressos de paz e de políticos, economistas e socialistas de todas as facções, o ser humano teria uma vida feliz, pacífica, solidária e orientada por uma única religião. No entanto, não se faz nada desse tipo: não apenas não se desfaz a fraude de uma religião mentirosa e não se prega a verdadeira, como as pessoas, ao contrário, estão cada vez mais e mais distantes, mais e mais afastadas da possibilidade de reconhecer a verdade.

A principal razão que leva as pessoas a não fazerem o que é natural, necessário e possível é que, em consequência de uma longa vida sem religião, estão tão acostumadas a organizar e consolidar seu cotidiano com violência, baionetas, balas, prisões e forcas que lhes parece que essa disposição das coisas não apenas é normal como não poderia ser outra. O pior é que pensam assim não apenas aqueles para os quais a ordem existente é vantajosa, mas também os que sofrem por causa dela, tão atordoados pelo que lhe incutem que, do mesmo modo, consideram a violência o único meio de alcançar uma boa ordem das coisas na sociedade humana. Enquanto isso, essa organização e consolidação do cotidiano social pela violência afasta ainda mais as pessoas da compreensão dos motivos de seus sofrimentos e, assim, da possibilidade de uma vida verdadeira.

Assim acontece algo semelhante ao que faz um médico ruim ou mal-intencionado quando provoca a contração de erupções malignas e, desse modo, não apenas engana o doente, mas agrava a própria doença e torna impossível sua cura.

A quem exerce o poder, a quem escraviza as massas e pensa e diz: *après nous le deluge*,[1] parece muito prático, por meio do exército, do clero, dos soldados, das polícias e sob ameaça de baionetas, balas, prisões, colônias de trabalho forçado e forcas, obrigar as pessoas escravizadas a continuar a viver atordoadas e escravizadas e não impedir que os governantes se aproveitem dessa condição. E os que exercem o poder fazem isso dizendo ser boa essa ordem das coisas, ainda que nada crie mais obstáculos a uma boa ordem social do que isso. Em essência, essa ordem não apenas não é boa como é a própria ordem do mal.

Se as pessoas de nossas sociedades, com o que restou daqueles princípios religiosos que, de qualquer modo, ainda vivem nas massas, não tivessem diante de seus olhos os crimes — guerras, torturas, prisões, tributos, venda de vodca, ópio e assim por diante — constantemente cometidos por aqueles que tomaram a si a responsabilidade de zelar pela ordem e moral na vida de todos, elas nunca pensariam em praticar nem um centésimo daquelas más ações, fraudes, violências e assassinatos que praticam agora, com plena certeza de que essas ações são boas e próprias dos seres humanos.

A lei da vida humana é tal que tornar essa vida melhor, tanto para a pessoa individualmente quanto para a sociedade, só é possível por meio de um desenvolvimento interior, moral. Pois todos os esforços para tornar a própria vida melhor por ações externas violentas, de uns sobre outros, servem apenas como a mais verdadeira pregação e o maior exemplo do mal, e por isso não apenas não tornam a vida melhor como, ao contrário, fortalecem o mal, que como uma bola de neve cresce mais e mais e afasta mais e mais as pessoas da única possibilidade de melhorar de fato a própria vida.

À medida que o hábito da violência e dos crimes cometidos em nome da lei justamente pelos que zelam pela ordem e pela moral se torna mais e mais frequente, mais e mais cruel e, com maior constância, é justificado pela fraude oferecida como religião, as pessoas cada vez mais se aferram à ideia de que, na própria vida, a lei está não em amar e servir um ao outro, mas em lutar e devorar um ao outro.

E, quanto mais se aferram a essa ideia, que as faz descer ao nível do animal, mais difícil fica despertar dessa hipnose em que se encontram e reconhecer, como fundamento da vida, a verdadeira religião, comum a toda a humanidade da nossa época.

Cria-se um círculo vicioso: a falta de religião torna possível uma vida animalesca, fundamentada na violência; a vida animalesca, fundamentada na violência, faz com que se torne cada vez mais impossível a libertação da hipnose e a assimilação da verdadeira religião, e assim as pessoas não fazem aquilo que é natural, possível e necessário em nossa época: não acabam com a fraude do simulacro de religião nem assimilam ou professam a religião verdadeira.

XVI

É possível encontrar saída para esse círculo vicioso? Que saída seria essa?

Inicialmente, parece que a tarefa de arrancar as pessoas desse círculo deveria ser cumprida pelos governos, cuja obrigação é cuidar da administração em prol do povo. Assim pensavam os que tentaram transformar o sistema baseado na violência em uma vida sensata, baseada em servir ao próximo e no amor. Assim pensavam também os cristãos reformadores e também os fundadores das diversas teorias do comunismo europeu; assim pensava também o famoso reformador chinês Mo-tzu,[2] que propôs ao governo, para o bem do povo, ensinar às crianças na escola não a ciência e os exercícios militares, e dar aos adultos medalhas não por feitos militares, mas ensinar a crianças e adultos as regras do respeito e do amor e conceder medalhas e incentivos por feitos de amor. Assim pensavam e pensam muitos reformadores religiosos russos originários do povo, dos quais agora já conheço muitos, começando por Siutáiev e terminando por um velhinho que, já pela quinta vez, entregou ao tsar um requerimento pedindo que se ordene a substituição da falsa religião e se pregue o verdadeiro cristianismo.

Às pessoas parece natural que os governos, que justificam a própria existência dizendo-se preocupados com o bem-estar do povo, devessem, para a consolidação desse bem-estar, valer-se de um recurso natural que em nenhuma circunstância seria capaz de se mostrar danoso ao povo e, ao contrário disso, poderia apenas gerar as consequências mais fecundas. Porém, os governos não tomaram para si essa obrigação em nenhum lugar e em nenhuma época; ao contrário, em toda parte e sempre, com o maior zelo, defendem a falsa e obsoleta doutrina religiosa existente e, por todos os meios, perseguem os que tentam comunicar ao povo as bases da verdadeira religião. Em essência, não poderia ser de outra forma: se os governos desmascarassem a mentira da religião existente e pregassem a verdadeira, estariam agindo como quem serra o galho em que está sentado.

Mas, se não são os governos a fazer esse trabalho, então parece certo que o fizessem aquelas pessoas da ciência que, depois de se libertarem da fraude da falsa religião, desejam, como dizem, servir ao povo que as alimentou. Entretanto, essas pessoas, assim como os governos, também não fazem isso; em primeiro lugar porque consideram improdutivo sujeitar-se aos desprazeres e perigos da perseguição dos governos por causa do desmascaramento dessa fraude, defendida pelos próprios governos e que, na opinião delas, será destruída por si só; em segundo lugar porque, por considerar qualquer tipo de religião um erro do passado, não teriam nada a oferecer ao povo no lugar dessa fraude caso a destruíssem.

Restam, portanto, aquelas grandes massas de pessoas que não são cientistas e se encontram sob a hipnose da fraude da religião e do governo, e por isso consideram que esse simulacro de religião que lhes foi incutido é a verdadeira religião e que outra não há nem poderia haver. Essas massas se encontram sob intensa influência da hipnose; gerações após gerações nascem, vivem e morrem nesse estado de entorpecimento em que as mantêm o clero e o governo e, quando conseguem se libertar dele, inevitavelmente caem na escola dos cientistas, opostos à religião, e a influência deles se mostra tão inútil e danosa quanto a de seus mestres. De modo que, para alguns, essa tarefa não é útil; para outros, não é possível.

XVII

Parece não haver saída.

E, de fato, para os não religiosos não há nem pode haver saída para essa situação: os que pertencem às classes dirigentes superiores, apesar de fingir que estão preocupados com o bem das massas populares, nunca tomarão a iniciativa de pôr um fim (nem conseguiriam fazê-lo, guiando-se por objetivos mundanos) de verdade a essa situação de entorpecimento e escravização em que vivem as massas e que lhes dão a possibilidade de exercer o poder sobre elas. Do mesmo modo, os que pertencem ao grupo dos escravizados, guiando-se também por objetivos mundanos, não têm intenção de piorar sua já bastante difícil condição com uma luta contra as classes superiores para desmascarar o falso ensinamento e pregar o verdadeiro. Nem uns nem outros têm motivo para fazer isso e, caso sejam pessoas inteligentes, jamais tomarão essa iniciativa.

Entretanto, o mesmo não vale para as pessoas religiosas, aquelas pessoas religiosas que, por mais que a sociedade esteja corrompida, sempre velam com a própria vida o fogo sagrado da religião, sem o qual não poderia existir a vida humana. Há épocas (e a nossa é uma delas) em que essas pessoas não são vistas, em que, inteiramente desprezadas e humilhadas, levam uma vida obscura entre nós — no exílio, em prisões, em batalhões disciplinares; mas elas existem e mantêm uma vida humana sensata. Esses religiosos, por menor que seja seu número, são os que podem romper e com certeza romperão o círculo vicioso em que as pessoas se encontram agrilhoadas. Eles podem fazer isso porque todos os danos e perigos existentes como obstáculos no caminho do ser humano mundano que deseja mudar o sistema de vida existente não apenas não existem para a pessoa religiosa como fortalecem seu afã de lutar contra a fraude e de pregar, com palavras e ações, o que considera a verdade de Deus. Quando essa pessoa pertence às classes dirigentes, não apenas não quer ocultar a verdade em prol de sua posição como, ao contrário, por odiar essas vantagens, emprega todas as forças de sua alma para se desprender dela e pregar a verdade, uma vez que em sua vida já não há nenhum outro objetivo a não ser servir a Deus. Quando pertence às classes escravizadas, também, do mesmo modo, renunciando ao desejo comum a gente de sua posição de melhorar as próprias condições da vida carnal, ela não tem nenhum outro objetivo a não ser a realização do desejo de Deus de desmascarar a fraude e pregar a verdade, e nenhum sofrimento ou ameaça é capaz de obrigá-la a deixar de viver em conformidade com o sentido reconhecido por ela para a própria vida. E aquele primeiro e esse segundo vão se comportar tão naturalmente quanto a pessoa que trabalha, suportando privações, para a aquisição de riquezas ou para agradar ao dominador do qual espera vantagens. A pessoa religiosa age assim porque a alma iluminada pela religião vive não apenas a vida deste mundo, como vivem os não religiosos, mas a vida eterna e infinita, para a qual são tão insignificantes os sofrimentos e a morte desta vida como são insignificantes para o trabalhador do campo as bolhas nas mãos e o cansaço dos membros.

Pois essas pessoas romperão o círculo vicioso em que os outros estão agora agrilhoados. Por mais que sejam poucas, por mais que sejam inferiores suas posições na sociedade, por mais que sejam fracas sua erudição ou sua inteligência, elas com toda certeza, assim como o fogo arrebata a estepe árida, arrebatarão todo o mundo, todos os corações áridos, em consequência de uma longa vida sem religião, e ávidos pelo renascimento.

A religião não é uma crença estabelecida de modo definitivo, com base em certos acontecimentos sobrenaturais ocorridos outrora, em algum momento distante, e na obrigatoriedade de cerimônias e orações predeterminadas; também não é, como consideram os cientistas, o que restou das superstições de um passado de ignorância, sem significado em nossa época e sem aplicação em nossa vida; a religião é a relação do homem com a vida eterna e com Deus, em conformidade com a razão e com os conhecimentos contemporâneos, e faz a humanidade progredir em direção ao objetivo que lhe está predestinado.

"A alma humana é o castiçal de Deus", diz uma sábia máxima judaica. O homem é um ser fraco e infeliz enquanto em sua alma não arde a luz de Deus. Porém, quando arde essa luz (e esta só arde na alma iluminada pela religião), o homem se torna o ser mais poderoso do mundo. E não pode ser de outro modo, pois o que então passa a agir sobre ele não é sua própria força, mas a força de Deus.

Eis, portanto, o que é a religião e em que consiste a sua essência.

[Tradução de Denise Regina de Sales]

Carta sobre a educação[1]
[1902]

Querida Sônia,[*]

Fiquei muito feliz com a conversa que tive com Iliu-cha[**] sobre a educação das crianças. Embora se trate de um enfoque negativo, tanto ele como eu concordamos que as crianças devem estudar *o menos possível*. Efeti-vamente, não é um fato tão grave que as crianças cres-çam sem conhecer uma coisa ou outra; mais grave é o que ocorre com a maior parte das crianças, em especial quando, desconhecendo as matérias que os filhos estu-dam, as mães orientam sua educação. Com isso quero dizer que as crianças ficam com *indigestion* de estudo, e é por isso que se voltam contra ele. Uma criança, ou um adulto, só aprende quando sente gosto pelo objeto de es-tudo. Sem isso ocorre um dano, um terrível dano intelec-tual, que transforma as pessoas em deficientes mentais. Pelo amor de Deus, querida Sônia, se você não concor-

---

[*] Sônia é diminutivo de Sófia. A destinatária é Sófia N. Tols-taia (1867-1934), nora de Tolstói, casada com Iliá L. Tolstói, seu filho. Na tradução para o inglês desta carta, feita por Ayl-mer Maude, contemporâneo e correspondente de Tolstói, fo-ram omitidos os nomes de Sônia e Iliá, assim como qualquer referência aos dois.

[**] Diminutivo de Iliá.

dar totalmente comigo, acredite em mim e acredite que, se essa questão não fosse da mais alta importância, eu não lhe escreveria sobre ela. Acredite sobretudo em seu marido, que enxerga as coisas de maneira sensata.

O argumento contrário, no entanto, com frequência é: se as crianças não estudarem, de que se ocuparão? De todos os tipos de tolices e patifarias com as crianças camponesas? Levando-se em conta nossos hábitos grã-finos de vida, tal objeção provém de um raciocínio lógico. Mas será necessário habituar as crianças a uma vida grã-fina, ou seja, de modo que elas saibam que todas as suas necessidades, sejam quais forem, serão satisfeitas sem nenhum esforço da parte delas? Por isso, a primeira condição para uma boa educação é que a criança saiba que tudo aquilo de que ela precisa não cai pronto do céu, mas é o resultado do trabalho de outras pessoas. Compreender que tudo que a circunda resulta do trabalho alheio, do trabalho de gente desconhecida e que não necessariamente a ama está bem acima da compreensão da criança (Deus queira que ela entenda isso quando se tornar adulta), mas ela deve entender que o penico em que urina é esvaziado e lavado sem nenhum prazer por sua babá ou pela criada, e que o mesmo ocorre com suas botinas e galochas, que ela encontra sempre lavadas e limpas, e que tudo isso não é feito por mágica nem por amor a ela, mas por razões que ela ignora, que ela pode e deve entender, e das quais deve se envergonhar. Se ela não sentir vergonha, e se continuar a se aproveitar disso, isso é indício da pior educação, que a marcará profundamente por toda a vida. Evitar isso é, no entanto, muito fácil, e por essa razão eu lhe suplico, (para empregar um estilo mais poético) do meu leito de morte, que pratique isso com seus filhos. Deixe-os fazer, com empenho, tudo o que precisarem fazer para si próprios: descartar as próprias fezes, pegar água do poço, lavar a louça, arrumar o quarto, limpar os sapatos e as roupas, arrumar a mesa

OS ÚLTIMOS DIAS DE TOLSTÓI

e assim por diante; deixe-os fazer sozinhos. Acredite em mim, por mais insignificantes que tais tarefas possam parecer, elas são muito mais importantes para a felicidade de seus filhos do que o conhecimento da língua francesa, de história, e assim por diante. É verdade que então surge a principal dificuldade: as crianças fazem com prazer apenas aquilo que seus pais fazem, e é por isso que lhe faço essa súplica (a você, que é tão corajosa, e, tenho certeza, capaz). Se Iliá não proceder dessa forma (esperemos que isso não aconteça) não será nenhum problema. Queira Deus, para o bem dessas crianças, que você pondere o que eu disse. Com esse princípio, eliminamos duas questões de uma só vez: ele permite que se estude menos, utilizando o tempo da maneira mais proveitosa e natural, e acostuma as crianças à simplicidade, ao trabalho e à autonomia. Por favor, por favor, eu lhe peço, faça isso. Você ficará satisfeita desde o primeiro mês, e as crianças ficarão ainda mais. Seria muito bom se pudéssemos acrescentar o trabalho na terra — como uma horta, por exemplo —, ainda que essa atividade seja uma brincadeira na maior parte do tempo. A necessidade de que cada um cuide de si mesmo e de que limpe o que suja é reconhecida em todas as melhores escolas, como a de Bedales,* onde o próprio diretor aderiu a esse exemplo.

Acredite em mim, Sônia, sem essa condição não há educação moral nem cristã, nem a consciência de que todos os homens são irmãos e iguais entre si. Uma criança é capaz de entender que um adulto, que seu pai — seja ele banqueiro, torneiro, artista ou feitor —, cujo trabalho alimenta a família, pode ser dispensado dessas tarefas caso estas o impeçam de dedicar todo o seu tempo à

---

* Escola pública inglesa localizada em Hampshire. Fundada em 1893 por John H. Badley, Bedales foi a primeira escola mista do país e ficou conhecida por seu ambiente liberal.

realização de seu trabalho. Mas como uma criança pequena, que ainda não tem habilidade para fazer nada, pode ser capaz de entender que outros façam para ela aquilo que lhe é natural fazer sozinha?

A única explicação para essa questão é que as pessoas se dividem em duas classes — senhores e escravos; por mais que expliquemos à criança as palavras "liberdade" e "fraternidade", as pessoas e a maneira como elas vivem, desde que se levantam até a hora do jantar, lhe provarão o contrário.

Além disso, nos ensinamentos dos mais velhos sobre moral, a criança perceberá, no fundo de sua alma, que todos os sermões são enganosos, e ela deixará de acreditar em seus próprios pais e em seus mestres, e até mesmo na necessidade de qualquer moral, seja qual for.

Mais uma consideração: caso seja impossível fazer tudo o que mencionei, determinadas situações farão com que as crianças percebam imediatamente as desvantagens decorrentes de não cumprir certas tarefas — por exemplo, se as roupas e os sapatos de passeio não estiverem limpos nem secos, será impossível sair; se a água não for retirada do poço, ou se a louça não for lavada, será impossível beber. Acima de tudo, não tema o *ridicule*. Em noventa por cento dos casos, as más ações são cometidas no mundo porque não as cometer seria *ridicule*.

De seu pai e amigo,

LIEV TOLSTÓI

[Tradução de Belkiss J. Rabello]

Apelo ao clero
[1902]

I

Sejam vocês quem forem — popes, cardeais, bispos, superintendentes, sacerdotes, pastores — e seja qual for sua fé religiosa, deixem de lado por algum tempo a certeza de que vocês, justamente vocês, são os únicos e verdadeiros discípulos de Cristo Deus, chamados a pregar seu único e verdadeiro ensinamento, e lembrem-se de que, antes de serem popes, cardeais, bispos, superintendentes e assim por diante, vocês são, acima de tudo, seres humanos, ou seja, de acordo com seu próprio ensinamento, seres enviados ao mundo por Deus para o cumprimento da vontade Dele; lembrem--se disso e reflitam sobre o que têm feito. Toda a sua vida é dedicada a pregar, apoiar e propagar entre as pessoas um ensinamento que vocês dizem ter-lhes sido revelado pelo próprio Deus, e que por isso é o único verdadeiro e redentor.

Mas em que consiste esse ensinamento único, verdadeiro e redentor pregado por vocês? Seja qual for a chamada profissão de fé cristã à qual pertençam — católica, ortodoxa, luterana, anglicana —, seu ensinamento é considerado por vocês próprios como um ensinamento manifestado, de modo exato e integral, no símbolo de fé estabelecido pelo Concílio de Niceia há 1600 anos. As resoluções desse símbolo são as seguintes:

Primeira: há um Deus Pai (a primeira pessoa da Trindade), criador do céu e da terra e de todos os anjos que vivem no céu.

Segunda: há um único filho de Deus Pai, não gerado, mas nascido (a segunda pessoa da Trindade). Por meio desse filho foi feito o mundo.

Terceira: para salvar os homens do pecado e da morte, com os quais foram todos castigados pela desobediência de seu antepassado Adão, o filho de Deus veio à terra, fez-se carne pelo Espírito Santo e pela Virgem Maria e tornou-se homem.

Quarta: esse filho foi crucificado por causa do pecado dos homens.

Quinta: ele sofreu e foi sepultado, ressuscitou ao terceiro dia, como havia sido profetizado nos livros dos hebreus.

Sexta: tendo subido aos céus, esse filho está sentado à direita de Deus Pai.

Sétima: esse filho de Deus, no tempo devido, retornará à terra para julgar os vivos e os mortos.

Oitava: há um Espírito Santo (a terceira pessoa da Trindade), à semelhança do Pai, que fala por meio dos profetas.

Nona: (para as profissões de fé mais propagadas) há uma única Igreja santa e infalível (ou, mais precisamente, considera-se única, santa e infalível aquela igreja à qual pertence o professo). Essa igreja se compõe de todos os que nela creem, vivos e mortos.

Décima: (também para as profissões de fé mais propagadas) há o sacramento do batismo, por meio do qual ao batizado se transmite a força do Espírito Santo.

Décima primeira: no segundo advento de Cristo, as almas dos mortos se unirão a seus corpos, e eles serão imortais.

Décima segunda: após o segundo advento terá início a vida eterna dos justos no paraíso, em uma nova terra e sob um novo céu, e a vida eterna dos pecadores nos martírios do inferno.

Sem falar nas profissões de fé mais propagadas entre vocês — a católica e a ortodoxa —, nos santos e na ação benéfica da adoração dos despojos corporais desses santos e de suas representações, assim como da representação de Cristo e da Virgem Maria, nesses doze pontos estão as bases da disposição dessa verdade, que, para a salvação dos homens, como vocês dizem, lhes foi revelada pelo próprio Deus. Alguns de vocês pregam essas disposições literalmente, assim como foram expressas; outros tentam lhes dar um significado alegórico, mais ou menos condizente com o conhecimento contemporâneo e com o bom-senso, mas todos, igualmente, não podem deixar de reconhecer e reconhecem essas disposições como a expressão exata daquela verdade única, revelada pelo próprio Deus, e pregada por vocês às pessoas para a salvação delas.

II

Pois muito bem. Foi-lhes revelada pelo próprio Deus a única verdade que redimirá a todos; é inerente às pessoas a busca da verdade, e quando esta lhes é transmitida claramente sempre a recebem com alegria e guiam-se por ela.

Por isso, para comunicar a todos sua verdade, revelada a vocês pelo próprio Deus e capaz de salvar toda a humanidade, parece-me que bastaria transmitir essa verdade de modo simples e claro, oralmente e por escrito, com razoável convicção, às pessoas capazes de aceitá-la. E como vocês têm pregado a sua verdade? Desde a época em que se formou a sociedade autodenominada Igreja, seus antecessores pregaram essa verdade preferencialmente pela violência. Eles preconizavam essa verdade e castigavam os que não a reconheciam. (Milhões e milhões de pessoas foram martirizadas, assassinadas e queimadas vivas porque não queriam reconhecê-la.)

Esse recurso, visivelmente incompatível com seu objetivo, com o decorrer do tempo passou a ser cada vez menos usado, e atualmente, ao que parece, de todos os países cristãos, só a Rússia o utiliza.

Outro recurso foi a ação externa sobre os sentimentos humanos por meio da solenidade da arte da oratória, de instalações, quadros, imagens esculpidas, canções, músicas e representações dramáticas. Com o decorrer do tempo, esse recurso passou a ser cada vez menos usado. Nos países protestantes, além da arte da oratória, praticamente não se lança mão desse recurso (a exceção fica apenas por conta do Exército da Salvação, que engendra novos recursos que atuam externamente sobre os sentimentos).

Mas, em compensação, todas as forças do clero agora se orientam para um terceiro recurso, o mais poderoso de todos, sempre utilizado e atualmente preservado por vocês com bastante zelo. Esse recurso consiste em incutir nas pessoas o ensinamento religioso em condições que não lhes permitem julgar o que lhes é transmitido.

Encontram-se justamente nessas condições as pessoas sem nenhum tipo de educação formal, trabalhadores que não têm tempo para pensar e, o mais importante, as crianças, que aceitam sem distinção tudo o que lhes é transmitido e gravam-no na alma para sempre.

III

Portanto, em nossa época, de todos os seus recursos de transmissão às pessoas da verdade que lhes foi concedida por Deus, o mais importante consiste no ensino dessa verdade a adultos sem educação formal e a crianças, sem discernimento, que aceitam tudo.

Esse ensino começa, normalmente, pela chamada história santa, por trechos escolhidos da Bíblia, por livros judaicos do Velho Testamento, que, segundo vocês, são a essência da obra do Espírito Santo e por isso indiscutivelmente verdadeiros e santos. É por meio dessa história que o aluno estabelece para si a primeira noção do mundo, da vida das pessoas, do bem e do mal, de Deus e assim por diante.

A história santa começa com a descrição de como Deus, ser eterno, criou a partir do nada, há 6 mil anos, o céu e a terra; e de como depois criou as feras, os peixes, os vegetais e, finalmente, o homem, Adão, e sua mulher, feita de uma de suas costelas. Depois é descrito como, temendo que o homem e a mulher comessem a maçã, que continha o poder mágico de dar discernimento, ele lhes proibiu isso; apesar da proibição, o homem e a mulher comeram a maçã e por isso foram expulsos do paraíso, e também por isso toda a sua descendência foi amaldiçoada e foi amaldiçoado o solo, que a partir de então começou a produzir espinhos e cardos. Depois, descreve-se a vida dos descendentes de Adão, tão pervertidos que Deus lhes mandou um dilúvio, para exterminar não só os homens, mas também todas as feras, e deixar vivos apenas Noé, sua família e os animais por ele reunidos na arca.

Depois é descrito como Deus escolheu unicamente Abraão, entre todos os homens, e com ele estabeleceu uma aliança segundo a qual Abraão devia reconhecer Deus como Deus e, em sinal disso, realizar a circuncisão. Deus, por sua vez, assumia o compromisso de, em compensação, dar a Abraão uma grande descendência e proteger a ele e a toda a sua descendência. Depois descreve-se como Deus, para proteger Abraão e sua descendência, realiza a favor dele e de sua descendência as coisas mais extraordinárias, chamadas milagres, e as crueldades mais terríveis. Assim, toda essa história — com exceção de uns relatos ingênuos, como a visita de Deus a Abraão com dois anjos, o casamento de Isaac, e outros às vezes inofensivos, mas com frequência imorais, como o embuste de Jacó, o favorito de Deus, as crueldades de Sansão, as espertezas de José — toda essa história, a começar pelas pragas de Moisés contra os egípcios e pela morte de todos os primogênitos por um anjo, até o fogo, que consumiu 250 esconjurados, a terra, que abriu sua boca e engoliu Coré, Datã e Abiram, a destruição de 14 700 homens em alguns minutos, os inimigos serrados com serras,[1] os profetas executados que discordavam de Elias e foram executados por ele, que subiu ao céu, e Eliseu, que, por terem zombado dele, amaldiçoou uns rapazinhos que, por isso, foram despedaçados por duas ursas — toda essa história não passa de uma série de acontecimentos prodigiosos e de terríveis maldades, cometidas pelo povo judaico, por seus dirigentes e pelo próprio Deus.

Entretanto, não se limita a isso o ensino dessa história que vocês chamam de santa. Além da história do Velho Testamento, vocês ainda transmitem às crianças e às pessoas não esclarecidas a história do Novo Testamento, em uma interpretação segundo a qual o significado mais importante do Novo Testamento se resume não a um ensinamento moral, não ao Sermão da Montanha, mas à conciliação do Evangelho com a história do Velho Testamento, ao cumprimento de profecias e a milagres: a movimentação de uma estrela, a canção que vem do céu, a conversa com o diabo, a transformação da água em vinho, a caminhada sobre o mar, as curas, a ressuscitação de pessoas e, finalmente, a ressurreição de Cristo e sua subida aos céus.

Se toda essa história do Velho e do Novo Testamento fosse transmitida como um conto fantástico, dificilmente algum educador tomaria a decisão de contá-la a crianças ou a adultos aos quais quisesse transmitir conhecimentos. Pois esse conto fantástico é transmitido a pessoas incapazes de fazer julgamentos como a descrição mais verídica do mundo e de suas leis, como a informação mais confiável a respeito da vida das pessoas vivas, sobre aquilo que se deve considerar bom ou mau, sobre a essência e as características de Deus e as obrigações do homem.

Falam a respeito de livros nocivos. Mas será que existe no mundo cristão um livro capaz de trazer mais danos às pessoas do que esse livro terrível chamado "História santa do Velho e do Novo Testamento"?[2] Pois pelo aprendizado dessa história santa passam, ainda na infância, todas as pessoas do mundo cristão, e essa mesma história é transmitida a adultos incultos como um conhecimento primário, básico e essencial, como uma verdade única, eterna e divina.

IV

Em um organismo vivo, não se pode introduzir uma substância estranha sem lhe causar sofrimento por causa dos esforços empreendidos na eliminação dessa substância estranha nele introduzida e sem que ele, às vezes, morra durante esses esforços. Então que terrível dano não deve causar, na razão do ser humano, as disposições do ensino do Velho e do Novo Testamento, estranhas tanto ao conhecimento contemporâneo quanto ao bom-senso e à moral do homem; e essas disposições, ainda por cima, lhe são incutidas quando ele ainda não tem capacidade de julgamento e, portanto, assimila-as do modo como lhe são transmitidas.

Para o ser humano, em cuja razão foi introduzida como verdade santa a crença na criação do mundo a partir do nada há 6 mil anos, a crença no dilúvio e na arca de Noé, que nela alojou todos os animais, a crença na Trindade, no pecado original de Adão, na concepção imaculada, nos milagres de Cristo e no sacrifício de sua morte para expiar os pecados do mundo — para esse ser humano, já não são obrigatórias as condições da razão, esse ser humano já não pode se convencer de nenhuma verdade. Se são possíveis a trindade, a concepção imaculada, a expiação dos pecados da humanidade pelo sangue de Cristo, então tudo é possível, e não há precondições obrigatórias.

Cravem uma cunha entre as tábuas do assoalho de um depósito de cereais. Seja qual for a quantidade de grãos despejada, o depósito já não será capaz de retê-la. Do mesmo modo, na cabeça em que cravam a cunha da Trindade ou do Deus que criou o homem e, com o próprio sofrimento, expiou os pecados da humanidade e depois subiu de novo aos céus, já não é possível reter nenhuma convicção firme e razoável.

Por mais que se despeje algo em um depósito com uma fenda no fundo, tudo se escoará. Por mais que se coloque algo no cérebro que aceita o absurdo como verdade, nada ficará retido.

Esse ser humano, quando dá valor às próprias crenças, inevitavelmente, durante toda a vida, acautela-se, considerando prejudicial tudo que possa lhe trazer esclarecimento e destruir sua crença; ou então, tendo reconhecido de uma vez por todas que a razão é fonte de enganos (como os pregadores do ensinamento da Igreja o estimulam a pensar), renuncia à única luz dada ao homem para encontrar o caminho da vida; ou, o mais terrível, com raciocínios ardilosos, tenta demonstrar a racionalidade do irracional ou, o que é ainda pior, abandona não apenas aquelas crenças que lhe foram incutidas, mas também a convicção da necessidade de alguma fé.

Em todos esses três casos, o ser humano ao qual na infância foram incutidas disposições absurdas e contraditórias, como são as verdades religiosas, caso não se liberte delas, com grandes esforços e sofrimentos, não será um ser humano mentalmente são. Esse ser humano, vendo ao redor de si os fenômenos de uma vida em constante movimento, só consegue contemplar com desespero esse movimento que destrói sua concepção de mundo, só consegue experimentar, clara ou secretamente, aversão pelos que promovem esse movimento sensato, só consegue ser, intencionalmente, um partidário da escuridão e da mentira, contrário à luz e à verdade. Assim são, em sua maioria, as pessoas da humanidade cristã, desde a infância instigadas a ter crenças absurdas que as privaram da capacidade de raciocinar de modo claro e firme.

V

Para a atividade mental, esse é o dano provocado quando são incutidos ensinamentos religiosos. Porém, muitas vezes mais danosa é a deturpação moral ocorrida no espírito do ser humano quando lhe incutem esses ensinamentos. Cada ser humano vem ao mundo com a consciência de que depende do princípio misterioso e todo-poderoso que lhe deu a vida; com a consciência de que é igual a todas as outras pessoas e de que todas as pessoas são iguais entre si; com o desejo de ser amado e de amar os outros; e com a aspiração ao autoaperfeiçoamento. E o que vocês incutem nele?

Em lugar do princípio misterioso, sobre o qual ele pensava com devoção, vocês lhe contam a respeito de um Deus injusto, melindroso, que castiga e suplicia as pessoas.

Em lugar da igualdade entre todos, que tanto a criança quanto o homem inculto sentem com todo o seu ser, vocês lhes dizem que não apenas as pessoas, mas também os povos não são iguais, e que alguns são amados por Deus e outros não, alguns são chamados por Deus a dominar, outros a se submeter.

Em lugar do desejo de amar e ser amado, que consiste no mais forte desejo da alma de todo ser humano íntegro, vocês incutem nele que as relações entre as pessoas podem se basear apenas em violências, ameaças e castigos; dizem-lhe que os assassinatos, na guerra ou por determinação de um tribunal, são cometidos não apenas com a permissão, mas sob o comando de Deus.

Em lugar da aspiração ao autoaperfeiçoamento, vocês dizem a ele que sua salvação está na fé e na redenção, enquanto o aperfeiçoamento por suas próprias forças, sem a ajuda de orações, mistérios e fé na redenção, consiste em pecado de orgulho, e que, para sua salvação, o homem deve crer não na própria razão, mas na imposição da Igreja, e deve realizar aquilo que ela preconiza.

É apavorante pensar naquilo que a deturpação das concepções e dos sentimentos provoca na alma da criança e do adulto inculto.

VI

E só de pensar no que aconteceu diante de meus olhos e continua a acontecer na Rússia neste momento, no sexagésimo ano de minha vida consciente!

Nos seminários e no círculo dos bispos, monges estudiosos e missionários, circulam discussões engenhosas sobre questões teológicas complexas; falam da conciliação entre o ensinamento moral e o dogmático; polemizam sobre a mobilidade ou imobilidade do dogma e sobre sutilezas religiosas semelhantes e diversas. Enquanto isso, à massa de centenas de milhões se prega uma única coisa: a fé em ícones da Nossa Senhora de Kazan ou de Iviron, em relíquias, em diabos, na capacidade salvadora de bolachinhas abençoadas, no acendimento de velas, em missas para almas e assim por diante; e não apenas se prega e se pratica, mas, com particular zelo, cerca-se a inviolabilidade dessa fé do povo contra qualquer tipo de atentado.

Pois basta ao camponês deixar de celebrar o dia do santo padroeiro, não receber em sua casa o ícone milagroso que percorre toda a região, deixar de respeitar o descanso da sexta-feira véspera do dia de santo Elias — e então sobre ele cairão acusações, ele será perseguido, degredado. Isso sem falar nos adeptos de seitas, que não seguem os ritos: julgam-nos pelo fato de se reunir e de ler o Evangelho e os condenam por isso. E o resultado dessa ação é que dezenas de milhões de pessoas, incluindo quase todas as mulheres do povo, não apenas não conhecem como nunca ouviram falar de Cristo e de quem ele é. É difícil acreditar nisso e, no entanto, trata-se de um fato que todos podem confirmar.

Ao ouvirmos o que dizem os bispos e os teólogos em suas reuniões, ao lermos seus jornais, podemos pensar que o clero russo prega, embora com certa distância, a fé cristã na qual as verdades do Evangelho ainda têm lugar e são comunicadas ao povo; porém, ao observarmos a atividade do clero junto ao povo, vemos que se prega e introduz, com intensidade, a idolatria: a elevação dos ícones, a água benta, a passagem dos ícones milagrosos pelas casas, a glorificação das relíquias, o uso de cruzes e assim por diante; enquanto isso, qualquer tentativa de compreender o cristianismo em seu verdadeiro significado é perseguida. Até onde me lembro, o povo russo trabalhador perdeu, em grande medida, os traços do verdadeiro cristianismo, que antes havia nele e que agora o clero tão zelosamente tenta subtrair.

Entre o povo, antes se preservavam (agora isso só acontece em lugares remotos) lendas cristãs e provérbios, transmitidos oralmente de geração a geração, e essas lendas, como a lenda de que Cristo andava pelo mundo na forma de mendigo, do anjo que duvidou da misericórdia divina, do *iuródivyi** que dançava à porta da taverna e provérbios como "Sem Deus não se entra em casa", "Deus não está na força, mas na verdade", "Quem vive

---

* Louco com dons proféticos.

um dia, vive um século" e outros; as lendas e os provérbios constituíam o alimento espiritual do povo.

Além disso, havia os hábitos cristãos: ter compaixão pelo criminoso e pelo peregrino, dar o último vintém ao necessitado, pedir perdão ao ofendido. Agora tudo isso tem sido esquecido e abandonado. Tudo isso agora está sendo substituído pela memorização do catecismo e da composição tríplice de Deus, por orações antes das aulas em nome do educador e do tsar e assim por diante, de modo que, até onde me lembro, o povo se torna cada vez mais grosseiro no aspecto religioso.

As mulheres, uma parte delas, uma grande parte, são tão supersticiosas quanto eram há seiscentos anos, mas sem aquele espírito cristão que antes penetrava na vida; as outras, que sabem de cor o catecismo, são verdadeiras descrentes. E tudo isso é produzido intencionalmente pelo clero.

"Assim acontece entre vocês, na Rússia", retrucam os europeus — católicos e protestantes. Penso que o mesmo, senão pior, acontece no catolicismo, com a interdição à leitura do Evangelho, com suas Nossas Senhoras; e também no protestantismo, com seu descanso sagrado aos sábados e sua idolatria da Bíblia, ou seja, a fé cega na letra da Bíblia. Eu penso que, nesta ou naquela forma, acontece o mesmo em todo o mundo pseudocristão.

Para comprovar isso, basta lembrar o secular embuste do fogo que ardeu em Jerusalém no dia da Ressurreição, embuste que nenhuma pessoa religiosa refuta, e a fé na redenção, propagada com particular energia pelas formas mais recentes do protestantismo cristão.

VII

Se o ensinamento religioso não fosse danoso por sua irracionalidade e imoralidade, ainda assim seria particularmente danoso pelo fato de que as pessoas que professam essa fé, vivendo sem quaisquer determinações morais que as contenham, têm a absoluta convicção de viver a verdadeira vida cristã.

As pessoas vivem num luxo absurdo, enriquecendo-se com o trabalho de pobres humilhados e protegendo a própria riqueza com guardas, juízes, sentenças — e o clero, em nome de Cristo, aprova, consagra e abençoa essa vida, apenas aconselhando os ricos a conceder uma pequena parte do que foi roubado àquele de quem continuam roubando. (Quando existia a escravidão, o clero sempre e em toda parte a aprovava, não a considerava algo incompatível com o cristianismo.)

As pessoas, pela força das armas, pelo morticínio, buscam alcançar objetivos ambiciosos, pessoais e sociais, e o clero aprova e abençoa, em nome de Cristo, as manobras militares e as guerras, e não apenas as aprova, mas com frequência as incentiva, considerando que as guerras — ou seja, o assassínio — não são contrárias ao cristianismo.

Os que acreditam nesse ensinamento não só são levados por esse ensinamento a uma vida ruim como também se convencem de que essa vida é boa e de que não precisam mudá-la.

E isso não é tudo: o principal mal desse ensinamento consiste no fato de que está tão bem revestido com as formas exteriores do cristianismo que, ao segui-lo, muitos pensam que seu ensinamento é o único e verdadeiro cristianismo e que não existe outro. Não é que vocês tenham afastado das pessoas a fonte da água da vida — se assim fosse, de qualquer modo, elas ainda poderiam encontrá-la; o que acontece é que vocês envenenaram essa fonte com seu ensinamento, de modo que as pessoas não podem reconhecer outro cristianismo que não seja esse envenenado por suas interpretações.

O cristianismo pregado por vocês é a transmissão de um falso cristianismo, como a transmissão da varíola ou da difteria, e quem se contamina já não é capaz de aceitar o verdadeiro cristianismo.

VIII

Assim acontece com os que professam seus ensinamentos; no entanto, além desses, há ainda os que se libertaram dele, os chamados descrentes.

Esses, embora em sua maioria levem uma vida mais de acordo com a moral do que aqueles que professam o ensinamento da Igreja, em consequência da deterioração espiritual a que foram sujeitos na infância, assim como todos os infelizes das sociedades cristãs criados em meio ao embuste da Igreja, a tal ponto ligaram em sua mente o ensinamento da Igreja ao cristianismo que não conseguem distinguir um do outro e, ao lançarem fora o ensinamento religioso enganoso, também lançam fora o verdadeiro ensinamento cristão que o outro ocultava.

Essas pessoas, quando passam a odiar aquela fraude, por causa da qual tanto sofreram, começam não apenas a pregar a inutilidade, mas também a nocividade do cristianismo e de qualquer religião.

A religião, segundo elas, não passa de resquícios de uma superstição em certa época necessária às pessoas, mas agora apenas nociva. E por isso, segundo essas pessoas, quanto mais rápida e completamente todos se livrarem de qualquer tipo de consciência religiosa, melhor será para eles.

E, pregando que se libertem de qualquer tipo de religião, essas pessoas, mais esclarecidas e cultas, e consequentemente capazes de exercer maior autoridade entre os que buscam a verdade, tornam-se os mais danosos pregadores da licenciosidade moral.

Incutindo nas pessoas a ideia de que o elemento espiritual mais importante dos homens racionais, ou seja, o estabelecimento de uma relação própria com o princípio de tudo, a partir da qual devem ser definidas rígidas leis morais, é um estado humano obsoleto, os adversários da religião inconscientemente afirmam que na base da atividade humana está apenas o amor-próprio e os desejos carnais dele derivados.

Justamente entre essas pessoas se propagou o ensino do egoísmo, do mal e do ódio, que antes se manifestava timidamente, embora sempre estivesse oculto e latente na visão de mundo dos materialistas, e nos últimos tempos se exprime com muita clareza e intenção nas concepções de Nietzsche e se dissemina muito depressa, despertando nas pessoas os instintos mais animalescos e cruéis.

Desse modo, de um lado os chamados crentes encontram integral aprovação para sua má vida naquilo que vocês ensinam, aceitando, de acordo com o cristianismo, os comportamentos e estados que lhes são mais contrários; do outro, os descrentes, que em consequência do seu ensinamento partiram para a negação de qualquer tipo de religião, suprimem toda a distinção entre o bem e o mal, pregam o ensinamento da desigualdade entre as pessoas, do egoísmo, do conflito e do ataque dos fortes contra os fracos como a verdade mais elevada alcançada pelo ser humano.

IX

Vocês, e ninguém mais além de vocês, com seu ensinamento, incutido à força nas pessoas, causam esse mal terrível, em função do qual elas sofrem tão cruelmente.

Além disso, o mais terrível de tudo é que, ao mesmo tempo em que provocam todo esse mal, vocês não creem no ensinamento que pregam; não só não creem no conjunto das disposições de que esse ensinamento se compõe como muitas vezes não creem em nenhuma dessas disposições.

Eu sei que, quando repetem o famoso *credo quia absurdum*, muitos de vocês pensam que, apesar de tudo, de algum modo creem no que está sendo pregado. Porém, o fato de vocês dizerem que creem que Deus é uma Trindade, que se abriram os céus e a voz de Deus se manifestou ou então que Cristo, tendo subido aos céus, descerá dos céus para julgar todas as pessoas ressuscitadas, não prova, de modo algum, que vocês creem realmente naquilo que vocês próprios dizem que aconteceu e acontecerá; vocês creem que devem dizer que creem nisso, mas na verdade não creem que houve aquilo que dizem ter havido. Vocês não creem porque a afirmação de que Deus é ao mesmo tempo Único e uma Trindade, de que Cristo subiu aos céus e virá de lá para julgar os ressuscitados, não faz nenhum sentido para vocês. É possível pronunciar palavras sem sentido, mas não é possível crer naquilo que não faz sentido. É possível acreditar que as almas dos mortos se transferem para outras formas de vida, para os animais, que o aniquilamento das paixões ou o amor é o destino da humanidade, é possível acreditar também, simplesmente, que Deus não nos ordenou matar pessoas, nem nos ordenou comer um ou outro alimento, e assim em muitas outras coisas que encerram em si contradições internas; entretanto, não é possível acreditar que Deus é, ao mesmo tempo, Único e uma Trindade, que se abrirão aqueles céus, que para nós já não existem, e assim por diante.

Quando estabeleceram esses dogmas, nossos antepassados podiam acreditar neles, mas vocês não. Se disserem que creem nisso, estarão dizendo isso apenas porque usam a palavra "fé" em um sentido enquanto lhe prescrevem outro. Um sentido da palavra "fé" consiste na relação estabelecida pelo ser humano com Deus e com o mundo, que determina o significado de toda a sua vida e orienta todas as suas ações conscientes. Já um outro significado da palavra "fé" é a crença no que é transmitido por uma ou por mais pessoas.

No primeiro significado, embora a determinação da relação do ser humano com Deus e com o mundo seja estabelecida, em grande parte, a partir do que já tinha sido determinado pelos que viveram antes, o objeto de fé pode ser verificado e reconhecido pela razão.

No segundo, porém, o objeto de fé não apenas é aceito sem a participação da razão como só pode ser aceito com a condição obrigatória da não participação da razão para a reflexão sobre o que foi transmitido.

Mas esse sentido ambíguo da palavra "fé" é exatamente o fundamento da irracionalidade que leva as pessoas a dizerem que creem em disposições sem sentido ou que trazem consigo contradições internas. E, por isso, aquilo que vocês cegamente confiam a seus seguidores jamais comprova que vocês creem no que não tem sentido e, por isso, não representa nenhum significado nem para sua imaginação nem para sua razão, não pode ser objeto de fé.

O conhecido pregador Père Didon, no prefácio ao seu *Vie de Jésus-Christ*, declara crer, não de algum modo alegórico, mas literalmente, sem explicações, que Cristo, ressuscitado, subiu aos céus e está sentado à direita do Pai. Já um conhecido meu, um mujique analfabeto da cidade de Samara, segundo me contou seu confessor, à pergunta "Você crê em Deus?", respondeu direta e decididamente: sou pecador, não creio. O mujique explicou sua descrença em Deus pelo fato de que não viveria como vive se acreditasse em Deus: praguejando, recusando-se a ajudar os miseráveis, sentindo inveja, empaturrando-se, enchendo-se de bebida — ele faria tudo isso se acreditasse em Deus?

Père Didon afirma que crê em Deus e na ascensão de Cristo, o mujique de Samara diz que não crê em Deus porque não cumpre seus mandamentos.

Obviamente, Père Didon nem sabe o que é a fé, apenas diz crer; o mujique de Samara sabe o que é a fé e, embora diga que não crê em Deus, em verdade acredita Nele da forma mais condizente com a verdadeira fé.

X

Mas eu sei que argumentos dirigidos à razão não convencem — o que convence é apenas o sentimento — e por isso, deixando de lado os argumentos, dirijo-me a vocês, a despeito de quem sejam — popes, bispos, superintendentes, arcebispos, sacerdotes e outros —, a seu coração, a sua consciência.

Pois, se vocês sabem que não é verdade aquilo que ensinam sobre a criação do mundo, sobre a inspiração divina da Bíblia e muitas outras coisas, como podem ter a coragem de ensinar isso a crianças pequenas e a adultos incultos, que esperam de vocês a verdadeira iluminação?

Com a mão no coração, perguntem a si mesmos se creem naquilo que estão pregando. Se de fato, não diante das pessoas, mas diante de Deus, lembrando a hora da própria morte, fizerem essa pergunta a si mesmos, sua resposta não será outra senão que não, não creem. Não creem na inspiração divina de toda a narrativa que chamam de santa, não creem em todos os terrores e milagres do Velho Testamento, não creem no inferno, não creem na concepção imaculada, na ressurreição, na ascensão de Cristo, não creem na ressurreição dos mortos, na Trindade de Deus, não só não creem no conjunto de todas as partes do símbolo que expressa a essência de sua fé como não creem em nenhuma de suas partes.

A descrença, ainda que seja em um dos dogmas, implica, necessariamente, a descrença na infalibilidade da Igreja que determina esse dogma em que vocês não creem. E, se vocês não creem na Igreja, então não creem em nenhum dos dogmas determinados por ela.

E se vocês não creem, se têm dúvidas, ainda que poucas, então pensem bem a respeito do que estão fazendo ao pregar como verdade divina indiscutível algo em que não creem, e ao fazê-lo com esses meios excepcionais e injustos. E não digam que não podem assumir a responsabilidade por privar as pessoas da estreita união com um número pequeno ou grande de seus seguidores. Isso não é justo. Ao incutir-lhes sua fé excepcional, estão fazendo exatamente o que não querem fazer: privar as pessoas da união com toda a humanidade, encerrá-las nos limites estritos de uma única profissão de fé, deixando-as, de modo automático e infalível, em uma situação, se não hostil, pelo menos estranha, em relação a todas as outras pessoas.

Estou certo de que vocês não fazem essa coisa terrível de forma consciente; estou certo de que vocês mesmos foram enganados, confundidos, hipnotizados, com frequência levados a tais situações em que reconhecer a verdade significa condenar toda a sua atividade pregressa, às vezes de muitas dezenas de anos; estou certo de que deve ser difícil para vocês, com sua convicção de que são herdeiros infalíveis de Cristo Deus, encarar com sobriedade a realidade e reconhecer a si mesmos como pessoas que cometeram uma das ações mais vis que o ser humano pode cometer.

Compreendo toda a dificuldade de sua situação; porém, lembrando as palavras do Evangelho considerado por vocês como divino, de que a Deus é mais admirável um pecador arrependido do que centenas de justos, penso que, seja qual for a posição que cada um de vocês ocupe, de qualquer modo será mais fácil se arrepender e deixar de participar daquilo que agora está fazendo do que continuar a fazê-lo sem nisso crer.

A despeito de quem sejam — popes, cardeais, metropolitas, arcebispos, bispos, superintendentes, sacerdotes, pastores —, pensem sobre isso.

Se vocês pertencem ao grupo dos clérigos, dos quais em nosso tempo, infelizmente, há muitos e cada vez mais que enxergam o atraso, a insensatez e a imoralidade do ensinamento religioso e, mesmo descrentes, continuam, pelo bem de seus vencimentos pessoais — de sacerdote, de arcebispos — a pregá-lo, então não podem se consolar com o pensamento de que sua atividade se justifica pelo fato de que pode ser útil para as massas, para o povo que ainda não compreende aquilo que vocês já compreendem.

A mentira não pode ser útil a ninguém. Isso que vocês sabem, que mentira é mentira, aquele homem do povo, em que vocês incutiram e incutem essa mentira, também saberia e estaria livre dela. Sem vocês, ele estaria livre da mentira, e não só isso, mas também encontraria a verdade, revelada a ele por Cristo, e que vocês, com seu ensinamento, ocultam dele, interpondo-se entre ele e Deus. O que vocês fazem não é para o bem das pessoas, mas apenas em nome de objetivos ambiciosos e interesseiros.

Por mais majestosos que sejam os locais em que estão as casas onde vocês moram e as igrejas em que servem e pregam e os paramentos com que se adornam, sua atividade não se torna melhor por causa disso. Aquilo que é grandioso diante dos homens é uma torpeza diante de Deus.

Assim é para os que não creem e continuam a pregar a mentira e a manter na mentira as outras pessoas. Entretanto, existem ainda entre vocês — e seu número é cada vez maior — os que, embora vejam a inconsistência das posições da fé da Igreja em nosso tempo, não conseguem se decidir a examiná-las criticamente.

A crença lhes foi incutida com tanta força na infância, com tanta força foi mantida pelo meio social e pela influência da multidão, que — sem nem tentar se libertar dela — eles empregam toda a intensidade de seu intelecto e de sua formação para justificar, com alegorias ardilosas e raciocínios falsos, todas as incongruências e contradições do ensinamento professado por eles.

Se vocês pertencem a esse grupo, então, embora menos criminosos, mas, em compensação, ainda mais prejudiciais do que aqueles anteriormente mencionados, não pensem que seus raciocínios serenaram sua consciência e os justificaram perante Deus. No fundo da alma, vocês não podem deixar de saber que, a despeito do que seja inventado ou imaginado, de modo nenhum será possível fazer com que os relatos imorais da história santa, em contradição com o conhecimento e a compreensão das pessoas, e as disposições do símbolo de Niceia se transformem em algo moral, sensato, claro e condizente com o conhecimento e o bom-senso contemporâneos.

Vocês sabem que não é possível convencer da verdade de sua fé com seus próprios raciocínios, que um ser humano adulto, bem-disposto, culto e que não tenha sido educado em sua fé na infância não apenas não acreditará em vocês como também rirá de tudo isso, os considerará mentalmente insanos quando ouvir seus relatos sobre o começo do mundo, a história dos primeiros seres humanos, o pecado de Adão e a expiação desse pecado das pessoas pela morte do filho de Deus.

A única coisa que vocês podem fazer com os seus raciocínios pseudocientíficos é, por algum tempo, usando sua autoridade, manter em submissão hipnótica a falsa fé dos que estão despertando do que vocês lhes incutiram e se preparam para a libertação.

É isso que vocês fazem. E isso é uma coisa muito ruim. Em vez de utilizar suas forças mentais para libertar a si próprios e a outros dessa fraude, em que vocês, junto de outros, estão envolvidos e que causa sofrimento a vocês e a eles, o que vocês fazem é utilizar essas forças para enganar ainda mais a si próprios e aos outros.

Vocês, clérigos desse grupo, devem, sem enganar a si e aos outros com raciocínios obscuros e complexos, não tentar mostrar que a verdade é aquilo que consideram a verdade; ao contrário, dominando a si mesmos, devem se esforçar para conhecer a verdade que lhes é acessível e, com base nessa verdade, refletir sobre aquilo que, de acordo com sua crença, tem sido considerado por vocês como verdade.

E, assim que se impuserem essa tarefa, de imediato despertarão dessa hipnose em que se encontram e tomarão consciência, claramente, do terrível engano em que se encontram.

Assim é para o segundo grupo de clérigos, que em nosso tempo é o mais numeroso e o mais danoso.

Porém, há ainda um terceiro grupo, ainda mais disseminado, de clérigos crédulos, que nunca puseram em dúvida a fé que professam e pregam.

Essas pessoas jamais pensaram sobre o significado e o sentido das disposições que lhes foram transmitidas desde a infância como a santa verdade de Deus ou, se o fizeram, estavam tão desacostumadas a raciocinar com independência que não enxergaram as incongruências e contradições contidas nelas ou, embora as tenham enxergado, estavam a tal ponto reprimidas pela autoridade da lenda da Igreja que não conseguiam pensar nisso de outro modo, a não ser como acreditavam os antepassados e como acreditam os religiosos de hoje. Essas pessoas se tranquilizam com o simples pensamento de que o ensinamento religioso provavelmente explica de modo satisfatório o que lhes parece insensato apenas por insuficiência de formação teológica.

Se vocês pertencem a esse grupo de pessoas, que crê, de modo sincero e ingênuo, ou ainda não crê, mas está pronto a crer e não enxerga nenhum obstáculo a isso, ou seja, clérigos já em atividade ou jovens que ainda se preparam para fazer parte do clero, interrompam por algum tempo sua atividade ou sua preparação para essa atividade e pensem no que estão fazendo ou estão prestes a fazer.

Vocês pregam ou se preparam para pregar às pessoas aquele ensinamento que lhes determinará o sentido da vida, determinará seu objetivo, apontará os sinais do bem e do mal e dará a direção de todas as suas atividades. E pregam esse ensinamento não como qualquer ensinamento humano, incompleto e sujeito a reavaliações, mas um conhecimento revelado pelo próprio Deus e, por isso, não sujeito à discussão; e pregam isso não em um

livro ou durante uma conversa, mas em caráter obrigatório a crianças sem idade para compreender o significado
de tudo o que lhes é transmitido, mas em que tudo o
que lhes é transmitido se imprime indelevelmente em sua
consciência, ou então a adultos incultos, sem capacidade
de discutir aquilo que vocês pregam a eles.

Nisso consiste toda a sua atividade, e para essa atividade vocês estão se preparando. E se aquilo que vocês
pregam ou que se preparam para pregar não for verdade?

Será que não é preciso ou nem se deve pensar nisso?
Mas e se vocês pensarem nisso e confrontarem esse ensinamento com outros, considerados igualmente únicos e
verdadeiros, e o confrontarem com seus próprios conhecimentos, com o bom-senso, em resumo, sem acreditar nele
cegamente, mas fazendo um julgamento aberto, então não
poderão deixar de reconhecer que aquilo que vocês transmitem como verdade santa não apenas não é uma verdade
santa como é apenas um ensinamento supersticioso e obsoleto, que, assim como outros ensinamentos similares, é
sustentado e pregado pelas pessoas não para o bem de seus
irmãos, mas sim por outros motivos. E, assim que compreenderem isso, no mesmo instante, aqueles de vocês que
veem a vida com seriedade e obedecem à voz da própria
consciência já não estarão em condições de pregar esse ensinamento nem de se preparar para isso.

XI

"Mas o que acontecerá com as pessoas se elas deixarem
de acreditar no ensinamento religioso? Será que tudo
não vai piorar?", é uma objeção que costumo ouvir.

"O que acontecerá se as pessoas do mundo cristão
deixarem de acreditar no ensinamento religioso?"

Acontecerá que, às pessoas do mundo cristão, serão
acessíveis, serão reveladas, não lendas judaicas, mas a sabe-

doria religiosa de todo o mundo. Acontecerá que as pessoas crescerão e se desenvolverão com concepções e sentimentos não deturpados. Acontecerá que, tendo lançado fora o ensinamento aceito por credulidade, as pessoas serão capazes de estabelecer sua relação com Deus em fundamentos sensatos, condizentes com seus conhecimentos, e reconhecerão as obrigações morais decorrentes dessa relação.

"Mas os efeitos não serão piores?" Se o ensinamento religioso não é a verdade, então como poderia ser pior para as pessoas o fato de não pregarem a elas essa mentira como se fosse uma verdade, e além disso por meio de métodos injustos, utilizados com esse fim?

"Mas pessoas do povo são rudes e incultas; aquilo de que nós, pessoas esclarecidas, não precisamos", dizem ainda, "talvez seja útil e até necessário ao povo rude."

Se todos são iguais, então todos seguirão pelo mesmo caminho, da treva à luz, da ignorância ao conhecimento, da mentira à verdade. Vocês seguiram por esse caminho e chegaram à conclusão de que essa fé em que tinham sido educados não era verdadeira. Com que direito então querem impedir que outras pessoas percorram o mesmo caminho?

Vocês dizem que, embora não lhes seja mais necessário esse alimento, ele é necessário às massas. Mas nenhum homem sensato toma a si a tarefa de determinar o alimento físico das outras pessoas; como então decidir, e nesse caso quem decidiria, que alimento espiritual é necessário às massas, ao povo?

O fato de vocês verem no povo a aspiração a esse ensinamento não prova, de jeito algum, que ela deva ser satisfeita. Há a aspiração ao vinho, ao tabaco e ainda outras aspirações, piores. O importante é que, por meio de métodos complexos de hipnose, vocês despertam essa aspiração, cuja existência querem justificar com sua atividade. É só deixar de despertar essa aspiração e esta deixará de existir, porque, assim como acontece com vocês, acontecerá também com todas as pessoas — não pode haver aspiração à mentira; todas as pessoas sempre caminharam e caminharão da treva à luz, e vocês, estando mais próximos da luz, devem se esforçar para torná-la acessível aos outros, e não para encobri-la.

"Mas não será pior se nós, pessoas cultas, de boa moral, que desejamos o bem ao povo, em consequência de dúvidas surgidas em nossa alma, deixássemos nossa atividade, e nossas posições fossem ocupadas por pessoas rudes, imorais, indiferentes ao bem-estar do povo?" — é a última objeção que costumo ouvir.

Indiscutivelmente, quando as melhores pessoas deixam a classe dos eclesiásticos, isso faz com que a atividade da Igreja, encontrando-se em mãos grosseiras e imorais, fique mais corrompida, desmascarando sua própria falsidade e nocividade. Entretanto, como resultado disso, a situação não ficará pior, pois a corrupção da atividade da Igreja, que acontece inclusive agora, é um dos meios de libertação do povo desse embuste em que ele se encontra. E, por isso, quanto mais cedo essa libertação se concretizar, quanto mais cedo as pessoas boas e esclarecidas saírem da classe dos eclesiásticos, melhor será.

De modo que, seja qual for o lado de sua atividade que você estiver contemplando, essa atividade será sempre danosa e, justamente por isso, aqueles de vocês tementes a Deus e que não emudeceram a própria consciência nada mais podem fazer a não ser usar as próprias forças para se libertar dessa situação de falsidade em que se encontram.

Sei que muitos de vocês têm família ou dependem dos pais, que exigem de vocês a continuação da atividade iniciada; sei como é difícil abrir mão de uma posição honorífica, da riqueza ou pelo menos do sustento de si próprio e da família com recursos para continuar a vida habitual, e como é doloroso contrariar parentes queridos. Entretanto, tudo isso é melhor do que fazer algo pernicioso para a própria alma e prejudicial às outras pessoas.

E, quanto mais cedo e mais decisivamente vocês se arrependerem de seu pecado e suspenderem sua atividade, melhor será não só para as outras pessoas mas também para vocês.

Eis aqui o que eu, encontrando-me agora à beira do túmulo e vendo com clareza a principal fonte da desgraça da humanidade, queria dizer-lhes, e isso não para desmascará-los e para condená-los (eu sei como vocês foram, sem que notassem, atraídos por essa tentação, que fez de vocês o que são), mas sim para libertar as pessoas desse mal terrível provocado pela pregação de seu ensinamento, que oculta a verdade, e ao mesmo tempo ajudá-los a despertar dessa hipnose em que se encontram com frequência, sem compreender o caráter criminoso de sua atividade.

E que Deus, que vê o seu coração, os ajude nisso.

[Tradução de Denise Regina de Sales]

O trabalho, a morte e a doença
(Uma lenda)
[1903]

Entre os índios da América do Sul existe a seguinte lenda.

No começo, dizem eles, Deus criou os homens de maneira que eles não precisassem trabalhar; não precisavam nem de casa, nem de roupa, nem de comida. E todos viviam cem anos sem conhecer nenhuma doença.

Transcorrido certo tempo, Deus então observou como os homens viviam e percebeu que, em vez de se regozijar com a vida, cada qual só se preocupava consigo mesmo, brigavam uns com os outros e haviam estabelecido um tipo de vida com a qual não estavam felizes, e a maldiziam.

Deus então disse: isso acontece porque eles vivem de maneira isolada, cada um por si. E, para que isso não mais ocorresse, Deus fez com que aos homens fosse impossível viver sem trabalho. E, para que não padecessem de frio e de fome, tiveram de tecer roupas, arar a terra, semear e colher frutas e grãos.

"O trabalho os unirá", pensou Deus. É impossível que, sozinhos, eles cortem e carreguem lenha ou que teçam roupas; é impossível também que, sozinhos, fabriquem utensílios, que semeiem, que colham, que filem, que urdam, que costurem, cada um para si. Eles acabarão entendendo que, quanto mais unidos trabalharem, tanto mais produzirão, e assim a vida lhes será mais fácil. E isso os unirá.

O tempo passou, e Deus voltou para ver como os homens estavam vivendo.

Mas os homens estavam vivendo pior do que antes. Eles trabalhavam em conjunto (não podia ser diferente), mas não todos juntos: dividiam-se em pequenos grupos e cada grupo se empenhava em tirar trabalho de outro grupo; um atrapalhava o outro e todos desperdiçavam tempo e energia com brigas. E tudo ia de mal a pior.

Vendo que as coisas não iam bem, Deus decidiu fazer com que os homens ignorassem sua hora final, podendo morrer a qualquer momento. E Deus advertiu os homens.

Agora que cada um deles sabe que pode morrer a qualquer momento — pensou Deus —, eles não se preocuparão com a vida, que pode ser interrompida a qualquer momento, não brigarão entre si e não desperdiçarão o tempo de vida que lhes foi concedido.

Mas não foi isso o que aconteceu. Quando Deus voltou para ver como os homens estavam vivendo, viu que a vida deles não havia melhorado.

Aproveitando-se de que os outros pudessem morrer a qualquer momento, os mais fortes dominavam os mais fracos, matavam alguns e ameaçavam outros de morte. Resultou um tipo de vida em que os mais fortes e seus descendentes nunca trabalhavam e acabavam se aborrecendo com a ociosidade; os fracos, por sua vez, trabalhavam além de suas forças e acabavam se aborrecendo porque não tinham descanso. Fortes e fracos se temiam e se odiavam. E a vida dos homens estava ficando ainda mais infeliz.

Ao ver aquilo, Deus, para corrigir a situação, decidiu empregar um último recurso: enviou aos homens todos os tipos de doenças. Deus pensou que, quando todos os homens estivessem expostos a doenças, eles entenderiam que os saudáveis deviam sentir compaixão pelos doentes e que eles os ajudariam de modo que, quando eles próprios adoecessem, aqueles que estivessem saudáveis também os ajudariam.

E Deus foi embora mais uma vez. Mas, quando Ele voltou para ver como os homens estavam vivendo desde que foram expostos a doenças, constatou que a vida deles estava ainda pior. Aqueles que forçavam outros a trabalhar para eles também os forçavam a cuidar deles quando caíam doentes, mas eles próprios, por sua vez, nunca cuidavam dos doentes. E aqueles que eram forçados a trabalhar para outros e obrigados a cuidar dos doentes estavam tão extenuados de tanto trabalhar que nunca podiam cuidar de seus próprios doentes, deixando-os, sem nenhum cuidado. Então, para que os doentes não fossem um empecilho ao divertimento dos ricos, os homens construíram casas grandes, onde os doentes padeciam e morriam sem a compaixão de ninguém e nas mãos de mercenários que, além de lidar com os doentes sem nenhuma compaixão, também sentiam repugnância por eles. Ademais, a maioria das doenças foi considerada contagiosa. Por isso, temendo contaminações, além de não se aproximarem dos doentes, os homens também se afastavam daqueles que cuidavam desses doentes.

Deus então disse a si mesmo: se nem assim é possível fazer os homens compreenderem em que consiste sua própria felicidade, eles que se arranjem com seus próprios sofrimentos. E Deus abandonou os homens.

Sozinhos, os homens viveram muito tempo sem entender o que podiam e deviam fazer para ser felizes. Apenas nos últimos tempos alguns homens começaram a entender que o trabalho não deve ser um temor para alguns, nem um castigo para outros, ao contrário, deve ser comunitário, agradável e unir os homens. Eles começaram a entender que, diante da constante ameaça da morte, a única atitude razoável consiste em viver em harmonia e amor cada ano, cada mês, cada hora, cada minuto que são concedidos a cada um de nós. Começaram a entender que as doenças não devem ser motivo de separação, ao contrário, devem motivar o amor e a união entre todos.

[Tradução de Belkiss J. Rabello]

Três perguntas
[1903]

Pensou certa vez um tsar que, se soubesse sempre a hora certa de começar cada coisa, se soubesse ainda a quem devia dar atenção e a quem não devia dar atenção e, o principal, se soubesse sempre qual entre todas as coisas é a mais importante, então em nada seria malsucedido. O tsar assim pensou e em seguida comunicou a todo o seu reino que daria uma grande recompensa a quem lhe ensinasse *como saber a hora certa de cada coisa, como saber quais são as pessoas mais necessárias e como não se enganar ao julgar, entre todas as coisas, qual a mais importante.*

Homens de ciência vinham ao encontro do tsar, mas respondiam todos de forma distinta a suas perguntas.

À primeira pergunta, alguns respondiam que, para saber a hora certa de cada coisa, precisamos elaborar com antecedência a agenda do dia, do mês, do ano, e seguir com rigor o estabelecido. Apenas assim, diziam, toda e qualquer coisa será feita na devida hora. Outros diziam que é impossível decidir com antecedência o que fazer e em que hora e, portanto, o importante é não se distrair com divertimentos vazios e ficar sempre atento ao que acontece, para então fazer o que se mostrar necessário. Outros ainda diziam que, por mais que uma pessoa fique atenta ao que está acontecendo, nem sempre consegue decidir corretamente em que hora é preciso fazer o quê, e por isso devemos pedir conselho a homens sábios e, de acordo com esse conselho, decidir quando fazer o quê. E havia os que diziam que há coisas que não temos tempo de perguntar a conselheiros, precisamos resolver de imediato: é ou não é hora de fazer isso. Nesse caso, portanto, precisamos saber com antecedência o que vai acontecer. E isso só os magos podem dizer. E por isso, para saber a hora certa de cada coisa, é preciso perguntar sobre isso aos magos.

A segunda pergunta foi respondida com igual diversidade. Uns diziam que as pessoas mais necessárias ao tsar são os assessores do governo; outros diziam que os mais necessários ao tsar são os sacerdotes; outros ainda diziam que as pessoas mais úteis ao tsar são os médicos; e havia os que diziam que, ao tsar, mais necessários do que quaisquer outras pessoas são os soldados.

Com igual diversidade, responderam à terceira pergunta: qual é a coisa mais importante? Uns diziam que o mais importante no mundo são as ciências; outros diziam que o mais importante é a arte militar; outros ainda diziam que mais importante que tudo é a reverência a Deus.

Sendo as respostas diferentes entre si, o tsar não concordou com nenhuma delas e a ninguém deu a recompensa. A fim de encontrar respostas mais verdadeiras para suas perguntas, decidiu perguntar sobre isso a um eremita, cuja sabedoria estava recoberta de glória.

O eremita morava no bosque, não ia a lugar algum e só recebia gente simples. Por isso o tsar se vestiu em trajes simples e, sem levar seus escudeiros até a morada do eremita, desceu do cavalo e com ele foi ter sozinho.

Quando o tsar se aproximou, o eremita estava cavando um canteiro junto a sua pequena isbá. Ao ver o tsar, saudou-o e, no mesmo instante, pôs-se de novo a cavar. O eremita era magro e fraco — enfiava a pá na terra e arrancava pequenos torrões, respirando a custo.

O tsar aproximou-se dele e disse:

"Eu vim procurá-lo, sábio eremita, para pedir-lhe que me dê respostas a três perguntas: como podemos aprender a tomar a atitude certa na hora certa? Que pessoas são as mais úteis, a quem devemos dar mais ou menos atenção? E que coisas são mais importantes, e qual delas, portanto, deve ser feita antes das outras?"

O eremita ouviu o tsar, mas nada respondeu; cuspiu na mão e de novo se pôs a esgaravatar a terra.

"Você está exausto", disse o tsar. "Dê-me a pá, vou trabalhar por você."

"Obrigado", disse o eremita. Entregou a pá e sentou-se no chão.

O tsar cavou dois canteiros, depois parou e repetiu suas perguntas. O eremita nada respondeu, mas se levantou e estendeu a mão:

"Agora descanse; deixe que eu cavo", disse ele.

Mas o tsar não entregou a pá e continuou a cavar. Passou uma hora, e outra; o sol começava a se pôr atrás das árvores quando o tsar fincou a pá na terra e disse:

"Eu vim procurá-lo, sábio homem, em busca de respostas para minhas perguntas. Se você não pode responder, então me diga, e voltarei para casa."

"Veja, alguém vem correndo para cá", disse o eremita. "Quem será?"

O tsar olhou e viu que, de fato, do bosque vinha correndo um homem barbado. Esse homem segurava o ventre com as mãos; de suas mãos escorria sangue. Ao chegar perto do tsar, ele caiu por terra, revirou os olhos e parou de se mexer, soltando apenas gemidos débeis.

O tsar, junto ao eremita, abriu a roupa do homem. Em seu ventre havia um grande ferimento. O tsar o limpou como pôde e, com seu lenço e com a toalha do eremita, fez-lhe um curativo. Mas o sangue não estancava, e o tsar, ainda outras vezes, retirou a faixa ensopada de sangue morno e, de novo, limpou o ferimento e refez o curativo.

OS ÚLTIMOS DIAS DE TOLSTÓI 249

Quando o sangue estancou, o ferido recobrou-se e pediu água. O tsar trouxe água fresca e deu de beber ao ferido.

Enquanto isso, o sol se pôs completamente, começou a esfriar. O tsar, com a ajuda do eremita, levou o homem ferido para a cela e colocou-o na cama. Deitado, o ferido fechou os olhos e aquietou-se. O tsar estava tão cansado da viagem e do trabalho que, ajeitando-se na soleira, também pegou no sono; e foi um sono tão pesado que o fez dormir a curta noite de verão inteirinha e, de manhã, quando despertou, ele levou muito tempo para entender onde estava e quem era aquele homem estranho, barbado, que, deitado na cama, o mirava com olhos cintilantes.

"Perdão", disse com voz fraca o homem barbado quando viu que o tsar tinha despertado e olhava para ele.

"Eu não o conheço e não tenho por que o perdoar", disse o tsar.

"Não me conhece, mas eu o conheço. Eu sou aquele inimigo que jurou se vingar porque você executou meu irmão e tirou meus bens. Eu sabia que você vinha procurar o eremita sozinho e decidi matá-lo no caminho de volta. Mas o dia inteiro passou, e você não apareceu. Quando saí de meu esconderijo para descobrir onde você estava, deparei com seus escudeiros. Eles me reconheceram, me perseguiram, me feriram. Eu escapei deles. Mas estava perdendo sangue, e teria morrido se você não me tivesse feito um curativo. Eu queria matá-lo, mas você salvou minha vida. Agora, se eu sobreviver e, se você assim o quiser, servirei a você como o mais fiel dos servos e o mesmo ordenarei a meus filhos. Perdão."

O tsar ficou muito feliz por ter conseguido tão facilmente selar a paz com um inimigo, e não apenas o perdoou como também prometeu lhe devolver os bens e, além disso, enviar seus próprios criados e seu médico para cuidar dele.

Depois de se despedir do ferido, o tsar saiu ao terraço, buscando o eremita com os olhos. Antes de ir embora, queria pela última vez lhe pedir que respondesse às três perguntas feitas. O eremita estava no pátio e, ajoelhado ao lado dos canteiros cavados no dia anterior, plantava sementes de legumes.

O tsar aproximou-se dele e disse:

"Pela última vez, sábio homem, lhe peço que responda às minhas perguntas."

"Mas elas já foram respondidas", disse o eremita, sentando-se sobre as pernas magras e, de baixo para cima, olhando o tsar postado a seu lado.

"Como já foram respondidas?", disse o tsar.

"Claro que foram!", disse o eremita. "Se ontem você não tivesse sentido pena da minha fraqueza, se não tivesse cavado por mim esses canteiros e tivesse ido embora sozinho, aquele jovem o teria apanhado, e você teria se arrependido de não ter ficado comigo. Pois a hora certa era aquela em que você cavou os canteiros, e eu era a pessoa mais importante, e a coisa mais importante era me fazer esse bem. Depois, quando o homem veio correndo, a hora certa era aquela em que você cuidou dele, porque, se não tivesse feito o curativo no ferimento, o homem teria morrido sem se reconciliar com você. Portanto, a pessoa mais importante era ele, e aquilo que você fez por ele era a coisa mais importante. Pois agora lembre-se: a hora mais importante é *agora*, e ela é a mais importante porque nela somos senhores de nós mesmos; e o homem mais importante é *aquele com quem estamos agora*, porque ninguém sabe se ele ainda estará com outra pessoa, e a coisa mais importante é *fazer-lhe o bem*, porque somente para isso foi dada a vida ao homem."

[Tradução de Denise Regina de Sales]

Aliocha, o Pote[1]
[1905]

Aliochka* era o mais novo dos irmãos. Apelidaram-no Pote porque, certa vez, sua mãe o mandara levar um pote de leite à mulher do diácono, mas ele tropeçou e o quebrou. Sua mãe lhe deu uma surra e as crianças começaram a provocá-lo, chamando-o de "Aliochka, o Pote". Esse passou a ser seu apelido.

Aliochka era um menino mirrado, com orelhas de abano (suas orelhas pareciam asas), e seu nariz era grande. As crianças o provocavam: "O nariz de Aliochka parece um pau fincado entre duas corcundas". Na aldeia havia uma escola, mas Aliocha não conseguia aprender e tampouco tinha tempo para se educar. Seu irmão mais velho vivia na cidade, na casa de um comerciante, e Aliochka começou a ajudar o pai desde criança. Com apenas seis anos de idade, pastoreava ovelhas e vacas pelos campos com sua pequena irmã e, depois de crescer um pouco, começou a pastorear cavalos dia e noite. A partir dos doze anos, ele já arava a terra e guiava uma carroça. Faltava-lhe força, mas não lhe faltava habilidade. Estava sempre alegre. Quando as crianças riam dele, ele se calava ou ria também. Quando seu pai

---

* Diminutivo de Aliocha. Aliocha: diminutivo de Aleksei. Aliocha era o parvo da aldeia, guardião noturno da propriedade de Iásnaia Poliana.

o repreendia, ele se calava e escutava. Mal terminavam de repreendê-lo, ele sorria e começava a fazer o trabalho que estivesse à sua frente.

Aliocha tinha dezenove anos de idade quando seu irmão foi recrutado como soldado. E seu pai o mandou para a casa do comerciante no lugar do irmão, como caseiro. Deram a Aliocha as botas velhas do irmão, uma *chapka** do pai e uma *podióvka*, e o levaram à cidade. Aliocha mal se continha de felicidade naquela roupinha, mas sua aparência não agradou ao comerciante.

"Pensei que você traria um homem de verdade para ocupar o lugar de Semion", disse o comerciante, lançando um olhar para Aliocha. "E você chega aqui com um fedelho desses. Para que ele presta?"

"Ele pode fazer de tudo: atrelar cavalos, ir aonde for preciso e trabalhar duro. Apenas sua aparência é a de um galho seco, mas ele é forte."

"Se é assim, logo veremos."

"E, além de tudo, ele é manso. Dá gosto vê-lo trabalhar."

"Fazer o quê? Que fique, então!"

E Aliocha passou a viver naquela casa.

A família do comerciante não era grande: compunha-se de sua mulher, da velha mãe, do filho mais velho — casado, quase sem estudo, que trabalhava nos negócios do pai —, de um segundo filho, instruído e que, depois de concluir o curso ginasial, fora expulso da universidade e vivia com os pais, e de uma filha mais nova, ainda ginasiana.

No começo, Aliocha não agradou, pois seus hábitos eram grosseiros, vestia-se mal, não tinha bons modos e tratava todos de "você", mas logo foram se acostumando com ele. Aliocha trabalhava ainda melhor do que seu irmão. Era, de fato, manso: mandavam-no fazer qual-

* Típico chapéu russo, usado no inverno.

quer coisa e ele fazia tudo com gosto e rapidez, passando sem descanso de um serviço a outro. E assim, a exemplo do que acontecia em sua casa, ali também todos os serviços recaíam sobre ele. Quanto mais fazia, tanto mais tarefas se acumulavam. A patroa, a mãe do patrão, a filha, o filho, o caixeiro, a cozinheira, todos o mandavam ora para cá ora para lá, obrigando-o a fazer isso e aquilo. Ouvia-se apenas: "Corra aqui, irmão!", ou: "Aliocha, faça isto! Mas será que você se esqueceu de fazer aquilo? Olhe lá, Aliocha, não se esqueça!". E Aliocha corria e fazia, e era cuidadoso, e não se esquecia, e dava conta de tudo e sorria sempre.

Em pouco tempo, as botas que pertenceram a seu irmão ficaram gastas, e o patrão ralhou com ele porque andava com elas em farrapos e os dedos à mostra, e o mandou comprar um novo par na feira. Embora as botas fossem novas, e Aliocha estivesse feliz com elas, seus pés continuavam os mesmos, e lhe doíam à noite por causa do corre-corre, e ele se irritava com isso. Aliocha temia que seu pai pudesse se aborrecer quando, ao chegar para receber o dinheiro, o comerciante descontasse do salário a quantia gasta nas botas.

No inverno, Aliocha se levantava antes do amanhecer, rachava lenha, varria o quintal, alimentava a vaca, o cavalo e dava-lhes de beber. Depois, acendia as *piétchkas*,* engraxava as botas, escovava a roupa do patrão, acendia os samovares, limpava-os; depois, ou o caixeiro o chamava para carregar a mercadoria, ou a cozinheira o mandava sovar a massa e limpar as caçarolas. Depois, mandavam-no ir à cidade, fosse para levar um bilhete, pegar a filha da patroa no ginásio, ou comprar unguento para a velha. "Onde você estava, maldito?", diziam-lhe ora um, ora outro. "Para que ir

---

* Típico forno-fogão de tijolos e barro, usado para cozinhar, assar e aquecer a casa.

você mesmo? Aliocha é ligeiro. Aliochka! Ô Aliocha!"
E Aliochka corria.

Ele engolia o café da manhã e raramente chegava a tempo para almoçar com os outros. A cozinheira o xingava porque ele aparecia sempre por último, mas, apesar disso, sentia pena dele e lhe guardava comida quente para o almoço e para o jantar. Havia muito trabalho, especialmente antes e durante as festas. E Aliocha se alegrava durante as festas, sobretudo porque, nesses dias, ganhava algumas gorjetas que, embora fossem modestas e somassem sessenta copeques, eram, enfim, seu dinheiro. Ele podia gastá-lo como bem desejasse, já que nunca via o próprio ordenado. Seu pai pegava o dinheiro com o comerciante e não parava de xingar Aliocha porque ele havia estragado as botas em pouco tempo.

Quando juntou dois rublos do dinheiro das gorjetas, comprou, a conselho da cozinheira, uma malha de lã vermelha e, quando a vestia, não conseguia tirar dos lábios um sorriso de satisfação.

Aliocha falava pouco; quando falava, era sempre entrecortado e breve. E, quando lhe mandavam fazer alguma coisa, ou lhe perguntavam se ele podia fazer isso e aquilo, ele sempre respondia sem pensar: "Claro que posso", e em seguida arregaçava as mangas e fazia.

Preces, ele não sabia nenhuma, tinha se esquecido das que sua mãe lhe ensinara; no entanto rezava à sua maneira, de manhã e à noite, persignando-se com as mãos.

Assim Aliocha viveu um ano e meio. De repente, na segunda metade do segundo ano, ocorreu o fato mais estranho de sua vida. Tal fato consistia na surpreendente descoberta de que, além das relações humanas que as pessoas mantêm entre si por necessidade, existem outras bem especiais, diferentes daquelas que consistem em limpar botas, carregar compras ou atrelar cavalos. Relações em que uma pessoa simplesmente precisa da outra, desejando servi-la e agradá-la e que, ele próprio, Aliocha, era uma pessoa assim. Ele soube disso pela cozinheira Ustinia. Ustiucha era órfã, jovem e tão trabalhadeira quanto Aliocha. Ela passara a sentir pena dele e, pela primeira vez, Aliocha compreendeu que ele, que sua própria pessoa — e não seus serviços —, era necessário a outro ser humano. Quando sua mãe sentia compaixão por ele, Aliocha nem sequer percebia, parecia-lhe que assim deveria ser, e que era algo totalmente natural, como se ele próprio se compadecesse de si mesmo. Mas então Aliocha percebeu de repente que, embora Ustinia lhe fosse totalmente estranha, sentia pena dele, guardava-lhe *kacha** com manteiga numa vasilha e, enquanto ele comia, ela o olhava com o queixo apoiado no braço em mangas arregaçadas. Ele lhe lançava um olhar, ela sorria, e ele também sorria.

Aquilo era tão novo e estranho que no começo Aliocha ficou assustado. Ele sentiu que aquilo poderia interferir em seu trabalho. Mas apesar de tudo estava feliz e, quando via suas calças cerzidas por Ustinia, meneava a cabeça e sorria. Quando trabalhava ou ia a algum lugar a mando de alguém, lembrava-se sempre de Ustinia e dizia: "Ah, mas essa Ustinia!". Ustinia o ajudava quando podia, e ele também a ajudava. Ela lhe contou sua sina, que ficara órfã, fora acolhida por uma tia e depois mandada para a cidade, e que o filho do comerciante a assediava, e que ela o pusera em seu devido lugar. Ustinia gostava de falar, e Aliocha a escutava com prazer. Ele ouvia dizer que frequentemente acontecia de os mujiques que vivem nas cidades se casarem com as cozinheiras. E certa vez ela lhe perguntou quando ele se casaria. Ele disse que não sabia, e que não queria se casar com nenhuma moça da aldeia.

"Quer dizer que você já tem alguém em vista?", disse ela.

---

* Espécie de mingau (de grãos, legumes ou tubérculos) muito comum nas refeições russas.

"Sim, eu me casaria com você. Será que aceitaria?"

"É... Bobo, bobo... Mas sabe direitinho o que falar", disse ela, batendo-lhe com o pano de prato nas costas.

"E por que não aceitaria?"

Antes da quaresma, seu pai foi à cidade para receber o dinheiro. A mulher do comerciante ficara sabendo que Aleksei queria se casar com Ustinia, e aquela notícia não lhe agradara.

"Ela vai engravidar e, com uma criança, para que vai servir?", disse ela ao marido.

O comerciante entregou o dinheiro ao pai de Aleksei.

"E então, como ele está se saindo?", perguntou o mujique. "Eu disse que ele é manso."

"É, manso, manso, mas meteu bobagens na cabeça. Inventou de se casar com a cozinheira. Eu não quero manter empregados casados. Isso não me convém."

"Bobo, bobo, mas veja só o que foi inventar", disse o pai. "Não se preocupe. Eu o farei desistir."

Chegando à cozinha, o pai sentou-se ao lado da mesa e ficou à espera do filho. Aliocha, que corria com seus afazeres, voltou ofegante.

"Pensei que você fosse ajuizado. Mas o que você foi inventar?", disse o pai.

"Eu? Nada."

"Como nada? Você quer se casar. Eu vou casar você quando chegar a hora, e vai ser com a pessoa certa, não com qualquer puta da cidade."

O pai falou durante muito tempo. De pé, Aliocha suspirava. Quando o pai terminou, Aliocha sorriu.

"Eu posso desistir, então."

"Quero ver."

Quando o pai saiu, Aliocha ficou a sós com Ustinia e contou-lhe (ela ficara parada atrás da porta, escutando enquanto o pai falava com o filho):

"Nosso caso não deu certo. Ouviu? Ele ficou bravo e não permite."

Ustinia escondeu o rosto no avental e começou a chorar baixinho.

Aliocha estalou a língua.

"Tenho de obedecer. Não tem jeito, preciso desistir."

À noite, quando a mulher do comerciante mandou Aliocha fechar o postigo, ela perguntou:

"E então, escutou o seu pai, desistiu das suas bobagens?"

"Claro que desisti", Aliocha respondeu, riu, e chorou em seguida.

Desde então, Aliocha não falou mais sobre casamento com Ustinia e continuou a viver como antes.

Na quaresma, o caixeiro o mandou retirar a neve do telhado. Ele subiu no telhado, limpou tudo, começou a arrancar os cristais de gelo presos à calha, seus pés deslizaram e ele caiu com a pá nas mãos. Por infelicidade, não caiu sobre a neve, mas sobre a cobertura de ferro da entrada. Ustinia e a filha da patroa correram até ele.

"Machucou, Aliocha?"

"Não, não me machuquei. Não foi nada."

Ele tentou se levantar, mas não conseguiu, e sorriu. Levaram-no para seu quarto. Chamaram um enfermeiro. Ele o examinou e perguntou onde lhe doía.

"Dói tudo, mas não é nada. Mas o patrão vai ficar bravo. É preciso avisar o meu pai."

Aliocha passou dois dias e duas noites acamado e, na terceira manhã, chamaram o pope.

"Você não vai morrer, vai?", perguntou Ustinia.

"Fazer o quê? Você pensa que vamos viver para sempre? Um dia é preciso morrer", replicou rapidamente Aliocha, como de costume. "Obrigado, Ustiucha, por ter sentido pena de mim. Viu como foi melhor não terem permitido nosso casamento? Do contrário, como seria? Agora está tudo bem."

Ele rezou com o pope, apenas com as mãos e com o coração. E, em seu coração, havia o sentimento de que, se aqui é bom para aquele que obedece e não ofende, também lá será bom.

Aliocha falava pouco. Pedia apenas que lhe dessem de beber e, o tempo todo, surpreendia-se com alguma coisa. E, surpreso com alguma coisa, estirou-se e morreu.

[Tradução de Belkiss J. Rabello]

Sobre Shakespeare e o teatro
(Um ensaio crítico)
[1906]

I

O artigo do sr. Ernest Crosby[1] a respeito da relação de Shakespeare com o povo trabalhador me deu a ideia de expressar minha opinião sobre as obras de Shakespeare, formada há muito tempo e em tudo oposta à já estabelecida sobre ele em todo o mundo europeu. Lembrando todo o conflito, as dúvidas, as dissimulações e o esforço de moderação por que passei, em virtude de minha completa discordância em relação a essa adoração geral, e acreditando que muitos sentiram e sentem o mesmo, penso que não seria inútil expressar decidida e francamente essa minha opinião em desacordo da maioria, tanto mais porque as conclusões às quais cheguei, analisando as razões dessa minha discordância da opinião geral, ao que penso, não estão privadas de interesse e valor.

Minha discordância da opinião estabelecida sobre Shakespeare não é consequência de um estado de espírito fortuito ou de uma atitude leviana em relação ao assunto, mas o resultado de repetidas e persistentes tentativas de conciliar, no decorrer de muitos anos, minha própria visão com opiniões já estabelecidas sobre Shakespeare elaboradas por todas as pessoas eruditas do mundo cristão.

Lembro-me da surpresa que senti durante a primeira leitura de Shakespeare. Esperei receber o grande prazer estético. Mas ao ler, uma após outra, aquelas consideradas as melhores dentre suas obras, *Rei Lear*, *Romeu e Julieta*, *Hamlet* e *Macbeth*, não só não senti prazer como experimentei a repugnância irresistível, o tédio e o receio de estar louco por achar insignificantes e francamente ruins obras consideradas o auge de perfeição por todo o mundo erudito, ou então o valor atribuído por esse mundo erudito às obras de Shakespeare é insensato. Minha perplexidade aumentava porque sempre senti fortemente a beleza da poesia em todas as suas formas; por que, então, as criações de Shakespeare, consideradas por todo o mundo obras de arte geniais, não eram agradáveis para mim, mas repugnantes? Por muito tempo não confiei em mim, e durante cinquenta anos voltei várias vezes para me certificar, lendo Shakespeare em todas as possíveis formas: em russo, em inglês, em alemão na tradução de Schlegel, como me aconselharam; li muitas vezes, tanto dramas como comédias e dramas históricos, e inconfundivelmente experimentava o mesmo: a repugnância, o tédio e a perplexidade. Agora, antes de escrever este artigo, já um velho de 75 anos,[2] desejando testar a si mesmo mais uma vez, voltei a ler todo Shakespeare, de *Rei Lear*, *Hamlet* e *Otelo* a dramas históricos, os *Henriques*, *Troilo e Créssida*, *A tempestade* e *Cimbelino*, e com força ainda maior experimentei a mesma sensação, não mais de perplexidade, mas a firme e indubitável convicção de que aquela fama inquestionável de escritor grande e genial que Shakespeare possui, que obriga escritores do nosso tempo a imitá-lo, leitores e espectadores, falseando sua compreensão estética e ética, a encontrar nele méritos inexistentes, é um grande mal, bem como qualquer mentira.

Embora eu saiba que a maioria das pessoas acredita tanto na grandeza de Shakespeare que ao ler este meu juízo não irá admitir nenhuma possibilidade de sua justiça e não lhe dará atenção nenhuma, ainda assim tentarei, do jeito que puder, mostrar por que penso que Shakespeare não pode ser reconhecido como autor grande e genial, nem sequer como mediano.

Tomarei com essa finalidade um dos mais elogiados dramas de Shakespeare, *Rei Lear*, em cujo louvor entusiástico converge a maioria dos críticos.

"A tragédia de Lear é merecidamente exaltada entre os dramas de Shakespeare", afirma o doutor Johnson.* "Talvez não haja nenhuma peça que tão fortemente prenda a atenção, que tanto incite nossas paixões e estimule nossa curiosidade."

Diz Hazlitt:**

Nós desejaríamos contornar essa peça e nada dizer sobre ela, porque tudo o que podemos dizer não será apenas insuficiente, mas uma compreensão muito inferior que formamos sobre ela. Ao tentar fazer uma descrição da peça ou do efeito que provoca na alma é *mere impertinence*, contudo temos que dizer alguma coisa. Então, diremos que esta é a melhor obra de Shakespeare, *the one in which he was most in earnest.*

Diz Hallam:***

Se a originalidade da ficção não fosse o traço comum a todas as peças de Shakespeare, de modo que o reconhecimento de uma obra como a mais original seria uma depreciação das outras, poderíamos dizer que as quali-

---

* Samuel Johnson (1709-84) publicou em 1765 a obra completa de Shakespeare em oito volumes.
** William Hazlitt (1778-1830) publicou em 1817 *Characters of Shakespear's Plays.*
*** Henry Hallam (1777-1859), historiador inglês, autor do livro *Introduction to the Literature of Europe in the* XV, XVI *and* XVII *Centuries* (1839).

dades superiores do gênio de Shakespeare se revelaram de forma mais brilhante em *Lear*. Esse drama se afasta mais que *Macbeth*, *Otelo* e até *Hamlet* do modelo tradicional de tragédia, mas sua fábula é mais bem elaborada e revela muito mais inspiração sobre-humana do poeta do que as outras.

"*Rei Lear* pode ser reconhecido como o exemplo mais perfeito da arte dramática do mundo inteiro", diz Shelley.[*]

Diz Swinburne:[**]

Eu não gostaria de falar sobre o *Arthur* shakespeariano. No mundo das obras de Shakespeare, há um ou dois personagens para os quais qualquer palavra é insuficiente. Um desses personagens é Cordélia. O lugar que eles ocupam em nossa alma e nossa vida não pode ser descrito. O lugar reservado para eles num recôndito de nosso coração é impenetrável à luz e ao barulho da vida cotidiana. Há capelas nas catedrais da arte humana mais elevada, bem como em sua vida íntima, que não foram criadas para ser abertas aos olhos e pés mundanos. O amor, a morte e a memória protegem em silêncio para nós alguns nomes amados. Essa é a glória mais alta de um gênio, um milagre e o maior dom da poesia que se possa acrescentar às memórias guardadas em nosso próprio coração novos nomes e lembranças produzidos por obras de sua criação.

---

[*] Tolstói cita trecho da introdução de Percy Bysshe Shelley (1792-1822) que o poeta inglês escreveu em 1819 para sua tragédia *The Cenci*.
[**] Tolstói cita o trabalho *A Study of Shakespeare* de Charles Swinburne.

OS ÚLTIMOS DIAS DE TOLSTÓI 263

Diz Victor Hugo:*

Lear c'est l'occasion de Cordélia. La maternité de la fille sur le père; sujet profond; maternité vénérable entre toutes, si admirablement traduite par la légende de cette romaine, nourrice, au fond d'un cachot, de son père vieillard. La jeune mamelle près de la barbe blanche, il n'est point de spectacle plus sacré. Cette mamelle filiale, c'est Cordélia.

*Une fois cette figure rêvée et trouvée, Shakespeare à créé son drame... Shakespeare, portant Cordélia dans sa pensée, a créé cette tragédie comme un Dieu, qui ayant une aurore à placer, ferait tout exprès un monde pour l'y miettre.***

Diz Brandes:***

Em *Lear* Shakespeare perscrutou até o fundo o abismo de horrores, e sua alma não conhecia nem o pavor, nem

* Tolstói cita trecho do livro *William Shakespeare*, de Victor Hugo, publicado em 1864.
** Em *Lear* a principal personagem é Cordélia. O amor materno da filha pelo pai é um tema profundo. Tal maternidade merece mais que qualquer outra admiração, maravilhosamente transmitida na lenda sobre a romana que no calabouço alimentou com o próprio leite o velho pai. O peito jovem que salva um velho de barba branca de morrer de fome — não há visão mais sagrada. Esse peito filial é Cordélia. Logo que Shakespeare encontrou essa imagem com que sonhou, ele criou seu drama... Shakespeare, tendo concebido a imagem de Cordélia, escreveu essa tragédia como um Deus que, desejando criar um lugar digno de uma aurora, cria um mundo inteiro para ela. (Liev Tolstói)
*** Tolstói cita trecho do livro *Shakespeare, sua vida e obra*, de George Brandes (1842-1927), pesquisador e crítico literário dinamarquês, cuja tradução foi publicada na Rússia em 1901.

a vertigem, nem a fraqueza. Algum tipo de veneração nos domina no limiar dessa tragédia — sensação semelhante à que se experimenta na entrada da Capela Sistina com a pintura de Michelangelo. A diferença é que aqui o sentimento é muito mais doloroso, o grito de aflição é mais audível e a harmonia da beleza é transgredida pela dissonância do desespero de forma muito mais aguda.

Esses são os juízos dos críticos sobre essa peça, portanto considero que não estou enganado ao escolher *Rei Lear* como exemplo de uma das melhores peças de Shakespeare. Tentarei expor da forma mais imparcial possível o conteúdo da peça e depois mostrar por que ela não é o máximo da perfeição, como a definem os críticos eruditos, e sim algo bem diferente.

II

O drama de Lear começa na cena da conversa entre os dois cortesões, Kent e Gloucester. Kent, apontando para um jovem, pergunta a Gloucester se ele é o seu filho. Gloucester diz que já corou tantas vezes por reconhecê-lo que agora já está curado.* Kent diz que não entende as palavras de Gloucester. Então, na presença deste filho, Gloucester fala: "Você não entende, a mãe do rapaz o pôde; quando ela ficou de barriga redonda e, na verdade, senhor, encontrou filho para o berço antes de encontrar marido para a cama. Porém tenho um filho dentro da lei", continua Gloucester. "Embora este moleque tenha vindo ao mundo de forma um tanto abusada, antes que o mandassem buscar, mesmo

---

* Os trechos de *Rei Lear* aqui reproduzidos foram extraídos da tradução de Bárbara Heliodora. Rio de Janeiro, Lacerda Editores, 1998.

assim sua mãe era bonita e muita alegria antecedeu seu nascimento."[3]

Essa é a introdução. Sem contar o chavão dessas falas de Gloucester, elas são impróprias na boca de uma pessoa que deveria representar o caráter nobre. É impossível concordar com as opiniões de alguns críticos para quem essas palavras de Gloucester são ditas para mostrar o desprezo sofrido pelo bastardo Edmund. Se assim fosse, em primeiro lugar, seria necessário fazer o pai verbalizar esse desprezo, e em segundo lugar Edmund, no monólogo sobre a injustiça das pessoas que o desprezam por ser filho ilegítimo, deveria mencionar essas palavras do pai. Mas isso não acontece. Por conseguinte, as palavras de Gloucester no início da peça obviamente têm como objetivo apenas comunicar aos espectadores de forma divertida que Gloucester tem um filho legítimo e um bastardo.

Depois, soam as fanfarras e entra o rei Lear com as filhas e os genros e anuncia que, por causa da idade avançada, deseja se livrar dos encargos e dividir o reino entre as filhas. Para saber quanto dar a cada uma, ele anuncia que entregará a maior parte à filha que disser amá-lo mais que as outras. A filha mais velha, Goneril, diz que não há palavras para expressar seu amor, que ama o pai mais do que a visão, mais do que o espaço, mais do que a liberdade, ama tanto que isso a deixa sem fôlego. Imediatamente o rei Lear, observando um mapa, entrega para essa filha sua parte, que contém campos, florestas, rios e pradarias, e faz a mesma pergunta à segunda filha. Regana, a segunda filha, diz que a irmã expressou bem seus sentimentos, mas não o bastante. Ela, Regana, ama tanto o pai que tudo é repugnante para ela, exceto o amor dele. O rei recompensa também essa filha e se dirige à caçula, sua favorita, pela qual demonstram interesse os vinhos da França e o leite da Borgonha, ou seja, o rei da França e o duque da Borgonha pedem a mão de Cordélia; Lear pergunta o quanto ela o ama. Cordélia, que personifica todas as virtudes, assim como as duas mais velhas personificam todos os vícios, diz de forma absolutamente imprópria, como se de propósito, para aborrecer o pai, que embora o ame, o estime e lhe seja grata, quando se casar nem todo seu amor pertencerá ao pai, pois amará também o marido. Ao ouvir essas palavras, o rei fica fora de si e na mesma hora amaldiçoa a filha preferida com as danações mais terríveis e estranhas, como ao dizer que amará aquele que devora os próprios filhos do mesmo jeito que ama agora aquela que há algum tempo era sua filha.

The barbarous Schythian or he that makes his generations messes to gorge his appetite, shall to my bosom be as well neighboured, pitied and relieved, as thou, my sometime daughter" [O cita bárbaro/ Ou o que faz dos filhos alimento/ Só por gula, terá junto ao meu peito/ Tanta piedade, alívio e boas-vindas/ Quanto essa outrora filha].

O cortesão Kent intercede por Cordélia e, desejando chamar o rei à razão, repreende-o por ser injusto e pronuncia um discurso razoável sobre o mal da lisonja. Sem escutar Kent, Lear o expulsa sob ameaças de morte e chama os dois noivos de Cordélia, o rei da França e o duque da Borgonha, e oferece a filha para um e depois para o outro, sem dote. O duque da Borgonha fala abertamente que sem dote não vai esposar Cordélia. O rei da França a aceita sem dote e a leva consigo. Depois disso, as duas irmãs mais velhas tramam entre si, preparando-se para ofender o pai que as dotou. Nisso acaba a primeira cena.

Sem mencionar a linguagem pomposa e irresoluta do rei Lear, a mesma usada por todos os reis de Shakespeare, o leitor ou o espectador não se convence de que o rei, por mais velho e tolo que fosse, pudesse acreditar nas palavras das filhas malvadas, com as quais passou toda a vida, e não só desconfiar da filha favorita como amaldiçoá-la e bani-la; por essa razão, o espectador ou o leitor não pode se identificar com os sentimentos das pessoas que participam dessa cena artificial.

A segunda cena de *Rei Lear* começa quando Edmund, o filho bastardo de Gloucester, argumenta consigo próprio sobre a injustiça humana que concede direitos e respeito ao filho legítimo, privando de direitos e respeito o bastardo, e decide arruinar Edgar e tomar seu lugar. Para esse fim, escreve uma falsa carta em que Edgar manifesta para Edmund o desejo de matar o pai. Edmund aguarda a chegada do pai e, como se estivesse contrariado, mostra-lhe a carta; o pai acredita de imediato que seu filho Edgar, que ele ama ternamente, deseja matá-lo. Gloucester parte, chega Edgar, e Edmund o convence de que por algum motivo o pai quer matá-lo, Edgar acredita sem hesitar e foge.

As relações entre Gloucester e seus dois filhos, os sentimentos desses personagens, são igualmente ou ainda mais artificiais que as relações entre Lear e suas filhas, e por isso é difícil para o espectador experimentar o estado emocional de Gloucester e seus filhos e se solidarizar com eles, ainda mais do que em relação a Lear e suas filhas.

Na quarta cena, aparece o banido Kent, tão disfarçado que Lear, já hospedado na casa de Goneril, não o reconhece. Lear pergunta: "Quem és?". Por alguma razão, Kent responde em tom jocoso, totalmente inapropriado para sua posição: "Um sujeito honesto de coração e tão pobre quanto o rei". "Se fores tão pobre para súdito quanto ele é para rei, és pobre mesmo", fala Lear. "Qual a tua idade?", pergunta o rei. "Não sou tão jovem para gostar de mulher, nem tão velho que faça bobagens por querê-las demais." Nisso o rei diz que Kent continuará a servi-lo se não deixar de gostar dele após a ceia.

Essas falas não resultam nem da posição de Lear nem de sua atitude e relação a Kent, mas evidentemente são postas na boca de Lear e Kent só porque o autor as considera espirituosas e divertidas.

Chega o mordomo de Goneril e diz grosserias para Lear, e por causa disso Kent o derruba. O rei, ainda sem reconhecer Kent, dá-lhe dinheiro e faz dele seu serviçal. Depois disso, chega o bobo da corte e começam diálogos longos e absolutamente inapropriados para a situação, entre o bobo e o rei, que não levam a nada e têm a intenção de ser engraçados. Assim, por exemplo, o bobo diz: "Se me deres um ovo eu te dou duas coroas (*crowns*)". O rei pergunta: "Mas que coroas (*crowns*) são essas?". "São duas metades de um ovo. Depois que eu abrir o ovo no meio", diz o bobo, "e comer o miolo ficam as duas coroas do ovo. Quando tu partiste tua (*crown*) coroa no meio", diz o bobo, "e deste as duas partes, carregaste o teu burro nas costas para andares no pé. Tiveste muito pouco juízo nessa sua *crown* (cabeça) careca quando deste a outros a de ouro. Se faço papel de mim mesmo nisso, que seja açoitado o primeiro que disser que é verdade."

E assim acontecem longos diálogos, que provocam no espectador e no leitor o forte mal-estar que se experimenta ao ouvir brincadeiras sem graça.

Essas conversas são interrompidas com a chegada de Goneril. Ela exige que o pai diminua seu séquito: em vez de uma centena de nobres, que se contente com cinquenta. Ao ouvir essa sugestão, Lear entra num estranho estado de raiva e pergunta se alguém o conhece. "Isto não é Lear. É assim que ele anda, fala, olha? Está fraco de razão, de critério. Em letargia — Desespero? Não estou. Quem poderá dizer-me quem eu sou? Sou a sombra de Lear", e assim por diante.

Enquanto isso, o bobo não deixa de introduzir suas brincadeiras sem graça. Chega o marido de Goneril e tenta acalmar Lear, mas ele amaldiçoa Goneril, evocando sua esterilidade ou o nascimento de uma criança que lhe pagaria com escárnio e desprezo seus cuidados maternos, mostrando assim todo o horror e a dor causada pela ingratidão dos filhos.

Essas palavras, que expressam sentimentos verdadeiros, poderiam comover se apenas isso fosse dito; mas essas palavras se perdem no meio de longos discursos grandiloquentes que Lear pronuncia incessantemente e em momentos inoportunos. Por algum motivo, ora ele conclama nevoeiros e tempestades sobre a cabeça da filha, ora deseja que as danações tenham furado todos os seus sentimentos, ora, dirigindo-se aos próprios olhos, diz que, se eles irão chorar, ele os arrancará para que impregnem o barro com lágrimas salgadas, e assim por diante.

Depois disso, Lear envia Kent, ainda sem reconhecê-lo, com uma carta para a outra de suas filhas e, apesar do desespero que acaba de expressar, fala com o bobo e o chama para brincadeiras. As brincadeiras continuam sem graça e, além da sensação desagradável semelhante à vergonha que se experimenta por causa das piadas infelizes, provocam tédio por sua duração. Assim, o bobo pergunta ao rei: "Tu sabes por que é que o nariz da gente fica no meio da nossa cara?". Lear responde que não sabe. "Ora, para manter os olhos em cada lado do nariz; assim, o que um homem não fareja, ele não pode espiar."

"Sabes como uma ostra faz sua concha?", pergunta ainda o bobo.

"Não."

"Nem eu. Mas eu sei por que o caracol tem uma casa."

"Por quê?"

"Ora, para proteger a cabeça, e não para dá-la a suas filhas e ficar com as antenas sem proteção."

"Meus cavalos estão prontos?", pergunta Lear.

"Seus asnos já foram providenciar. A razão pela qual as sete estrelas não são mais de sete é muito bonitinha."

"Porque não são oito", diz Lear.

"Tu darias um bom bobo", diz o bobo, e assim por diante.

Depois dessa cena longa entra um cavaleiro e anuncia que os cavalos estão prontos. O bobo comenta: *"She that is a maid now and laughs at my departure, shall not be a maid long unless things be cut shorter"* [A virgem que hoje ri porque eu vou só/ Só fica virgem se eu ficar cotó], e também parte.

A primeira* cena do segundo ato começa quando o vilão Edmund convence o irmão a fingir que estão lutando com espadas no momento da entrada do pai. Edgar concorda, embora seja impossível entender para que ele precisa fazer isso. O pai encontra os filhos lutando, Edgar foge e Edmund arranha sua própria mão até sangrar para induzir o pai a pensar que Edgar realizava encantamentos com o propósito de matá-lo e tentava persuadir Edmund a ajudá-lo, mas que ele, Edmund, recusou, e então o irmão o atacou e feriu sua mão. Gloucester acredita em tudo, amaldiçoa Edgar e transfere todos os direitos do filho mais velho e legítimo para o bastardo Edmund. O duque de Cornwall, ao tomar conhecimento disso, também recompensa Edmund.

Na segunda cena, diante do palácio de Gloucester, Kent, o novo criado de Lear, ainda não reconhecido pelo rei, começa sem motivo a insultar Osvaldo (o mordomo de Goneril) e fala-lhe: "Você é safado, calhorda, comedor de carne podre, um safado vil, fútil, miserável, criado metido a gente, enfeitado e imundo, um tratante covarde, um safado herdeiro de um baú de trapos, futriqueiro, filho da puta" e assim por diante, e desembainha a espada e exige que Osvaldo lute com ele, dizendo que ele fará dele um *sop o'the moonshine*,** palavras que

---

* No original está "segunda cena do segundo ato", sendo que na realidade essa cena acontece na primeira cena do segundo ato.

** "Uma papa ao luar", na tradução de Bárbara Heliodora.

nenhum comentarista foi capaz de explicar. E, quando ele é impedido, continua pronunciando as injúrias mais estranhas, por exemplo, que ele, Osvaldo, foi feito por um alfaiate, porque nem um escultor nem um pintor poderiam tê-lo feito tão mal, mesmo se trabalhassem só por duas horas. Diz ainda que, se lhe for permitido, ele vai misturar esse vilão com argamassa e rebocar paredes de latrina.

Dessa forma, Kent, que permanece sem ser reconhecido, embora o rei, assim como o duque de Cornwall e Gloucester o conheçam muito bem, causa tumulto no papel do novo criado de Lear até ser apanhado e posto no tronco.

A terceira cena ocorre em uma floresta. Fugindo da perseguição do pai, Edgar se esconde na floresta e conta ao público que há loucos, beatos que andam nus, cravam farpas e alfinetes no corpo, gritam com vozes selvagens e pedem esmolas, e diz ainda que ele deseja tornar-se um desses loucos para livrar-se da perseguição. Depois de contar isso ao público, ele sai.

A quarta cena, de novo, acontece em frente ao castelo de Gloucester. Chegam Lear e o bobo. Lear vê Kent no tronco e, ainda sem reconhecê-lo, direciona sua raiva inflamada contra os que se atreveram a ofender dessa maneira seu enviado e manda chamar o duque e Regana. O bobo pronuncia seus gracejos. Com dificuldade, Lear consegue conter sua raiva. Chegam o duque e Regana. Lear se queixa de Goneril, mas Regana justifica a irmã. Lear amaldiçoa Goneril, e quando Regana lhe diz que é melhor ele voltar atrás em relação à irmã, ele fica indignado e fala: "Pedir perdão?", e se ajoelha, mostrando como seria indigno se ele fosse humildemente pedir comida e roupa para a filha, amaldiçoa Goneril com as danações mais estranhas e pergunta quem se atreveu a pôr seu enviado no tronco. Antes que Regana possa responder, chega Goneril. Lear fica mais irritado, volta a amaldiçoar Goneril, e quando alguém responde que foi o duque quem ordenou que o pusesse no tronco, ele nada fala, porque nesse momento Regana lhe diz que ela não pode recepcioná-lo agora, pede para voltar para Goneril e depois de um mês ela o receberá, não com cem, mas com cinquenta criados. Lear novamente amaldiçoa Goneril e não quer ir à casa dela, esperando que Regana o aceite com todos os cem criados, mas Regana diz que só o aceitará com 25, e então Lear decide voltar para Goneril, que permite cinquenta. Quando Goneril diz que até 25 é muito, Lear profere um longo discurso segundo o qual o excessivo e o suficiente são, em essência, conceitos relativos, que ao deixar para uma pessoa só o que é essencial ela não terá nada para se distinguir de um animal. Com isso, Lear, ou seja, o ator que interpreta Lear, se dirige a uma senhora elegante do público e diz que ela não precisa de seus vestidos: eles não a aquecem. A seguir, entra num estado de fúria ensandecida e diz que fará algo terrível para se vingar das filhas, mas não irá chorar, e parte. Ouve-se o início de uma tempestade.

Assim é o segundo ato, pleno de acontecimentos artificiais e de falas mais artificiais ainda, que, não provindo das circunstâncias em que estão envolvidas as personagens, terminam com a cena de Lear e suas filhas, que poderia ser forte se não fosse intercalada pelos discursos de Lear, ridiculamente pomposos, artificiais e, acima de tudo, sem nenhuma relação com a ação. As oscilações de Lear entre orgulho, raiva e esperança por concessões das filhas poderiam ser bastante comoventes se não tivessem sido arruinadas por aqueles absurdos prolixos que pronuncia o rei: que ele se divorciaria da falecida mãe de Regana se Regana não ficasse contente em vê-lo, ou que chamaria nevoeiros venenosos sobre a cabeça da filha, ou que as forças do céu são antigas e por isso devem proteger os velhos e assim por diante.

O terceiro ato começa com trovões, relâmpagos e uma tempestade extraordinária que jamais aconteceu, segundo palavras das personagens. Na charneca, um cavalheiro conta a Kent que Lear, expulso de casa pelas filhas, corre sozinho pela charneca, arranca os cabelos e os joga ao vento. Somente o bobo está com ele. Kent diz ao cavalheiro que os duques brigaram e que o exército francês desembarcou em Dover e, tendo dito isso, envia o cavalheiro a Dover para encontrar Cordélia.

A segunda cena do terceiro ato também ocorre na charneca, não onde houve o encontro entre Kent e o cavalheiro, mas em outro lugar. Lear anda pela charneca e diz palavras que devem expressar seu desespero: ele gostaria que os ventos soprassem até que eles (ventos) rebentassem a insolência, que a chuva afogasse tudo, que os relâmpagos queimassem sua cabeça branca e que o trovão partisse a terra e espalhasse todos os germes que tornam o homem ingrato. O bobo acrescenta palavras ainda mais incoerentes. Entra Kent. Por alguma razão, Lear diz que durante a tempestade todos os criminosos serão encontrados e desmascarados. Kent, ainda não reconhecido por Lear, o convence a se abrigar numa choupana. O bobo faz uma profecia sem nenhuma coerência com a situação e todos saem.

A terceira cena volta a acontecer no castelo de Gloucester. Gloucester conta para Edmund que o rei da França já desembarcou com o exército e que ele quer ajudar Lear. Ao saber disso, Edmund decide acusar o pai de traição para receber sua herança.

A quarta cena ocorre de novo na charneca diante da choupana. Kent chama Lear para entrar na choupana, mas Lear responde que não há razão para se esconder da tempestade, porque ele não a sente, pois a tempestade que está em sua alma, provocada pela ingratidão das filhas, apaga tudo. Esse sentimento verdadeiro, manifestado por palavras simples, poderia provocar compaixão, mas no meio de um incessante delírio pomposo é muito difícil notá-lo e ele perde seu valor.

A choupana na qual Lear entra é a mesma em que Edgar entrou disfarçado de louco, ou seja, nu. Edgar deixa a choupana e, embora todos o conheçam, ninguém o reconhece, assim como não reconhecem Kent. Edgar, Lear e o bobo começam a proferir discursos sem sentido que se seguem por seis páginas, com alguns intervalos. No meio dessa cena, chega Gloucester e também não reconhece nem Kent, nem seu filho Edgar, e lhes conta como Edgar tentou matá-lo.

Essa cena é de novo interrompida por uma cena no castelo de Gloucester, na qual Edmund delata o pai e o duque promete se vingar de Gloucester. A ação volta-se novamente para Lear. Kent, Edgar, Gloucester, Lear e o bobo estão num sítio e conversam. Edgar diz: "Frateretto me chama, e conta que Nero é pescador no lago da escuridão...". O bobo diz: "Por favor, vovó, quer me dizer se louco é fidalgo ou dos comuns?". Lear, que perdeu a razão, diz que louco é rei. O bobo diz: "Não; é um comum que tem um filho fidalgo, pois só cidadão comum louco é que quer ver o filho fidalgo antes dele". Lear grita: "Mas ter mil com as pontas de espetos em brasa cair zumbindo nelas...". E Edgar grita que o demo danado lhe pica as costas. Nisso o bobo profere um gracejo segundo o qual não se pode acreditar em lobo manso, cavalo saudável, amor de menino e jura de puta. Depois Lear imagina que julga as filhas. "Sábio juiz", diz ele, dirigindo-se para Edgar nu. "Venha sentar-se aqui, Sua sapiência, aqui, e, ora, as raposas!" Nisso Edgar fala: "Olhem como os olhos dele chispam! Vai querer gente vendo teu julgamento, madame? *Vem pro rio comigo, Betinha...*". Enquanto o bobo canta: "Com a barcaça furada/ Tinha de ficar calada/ Sem ousar ficar juntinha!". Edgar novamente diz o mesmo. Kent convence Lear a deitar-se, mas Lear continua seu julgamento imaginário.

"Tragam provas!", grita ele. (para Edgar)/ "Juiz toga-do, tome o seu lugar"; (para o bobo)/ "E tu, na mesma canga de equidade,/ Senta no banco." (para Kent)/ "O senhor é da comissão; sente-se também."

"Ronrona o gato cinzento!", exclama Edgar.

"Acusem esta primeiro; é Goneril", grita Lear. "Faço agora meu solene juramento diante desta honrada assembleia: ela deu um pontapé no pobre rei, seu pai."

"Venha aqui, dona. Seu nome é Goneril?", pergunta o bobo, dirigindo-se a um banco.

"Eis a outra", grita Lear. "Peguem-na!/ Ferro e fogo! Corrupção no palácio!/ Falso juiz, por que a deixas ir?", e assim por diante.

Esse delírio termina quando Lear adormece e Gloucester convence Kent (ainda sem reconhecê-lo) a levar o rei até Dover. Kent e o bobo carregam Lear.

A cena é transferida para o castelo de Gloucester. O próprio Gloucester é acusado de traição, preso e amarrado. Regana puxa-lhe a barba. O duque de Cornwall arranca-lhe um olho e o pisoteia. Regana diz que o olho que está inteiro irá zombar do outro. "Esmaga-o também." O duque deseja fazê-lo, mas por alguma razão um criado de repente intercede por Gloucester e fere o duque. Regana mata o criado. Ao morrer, o criado diz a Gloucester que lhe resta um olho para poder ver o mal que há no duque. O duque diz: "É preciso impedi-lo. Sai, geleia!/ Que é do seu brilho, agora?", e arranca-lhe também o segundo olho e joga-o no chão. No entanto, Regana diz que Edmund entregou o pai, e então Gloucester logo entende que foi enganado e que Edgar não queria matá-lo.

Assim termina o terceiro ato.

O quarto ato retorna à charneca. Edgar, ainda disfarçado de louco, fala com uma linguagem artificial sobre as vicissitudes do destino, sobre os benefícios de uma triste sina. Depois, por alguma razão, naquele mesmo lugar na

charneca onde se encontra Edgar, chega o cego Gloucester, seu pai, conduzido por um velho, e fala também sobre
as vicissitudes do destino, usando aquela peculiar linguagem shakespeariana, cuja principal característica é que os
pensamentos surgem ou da consonância de palavras ou
de seu contraste. Ele diz ao velho que o deixe; o velho diz
que não se pode andar sozinho sem olhos, porque é impossível ver o caminho. Gloucester responde que está sem
caminho, por isso não precisa dos olhos. Ele raciocina
que tropeçou quando tinha *olhos*, e que muitas vezes os
defeitos são salvadores. "Ah, meu Edgar", acrescenta ele.
—"Alvo da ira de um pai enganado;/ Se eu vivesse para
vê-lo com meus dedos,/ Eu diria ter olhos". Edgar, nu
como um *iuródevi*,* ouve isso, mas não se revela ao pai.
Substitui o velho guia e conversa com o pai, que não o
reconhece pela voz e o considera um *iuródevi*. Gloucester
aproveita a oportunidade para dizer um gracejo, segundo
o qual agora os loucos guiam os cegos, e insiste em mandar embora o velho guia, obviamente não por motivos
que possam ser apropriados neste minuto para Gloucester, mas somente para ficar a sós com Edgar e realizar a
cena do salto imaginário do rochedo. Apesar de ver seu
pai cego e de saber que ele se arrepende de tê-lo expulsa-
do, Edgar despeja gracejos completamente desnecessários
que Shakespeare só podia conhecer após lê-los no livro
de Harsnet,[4] mas Edgar não tinha como aprendê-los e,
o mais importante, são de todo impróprios para se falar
naquelas condições. Ele diz:

"Cinco demos atacaram o pobre Tom ao mesmo
tempo; Obdicut, da luxúria; Hoberdidance, príncipe
da estupidez; Mahu, do roubo; Modo, do assassinato;

---

* *Iuródevi* é um louco ou bobo, considerado popularmente
"uma pessoa de Deus"; nas ações inconscientes de um *iuródevi*, o povo costuma ver um significado profundo, uma
profissão.

Flibbertigibbet, de caretas e esgares; que, depois disso, possuíram três arrumadeiras e copeiras."

Ao ouvir essas palavras, Gloucester dá sua bolsa para Edgar e diz que sua desgraça faz o mendigo mais feliz. "Céus, sê assim sempre!/ que o homem satisfeito e luxurioso,/ Que abusa de ti e não quer ver/ Por que não sente, sinta o teu poder!/ A distribuição anula o excesso/ E serve a todos. Sabes onde é Dover?"

Tendo dito essas palavras, o cego Gloucester exige que Edgar o conduza até um penhasco sobre o mar e ambos se retiram.

A segunda cena do quarto ato acontece diante do palácio do duque de Albany. Goneril não é apenas vilã, mas também uma libertina. Ela despreza o marido e revela seu amor pelo vilão Edmund, que herdou o título do pai, Gloucester. Edmund se retira e ocorre o diálogo de Goneril com o marido. O duque de Albany, a única pessoa com sentimentos humanos e, desde muito antes, já insatisfeito com a relação da esposa com o pai, agora intercede decididamente por Lear, mas expressa suas emoções por meio de palavras que minam a confiança em seus sentimentos. Ele diz que até um urso lamberia Lear com reverência, e que se o céu com seus espíritos visíveis não desferir punição para tais atos os homens se devorarão como os monstros do abismo, e assim por diante.

Goneril não lhe obedece, e ele passa a insultá-la. "Mire-se, demônia!", diz ele. "A anomalia, mais que no diabo,/ É horrenda na mulher." "Tolo idiota!", responde Goneril. "Tenha vergonha, coisa transformada", continua o duque. "Não fique inda mais monstruosa. Se fosse certo/ Deixar-me as mãos obedecer ao sangue,/ É bem provável que elas lhe rasgassem/ Carne e ossos; mas mesmo sendo o demo,/ A forma de mulher inda a protege."

Depois disso entra o mensageiro e anuncia que o duque de Cornwall, ferido por um criado enquanto arrancava os olhos de Gloucester, morreu. Goneril fica contente, mas de antemão fica com medo de que Regana, agora viúva, lhe roube Edmund. Assim termina a segunda cena.

A terceira cena do quarto ato retrata o acampamento de franceses. Da conversa entre Kent com um cavalheiro, o leitor ou espectador fica sabendo que o rei da França não está no acampamento, e que Cordélia, ao receber a carta de Kent, ficou muito abalada com as notícias do pai. O cavalheiro diz que seu rosto lhe lembrou chuva com sol: *"Her smiles and tears were like a better day; those happy smiles that played on her ripe lip seemed not to know what guests where in her eyes; which parted thence as pearls from diamonds dropped"* [Pois seu sorriso e lágrimas/ Eram inda mais belos;/ e o sorriso/ Que brincava em seus lábios, não sentia/ As hóspedes dos olhos, que se iam/ Quais pérolas caídas de brilhantes], e assim por diante. O cavalheiro diz que Cordélia deseja ver o pai, mas Kent afirma que Lear se envergonha de ver a filha que tanto ofendeu.

Na quarta cena, em conversa com o médico, Cordélia conta que Lear foi visto completamente louco, coroado com ervas daninhas, vagando em algum lugar, e que enviou soldados para procurá-lo, e diz ainda que toda bênção, toda virtude oculta desta terra, nasce de seu pranto, e assim por diante.

Dizem-lhe que as forças dos duques estão se aproximando, mas ela se preocupa apenas com o pai e se retira.

Na quinta cena do quarto ato, perto do castelo de Gloucester, Regana conversa com Osvaldo, o mordomo de Goneril que está levando a carta de Goneril para Edmund, e lhe declara que ela também ama Edmund e, como já está viúva, seria melhor ela, e não Goneril, se casar com Edmund. Regana pede que Osvaldo convença a irmã disso. Além disso, ela lhe diz que foi uma insensatez cegar Gloucester e deixá-lo vivo, e por isso aconselha Osvaldo, caso encontre Gloucester, a matá-lo, prometendo-lhe uma boa recompensa.

Na sexta cena reaparece Gloucester com o filho Edgar, que ainda sem ser reconhecido, vestido de camponês, guia o pai cego até o rochedo. Gloucester anda pelo terreno plano, mas Edgar insiste em que eles estão subindo com muito esforço uma colina íngreme. Gloucester acredita. Edgar diz ao pai que pode ouvir o barulho do mar. Gloucester acredita também nisso. Edgar para num lugar plano e convence o pai de que ele subiu no rochedo e que lá embaixo se encontra um abismo terrível, e o deixa só. Dirigindo-se aos deuses, Gloucester diz que se desfaz das aflições, pois não pode carregá-las mais sem condenar os deuses. Tendo dito isso, salta no lugar plano e cai, imaginando que pulou do rochedo. Nesse momento, Edgar diz para si mesmo uma frase ainda mais confusa: *"I know not how conceit may rob the treasury of life, when life itself yields to the theft: had he been where he thought, by this, had thought been past"* [Mas não sei como a mente há de roubar/ O tesouro da vida se ela mesma/ Se entrega ao roubo. Estando onde pensava,/ Não restaria mente agora]. Edgar se aproxima de Gloucester, novamente disfarçado de outra pessoa, e se mostra surpreso por este não ter morrido ao cair de uma altura tão terrível. Gloucester acredita que caiu e se prepara para morrer, mas sente que está vivo e duvida de que tenha caído de tal altura. Edgar então lhe assegura que ele de fato saltou de uma altura terrível e lhe diz que era o diabo quem estava com ele em cima do rochedo, pois seus olhos pareciam duas luas cheias, tinha cem narizes e chifres tortos como ondas. Gloucester acredita nele e fica convencido de que seu desespero foi obra do demônio, e por isso decide que não cairá mais em desespero e esperará a morte com serenidade. Nesse momento, por algum motivo, chega Lear, coberto de flores silvestres. Ele enlouqueceu e suas falas são ainda mais absurdas do que antes: discorre sobre cunhagem de dinheiro, sobre um arco, entrega a alguém uma luva

de ferro, depois grita que está vendo um rato, que quer
atraí-lo com um pedaço de queijo, e em seguida, de repente, pergunta a senha para Edgar, e Edgar na mesma
hora responde com as palavras "manjerona doce". Lear
diz: Passe! — o cego Gloucester, que não reconheceu
nem o filho nem Kent, reconhece a voz do rei.

Então, depois de suas falas incoerentes, o rei passa a
lançar tiradas irônicas: no começo, sobre os bajuladores
que, como os teólogos, diziam tanto "sim" como "não"
a qualquer coisa e lhe asseguravam que ele tudo podia,
mas, quando a tempestade um dia lhe deixou sem abri-
go, Lear viu que tudo era mentira; depois, diz que toda
criatura comete adultério e que o filho bastardo de Gloucester foi melhor para seu pai (embora, no decorrer do
drama, Lear nada podia saber das atitudes de Edmund
em relação a Gloucester) que suas filhas para ele, então,
que reine a luxúria, pois ele, como rei, necessita de soldados. Dirige-se a uma dama imaginária hipocritamente
virtuosa, que se faz de fria, mas ao mesmo tempo, como
um animal no cio, se entrega à luxúria. Todas as mulheres só pertencem aos deuses até a cintura, embaixo é tudo
do demônio. Ao falar isso, Lear grita e cospe de desgosto.
Obviamente esse monólogo pressupõe que o ator vai se
dirigir aos espectadores, e talvez até produza algum efeito
no palco, mas esse discurso não tem nenhum cabimen-
to na boca de Lear, assim como não existe razão para,
quando Gloucester beija sua mão, ele a limpar dizendo: *it
smells of mortality* [ela fede a mortalidade]. Depois, tem
início a conversa sobre a cegueira de Gloucester, o que
permite trocadilhos sobre a visão, sobre o Cupido cego, e
Lear diz que está sem olhos na cabeça e sem dinheiro na
bolsa, assim a caixa dos olhos é pesada e a bolsa é leve.
Em seguida, Lear pronuncia um monólogo sobre injustiça
nos tribunais que é de todo incoerente na boca de alguém
enlouquecido. Depois disso, chega um cavalheiro com
soldados, enviado por Cordélia para buscar Lear. O rei

continua agindo como louco e sai correndo. O cavalheiro enviado à procura de Lear não corre atrás dele, mas por um longo tempo fala a Edgar sobre a disposição dos exércitos franceses e britânicos.

Entra Osvaldo e, ao ver Gloucester, ataca-o com o intuito de receber a recompensa prometida por Regana por seu assassinato, mas, com seu porrete, Edgar mata Osvaldo, que antes de morrer passa a Edgar, seu assassino, a carta de Goneril para Edmund, para que ele receba a recompensa. Na carta, Goneril promete matar o marido e se casar com Edmund. Edgar arrasta pelas pernas o corpo de Osvaldo, depois volta e leva o pai embora.

A sétima cena do quarto ato se passa na tenda do acampamento francês. Lear dorme na cama quando entram Cordélia e Kent, este ainda disfarçado. Lear é acordado pela música e, ao ver Cordélia, não acredita que ela seja uma pessoa viva, pensa que é um espírito, não acredita que ele próprio esteja vivo. Cordélia lhe assegura que é sua filha e pede sua bênção. Ele se ajoelha diante dela, pede perdão, reconhece que é um velho, um tolo, fala que está pronto para tomar o veneno que ela provavelmente já preparou para ele, porque está convencido de que a filha o odeia. "Eu sei que não me amas; tuas manas/ Injustiçaram-me, se bem me lembro./ Tinhas causa, elas não." Depois, aos poucos, ele volta a si e para de delirar. A filha sugere um passeio. Ele aceita e fala: "Eu te peço que esqueças e perdoes. Sou velho e tolo". Eles partem. O cavalheiro e Kent, que permaneceram no palco, conversam para explicar ao espectador que Edmund está à frente dos exércitos e que a batalha entre defensores e inimigos de Lear logo vai começar. Termina o quarto ato.

Nesse ato, a cena entre Lear e a filha poderia ser mais comovente se não fosse precedida durante três atos por um maçante e monótono delírio de Lear e também se fosse a última cena em que o rei exprime seus sentimentos, mas não é.

No quinto ato, repete-se aquele pomposo, frio e artificial delírio anterior de Lear, que aniquila a impressão que a cena anterior poderia produzir.

O início da primeira cena do quinto ato apresenta Edmund e Regana, a qual, com ciúmes da irmã, se oferece para ele. Depois chega Goneril, seu marido e soldados. Embora sinta pena de Lear, o duque de Albany considera seu dever lutar contra os franceses que invadiram as fronteiras de sua pátria e se prepara para a batalha. Edgar, ainda disfarçado, entrega a carta ao duque de Albany e diz que, se o duque vencer, as trombetas irão soar e então (800 a.C.) aparecerá o cavaleiro que provará que o conteúdo da carta é verdadeiro.

Na segunda cena, entra Edgar com o pai, a quem faz sentar ao pé de uma árvore e sai. Ouve-se o barulho da batalha, Edgar entra correndo em cena e diz que a batalha foi perdida. Lear e Cordélia estão presos. Gloucester se desespera de novo. Edgar, ainda sem se revelar ao pai, lhe diz para não se desesperar, e Gloucester imediatamente concorda com ele.

A terceira cena começa com o cortejo solene do vencedor Edmund. Lear e Cordélia são prisioneiros. Embora não esteja mais louco, Lear continua a dizer as mesmas palavras incoerentes, que não têm relação com aquilo que acontece, como que cantará na prisão com Cordélia; ela pedirá a bênção e ele se ajoelhará (é a terceira vez que menciona o ato de se ajoelhar) e pedirá perdão. Diz ainda que sobreviverão na prisão às seitas e aos partidos dos poderosos, que os próprios deuses espalham incenso sobre os sacrifícios e quem pretender separá-los terá de roubar do céu uma tocha ardente e usar o fogo para enxotá-los como raposas, e que a peste irá devorar sua carne e seus ossos antes que consigam fazê-los chorar, e assim por diante.

Edmund ordena que levem Lear e a filha para a prisão e, incumbindo o capitão de fazer algo ruim com eles, pergunta se ele irá cumpri-lo. O capitão responde que não pode puxar carroça nem comer feno, mas, se é trabalho para um homem, ele o fará. Chegam o duque de Albany, Goneril e Regana. O duque de Albany deseja interceder por Lear, mas Edmund não permite. As irmãs intervêm e começam a brigar por ciúmes de Edmund. Nesse momento, tudo fica tão confuso que é difícil acompanhar o desenvolvimento da ação. O duque de Albany quer prender Edmund e diz a Regana que há tempos Edmund se envolveu com a esposa dele, e que por isso Regana deve desistir de suas investidas e, se pretende se casar, então deve se casar com ele, o duque de Albany.

Ao dizer isso, o duque de Albany desafia Edmund, ordena que toquem as trombetas e, caso ninguém apareça, irá lutar contra ele.

Nesse momento, evidentemente envenenada por Goneril, Regana se contorce de dor. Tocam as trombetas, entra Edgar, de viseira abaixada escondendo o rosto, e sem se identificar desafia Edmund. Edgar insulta Edmund, que devolve todos os xingamentos. Eles lutam e Edmund cai. Goneril entra em desespero.

O duque de Albany mostra a Goneril sua carta. Goneril parte.

Moribundo, Edmund descobre que o oponente é seu irmão. Edgar levanta a viseira e preconiza que, por conceber um filho ilegítimo, Edmund, o pai pagou com a visão. Depois, Edgar conta suas aventuras para o duque de Albany e diz também que só agora, antes de partir para a luta, ele revelou tudo ao pai, que não aguentou e morreu de emoção. Edmund ainda não está morto e pergunta o que mais aconteceu.

Edgar conta que, enquanto estava sentado ao lado do cadáver do pai, apareceu um homem que o apertou com força contra o peito e passou a gritar com uma violência de estremecer o céu; atirou-se sobre o corpo de Gloucester e contou a mais triste das histórias a respeito de Lear e de si mesmo e, ao narrá-la, cresceu sua dor e os tendões da vida começaram a se partir, mas nesse momento as trombetas soaram pela segunda vez e Edgar o deixou. O homem era Kent. Antes de Edgar terminar de contar essa história, um cavalheiro entra correndo com uma faca ensanguentada e pede socorro. Quando lhe perguntam quem morreu, o cavalheiro diz que foi Goneril, após ter envenenado a irmã. Ela confessou seu crime. No instante em que trazem os corpos de Goneril e Regana, Kent entra em cena. Nisso, Edmund diz que evidentemente as irmãs o amavam muito, pois uma se envenenou e a outra se matou por causa dele, e admite que mandou matar Lear e enforcar Cordélia na prisão, para que a morte dela parecesse um suicídio, mas agora deseja impedir esse fato. Depois de dizer isso, ele morre e é levado embora.

Em seguida, entra Lear com Cordélia morta nos braços, apesar de ter mais de oitenta anos e estar doente. De novo começa um terrível delírio de Lear, que provoca vergonha com suas brincadeiras sem graça. Lear exige que todos uivem e ora pensa que Cordélia morreu, ora que está viva. "Com vossa língua e olhos eu faria/ Ruir os céus." Ele conta que matou o escravo que enforcou Cordélia, em seguida diz que os olhos dele enxergam mal e nesse instante reconhece Kent, que lhe passara despercebido o tempo todo.

O duque de Albany diz que renunciará ao poder enquanto Lear estiver vivo e recompensará Edgar, Kent e todos que permaneceram fiéis a ele. Nesse momento, trazem a notícia de que Edmund está morto e Lear, ainda delirando, pede que desabotoem sua roupa, o mesmo que pedia enquanto perambulava pela charneca, agradece por isso, ordena que todos olhem para outro lado e com essas palavras morre. No fim, o duque de Albany,[*] que permaneceu vivo, fala:

---

[*] Essas palavras na verdade são de Edgar.

Temos de arcar com o peso do passado,
E só de emoção, não de dever, falar.
Sofreram mais os velhos; nós, no entanto
Não viveremos nem veremos tanto.

Todos saem ao som da marcha fúnebre. É o fim do quinto ato e da peça.

III

Assim é a famosa peça. Por mais que pareça ridícula em minha exposição, que tentei fazer da maneira mais imparcial possível, afirmo com segurança que no original é ainda mais absurda. Para qualquer pessoa de nossa época, se não estivesse influenciada pela ideia de que essa peça é o auge da perfeição, bastaria apenas lê-la até o fim, caso tivesse paciência para isso, para se certificar de que não é o auge da perfeição, mas uma obra muito ruim, composta de modo desleixado e que, se teve algo de interessante para determinado público em sua época, entre nós não pode provocar nada além da repugnância e do tédio. Impressão idêntica terá em nossa época qualquer leitor não sugestionado de todos os outros elogiados dramas de Shakespeare, sem falar em seus absurdos contos dramatizados: *Péricles, Noite de reis, A tempestade, Cimbelino, Troilo e Créssida.*

No entanto, pessoas de pensamento livre que não estejam dispostas a adorar Shakespeare já não existem em nossa época, em nossa sociedade cristã. Em todas as pessoas de nossa sociedade e nossa época, desde os primeiros instantes de sua vida consciente, inculca-se que Shakespeare é um poeta e dramaturgo genial, e que todas as suas obras são o ápice da perfeição. Por isso, por mais que me pareça excessivo, tentarei mostrar, na peça *Rei Lear*, que selecionei dentre as demais, todos os defeitos próprios a todas as outras tragédias e comédias de Shakespeare, pois, além de não representar exemplos de arte dramática, elas não satisfazem nem as exigências primárias da arte, reconhecidas por todos.

Segundo as leis estabelecidas pelos mesmos críticos que elogiam Shakespeare, as condições para qualquer tragédia são que os personagens devem, em função de suas atitudes, de sua personalidade e do curso natural dos acontecimentos, se envolver em situações nas quais, por estar em contradição com o mundo que os circunda, são obrigados a lutar contra ele e nessa luta expressar suas qualidades inerentes.

Na tragédia *Rei Lear*, os personagens de fato estão em situação de conflito com o mundo a sua volta e lutam contra ele. No entanto, sua luta não provém do curso natural dos acontecimentos e das características dos personagens, pois é estabelecida de forma absolutamente arbitrária pelo autor, e por isso não consegue provocar no leitor a ilusão que compõe a principal condição da arte. Lear não tem nenhuma necessidade de renunciar ao poder. E também não tem nenhuma razão para, depois de passar a vida inteira com as filhas, acreditar nas palavras das mais velhas e não confiar nas palavras sinceras da caçula; no entanto, é em cima disso que se constrói sua tragédia.

Igualmente artificial é a trama secundária e bastante similar: a relação entre Gloucester e seus filhos. A situação de Gloucester e Edgar se origina do fato de que Gloucester, assim como Lear, confia de imediato na mentira mais grosseira, nem sequer tenta perguntar ao filho enganado se as acusações são verdadeiras, mas o condena e o expulsa.

Os relacionamentos de Lear com as filhas e de Gloucester com o filho são absolutamente idênticos, o que faz sentir com força ainda maior que ambos são criados de modo gratuito, e que não agem de acordo com as características dos personagens ou com o curso natural dos acontecimentos. Da mesma forma, é insólito e evidentemente inventado o fato de que Lear, durante todo o tempo, não reconhece seu velho criado Kent; como consequência, a relação entre Lear e Kent não consegue despertar a compaixão do leitor ou do espectador. O mesmo vale em grau ainda maior para a situação de Edgar, que sem ser reconhecido por ninguém conduz o pai cego e lhe assegura que ele saltou do penhasco, enquanto Gloucester dá um pulo num lugar plano.

Essas situações, em que personagens são dispostos de forma completamente arbitrária, são tão artificiais que ao leitor ou ao espectador se torna impossível compartilhar seus sofrimentos e até mesmo se interessar por aquilo que lê ou vê. Esse é um primeiro ponto.

O segundo é que todos os personagens da peça, assim como em todas as outras de Shakespeare, vivem, pensam, falam e agem de modo completamente impróprio à época e ao espaço determinados. A ação de *Rei Lear* ocorre oitocentos anos antes de Cristo, enquanto os personagens se encontram em condições de vida possíveis somente na Idade Média: na peça atuam reis, duques, exércitos, filhos ilegítimos, cavalheiros, cortesãos, médicos, agricultores, oficiais, soldados, cavaleiros com viseiras e assim por diante.

Esses anacronismos, que estão em todas as peças de Shakespeare, talvez não prejudicassem a possibilidade de ilusão no século XVI e no início do século XVII, mas em nossa época é impossível acompanhar com interesse o desenrolar de acontecimentos que, como sabemos, não podiam acontecer naquelas circunstâncias que o autor descreve com tantos detalhes.

O caráter artificial das situações que não provêm do curso natural dos eventos e das características dos personagens, assim como sua não correspondência a seu tempo e espaço, fica ainda mais forte em razão dos grosseiros floreios com frequência usados por Shakespeare nos trechos que deveriam parecer especialmente trágicos. Uma tempestade extraordinária quando Lear corre pela charneca, ou as ervas que ele, não se sabe por quê, coloca na cabeça, assim como Ofélia em *Hamlet*, ou o traje de Edgar, ou as falas do bobo, ou a entrada de Edgar como cavalheiro disfarçado — todos esses efeitos não só não fortalecem a impressão causada como provocam o efeito contrário. *"Man sieht die Absicht und man wird verstimmt"* [Você vê a premeditação e isso lhe estraga o estado de espírito], como afirma Goethe. Muitas vezes acontece até que alguns efeitos com propósitos claros, como meia dúzia de cadáveres arrastados pelas pernas, como terminam todas as tragédias de Shakespeare, provoquem riso em vez do medo e da compaixão.

IV

Mas não basta que os personagens de Shakespeare sejam expostos a situações trágicas impossíveis, impróprias tanto para a época quanto para o local, que não têm origem no desenrolar natural dos eventos narrados, esses personagens também não agem de acordo com suas respectivas personalidades, mas de forma absolutamente arbitrária. Costuma-se afirmar que, nas peças de Shakespeare, os personagens são muito bem apresentados, que, apesar da vivacidade, os personagens de Shakespeare são multifacetados como as pessoas de verdade e que, além de expressar as características de determinada pessoa, expressam também as características da humanidade em geral. Costuma-se dizer que os personagens de Shakespeare são o auge da perfeição. Isso é afirmado com uma grande certeza e repetido como verdade incontestável. Porém, por mais que eu tenha me esforçado para encontrar a confirmação disso nas peças de Shakespeare, sempre deparei com o contrário.

Desde o início, durante a leitura de qualquer peça de Shakespeare, eu me certificava de imediato e com perfeita clareza de que estava ausente a "linguagem" — o mais importante, senão o único meio de retratar personagens —, ou seja, que cada pessoa falasse com a linguagem condizente a sua personalidade. Não há isso em Shakespeare. Todos os seus heróis falam sempre a mesma linguagem shakespeariana exagerada e insólita, com a qual não só esses personagens como nenhuma pessoa real em nenhum lugar jamais se expressaria.

Nenhuma pessoa de verdade pode, nem poderia dizer, como Lear, que se divorciaria da esposa dentro de um caixão caso Regana não o aceitasse; que os céus irão estremecer com os gritos; que os ventos arrebentarão as próprias bochechas; que o vento quer atirar a terra dentro do mar; que as ondas desejam cobrir o continente, como o cavalheiro descreve a tempestade; que é mais fácil carregar a dor, que a alma passa por cima dos sofrimentos quando existe amizade, que a amizade ajuda a superar os sofrimentos; que Lear não tem filhas e Edgar não tem pai, e assim por diante. As falas de todos os personagens das peças de Shakespeare estão repletas de frases insólitas.

E não apenas todos os personagens falam como pessoas de verdade jamais falariam como todos eles sofrem de incontinência verbal.

Os apaixonados, os personagens que se preparam para a morte, aqueles que lutam ou morrem, todos eles falam muito, e surpreendentemente sobre assuntos sem a menor relevância, visando a consonâncias e trocadilhos mais do que a pensamentos.

Todos eles falam de forma absolutamente idêntica. O delírio de Lear é em tudo idêntico ao delírio fingido de Edgar. Assim também falam Kent e o bobo. As falas de um personagem podem ser colocadas na boca de outro, e é impossível reconhecer aquele que fala pelas características de sua linguagem. E, mesmo que exista alguma distinção entre as linguagens que usam os personagens de Shakespeare, seriam apenas diferentes falas pronunciadas pelo próprio Shakespeare, e não por seus heróis.

Desse modo, Shakespeare fala em nome de seus reis sempre com a mesma linguagem exagerada e vazia. Com a mesma falsa e sentimental linguagem shakespeariana, falam as mulheres que deveriam ser poéticas — Julieta, Desdêmona, Cordélia, Imogênia, Miranda. De forma inteiramente similar, Shakespeare também fala por seus vilões: Richard, Edmund, Iago, Macbeth, expressando por meio deles os sentimentos malévolos que os vilões nunca manifestam. Ainda mais semelhantes são as falas dos loucos, com suas palavras terríveis, assim como os discursos dos bobos e suas brincadeiras sem graça.

Portanto, a linguagem das pessoas de verdade, aquela linguagem que no drama é o principal meio de representar as características dos personagens, não existe em Shakespeare. (Se os gestos podem ser meios de expressão de características de personalidade, como ocorre no balé, isso é um procedimento apenas secundário.) Se os personagens falam qualquer coisa e de qualquer jeito, com a mesma linguagem, como ocorre em Shakespeare, o efeito dos gestos então é perdido. E por isso, a despeito do que dizem os admiradores cegos de Shakespeare, ele não retrata a personalidade e o caráter de seus personagens.

Os personagens que em suas peças têm maior destaque são personagens que ele tomou emprestado de obras anteriores que serviram de base para suas peças, e a maior parte não está representada pelo procedimento dramático de fazer com que cada personagem fale com a própria linguagem, mas pelo procedimento épico — através do relato de alguns personagens sobre as qualidades dos outros.

A perfeição com a qual Shakespeare compõe seus personagens é afirmada principalmente com base em Lear, Cordélia, Otelo, Desdêmona, Falstaff e Hamlet. Mas todos eles, bem como todos os outros, não pertencem a Shakespeare, pois ele os tomou emprestados de peças, crônicas e romances anteriores. E ele não só deixou de fortalecer esses personagens como na maior parte das vezes os tornou mais fracos e degenerados. Isso impressiona muito na análise do drama *Rei Lear*, que ele tomou de empréstimo da peça *Rei Leir*, de autor desconhecido. Em comparação com a peça mais antiga, personagens como o próprio Lear e em especial Cordélia, que não foram criados por Shakespeare, foram impressionantemente enfraquecidos e privados de personalidade.

Na peça mais antiga, Leir renuncia ao poder porque, depois de ficar viúvo, ele só pensa na salvação da própria alma. Sua pergunta para as filhas sobre o amor que sentem por ele serve como artifício para reter a filha mais nova na ilha. As duas mais velhas já estão de casamento arranjado, mas a caçula não quer se casar sem amor com nenhum dos pretendentes locais que Leir lhe oferece, e ele tem medo de que ela se case com algum rei de um lugar distante.

O artifício inventado, como ele fala ao cortesão Perillus (Kent, em Shakespeare), consiste no seguinte: quando Cordélia disser que o ama mais que a qualquer outro, ou tanto quanto as irmãs mais velhas, ele lhe dirá que para provar seu amor ela deverá se casar com um príncipe que ele indicará na própria ilha.

Em Shakespeare não há todas essas motivações para os atos de Lear. Na peça antiga, quando Leir pergunta às filhas sobre seu amor por ele, Cordélia não responde (como em Shakespeare) que não entregará todo o seu amor ao pai, que amará também o marido quando se casar, o que é completamente arbitrário, mas responde simplesmente que não pode expressar seu amor apenas com palavras, pois espera que suas ações comprovem isso. Goneril e Regana comentam que a resposta de Cordélia não é uma resposta, e que seu pai não pode aceitar tamanha indiferença. Então, no drama antigo há aquilo que não está presente em Shakespeare, uma explicação da raiva de Leir, que provoca a destituição da filha mais nova. Leir está irritado por causa do fracasso de sua artimanha, e as palavras venenosas das filhas mais velhas o irritam ainda mais. Depois da divisão do reino entre as duas filhas mais velhas, na peça antiga há uma cena com Cordélia e o rei da Gália em que, no lugar da Cordélia de Shakespeare com sua personalidade amorfa, o caráter da filha mais nova se apresenta muito determinado, atraente, verdadeiro, doce e abnegado.

Enquanto Cordélia, sem se afligir porque fora destituída de sua parte na herança, só fica triste porque perdeu o amor do pai, e pensa em tirar o próprio sustento do trabalho, chega o rei da Gália, disfarçado de peregrino, para encontrar uma noiva entre as filhas de Leir. Ele pergunta a Cordélia por que ela está triste. Ela lhe conta o motivo de sua aflição. O rei da Gália, disfarçado de peregrino, fica encantado por ela e pede sua mão para o rei da Gália, mas Cordélia diz que só irá se casar com o homem por quem se apaixonar. Então o peregrino pede sua mão e Cordélia confessa que se apaixonou por ele e aceita se casar com ele, apesar da pobreza e das privações que a aguardam. Nesse momento, o peregrino revela que é o rei de Gália e Cordélia se casa com ele.

Em vez dessa cena, em Shakespeare, Lear oferece Cordélia sem dote para dois noivos; um recusa de forma rude, e o outro não se sabe por que a aceita.

Depois disso, na peça antiga, bem como na de Shakespeare, Leir é submetido aos insultos de Goneril, para a casa de quem se mudou, mas suporta todos esses insultos de forma completamente diferente do que em Shakespeare: ele considera que mereceu isso por sua atitude com Cordélia, e se conforma, humilde.

Assim como na peça de Shakespeare, na versão antiga o cortesão Perillus (Kent), que intercede em favor de Cordélia e por isso é expulso, vem até Leir não disfarçado, mas apenas como um criado fiel que não abandona seu rei e lhe assegura seu amor. Leir fala para ele aquilo que em Shakespeare diz para Cordélia na última cena, precisamente que, se as filhas a quem fez tanto bem o odeiam, então aquela a quem não fez bem não pode amá-lo. Mas Perillus (Kent) confirma seu amor ao rei, e Leir se acalma e vai até a casa de Regana. Na peça antiga não há nenhuma tempestade nem o arrancar de cabelos grisalhos, mas sim um velho Leir de coração partido, enfraquecido e resignado, expulso por outra filha, que quer até matá-lo. Na peça antiga, Leir, expulso pelas filhas mais velhas, vai com Perillus até Cordélia como seu último recurso para se salvar. Em vez do arbitrário exílio de Lear durante uma tempestade e de sua perambulação pela charneca, na peça antiga, durante sua viagem pela França, Leir e Perillus muito naturalmente chegam ao último grau de indigência, vendem suas vestimentas para pagar a travessia pelo mar e, usando roupas de pescadores, esgotados pelo frio e pela fome, chegam à casa de Cordélia.

E outra vez, no lugar do artificial delírio comum de Lear, do bobo e de Edgar em Shakespeare, na peça antiga é representada a cena natural do encontro entre pai e filha. Cordélia — apesar de sua felicidade, sempre sentiu saudades do pai e pedia a Deus que perdoasse as irmãs que tanto mal haviam feito a ele — encontra o pai, que chegou ao nível máximo de pobreza, e imediatamente deseja se revelar para ele, mas o marido a aconselha a não fazer isso para não agitar demais o homem velho e fraco. Ela concorda e, sem se revelar ao pai, o convida para sua casa e, sem ser reconhecida, cuida dele. Aos poucos Leir se recupera, e logo a filha lhe pergunta quem é e como viveu antes.

If from the first, I should relate the cause,
I would make a heart of adamant to weep.
And thou poor soul,
Kind-hearted as thou art,
Dost weep already, are I do begin.

Cordélia responde:

For Gods love tell it and when you have done.
I'll tell the reason, why I weep so soon.

"Se eu tivesse contado desde o início", diz Leir, "até as pessoas com coração de pedra teriam chorado. E você, coitada, é tão meiga que está chorando já, antes de eu começar."

"Não, pelo amor de Deus, conte", diz Cordélia, "e, quando você terminar, lhe direi por que estou chorando antes de escutar seu relato."

E Leir conta tudo o que sofreu na mão das filhas mais velhas e diz que agora quer recorrer àquela que estaria certa em condená-lo à morte. "Se ela", diz ele, "me aceitar com amor, será obra divina e dela, e não mérito meu." Ao que Cordélia responde: "Oh! Tenho certeza de que sua filha o aceitará com amor." "Como pode saber disso sem conhecê-la?", perguntou Leir. "Sei porque longe daqui eu tinha um pai que agiu tão mal comigo como você com ela. E, mesmo assim, se visse a cabeça grisalha dele, eu me arrastaria de joelhos na sua direção", disse Cordélia. "Não, isso não vai acontecer, porque não há no mundo filhas mais cruéis do que as minhas", disse Leir. "Não condene todos pelos pecados alheios", responde Cordélia, e se põe de joelhos. "Olhe, querido pai, olhe para mim, sou eu, sua filha que o ama." O pai a reconhece e diz: "Não é você, mas eu quem deve ficar de joelhos e lhe pedir perdão por todos os pecados que cometi contigo".

Existe algo semelhante a essa cena encantadora na peça de Shakespeare?

Por mais que essa opinião pareça estranha aos admiradores de Shakespeare, o conjunto dessa antiga peça é melhor do que a versão de Shakespeare em todos os aspectos. É melhor porque, em primeiro lugar, nela não há personagens completamente desnecessários que só distraem a atenção — o vilão Edmund e os artificialíssimos Gloucester e Edgar; em segundo lugar, porque não há os efeitos vazios de significado da correria de Lear pela charneca, das conversas com o bobo e de todos aqueles disfarces, não reconhecimentos impossíveis e a mortandade geral; e sobretudo porque nessa peça há o personagem simples, natural e muito comovente que é Leir, e ainda mais comovente, definida e encantadora personagem de Cordélia, o que não existe em Shakespeare. E também porque na peça antiga, em vez de cenas esparsas do encontro entre Lear e Cordélia e seu desnecessário assassinato em Shakespeare, há uma cena maravilhosa de reconciliação entre Leir e Cordélia, algo que não existe nem de forma semelhante em nenhuma peça de Shakespeare.

A peça antiga termina também mais naturalmente e da forma que melhor corresponde à exigência moral do espectador do que a de Shakespeare, a saber: o rei da França vence os maridos das irmãs mais velhas, e Cordélia não morre, mas reconduz Leir à antiga posição.

Isso é o que diz respeito à peça de Shakespeare que estamos analisando, a qual ele tomou emprestada da peça *Rei Leir*.

O mesmo acontece com *Otelo*, tomado de uma novela italiana, e o mesmo também ocorre com o famoso *Hamlet*. O mesmo pode ser dito também de Antônio, Brutus, Cleópatra, Shylock, Ricardo e todos os personagens de Shakespeare usurpados de alguma obra anterior. Valendo-se de personagens criados em peças, romances e crônicas anteriores e de biografias escritas por Plutarco,

Shakespeare não só os torna menos verdadeiros e menos vívidos como, ao contrário do que dizem seus bajuladores, sempre os enfraquece e muitas vezes os destrói por completo, como em *Rei Lear*, fazendo seus personagens cometer ações impróprias para eles e, principalmente, falar coisas estranhas tanto para eles quanto para qualquer pessoa. Desse modo, em *Otelo* — que digamos ser não a melhor, mas a peça menos ruim de Shakespeare, a menos sobrecarregada de verbosidade pomposa —, os personagens Otelo, Iago, Cássio e Emília são muito menos autênticos e vivos do que na novela italiana. O Otelo de Shakespeare tem epilepsia, em razão da qual sofre um ataque em cena. Em Shakespeare, o assassinato de Desdêmona antecede o estranho juramento de Otelo e Iago ajoelhados; além disso, em Shakespeare Otelo é negro e não mouro. Tudo isso é muito pretensioso e arbitrário e transgride a integridade do personagem. Não há nada disso na novela. Os motivos do ciúme de Otelo na novela também parecem mais naturais do que em Shakespeare. Na novela, sabendo a quem pertence o lenço, Cássio vai até Desdêmona para devolvê-lo, mas, ao se aproximar da entrada dos fundos da casa de Desdêmona, vê Otelo chegando e foge. Otelo vê Cássio correndo e isso confirma suas suspeitas. Isso não está em Shakespeare, mas é esse incidente que, mais do que tudo, explica o ciúme de Otelo. Em Shakespeare, seu ciúme está baseado nas bem-sucedidas tramoias de Iago e em suas falas traiçoeiras, nas quais Otelo confia cegamente. O monólogo de Otelo diante da adormecida Desdêmona, dizendo que deseja que ela, quando morta, parecesse viva, que irá amá-la mesmo morta e que agora ele deseja inalar seu aroma e assim por diante, é completamente impossível. Um homem que está se preparando para matar a pessoa amada não pode dizer essas palavras e menos ainda pode, depois do assassinato, falar que agora o sol e a lua irão eclipsar e o globo terrestre, rachar, e não pode,

OS ÚLTIMOS DIAS DE TOLSTÓI   297

seja ele o tipo de negro que for, se dirigir aos diabos, convidando-os para queimá-lo no enxofre quente e assim por diante. E, por fim, por mais espetacular que fosse seu suicídio (que não ocorre na novela), ele demole por completo a ideia de um personagem sólido. Se ele de fato sofre de tristeza e arrependimento, então, com a intenção de se matar, não poderia dizer frases sobre seus méritos, sobre um pérola e lágrimas que "como as árvores da Arábia/ vertem sua resina perfumosa",* e menos ainda sobre como um turco injuriou um italiano e como ele "assim" o puniu. Desse modo, apesar dos sentimentos profundos expressos em Otelo, quando sob influência das insinuações de Iago o ciúme cresce dentro dele, e depois nas cenas com Desdêmona, nossa visão do personagem de Otelo é constantemente infringida pelo falso *páthos* e pelas falas artificiais que ele pronuncia.

Esse é o caso do personagem principal — Otelo. Mas, apesar das modificações desfavoráveis a que ele foi submetido, em comparação com o personagem da novela que lhe serviu de base, Otelo ainda assim continua a ser um personagem. No entanto, todos os demais personagens foram completamente estragados por Shakespeare.

Iago é um completo vilão em Shakespeare, um mentiroso, ladrão e interesseiro que explora Rodrigo, sempre tem sucesso em todos os seus planos mais impossíveis e, como consequência, é um personagem irreal. Em Shakespeare, o motivo de suas maldades em primeiro lugar é o rancor, porque Otelo não lhe deu o posto que ele desejava; em segundo lugar, porque ele suspeita de que Otelo tem um relacionamento com a esposa dele; em terceiro, porque, segundo ele diz, sente um estranho amor por Desdêmona. São muitos motivos, mas nenhum deles é claro. No romance, há um motivo simples e claro: o amor arrebata-

---

* Os trechos de *Otelo* foram extraídos da tradução de Onestaldo de Pennafort. Rio de Janeiro, Civilização Brasileira, 1956.

do por Desdêmona, que se transformou em ódio por ela e por Otelo após ela ter dado preferência ao mouro, repelindo-o para sempre. Mais falso ainda, e completamente desnecessário, é o personagem de Rodrigo, enganado e roubado por Iago, que lhe promete o amor de Desdêmona e o força a fazer tudo o que ele manda: embriagar Cássio, provocá-lo e depois matá-lo. Já Emília, que diz tudo que o autor quer pôr em sua boca, não possui nenhuma semelhança com uma pessoa real.

"Mas e Falstaff, o admirável Falstaff", irão dizer os elogiadores de Shakespeare. "Sobre ele já não se pode dizer que não é um personagem real e que, por ter sido tomado de uma comédia de autor desconhecido, foi enfraquecido."

Bem, como todos os personagens de Shakespeare, Falstaff foi tomado de empréstimo de uma tragédia ou comédia de autor desconhecido escrita sobre uma pessoa real, sir John Oldcastle, que era amigo de um duque. Certa vez, esse Oldcastle foi acusado de heresia e salvo pelo amigo duque; em outra ocasião, ele foi condenado e queimado na fogueira por suas crenças religiosas que divergiam do catolicismo. Inspirado nesse Oldcastle, um autor desconhecido escreveu, para agradar ao público católico, uma comédia ou tragédia em que ridicularizava e apresentava esse mártir da fé como um imprestável companheiro de bebedeiras do duque; dessa mesma comédia Shakespeare tomou não só o próprio personagem de Falstaff, mas também a atitude cômica em relação a ele. Nas primeiras peças de Shakespeare em que esse personagem aparecia, ele era chamado de Oldcastle. Depois, quando na época da rainha Elizabeth o protestantismo voltou a triunfar, tornou-se embaraçoso zombar desse mártir da luta contra o catolicismo, os parentes de Oldcastle protestaram e Shakespeare trocou seu nome de Oldcastle para Falstaff, também uma figura histórica, famosa por fugir do campo de batalha de Agincourt.

Falstaff é de fato um personagem bastante natural e bem caracterizado, mas em compensação talvez seja o único personagem natural e bem caracterizado retratado por Shakespeare.

Mas é natural e bem caracterizado porque, entre todos os personagens de Shakespeare, é o único que fala com linguagem própria à sua natureza. A linguagem é adequada ao personagem porque utiliza exatamente aquela linguagem shakespeariana cheia de infinitos chistes e trocadilhos sem graça que são inapropriados para os outros personagens de Shakespeare, mas se adaptam à perfeição ao caráter jactancioso, distorcido e pervertido do beberrão Falstaff. Só por isso essa figura realmente apresenta um caráter definido. Infelizmente, o caráter artístico desse personagem é prejudicado, porque ele é tão repugnante por sua glutonaria, embriaguez, libertinagem, trapaças, mentiras e covardia que se torna difícil compartilhar a sensação do humor alegre com que o autor o trata. Esse é o caso de Falstaff. Em nenhum personagem de Shakespeare se nota de forma tão surpreendente, não direi sua incapacidade, mas seu completo desinteresse em atribuir algum traço de personalidade a seus personagens como acontece em *Hamlet*; e em nenhuma das peças de Shakespeare se observa de forma tão surpreendente a adoração cega por ele, aquela hipnose desarrazoada que não admite a ideia de que alguma obra de Shakespeare possa não ser genial e algum protagonista de uma peça sua possa não ser a imagem de um personagem inovador e perfeitamente concebido.

À sua maneira, Shakespeare toma uma história antiga muito boa sobre *"Avec quelle ruse Amlet qui depuis fut Roy de Dannemarch, vengea la mort de son pere Horwendille, occis par Fengon, son frere et autre occurence de son histoire"* [Com a ajuda de um artifício Hamlet se tornou rei da Dinamarca, vingou a morte do pai Horvendille, assassinado pelo irmão dele, Fengon, e outras circunstâncias dessa história], ou uma peça escrita sobre esse tema quinze anos antes dele, e escreve sua peça com base nesse enredo, introduzindo de forma completamente fora de propósito (como sempre o faz) nos lábios do personagem principal todos os seus pensamentos que lhe parecem merecedores de atenção. Pondo na boca de seu herói estes pensamentos: sobre a fragilidade da vida (coveiro), sobre a morte (*to be or not to be*), aqueles mesmos que ele descreveu no Soneto 66 (sobre o teatro, sobre mulheres), ele não se preocupa nem um pouco com as circunstâncias nas quais essas falas são pronunciadas e, naturalmente, ocorre que o personagem que expressa essas ideias se torna uma espécie de fonógrafo de Shakespeare, perde qualquer caracterização e suas atitudes e falas não se coadunam.

Na lenda, a personalidade de Hamlet é bastante clara: ele está indignado com as ações do tio e da mãe, deseja se vingar deles, mas teme que o tio o mate assim como matou seu pai e por isso finge estar louco, com o intuito de esperar e observar tudo o que acontece na corte. Mas seu tio e sua mãe, com medo dele, querem descobrir se ele está fingindo ou se está louco de verdade, e enviam uma jovem que ele amou. Hamlet mantém-se firme, depois fica a sós com a mãe, mata um cortesão que os escuta clandestinamente e confronta a mãe pelo crime que ela cometeu. Depois, é enviado para a Inglaterra. Ele intercepta algumas cartas e, ao voltar, vinga-se de seus inimigos, queimando todos eles.

Tudo isso está claro e decorre do caráter e da situação de Hamlet. Mas Shakespeare, pondo na boca de Hamlet falas que ele gostaria de expressar e forçando-o a realizar ações que só são necessárias para o autor preparar cenas grandiosas, destrói tudo o que compõe o caráter de Hamlet na lenda. Durante toda a peça, Hamlet não faz o que talvez desejasse, mas o que é necessário para o autor: ora fica horrorizado diante da sombra do pai; ora começa a zombar dela, chamando-o de toupeira; ora ele ama Ofélia; ora a importuna e assim por diante. Não há nenhuma chance de encontrar alguma explicação para as ações e falas de Hamlet, e por isso é impossível lhe atribuir algum caráter.

Mas, por ser ponto pacífico que o genial Shakespeare não pode escrever nada ruim, os eruditos direcionam todos os esforços da mente para encontrar a extraordinária beleza naquilo que é um defeito óbvio e salta à vista, que se expressa de forma especialmente aguda em *Hamlet*, isto é, que o protagonista não tem nenhum caráter. E então os críticos compenetrados declaram que nessa peça, na pessoa de Hamlet, está expresso um caráter completamente novo e profundo, que consiste exatamente no fato de esse personagem não ter caráter, e que nessa ausência está a genialidade da criação de um caráter profundo! Depois de decidir que isso assim seria, os críticos eruditos escrevem volumes e mais volumes a respeito, e assim os elogios e as explicações da grandeza e da importância da representação do caráter da pessoa que não tem caráter são capazes de encher bibliotecas inteiras. Contudo, alguns críticos às vezes expressam timidamente a ideia de que há algo estranho nesse personagem, que Hamlet é um enigma inexplicável, mas ninguém ousa dizer que o rei está nu, que está claro como o dia que Shakespeare não soube nem quis atribuir algum caráter a Hamlet, nem sequer entendia que isso é necessário. E os críticos eruditos continuam investigando e elogiando essa obra misteriosa, que lembra a famosa pedra com uma inscrição encontrada pelo Pickwick na porta da casa de um agricultor e que dividiu o mundo científico em dois lados inimigos.

Dessa forma, nem Lear, nem Otelo, nem Falstaff e muito menos Hamlet confirmam a opinião corrente de que o poder de Shakespeare consiste na representação de seus personagens.

Se nas peças de Shakespeare se encontram personagens que possuem alguns traços bem caracterizados (na maioria personagens secundários como Polônio em *Hamlet* e Portia em *O mercador de Veneza*), são apenas algumas figuras verossímeis entre quinhentos ou mais personagens secundários, e há uma completa ausência de traços característicos marcantes entre seus protagonistas, o que não comprova de forma alguma que a importância das peças de Shakespeare consiste na representação de seus personagens.

O fato de se atribuir a Shakespeare grande habilidade na composição de seus personagens ocorre porque ele de fato possui uma característica que, com ajuda da interpretação de bons atores, para o observador superficial pode parecer competência na composição dos personagens. Essa característica consiste na capacidade de Shakespeare para conduzir cenas em que se expressam sentimentos. Por mais arbitrárias que sejam as situações às quais ele expõe seus personagens, por mais artificial que seja a linguagem que ele os obriga a falar, por mais privados de personalidade que sejam, o próprio movimento dos sentimentos, isto é, a amplificação, a modificação, a junção de vários sentimentos contraditórios, muitas vezes em algumas cenas de Shakespeare é expresso de forma correta e intensa, e, com a interpretação de bons atores, apesar do pouco tempo que duram, despertam compaixão pelas pessoas ali representadas.

Shakespeare, ele próprio um ator e pessoa inteligente, sabia não só através de falas, mas de exclamações, gestos e repetições de palavras, expressar os estados de espírito e as mudanças de emoções que ocorrem nos personagens. Dessa forma, em muitas passagens os personagens de Shakespeare, em vez de pronunciar palavras, apenas exclamam, choram ou, muitas vezes, no meio de um monólogo, manifestam a gravidade de seu estado através de gestos (assim Lear pede que lhe abram um botão) ou, em um momento de forte excitação, perguntam várias vezes e pedem para repetir aquela palavra que os assombrou, como o fazem Otelo, Macduff, Cleópatra, e assim por diante. Procedimentos inteligentes semelhantes de representação do movimento de sentimentos, por oferecer aos bons atores a possibilidade de mostrar seus recursos, frequentemente foram e são reconhecidos por muitos críticos como a capacidade de compor personagens. Porém, por mais forte que o movimento das emoções pudesse ser expresso em uma cena, esta não é capaz de mostrar o caráter do personagem quando ele, depois de uma exclamação ou gesto verdadeiro, começa um longo discurso, não com sua linguagem, mas, pelo arbítrio do autor, proferindo falas desnecessárias que são estranhas a seu caráter.

V

"E quanto às falas intensas pronunciadas por personagens de Shakespeare?", perguntarão os admiradores de Shakespeare. "O monólogo de Lear sobre o castigo, o discurso de Kent sobre a bajulação, o discurso de Edgar sobre sua vida passada, as reflexões de Gloucester sobre as vicissitudes do destino e, em outras peças, famosos monólogos de Hamlet, Antônio assim por diante?"

Os pensamentos e as frases podem ser avaliados, responderei, em uma obra em prosa, em um tratado, em uma coletânea de aforismos, mas não em uma obra de arte dramática, cujo objetivo é provocar compaixão por aquilo que está sendo representado. Por isso os monólogos e as falas de Shakespeare, mesmo se contivessem muitos pensamentos profundos e inovadores (o que não é o caso), não podem constituir o valor de uma obra de arte poética. Ao contrário, essas falas pronunciadas em condições impróprias só podem prejudicar as obras.

Antes de mais nada, uma obra artística e poética, especialmente uma peça de teatro, deve provocar no leitor ou no espectador a ilusão de que o vivido e experimentado pelos personagens está sendo vivido e experimentado por ele mesmo. Por isso é tão importante que o dramaturgo saiba exatamente o que devem falar e fazer seus personagens, para não arruinar a ilusão do leitor ou do espectador. Por mais que as falas postas nos lábios dos personagens sejam eloquentes e profundas, quando são dispensáveis e impróprias para sua situação e seu modo de agir, elas destroem a principal condição da obra dramática — a ilusão que desperta no leitor ou no espectador as mesmas emoções vividas pelos personagens. É possível, sem desfazer a ilusão, deixar algo inconcluso — o leitor ou o espectador vai concluir a fala e, às vezes em consequência disso, dentro dele a ilusão se reforçará ainda mais, porém falar mais do que o necessário é a mesma coisa que empurrar e destruir uma estátua feita de pedaços ou tirar a lâmpada de uma lanterna mágica —, a atenção do leitor ou do espectador é distraída, o leitor vê o autor, o espectador vê o ator, a ilusão desaparece e recuperá-la se torna por vezes impossível. É por isso que sem o senso de medida não existe o artista e, especialmente, o dramaturgo. Shakespeare é completamente desprovido desse senso.

Os personagens de Shakespeare sempre fazem e falam aquilo que não apenas é impróprio, mas desnecessário. Não dou outros exemplos disso porque penso que a pessoa que não vê por si própria essa falha assombrosa em todas as obras de Shakespeare não será convencida por nenhum exemplo ou prova. Basta ler *Rei Lear* com sua loucura, os assassinatos, o arrancar dos olhos, o salto de Gloucester, os envenenamentos, os insultos, sem falar de *Péricles*, *Cimbelino*, *O conto de inverno*, *A tempestade* (todas as obras do período de maturidade); para se certificar disso. Só uma pessoa desprovida do senso de medida e de bom gosto pode escrever *Tito Andrônico, Troilo e Créssida* e deformar sem piedade uma antiga tragédia, o *Rei Leir.*

Gervinus[5] tenta provar que Shakespeare possuía um senso de beleza, *Schönheitssinn*, mas todas as provas de Gervinus só fazem mostrar que ele próprio era totalmente destituído disso. Em Shakespeare, tudo é exagerado: as ações, as consequências, as falas dos personagens, e, por conseguinte, a cada desdobramento a possibilidade de impressão artística é prejudicada.

Por mais que se comentem e se admirem as obras de Shakespeare, ou a despeito das qualidades que lhe sejam atribuídas, é indubitável que ele não era um artista e que suas obras não são obras de arte. Sem o senso de medida jamais existiu ou pode existir um artista, do mesmo modo que não pode haver um músico sem senso de ritmo.

"Mas não se pode esquecer da época em que Shakespeare escreveu suas obras", dizem seus admiradores. "Era a época de temperamentos violentos e rudes, um tempo do popular *eufuísmo*, isto é, um procedimento de expressão artificial, o tempo de formas de vida estranhas para nós. E por isso, para criticar Shakespeare, é necessário ter em vista a época em que ele escreveu. Também em Homero, tanto como em Shakespeare, há muitas coisas estranhas para nós, o que não nos impede de apreciar a beleza de Homero", dizem esses apreciadores. Mas, ao comparar Shakespeare a Homero, como o faz Gervinus, com maior evidência sobressai a infinita distância que separa a verdadeira poesia de seu simulacro. Por mais que Homero esteja distante de nós, somos levados mentalmente, sem o menor esforço, àquela vida que ele descreve. Somos levados principalmente porque, por mais que nos sejam alheios os acontecimentos que descreve Homero, ele acredita naquilo que diz, por isso nunca exagera, e o senso de medida jamais o abandona. Por isso acontece que, sem falar dos personagens surpreendentemente claros, vivos e perfeitos de

Aquiles, Heitor, Príamo, Ulisses e das cenas eternamente
comoventes da despedida de Heitor, da missão de Príamo,
do retorno de Ulisses e outras, toda a *Ilíada* e, sobretudo,
a *Odisseia* são tão naturais e próximas a nós como se nós
mesmos vivêssemos e continuássemos vivendo entre deuses
e heróis. Esse não é o caso de Shakespeare. Desde suas primeiras palavras percebe-se o exagero: de acontecimentos,
de emoções e de expressões. Nota-se ao mesmo tempo que
ele não acredita no que diz; que ele não necessita disso, in-
venta os acontecimentos que descreve e é indiferente a seus
personagens; concebeu-os somente para o palco, e por isso
os obriga a fazer e falar apenas o que pode impressionar o
público; consequentemente não acreditamos nem nos acontecimentos, nem nas ações, nem nas desventuras de seus
heróis. Nada revela com tanta clareza a completa ausência
de senso estético em Shakespeare como sua comparação a
Homero. As obras que consideramos criações de Homero
são artísticas, poéticas, originais e vivenciadas por seu autor ou autores.

As obras de Shakespeare são organizadas artificialmente como um mosaico de pequenos pedaços, inventa-
das para um propósito em particular; não têm nada em
comum com arte e poesia.

VI

Mas a superioridade da concepção de mundo de Shakespeare será tão grande que, mesmo que ele não corres-
ponda às exigências da estética, ainda assim mostra uma
concepção de mundo inovadora e importante para as
pessoas e, por causa da importância dessa concepção
descoberta por ele, todos os seus defeitos como artista
se tornam imperceptíveis? Assim falam os adoradores de
Shakespeare. Gervinus afirma abertamente que, além da
importância de Shakespeare no campo da poesia dra-

mática, no qual, em sua opinião, ele é o equivalente a "Homero no campo do gênero épico. Como excelente conhecedor da alma humana, Shakespeare é o mestre da mais incontestável autoridade ética e o líder maior no mundo e na vida".

Em que consiste essa autoridade ética incontestável do mestre mais destacado sobre as coisas do mundo e da vida? Gervinus dedica o capítulo final do segundo volume, de cerca de cinquenta páginas, a essa explicação.

A autoridade ética desse mestre supremo da vida, segundo Gervinus, consiste no seguinte. O ponto de partida da visão moral de Shakespeare, afirma Gervinus, é que a pessoa é dotada de forças de atividade e forças de definição dessa atividade. E por isso, antes de mais nada, de acordo Gervinus, Shakespeare considera bom e adequado para o homem agir (como se o homem pudesse não agir).

Die thatkraftigen Manner: Fortinbras, Volingbrocke, Alciviades, Octavius spielen hier die gegensatzlichen Rollen gegen die verschiedenen Thatlosen; nicht, ihre Charaktere verdienen ihnen Alien ihr Glück und Gedeihen etwa durch eine grosse Ueberlegenheit ihrer Natur, sondern trotz ihrer geringerer Aniage stellt sich ihre Thatkraft an sich Uber die Unthatigkeit der anderen hinaus, gleichviel aus wie schoner Quelle diese Passivitat, aus wie cshleicher jene Thatigkeit fliesse.[*]

Ou seja, homens ativos como Fortinbras, Bolingbroke, Alcibíades e Otávio, diz Gervinus, são contrapostos por Shakespeare a diferentes indivíduos que não manifestam grande atividade. Ao mesmo tempo, segundo Shakespeare, a felicidade e o sucesso são alcançados pelas pessoas que possuem esse caráter ativo, de modo

---

[*] *Shakespeare*, de G. G. Gervinus, Leipzig, 1872, vol. II, pp. 550-1. (Liev Tolstói)

algum graças à superioridade de sua natureza; ao contrário, apesar de seus dons naturais serem menores, sua capacidade de agir por si sós sempre lhes proporciona vantagem perante a inércia, a despeito de a inércia de uns provir de impulsos bons e a atividade de outros, de impulsos ruins.

"A atividade é o bem, a inércia é o mal. A atividade transforma o mal no bem", é o que diz Shakespeare, segundo Gervinus. "Shakespeare prefere o princípio de Alexandre [da Macedônia] ao princípio de Diógenes", afirma Gervinus. Em outras palavras, Shakespeare, para Gervinus, prefere a morte e o assassinato por motivos de ambição à moderação e à sabedoria.[6]

De acordo com Gervinus, Shakespeare considera que a humanidade não necessita estabelecer ideais para si, mas precisa apenas de atividades saudáveis e de moderação. Shakespeare está tão imbuído dessa sábia noção de moderação que, segundo as palavras de Gervinus, permite-se negar até a moral cristã que pressupõe exigências excessivas à natureza humana. Como fala Gervinus, Shakespeare não aprovava que os limites das obrigações excedessem as intenções da natureza. Ele prega o meio--termo entre o ódio pagão aos inimigos e o amor cristão por eles (pp. 561 e 562):

Na medida em que Shakespeare estava imbuído de seu princípio fundamental da sábia moderação, torna-se mais visível por que se atrevia a expressar-se contra preceitos cristãos que induzem uma natureza humana à tensão excessiva de suas forças. Ele não admitia que os limites das obrigações fossem além dos preceitos da natureza. Por isso pregava um meio-termo razoável e peculiar aos homens, entre preceitos cristãos e pagãos — de um lado, amor aos inimigos, e do outro, ódio por eles. E a possibilidade de fazer uma quantidade demasiada do bem (ultrapassar os limites razoáveis do bem) é comprovada de maneira convincente através de palavras e exemplos de Shakespeare. Desse modo, a generosidade excessiva arruína Tímon, enquanto a generosidade moderada proporciona a estima para Antônio. A ambição normal faz Henrique V tornar-se o grande, ao passo que arruína Percy, porque sua ambição foi longe demais. A excessiva virtude leva Ângelo à morte e à ruína e, se naqueles que o rodeiam o excesso de rigidez se revela prejudicial e não é capaz de evitar um crime, então *o que existe de divino no homem — clemência, se for excessiva, pode dar origem a um crime.*

Shakespeare ensina, diz Gervinus, que *é possível fazer uma quantidade demasiada de bem.*

Ele ensina (segundo Gervinus) que a moral, assim como a política, é matéria em que, devido à complexidade de casos e motivos, não é possível estabelecer nenhuma regra. Na p. 563: "Do ponto de vista de Shakespeare (e nisso ele converge com Bacon e Aristóteles), não há nenhuma lei religiosa e moral positiva que pudesse criar prescrições de atitudes morais corretas apropriadas para todas as situações".

Gervinus explica mais claramente a teoria moral de Shakespeare, segundo a qual Shakespeare não escreve para aquelas classes para as quais cabem determinadas regras e leis religiosas (ou seja, para 999 de cada mil pessoas), mas para pessoas cultas que já desenvolveram uma conduta saudável e um estado de ânimo que, somados à consciência, à razão e à vontade, formando um conjunto, se direcionam para objetivos de vida mais dignos. No entanto, segundo Gervinus, mesmo para esses felizardos, essa doutrina pode ser perigosa se for adotada por partes — é preciso considerá-la como um todo. Na p. 564:

Há classes de pessoas cuja moral fica mais bem assegurada por instruções positivas da religião e da lei; para tais pessoas, as obras de Shakespeare são inacessíveis. Elas estão mais claras e acessíveis apenas para os cultos, dos quais se pode exigir que desenvolvam uma conduta saudável e uma autoconsciência na qual as forças inatas da consciência e da razão que nos guiam, unindo-se à nossa vontade, nos conduzem a certa realização de objetivos de vida mais dignos. Porém, mesmo para essas pessoas cultas a doutrina de Shakespeare nem sempre pode ser inofensiva [...] A condição na qual sua doutrina é completamente inofensiva consiste na necessidade de sua plena aceitação, com todas as suas partes, sem exceção. Assim, ela não só é inofensiva, mas a mais clara, perfeita e, por isso, a mais digna de confiança entre todas as doutrinas morais.

Para tomá-la como um todo é necessário entender que, de acordo com sua doutrina, é insensato e perigoso para um indivíduo rebelar-se ou tentar violar os limites das formas religiosas e estatais estabelecidas. Na p. 556:

Para Shakespeare, seria abominável um indivíduo livre e independente que com o espírito forte lutasse contra qualquer lei na política e moral e infringisse a união de religiões com o Estado que há milênios sustenta a sociedade. Pois, na sua maneira de ver, a sabedoria prática das pessoas não teria um objetivo mais elevado do que introduzir na sociedade a maior naturalidade e liberdade, mas por essa razão é necessário respeitar piamente e de modo firme as leis naturais da sociedade, respeitar a ordem existente das coisas e, sempre a observando, aplicar seus aspectos racionais, sem esquecer a natureza por causa da cultura e vice-versa.

A propriedade, a família e o Estado são sagrados. O impulso para reconhecer a igualdade entre as pessoas é uma loucura. Sua realização levaria a humanidade à maior das desgraças. Nas pp. 571 e 572:

Ninguém lutou mais do que Shakespeare contra os privilégios de classe e posição, mas será que essa pessoa de pensamento livre poderia se conformar com o fato de que os privilégios de ricos e cultos fossem destruídos para dar espaço a pobres e ignorantes? Como esse homem que com tanta eloquência conclama à honra pode permitir que junto à posição e às distinções pelos méritos fosse suprimida qualquer aspiração para o grande, e junto à destruição de todos os níveis "extinguissem todos os impulsos para qualquer propósito elevado". E se, de fato, a estima obtida de maneira pérfida e o falso poder parassem de influenciar as pessoas, será que o poeta poderia admitir a mais terrível de todas as violências — o poder da multidão ignorante? Ele percebia que, graças a essa pregação atual da igualdade, tudo pode transformar-se em violência. E mesmo se isso não acontecer com a humanidade quando alcançar a igualdade, se o amor entre os povos e a paz eterna não forem aquele impossível "nada", como diz a respeito Alonso em *A tempestade*, se, ao contrário, for possível alcançar efetivamente as aspirações à igualdade, então o poeta consideraria que chegaram a velhice e o fim do mundo e nem para as pessoas ativas valeria a pena viver.

Tal é a concepção de mundo de Shakespeare, segundo explicação de seu maior especialista e admirador.

Outro mais novo admirador de Shakespeare, Brandes, acrescenta a isso ainda o seguinte:

Por certo, ninguém pode preservar de todo sua vida de mentiras, de enganos, e deixar de causar mal ao próximo. Mas mentiras e enganos nem sempre são vícios, e até o mal causado a outras pessoas não necessariamente é um vício: muitas vezes não passa de uma necessidade, uma arma legal, o direito. Na realidade, Shakespeare acreditava que não há nenhuma proibição ou obrigações incondicionais. Ele não duvidava, por exemplo, do direito de Hamlet de matar o rei, nem de seu direito de apunhalar Polônio. E, no entanto, até agora, ele não pôde se defender do sentimento predominante de indignação e repugnância quando olha a sua volta e vê em todo lugar como as mais simples leis morais foram incessantemente violadas. Agora em sua alma se forma algo como um círculo de pensamentos coeso, algo que vagamente ele sempre sentiu: tais preceitos, por certo, não são incondicionais; o valor e o significado de um ato, sem falar de seu caráter, não dependem da observância desses preceitos ou da obediência a eles; toda a essência está no conteúdo com o qual uma pessoa isolada, sob sua própria responsabilidade no momento da decisão, preenche a forma dessas prescrições da lei.[*]

Em outras palavras, agora Shakespeare vê claramente que a moralidade do objetivo que se persegue é a única verdadeira e possível. Desse modo, de acordo com Brandes, o princípio fundamental de Shakespeare, através do qual ele o elogia, é que *o fim justifica os meios*. A atividade custe o que custar, a ausência de todos os ideais, a moderação em tudo, a manutenção de formas de vida estabelecidas e a máxima de que o fim justifica os meios. Se a isso acrescentarmos ainda o chauvinista patriotismo inglês transmitido em todos os dramas históricos, um patriotismo segundo o qual o trono inglês é algo sagrado, os ingleses sempre vencem os franceses, matando milhares e perdendo apenas dezenas, Joana d'Arc é uma feiticeira, Heitor e todos os troianos dos quais descendem os ingleses são heróis e os gregos são covardes e traidores e assim por diante, essa é a concepção de mundo do sábio mestre da vida, segundo seus maiores admi-

---

[*] *William Shakespeare*, de Georges Brandes, traduzido por William Archer e Miss Morison, 1898, p. 921. (Liev Tolstói)

OS ÚLTIMOS DIAS DE TOLSTÓI

radores. E quem for ler atentamente as obras de Shakespeare não pode deixar de reconhecer que a definição dessa concepção de Shakespeare por seus admiradores é completamente correta.

O valor de qualquer obra poética é definido por três propriedades:

1) conteúdo da obra: quanto mais significativo for o conteúdo, ou seja, quanto mais importante para a vida humana, maior a obra;

2) beleza externa alcançada através de técnicas correspondentes ao gênero de arte. Desse modo, as técnicas da arte dramática são: a linguagem verdadeira, condizente com as características dos personagens, trama natural e ao mesmo tempo comovente, condução correta das cenas, exposição e desenvolvimento de sentimentos e um senso de medida em toda a representação;

3) sinceridade, isto é, o próprio autor deve sentir de forma aguçada o que está sendo representado por ele. Sem essa condição não pode haver nenhuma obra de arte, pois a essência da arte consiste no contágio daquele que percebe uma obra com sentimentos do autor. Se o autor não sentiu aquilo que representa, o receptor não experimenta nenhum sentimento do autor, e a obra já não pode ser considerada uma criação artística.

O conteúdo das peças de Shakespeare, como fica evidente nas explicações de seus maiores admiradores, *representa uma visão do mundo mais baixa e trivial*, que considera a superioridade aparente dos poderosos uma verdadeira vantagem de pessoas que desprezam a massa, isto é, a classe trabalhadora; negam quaisquer aspirações não apenas religiosas, mas também humanitárias, empreendidas para mudar a ordem vigente.

A segunda condição, exceto a condução correta de cenas nas quais se expressa o movimento das emoções, também está completamente ausente em Shakespeare. Ele não tem a naturalidade das situações, não há individualidade na linguagem dos personagens e, o principal, não há nenhum senso de medida, sem o qual a obra não pode ser artística.

E a terceira, a principal condição — a sinceridade —, está completamente ausente em todas as criações de Shakespeare. Em todas elas se nota a artificialidade deliberada, percebe-se que ele não é sincero, que ele brinca com as palavras.

VII

As obras de Shakespeare não correspondem às exigências de nenhuma arte e, além disso, sua tendência é a mais baixa e imoral. O que então significa aquela grande fama de que essas obras há mais de uma centena de anos usufrui?

A resposta a essa pergunta parece ainda mais difícil porque, se as obras de Shakespeare tivessem algum mérito, seria pelo menos um pouco compreensível o entusiasmo a seu respeito, que, por algum motivo, provocou esses louvores impróprios e exagerados. Mas aqui convergem duas medidas extremas: obras abaixo de qualquer crítica, insignificantes, vulgares e imorais e um insano louvor geral que exalta essas composições acima de tudo o que já foi criado pela humanidade.

Como explicar isso?

Ao longo da vida, muitas vezes tive a oportunidade de discutir sobre Shakespeare com seus admiradores, não apenas com pessoas pouco sensíveis à poesia, mas com pessoas que sentem vivamente a beleza poética, como Turguêniev, Fet[7] e outros, e todas as vezes encontrei a mesma atitude em relação à minha discordância da apologia em torno de Shakespeare.

Ninguém objetava quando eu indicava os defeitos em Shakespeare, apenas lamentavam minha incompreensão e me persuadiam da necessidade de reconhecer sua extraordinária e sobrenatural grandeza, mas não me explicavam em que consiste essa beleza, limitavam-se a admirar Shakespeare como um todo, de modo impreciso e exagerado, elogiando algumas partes favoritas: a abertura do botão do rei Lear, as mentiras de Falstaff, as manchas indeléveis de lady Macbeth, o discurso de Hamlet para o espírito do pai, 40 mil irmãos, não há culpados no mundo, e assim por diante.

"Abram", dizia eu para esses admiradores, "Shakespeare onde quiserem ou ao acaso, e irão certificar-se de que jamais encontrarão sucessivamente dez linhas claras, naturais, à feição do personagem que as fala e que produzem uma impressão artística." (Qualquer um pode fazer essa experiência.) E os admiradores de Shakespeare abriam em alguma parte as peças dele, ao acaso ou de acordo com a própria escolha e, sem prestar atenção às minhas observações, que as dez linhas escolhidas não satisfaziam as exigências primárias da estética e do bom-senso, admiravam o mesmo que me parecia absurdo, incompreensível e antiartístico.

Assim, durante minhas tentativas de obter entre os admiradores de Shakespeare uma explicação de sua grandeza, em geral encontrei a mesma atitude que se encontra sempre entre os defensores de algum dogma aceito não com base na racionalidade, mas na crença. Essa atitude dos admiradores de Shakespeare em relação a seu objeto, que pode ser encontrada tanto nos artigos entusiásticos, vagos e nebulosos sobre Shakespeare quanto nas conversas sobre ele, me deu a chave para compreender a razão de sua fama. Há somente uma explicação para essa fama impressionante: é uma daquelas sugestões epidêmicas às quais as pessoas sempre estiveram e estarão sujeitas. Tais sugestões existiram e sempre existirão em todas as mais variadas esferas da vida. Como fortes exemplos dessas sugestões importantes por seu valor e magnitude, não só entre os adultos, mas também entre as crianças, podem servir as cruzadas medievais; sugestões epidêmicas surpreendentes por sua irracionalidade, como a crença em bruxas, na utilidade da tortura para descobrir a verdade, na busca pelo elixir da vida, pela pedra filosofal, ou a paixão que se propagou na Holanda por tulipas, cujo bulbo era avaliado em milhares de florins. Essas sugestões irracionais existiram e sempre existirão em todas as esferas da vida humana: religiosa, filosófica, política, econômica, científica, artística, literária em geral; e as pessoas só veem claramente a insensatez dessas sugestões quando se libertam delas. Enquanto estão sob sua influência, essas sugestões lhes parecem verdades tão incontestáveis que não consideram necessário nem possível pensar a respeito. Com o desenvolvimento da imprensa, essas epidemias se tornaram especialmente impressionantes.

Com o desenvolvimento da imprensa, tão logo algum fenômeno, provocado por circunstâncias casuais, ganha um significado pelo menos um pouco mais relevante do que outro, imediatamente a imprensa anuncia esse significado. Tão logo a imprensa promove o significado do acontecimento, o público lhe dirige ainda mais atenção. A atenção do público induz a imprensa a examinar o fenômeno com mais atenção e em mais detalhes. O interesse do público aumenta ainda mais e os órgãos da imprensa, que competem entre si, satisfazem as exigências do público.

O público se interessa mais e mais; a imprensa atribui ainda mais valor. Assim, a importância do acontecimento, que cresce como uma bola de neve, obtém uma avaliação em tudo imprópria, e essa exagerada e frequentemente absurda apreciação permanece enquanto a visão dos líderes da imprensa e do público continue a mesma. Há uma grande quantidade de exemplos em nossa época desse equívoco de valorização dos mais insignificantes acontecimentos em razão da colaboração entre imprensa e público. Um dos exemplos mais assombrosos de tal interação entre público e imprensa foi a recente agitação com o caso Dreyfus, que se propagou no mundo inteiro. Houve a suspeita de que um capitão do Estado-maior francês era culpado de traição. Fosse porque o capitão era judeu ou por causa de divergências particulares internas nos partidos da sociedade francesa, esse acontecimento, semelhante aos que se repetem incessantemente sem atrair a menor atenção, porque não podem ser interessantes nem para militares franceses, tampouco para o mundo todo, despertou um interesse notório na imprensa. O público voltou sua atenção para ele. Órgãos de imprensa, competindo entre si, começaram a descrever, a analisar, a discutir esse acontecimento, o público começou a se interessar mais, a imprensa respondia à exigência do público e a bola de neve começou a crescer mais e mais até chegar a tal proporção que não havia nenhuma família que não discutisse o *affaire*. Portanto, a caricatura de Caran d'Ache que mostra primeiro uma família tranquila que decidiu não falar sobre Dreyfus e, em seguida, a mesma família brigando entre si como Fúrias exasperadas, retratou corretamente a atitude do mundo leitor com o caso Dreyfus. Pessoas de diferentes nacionalidades que não podiam, de forma alguma, se interessar pelo caso, se o oficial francês foi ou não um traidor, pessoas que, além disso, não podiam saber nada sobre o desenvolvimento do processo, todas se dividiram a favor ou contra Dreyfus e logo que se encontravam começavam a falar e discutir sobre ele, alguns afirmando com segurança, outros negando com veemência sua culpa.

E só depois de alguns anos as pessoas começaram a voltar a si e a entender que não poderiam de maneira alguma saber se o oficial era culpado ou inocente, e que cada um tem milhares de assuntos muito mais próximos e interessantes do que o caso Dreyfus. Tais alucinações acontecem em todas as esferas, mas são especialmente notáveis no campo literário, pois por natureza a imprensa se ocupa mais dos assuntos da imprensa, e essas alucinações são muito mais evidentes em nossa época, quando a imprensa obteve um desenvolvimento tão antinatural. Sempre acontece de as pessoas começarem a elogiar de forma exagerada algumas das obras mais insignificantes e depois, caso essas obras não equivalham à visão de mundo predominante, ficam indiferentes e esquecem tanto as obras quanto sua atitude anterior em relação a elas.

Assim, guardo na memória que na década de 1840 houve no campo das artes uma exaltação e admiração por Eugène Sue e George Sand, por Fourier no campo social, por Comte e Hegel no campo da filosofia e, no campo da ciência, por Darwin.

Sue está completamente esquecido, George Sand está sendo esquecida e substituída pelos escritos de Zola e dos decadentes Baudelaire, Verlaine, Maeterlinck e outros. Fourier, com seus falanstérios, está esquecido por completo e substituído por Marx, Hegel, que justifica a ordem existente, e Comte, que nega a necessidade da atividade religiosa da humanidade, e Darwin, com sua lei da sobrevivência, ainda resistem, mas começam a ser esquecidos, sendo substituídos pela doutrina de Nietzsche, embora também completamente absurda, impensada, obscura e ruim pelo conteúdo, porém mais correspondente à concepção de mundo vigente. Assim, às vezes de forma repentina, surgem e rapidamente caem no esquecimento as alucinações artísticas, científicas, filosóficas e literárias em geral.

No entanto, acontece também que essas alucinações, ao surgir devido a razões especiais, casualmente favoráveis a sua consolidação, correspondem a tal ponto à perspectiva vigente na sociedade, especialmente em círculos literários, que permanecem por um tempo extremamente longo. Ainda na época de Roma, notou-se que os livros têm destino próprio e às vezes bastante estranho: do fracasso apesar do grande mérito, e do enorme desmerecido sucesso a despeito de sua insignificância. Foi criado um provérbio: *pro captu lectoris habent sua fata libelli*, isto é, o destino do livro depende da compreensão dos que o leem. Assim foi a correspondência entre as obras de Shakespeare e a perspectiva das pessoas em cujo meio nasceu essa fama. Essa fama permaneceu e permanece até hoje porque as obras de Shakespeare continuam correspondendo à perspectiva das pessoas que sustentam essa fama.

Até o fim do século XVIII, Shakespeare não só não tinha nenhuma fama especial na Inglaterra como era menos apreciado do que outros dramaturgos contemporâneos seus: Ben Johnson, Fletcher, Beaumont e outros. Sua fama começou na Alemanha e passou para a Inglaterra. Isso aconteceu pelo seguinte motivo.

A arte, especialmente a arte dramática que exige muitas preparações, despesas e trabalho, sempre foi religiosa, ou seja, tinha como objetivo provocar nas pessoas a compreensão da relação com Deus que foi alcançada em determinada época por pessoas progressistas daquela sociedade em que a arte se manifestava.

Deveria ser assim na essência da questão e sempre foi assim para todos os povos: egípcios, hindus, chineses, gregos, desde que temos conhecimento da vida humana. E sempre acontecia que, com a brutalização das formas religiosas, a arte se desviava cada vez mais de seu objetivo inicial (com o qual poderia ser considerada algo importante — quase um culto religioso) e estabelecia objetivos mundanos, em vez de religiosos, para a satisfação das exigências da multidão e dos poderosos desse mundo, ou seja, objetivos de diversão e de entretenimento.

Esse desvio da arte de seu objetivo verdadeiro, superior, ocorria em todo lugar, e aconteceu também com a cristandade.

As primeiras manifestações da arte cristã foram cultos religiosos em templos: a realização de sacramentos e, com mais frequência, a liturgia. Quando, com o passar do tempo, as formas dessa arte de serviço divino pareceram insuficientes, surgiram os mistérios, que representavam os acontecimentos considerados mais importantes pela visão de mundo religiosa e cristã. Depois, quando a partir dos séculos XIII e XIV o centro da gravidade da doutrina cristã começou a ser transferido cada vez mais para a adoração de Cristo como Deus, para a compreensão e o seguimento de sua doutrina, a forma do mistério, que representava os fenômenos externos cristãos, se tornou insuficiente e foram necessárias novas formas. Como expressão dessa aspiração surgiu a *moralidade*, representações dramáticas em que os personagens eram personificações das virtudes cristãs e dos vícios opostos a elas.

Mas a alegoria, por sua natureza como uma arte de espécie inferior, não poderia substituir os antigos dramas religiosos; a nova forma de arte dramática correspondente à compreensão da cristandade como a doutrina sobre a vida ainda não foi encontrada. E a arte dramática, sem ter uma base religiosa em todos os países cristãos, começou a se afastar cada vez mais de seu desígnio superior e, em vez do culto a Deus, passou a servir à multidão (entendo multidão não só como as pessoas simples, mas como a maioria das pessoas imorais ou indiferentes às questões mais elevadas da vida humana). Também colaborou para esse afastamento o fato de que nessa mesma época foram descobertos e rememorados pensadores, poetas e dramaturgos gregos ainda desconhecidos pelo mundo cristão. E, consequentemente, sem ter elaborado ainda uma forma de arte dramática clara, própria à nova visão de mundo cristã como uma doutrina sobre a vida e, ao mesmo tempo, reconhecendo o antigo mistério e a moralidade como formas insuficientes, escritores dos séculos XV e

XVI, em busca de uma nova forma, naturalmente começaram a imitar os recém-descobertos modelos gregos, atraentes por sua elegância e novidade. E visto que, naquela época, somente os poderosos deste mundo, como os reis, príncipes, duques e cortesãos (pessoas menos religiosas e não apenas indiferentes às questões de religião, mas, em sua maioria, completamente pervertidas) podiam usufruir das apresentações teatrais, a dramaturgia dos séculos XV, XVI e XVII recusou completamente todo conteúdo religioso para satisfazer as exigências de seu público. Acontece que o drama, que antes possuía objetivo religioso e somente com essa condição podia ocupar um importante lugar na vida da humanidade, se transformou, como na época de Roma, em um espetáculo de entretenimento e diversão, mas com uma diferença, porque na época de Roma os espetáculos eram abertos para todo o povo, enquanto no mundo cristão dos séculos XV, XVI e XVII esses espetáculos eram destinados sobretudo aos reis depravados e à alta sociedade. Assim eram as peças espanholas, inglesas, italianas e francesas.

Nessa época, em todos esses países, as peças eram compostas principalmente segundo antigos modelos gregos de poemas, lendas, biografias, e, como era natural, refletiam características nacionais. Na Itália, desenvolveu-se preponderantemente a comédia com situações e personagens engraçadas. Na Espanha, prosperou o drama laico com tramas complexas e heróis históricos antigos. O traço característico do teatro inglês eram os efeitos brutais de assassinatos, execuções, batalhas e interlúdios cômicos populares que ocorriam no palco. Nem o teatro italiano, nem o espanhol, nem o inglês tinham popularidade em toda a Europa, e todos desfrutavam de sucesso apenas em seus países. Só o drama francês gozava de popularidade geral, graças à elegância de sua língua e ao talento de seus escritores, distinguindo-se também por uma fidelidade aos modelos gregos e, especialmente, à regra de três unidades.*

Assim continuou até o final do século XVIII. No fim desse século, houve o seguinte: na Alemanha, onde havia até escritores de teatro medianos (como Hans Sachs, um escritor fraco e pouco conhecido), todas as pessoas cultas, próximas a Frederico II, o Grande, apreciavam o pseudoclássico teatro francês. Entretanto, nessa mesma época, na Alemanha, surgiu um círculo de escritores e poetas cultos e talentosos que, sentindo a falsidade e a frieza do teatro francês, começaram a buscar uma nova forma dramática, mais livre. Os integrantes desse círculo, bem como todas as pessoas da mais alta sociedade do mundo cristão da época, estavam sob o encanto e a influência dos monumentos gregos e, sendo de todo indiferentes às questões religiosas, pensavam que, se ao mostrar calamidades, sofrimentos e a luta de seus heróis, o teatro grego representava o mais elevado exemplo do teatro no mundo cristão, essa representação dos sofrimentos e da luta dos heróis seria um conteúdo suficiente caso rejeitasse todas as exigências do pseudoclassicismo. Essas pessoas, sem entender que para os gregos a luta e os sofrimentos de seus heróis tinham um significado religioso, imaginaram que era só rejeitar a inconveniente regra de três unidades, sem introduzir nenhum conteúdo religioso correspondente à época, e a peça teria base suficiente para representar diversos momentos da vida de personagens históricos e de grandes paixões humanas em geral. Nessa época, esse teatro existia no meio do povo inglês, aparentado com os alemães, e ao conhecê-lo os alemães decidiram que o novo teatro deveria ser exatamente assim.

---

* Segundo os antigos, e principalmente Aristóteles, a arte dramática deveria ocorrer em determinado lapso de tempo, em um mesmo lugar e conter uma única ação.

Eles escolheram peças de Shakespeare entre outras peças inglesas que nada ficavam a dever e até superavam as dele por causa da capacidade de conduzir cenas que constituía a principal característica de Shakespeare.

Encabeçando esse círculo estava Goethe, que na época era o ditador da opinião pública para questões de estética. Em parte devido ao desejo de destruir o encanto da falsa arte francesa; em parte devido à vontade de abrir mais espaço para sua atividade dramática; e, principalmente, devido à coincidência de sua concepção de mundo com a de Shakespeare, Goethe aclamou Shakespeare um grande poeta. Quando essa mentira foi decretada pelo prestigioso Goethe, críticos de estética, que nada entendem de arte, caíram em cima dela como corvos sobre carniça e começaram a procurar e a elogiar belezas inexistentes em Shakespeare. Em sua maior parte totalmente desprovidos de senso estético, desconhecendo uma simples e espontânea impressão artística, que para as pessoas sensíveis em relação à arte distingue com clareza essa impressão de todas as outras, mas acreditando na palavra de uma autoridade que decretou que Shakespeare era um grande poeta, essas pessoas, os críticos de estética alemães, começaram a elogiar toda a obra de Shakespeare, destacando partes que impressionavam mais por seus efeitos ou expressavam ideias correspondentes a suas concepções de mundo, imaginando que esses efeitos e esses pensamentos compõem a essência daquilo que se chama arte.

Essas pessoas agiam como cegos que através do tato tentam encontrar diamantes no meio de um amontoado de pedras. Assim, como cegos que por muito tempo selecionam pedras e, no fim das contas, não conseguem chegar a nenhuma outra conclusão além de que todas elas são preciosas, especialmente as mais lisas, os críticos de estética, privados de senso artístico, não podiam chegar a outro resultado em relação a Shakespeare. Para maior persuasão de seu louvor por Shakespeare, eles criaram teorias estéticas de acordo com as quais uma determinada concepção religiosa de mundo é completamente desnecessária para a obra de arte em geral e em especial para o teatro; que para o conteúdo interno do drama é suficiente mostrar paixões e personagens humanos; e que a interpretação religiosa do representado é desnecessária, que a arte deve ser objetiva, ou seja, representar acontecimentos independentes da avaliação do bem e do mal. E, visto que essas teorias foram compostas de acordo com Shakespeare, naturalmente sucedia que as obras de Shakespeare correspondiam a essas teorias e por isso eram o auge da perfeição.

Essas pessoas foram as principais responsáveis pela fama de Shakespeare.

Principalmente devido aos textos dos críticos, houve aquela interação entre escritores e público que se expressou e continua se expressando com um louvor insano por Shakespeare que não tem nenhuma base razoável. Esses críticos de estética escreveram tratados profundos sobre Shakespeare (11 mil volumes foram publicados sobre ele e foi criada uma ciência inteira — *shakespearologia*); o público ficava cada vez mais interessado e os críticos estudiosos explicavam, ou seja, confundiam e elogiavam mais e mais.

Portanto, a raiz da fama de Shakespeare foi a necessidade dos alemães de algo mais vivo e livre, cansados que estavam do maçante e frio teatro francês. O segundo motivo foi que os jovens escritores alemães precisavam de um modelo para escrever suas peças. A terceira e principal razão foi a atividade de eruditos e assíduos críticos de estética alemães, desprovidos de senso estético, que criaram a teoria da arte objetiva, isto é, que nega conscientemente o conteúdo religioso do teatro.

"Mas", me perguntariam, "como o senhor entende o conteúdo religioso do teatro? O que o senhor exige para o teatro seria um preceito religioso, uma didática, aquilo que se chama tendenciosidade e é incompatível com a verdadeira arte?" Responderei que não entendo o conteúdo religioso da arte como preceito superficial de algumas verdades religiosas em forma artística, nem como representação alegórica dessas verdades, mas como definitiva e, num dado momento, correspondente à mais elevada concepção religiosa do mundo que serve de motivo para a criação de peça de teatro e penetra a obra de forma imperceptível para o autor. Sempre foi assim para o verdadeiro artista em geral, e para o dramaturgo em particular. Então, já que era assim quando o teatro era um trabalho sério e como deveria ser em sua essência, só pode escrever teatro alguém que possui algo extremamente importante para dizer às pessoas sobre a relação dos homens com Deus, com o mundo e com tudo o que é eterno e infinito.

Quando, graças às teorias alemãs sobre a arte objetiva, se estabeleceu o conceito de que isso não é de modo algum necessário para o teatro, é óbvio que um escritor como Shakespeare, que nem sequer possuía crenças religiosas condizentes com sua época e não tinha convicção alguma, mas amontoava em suas diversas peças acontecimentos, horrores, bufonarias, reflexões e efeitos, foi reconhecido como dramaturgo genial.

Mas esses eram motivos superficiais, pois a razão básica, interna e principal dessa fama de Shakespeare foi e continua sendo que suas peças *pro capite lectoris*, isto é, correspondiam àquela atitude antirreligiosa e amoral das pessoas da alta sociedade de nosso mundo.

VIII

Uma série de acasos levou Goethe, que no início do século XIX era o ditador do pensamento filosófico e das leis estéticas, a louvar Shakespeare; os críticos de estética tomaram esse louvor e começaram a escrever seus longos, nebulosos e pseudocientíficos artigos e o grande público europeu passou a admirar Shakespeare. Em resposta ao interesse do público, esforçando-se, competindo entre si, os críticos escreviam mais e mais artigos sobre Shakespeare, os leitores e os espectadores se certificavam cada vez mais de sua admiração, e a fama de Shakespeare crescia como uma bola de neve, até que em nossa época atingiu uma admiração insana que, obviamente, não tem nenhuma base além da sugestão.

"Não existe ninguém que sequer chegue perto de Shakespeare, nem entre os antigos nem entre os novos escritores." "A verdade poética é a joia mais brilhante na coroa de méritos shakespearianos." "Shakespeare é o maior moralista de todos os tempos." "A versatilidade e a objetividade mostradas por Shakespeare são tamanhas que o situam além dos limites do tempo e da nacionalidade." "Shakespeare é o maior gênio que já existiu." "Para a criação de tragédias, comédias, histórias, idílios, comédias idílicas, idílios históricos; para uma representação mais completa, bem como para um poema mais breve, ele é a única pessoa. Ele não só possui um poder absoluto sobre o nosso riso e lágrimas, sobre todas as recepções da paixão, do humor, do pensamento e da observação, mas também domina a área ilimitada plena de imaginação e de ficção, do caráter horripilante e divertido, e possui a perspicácia tanto no mundo das invenções quanto no mundo real, e sobre tudo isso reina a mesma autenticidade de caráter e de natureza e o mesmo espírito de humanidade."

"O epíteto de notável cabe perfeitamente a Shakespeare, e caso se acrescente que, a despeito da sua grandeza, ele ainda se tornou o reformador de toda a literatura e, além disso, expressou em suas obras não só os fenômenos da vida que lhe foram contemporâneos, mas

OS ÚLTIMOS DIAS DE TOLSTÓI 327

através de pensamentos e visões que existiam na forma ainda rudimentar, adivinhou profeticamente aquela direção que o espírito público tomaria no futuro (um surpreendente exemplo disso vemos em *Hamlet*), é possível dizer, sem chance de erro, que Shakespeare não foi apenas grande, mas o maior de todos os poetas que já existiram, e que na esfera da arte poética somente a própria vida, que ele representou em todas as suas obras com tamanha perfeição, poderia se igualar a ele."

O óbvio exagero dessa avaliação mostra, de maneira mais convincente, que essa estimativa não é consequência de um raciocínio sensato, mas de uma sugestão. Quanto mais insignificante, baixo e vazio um fenômeno quando se torna objeto da sugestão, tanto mais valor sobrenatural e exagerado lhe é atribuído. O papa não é apenas santo, mas o santíssimo — Shakespeare não é simplesmente um bom escritor, mas é o maior gênio, eterno mestre da humanidade.

A sugestão é sempre uma mentira, e qualquer mentira é ruim. E, realmente, a sugestão de que as obras de Shakespeare são grandes e geniais, que representam o auge da perfeição tanto estética como ética, trouxe e continua trazendo um grande prejuízo para as pessoas.

Esse prejuízo se revela de forma dupla: em primeiro lugar, através da decadência do teatro e da substituição desse importante instrumento de progresso por um entretenimento vazio e imoral; e, em segundo lugar, através da depravação direta das pessoas e da exposição diante delas de falsos modelos para imitação.

A vida da espécie humana só se aprimora pela compreensão da consciência religiosa (o único princípio que une fortemente as pessoas entre si). A compreensão da consciência religiosa do homem é realizada por meio de todos os aspectos da atividade espiritual humana. Um dos aspectos dessa atividade é a arte. Uma dos elementos da arte, se não for o mais influente, é o teatro.

E, em consequência, para dispor daquele valor que lhe é atribuído, a obra dramática deve servir para o esclarecimento da consciência religiosa. Sempre foi assim com o teatro, e assim continua a ser no mundo cristão. Mas, com o surgimento do protestantismo, no sentido mais amplo, isto é, o aparecimento da nova compreensão da cristandade como doutrina de vida, a arte dramática não encontrou uma forma correspondente à nova compreensão da cristandade, e as pessoas do Renascimento se interessaram pela imitação da arte clássica. Esse fenômeno foi o mais natural, mas deveria ser superado e a arte deveria encontrar, assim como começa a encontrar agora, uma nova forma, correspondente à mudança de compreensão da cristandade.

Mas o encontro dessa nova forma demorou a chegar por causa da doutrina da chamada arte objetiva, ou seja, arte indiferente para o bem e para o mal, relacionada com o louvor exagerado das peças de Shakespeare, que em parte correspondia à doutrina estética alemã, e em parte serviu de material para ela no círculo dos escritores alemães do final do século XVIII e início do século XIX. Se não houvesse nenhuma admiração exagerada pelas peças de Shakespeare, reconhecidas como modelos mais perfeitos do teatro, o homem dos séculos XVIII, XIX e XX deveria entender que o teatro, para ter o direito de existir e ser um assunto sério, tem de servir para a percepção da consciência religiosa, como sempre foi e não pode ser de outra maneira. E, ao entender isso, procuraria uma nova forma de teatro que correspondesse à compreensão religiosa.

Quando se decidiu que o teatro de Shakespeare é o auge da perfeição e que é necessário escrever como ele, sem nenhum conteúdo não apenas religioso, mas até mesmo moral, então, imitando-o, todos os dramaturgos começaram a compor aquelas peças sem conteúdo, como as de Goethe, Schiller, Hugo, do nosso Púchkin, de Aleksei Tolstói, crônicas de Ostróvski e uma quantidade incontável de outras

os últimos dias de tolstói   329

obras dramáticas mais ou menos conhecidas que lotam todos os teatros, e são produzidas por todas as pessoas a que ocorrem a ideia e o desejo de escrever uma peça.

Somente graças a essa compreensão baixa, insignificante, do valor do teatro, surge entre nós essa quantidade infinita de criações dramáticas que descrevem ações, situações, personagens, estados de espírito que, além de não ter nenhum conteúdo interior, muitas vezes não possuem nenhum sentido humano.*

Portanto, o teatro, que era o mais importante ramo da arte, em nossa época se tornou uma diversão vulgar e imoral para uma multidão vulgar e imoral. O pior de tudo é que a arte do teatro caiu para o nível mais baixo e, mesmo assim, continua a ser-lhe atribuído um significado superior impróprio.

Os dramaturgos, atores e diretores, a imprensa que publica com tons muito sérios sinopses sobre teatros e óperas, e assim por diante — todos têm plena certeza de que fazem algo muito respeitável e importante.

Em nossa época, o teatro equivale a uma pessoa outrora importante que há algum tempo chegou ao último degrau da decadência e mesmo assim continua a se orgulhar de um passado do qual nada restou. O público de nosso tempo é semelhante àquelas pessoas que zombam sem piedade dessa pessoa outrora tão importante que chegou ao mais profundo dos abismos.

Essa é uma das influências prejudiciais da sugestão epidêmica sobre a grandeza de Shakespeare. Outra influência perigosa desse louvor é a exposição desse falso modelo para que as pessoas o imitem.

---

* Não quero deixar o leitor pensar que excluo peças teatrais escritas por mim desta avaliação do drama moderno. Eu as reconheço, assim como todas as outras, como dramas sem o conteúdo religioso que deveria constituir a base do teatro do futuro. (Liev Tolstói)

Se escrevessem sobre Shakespeare que dominava bem o verso, que, para sua época, foi um bom escritor, um ator inteligente e um bom diretor, se essa avaliação, embora incorreta e um tanto exagerada, fosse um pouco mais comedida, os indivíduos das novas gerações poderiam permanecer livres da influência shakespeariana. No entanto, em nossa época, quando todos os jovens ingressam na vida, não são apresentados a mestres religiosos e morais da humanidade como exemplos de perfeição, mas, antes de qualquer outro, a Shakespeare, sobre o qual já foi predeterminado e transmitido como verdade incontestável por pessoas estudiosas de uma geração para a outra que é um grande poeta e mestre da humanidade; portanto, um jovem não pode ficar livre dessa influência nociva.

Ao ler ou ouvir Shakespeare, para os jovens a questão não consiste em avaliar aquilo que se lê; a avaliação já foi feita de antemão. Não se trata de Shakespeare ser bom ou ruim, mas de onde se encontra essa extraordinária beleza, estética e ética, que o público jovem não vê nem sente, mas cuja ideia lhe foi sugerida por cientistas e pessoas que ele respeita. Fazendo um esforço e pervertendo seu senso estético e ético, ele tenta concordar com a opinião predominante. O público jovem já não acredita em si mesmo, mas naquilo que falam os cientistas e pessoas respeitadas (eu já experimentei isso). Ao ler as análises críticas de peças e citações com comentários explicativos, ele começa a pensar que experimenta algo semelhante a uma impressão artística. E, quanto mais isso perdura, mais seu sentido estético e ético é distorcido. Ele deixa de distinguir espontânea e claramente a verdadeira arte de seu simulacro artificial.

Mas o principal é que, ao assimilar essa concepção imoral do mundo que penetra todas as obras de Shakespeare, ele perde a capacidade de distinguir o bem do mal. A mentira da exaltação de um escritor imoral, insignificante e não artístico faz seu trabalho pernicioso.

Por isso eu penso que, quanto antes as pessoas se libertarem do falso louvor a Shakespeare, melhor será. Em primeiro lugar porque, ao se livrar dessa mentira, as pessoas entenderão que o teatro que não tem em sua base um princípio religioso não é uma atividade importante e benigna como pensam agora, mas uma atividade vulgar e desprezível. E, ao entender isso, deverão procurar elaborar uma nova forma de teatro moderno, o teatro que irá servir para o esclarecimento e a confirmação do grau superior da consciência religiosa; e em segundo lugar porque, ao se livrar dessa hipnose, as pessoas entenderão que as obras insignificantes e imorais de Shakespeare e de seus imitadores, que só têm como objetivo o entretenimento e a diversão dos espectadores, não podem ensinar o significado da vida, e que a orientação para a vida deve ser buscada em outras fontes enquanto não existir o verdadeiro teatro religioso.

[Tradução de Anastassia Bytsenko]

De *A lei da violência e a lei do amor*
[1908]

CAPÍTULO XVIII

O próprio criador predestinou que o critério de todo comportamento humano fosse não a utilidade, mas a justiça, e todos os esforços para definir níveis de proveito são sempre inúteis. Ninguém nunca soube, nem pode saber, qual será o resultado de determinado ato, ou de uma série de atos, seja para ele ou para os outros. Mas cada um de nós pode saber qual ato é justo e qual não é. E, da mesma forma, todos nós sabemos que as consequências da justiça serão tão boas para nós como para os demais, embora esteja além de nossa capacidade dizer qual será esse bem e em que consistirá.

JOHN RUSKIN

E conhecereis a verdade e a verdade vos libertará.

JOÃO, 8: 32

O homem pensa, logo existe. É claro que ele deve pensar de forma sensata. O homem que pensa de forma sensata pensa, antes de mais nada, para que objetivo deve viver: pensa em sua alma, em Deus. Vejam em que pensam as pessoas mundanas. Em qualquer coisa, menos nisso. Pensam na dança, na música, no canto e em deleites semelhantes. Pensam nas construções, na riqueza, no poder; invejam a situação dos ricos e dos tsares. Mas não pensam, em absoluto, no que significa ser uma pessoa.

PASCAL

OS ÚLTIMOS DIAS DE TOLSTÓI 333

É só vocês, pessoas sofredoras do mundo cristão, tanto as dominantes e ricas como as oprimidas e pobres, se livrarem dos enganos do pseudocristianismo e do estadismo que lhes ocultam aquilo que Cristo descobriu para vocês e que exige sua razão e coração, e então descobrirão que em vocês, e somente em vocês, estão as causas dos sofrimentos corporais (as necessidades) e espirituais (consciência da injustiça, inveja e irritação) que torturam a vocês, oprimidos e pobres. E também em vocês, dominantes e ricos, estão as causas dos temores, das dores de consciência e da noção do caráter pecador de sua vida que os inquietam conforme o grau de sua sensibilidade moral.

Compreendam, uns e outros, que vocês não nasceram nem escravos nem senhores de outras pessoas, que são pessoas livres, mas que só serão livres e sensatas de fato quando cumprirem a lei mais elevada de sua vida. Essa lei já lhes foi revelada, e basta que se abandonem essas mentiras que a ocultam de vocês para que lhes seja claro o que é essa lei e onde está a felicidade. Essa lei consiste no amor, e a felicidade só é obtida no cumprimento dessa lei. Compreendam isso e serão verdadeiramente livres e conseguirão o que agora se esforçam em vão para alcançar por caminhos complexos, para os quais os atraem as pessoas confusas e corruptas, que não acreditam em nada.

"Vinde a mim todos os que estais cansados sob o peso do vosso fardo e eu vos darei descanso. Tomai sobre vós o meu jugo e aprendei de mim porque sou manso e humilde de coração e encontrareis descanso para vossas almas, pois o meu jugo é suave e o meu fardo é leve" (Mateus, 11: 28-30). Salvará e livrará vocês do mal que têm de suportar e lhes dará a verdadeira felicidade que vocês perseguem de forma desorientada, não o desejo do benefício próprio, não a inveja, não o acompanhamento do programa de algum partido, não o ódio, não a indignação, não o desejo de glória, nem sequer o senso de justiça e, o mais importante, não a preocupação com a vida dos outros. Por mais estranho que lhes pareça, trata-se apenas da atividade dirigida à própria alma, sem outro objetivo externo e nenhuma consideração acerca do resultado.

Compreendam que a suposição de que o homem pode organizar a vida das outras pessoas é uma superstição grosseira, reconhecida por muitos só por causa de sua antiguidade. Compreendam que as pessoas ocupadas em organizar a vida dos outros, a começar pelos monarcas, presidentes, ministros, e terminando com os espiões e carrascos, além dos membros e chefes de partidos e dos ditadores, não representam nada elevado, como muitos pensam agora, mas, pelo contrário, essas pessoas deploráveis, profundamente equivocadas, se ocupam com assuntos inúteis e estúpidos, uma das mais repugnantes escolhas que o homem pode fazer.

As pessoas já compreendem a baixeza deplorável do espião e do carrasco, e agora começam a compreender isso em relação ao gendarme, ao policial e até, em parte, ao militar, mas ainda não entendem isso em relação ao juiz, ao senador, ao ministro, ao monarca, ao dirigente partidário e ao revolucionário. No entanto, a tarefa do senador, do ministro, do monarca e do chefe de partido é baixa da mesma forma, repugnante e imprópria para a natureza humana, inclusive pior que as tarefas do carrasco e do espião, porque, apesar de ser igual, está encoberta pela hipocrisia.

Compreendam vocês, todas as pessoas, e especialmente vocês, jovens, que dedicar a vida a organizar a vida alheia e ocupar-se disso, baseando-se em sua vontade violenta e de acordo com as próprias ideias, é não só uma superstição grosseira como algo repugnante, criminoso e nefasto para a alma. Compreendam que o desejo do bem alheio, próprio de uma alma iluminada, de forma alguma é satisfeito pela organização da vida alheia por vaidade e com uso de violência, mas só pelo trabalho feito dentro de si mesmo, o único no qual o homem é completamente livre e dominante. Só esse trabalho, que consiste na multiplicação do amor dentro de si, pode servir para satisfazer esse desejo. Compreendam que qualquer atividade dirigida à organização da vida alheia por meio da violência não pode servir à felicidade dos homens e é sempre um engano hipócrita mais ou menos consciente, que sob o aspecto de serviço às pessoas se ocultam as paixões humanas mais mesquinhas: vaidade, orgulho e cobiça.

Entendam isso, especialmente vocês, jovens, geração do futuro. Parem de buscar, como faz agora a maioria de vocês, a felicidade imaginária no estabelecimento do bem do povo por meio da participação no governo, no tribunal, no ensino das outras pessoas, ingressando para isso em qualquer gênero de ginásios ou universidades corruptos, que os acostumam à ociosidade, à presunção e ao orgulho. Parem de participar de diferentes organizações cujo objetivo aparente é o bem das massas e procurem unicamente aquilo que é necessário para cada homem, o que é sempre acessível para cada um, o que proporciona o maior bem-estar a si próprio e que com certeza proporciona o bem-estar do próximo. Busquem em si mesmos só uma coisa: a propagação do amor por meio da aniquilação de tudo isso, dos erros, dos pecados, das paixões que impedem a manifestação do amor, e então vocês, da forma mais eficiente possível, vão contribuir para o bem-estar das pessoas. Entendam que, em nosso tempo, o cumprimento da mais elevada lei do amor por nós reconhecida, que exclui a violência, é tão inevitável para nós como é inevitável para os pássaros a lei do voo, da construção dos ninhos, a lei da alimentação por meio de plantas para os herbívoros e da carne para os animais de rapina, e por isso qualquer recuo nosso em relação a essa lei nos será funesto.

Basta entender isso e dedicar a vida a esse trabalho feliz, basta apenas começar a fazer isso e no mesmo instante reconhecerão que nisso e somente nisso reside a tarefa da vida do homem e que só isso produz aquela melhora na vida das pessoas pela qual vocês lutam em vão, por tão falsos caminhos. Entendam que o bem-estar das pessoas reside apenas em sua união, e tal união não pode ser atingida por meio da violência. A união só se atinge quando as pessoas, sem pensar na união, pensam, cada uma delas, no cumprimento da lei da vida. Só a mais elevada lei da vida, única para todas as pessoas, é capaz de uni-las.

A mais elevada lei da vida, revelada por Cristo, está clara para as pessoas, e só seu cumprimento pode agora unir as pessoas, enquanto não for revelada uma nova lei ainda mais clara e mais próxima à alma humana.

CAPÍTULO XIX

Alguns procuram o bem-estar ou a felicidade no poder; outros, na ciência; outros ainda, na luxúria. Os que estão realmente próximos da felicidade compreendem que ela não pode estar naquilo que só alguns e não todos podem possuir. Compreendem que a verdadeira felicidade do homem é aquela que todas as pessoas podem possuir ao mesmo tempo, sem distinções e sem inveja. É aquela que ninguém pode perder se assim não o quiser.

PASCAL

Temos um e somente um guia infalível, um espírito universal que penetra em todos e em cada um de nós, como unidade, e que incute em cada um a inclinação para o que se deve ser. É esse mesmo espírito que ordena que a árvore cresça em direção ao sol, que a flor deixe cair suas sementes no outono, que faz crescer em nós a aspiração a Deus, e que assim cada vez mais uma coisa se una a outra.

OS ÚLTIMOS DIAS DE TOLSTÓI   337

*A fé verdadeira atrai não pelo bem que promete àquele
que crê, mas porque representa o único refúgio de salvação de todos os infortúnios e da morte.*

*A salvação não está nos rituais e nas profissões de fé, mas
na compreensão clara do sentido da própria vida.*[1]

Eis tudo o que eu queria dizer.

Queria dizer que, em nossa época, chegamos a uma situação na qual não podemos mais permanecer e que, que-
rendo ou não, devemos tomar um novo caminho de vida,
e para isso, para que tomemos esse caminho, não precisamos inventar uma nova fé, nem novas teorias científicas
que possam explicar o sentido da vida e guiá-la. O mais
importante é que não é necessária nenhuma atividade especial, é preciso apenas se libertar das superstições tanto do
pseudocristianismo como da organização do Estado.

Basta cada homem entender que não só não tem direito nenhum como não tem nenhuma possibilidade de
organizar a vida das outras pessoas, e que a tarefa de
cada um é organizar e velar pela própria vida, em conformidade com a mais elevada lei religiosa que lhe foi
revelada, e então irá se aniquilar a torturante e brutal
organização da vida dos chamados povos cristãos, organização que é contrária às exigências de nossa alma e
que se deteriora cada vez mais.

Seja lá quem você for, tsar, juiz, lavrador, artesão,
mendigo, pense nessa situação, tenha piedade de sua
alma... Como se você não estivesse obnubilado, entorpecido por seu reinado, seu poder, sua riqueza, como se não
estivesse exausto, exasperado por suas necessidades e aflições, como se você e todos nós não fôssemos donos, ou
melhor, reveladores desse espírito de Deus que vive em todos nós e que clara e compreensivelmente diz a você, em
nossa época: para quê, com que propósito você se tortura

e tortura a todos com quem se comunica neste mundo? É só compreender quem você é e como é insignificante aquilo que erroneamente você chama seu eu, reconhecendo-o no próprio corpo, e como é imensamente insondável aquilo que você reconhece como seu verdadeiro eu — seu ser espiritual. É só entender isso e passar a viver cada minuto de sua vida não para objetivos alheios a si mesmo, mas para o cumprimento do verdadeiro destino de sua vida, que lhe foi revelado tanto pela sabedoria do mundo inteiro como pela doutrina de Cristo e por sua própria consciência. Comece a viver acreditando que o objetivo e o bem-estar de sua vida consistem em libertar cada dia mais e mais o próprio espírito dos enganos da carne, em aperfeiçoar-se cada vez mais no amor, o que, em essência, é a mesma coisa. É só começar a fazer isso, e desde a primeira hora, desde o primeiro dia, você experimentará um novo e radiante sentimento de plena consciência, liberdade e bem-estar, que se incorporará cada vez mais a sua alma. E o que mais o surpreenderá é como essas mesmas circunstâncias externas que tanto o preocupavam e que apesar de tudo estavam tão distantes de seus desejos, como essas circunstâncias (seja as que o deixam na mesma situação ou as que a tiram dela) deixarão por si mesmas de ser um obstáculo e serão cada vez mais uma alegria em sua vida.

E, se está infeliz — e eu sei que está —, pense que o que se propõe aqui para você não foi inventado por mim, mas é o fruto dos esforços espirituais das mais elevadas e melhores mentes e corações da humanidade, e que só por esse único meio você será libertado de sua infelicidade e desfrutará do maior bem-estar acessível ao homem nesta vida.

Isso é o que eu queria dizer antes de morrer, dizer a meus irmãos.

[Tradução de Natalia Quintero]

Discurso para o Congresso da Paz em Estocolmo em 1909

Caros irmãos,

Estamos aqui reunidos para lutar contra a guerra. A guerra, ou seja, aquilo em nome de que todos os povos do mundo, milhões e milhões de pessoas, põem à disposição de algumas dezenas de homens, às vezes de um único homem, sem nenhum controle, não apenas bilhões de rublos, táleres, francos, ienes, que representam grande parte dos frutos de seu trabalho, mas a si próprios, sua própria vida. E eis que nós, uma dezena de indivíduos vindos de diversos extremos da Terra, nós que não possuímos nenhum privilégio e, o mais importante, nenhum poder sobre nada, pretendemos lutar, e se queremos lutar então esperamos alcançar a vitória, contra essa força enorme não de um, mas de todos os governos, que têm à disposição bilhões em dinheiro e milhões de soldados e que sabem muito bem que essa posição excepcional em que se encontram eles, ou seja, os homens que compõem os governos, se baseia apenas no exército — exército só tem sentido e significado quando há guerra, essa mesma guerra contra a qual queremos lutar e a qual queremos exterminar.

Lutar quando as forças são tão desiguais deve parecer insanidade. Mas, se refletirmos sobre o significado dos meios de luta que se encontram nas mãos dos que queremos combater e dos que se encontram em nossas mãos, então espantoso será não o fato de decidirmos lutar, mas sim o fato de ainda existir aquilo contra o qual queremos lutar. Nas mãos deles estão bilhões em dinheiro, milhões de soldados submissos; em nossas mãos, apenas um instrumento, mas em compensação o mais poderoso de todos os instrumentos do mundo — a verdade.

Desse modo, por mais que nossas forças possam parecer insignificantes em comparação com as forças de nossos adversários, nossa vitória é tão incontestável quanto é incontestável a vitória da luz do sol nascente contra as trevas da noite.

Nossa vitória é incontestável, porém, apenas com uma condição, com a condição de que, ao revelarmos a verdade, façamos essa revelação por inteiro, sem nenhum conluio, concessão ou abrandamento. Pois essa verdade é tão simples, tão clara, tão evidente, tão necessária não apenas ao cristão, mas a qualquer ser humano sensato, que basta revelá-la por inteiro, em todo o seu significado, e as pessoas já não poderão agir contra ela.

Essa verdade, em todo o seu significado, repousa naquilo que há milhares de anos já estava escrito na lei reconhecida por nós como vinda de Deus, em duas palavras: não matarás; a verdade consiste em que o ser humano não pode e não deve nunca, sob nenhuma condição, sob nenhum pretexto, matar seu semelhante.

Essa verdade é tão evidente, tão aceita por todos, tão necessária, que basta colocá-la diante das pessoas, com clareza e determinação, para que aquele mal que se chama guerra se torne completamente impossível.

Por isso penso que se nós, reunidos aqui em um congresso da paz, em vez de revelarmos essa verdade com clareza e determinação, decidirmos nos dirigir aos governos, propondo-lhes diversas medidas para a redução do mal das guerras ou para que elas aconteçam cada vez menos, então seremos como aqueles que, tendo nas mãos a chave da porta, tentam derrubar paredes que, eles próprios sabem, não podem ser destruídas por suas forças. Diante de nós, há milhões de homens armados, dispostos a se armar cada vez mais e mais, a fim se preparar para realizar matanças cada vez mais bem-sucedidas. Sabemos que esses milhões de homens não têm o menor desejo de matar seus semelhantes, em grande parte não sabem sequer o motivo pelo qual os obrigam a fazer essa tarefa que lhes é detestável — pesam-lhes sua própria condição de subordinação e a coação; sabemos que as matanças de tempos em tempos cometidas por essas pessoas são cometidas por ordem dos governos; sabemos que a existência de governos se baseia em exércitos. E será que nós, pessoas que desejam exterminar a guerra, não somos capazes de encontrar nada mais proveitoso a esse extermínio do que propor — e logo aos governos, que só existem por meio de exércitos e, portanto, por meio da guerra — medidas que extinguiriam essa mesma guerra? Quer dizer, propomos aos governos o autoextermínio.

Os governos ouvirão com prazer todos os discursos desse tipo, sabendo que raciocínios como esses não apenas não extinguem a guerra e não minam seu poder como servem para ocultar ainda mais aquilo que é preciso ocultar das pessoas para que seja possível a existência de exércitos, de guerras e deles próprios, que controlam os exércitos.

"Mas isso é anarquismo: nunca se viveu sem governos e sem Estados. Pois governos e Estados, e também a força militar que os protege, são condições imprescindíveis à vida dos povos" — assim me dirão.

A despeito da questão da possibilidade ou não da vida de cristãos e ainda de qualquer povo sem os exércitos e sem as guerras que protegem o governo e o Estado, suponhamos que seja necessário às pessoas, para seu próprio bem, submeterem-se servilmente a instituições constituídas de homens que lhes são desconhecidos, instituições chamadas governos, que seja necessário entregar a essas instituições o fruto de seu trabalho, que seja necessário atender a todas as exigências dessas instituições, incluindo matar seres humanos, suponhamos tudo isso; restaria, ainda assim, uma dificuldade por enquanto não solucionada em nosso mundo. Essa dificuldade está na impossibilidade de conciliar a crença cristã, professada com especial ênfase por todos os que compõem o governo, com exércitos formados de cristãos treinados para cometer homicídios. Por mais que se deturpe o ensinamento cristão, por mais que se silenciem suas disposições principais, ainda assim o pensamento elementar desse ensinamento continuará a ser apenas o amor a Deus e ao próximo — a Deus, ou seja, à perfeição superior da virtude, e ao próximo, ou seja, a todas as pessoas sem distinção. Portanto, parece inevitável rejeitar um dos dois: ou o cristianismo, com o amor a Deus e ao próximo, ou o Estado, com os exércitos e as guerras.

Pode ser que o cristianismo esteja obsoleto e que, ao escolher um dos dois — o cristianismo e o amor ou o governo e os homicídios —, as pessoas de nosso tempo descubram que a existência do governo e dos homicídios é tão mais importante do que a do cristianismo, que devemos esquecer o cristianismo e manter apenas aquilo que é mais importante para todos: o governo e os homicídios.

Talvez seja de fato assim, talvez as pessoas de fato pensem assim e sintam assim. Mas, nesse caso, é preciso dizer tudo isso. É preciso dizer que as pessoas, nesta nossa época, deixaram de crer naquilo que a sabedoria comum a toda a humanidade reconhece, naquilo que diz a lei de Deus professada por elas, naquilo que está escrito, com traços indeléveis, no coração de cada ser humano, e devem acreditar apenas naquilo, incluindo o homicídio, que lhes é ordenado por vários homens que, pelo acaso do nascimento, se tornaram imperadores e reis ou que, por intrigas diversas e eleições, se tornaram presidentes ou parlamentares. Então, é preciso dizer tudo isso.

Mas é impossível dizer tudo isso. Não só é impossível dizer isso como um todo como é impossível dizê-lo

OS ÚLTIMOS DIAS DE TOLSTÓI   343

também em parte. Se dissermos que o cristianismo proíbe
o homicídio, então não haverá exército, não haverá governo. Se os governantes disserem que reconhecem a le-
galidade do homicídio e negam o cristianismo, ninguém
desejará obedecer a um governo desses, cujo poder se fundamenta na matança. Sem contar que, se for permitido o
morticídio na guerra, então haverá ainda mais motivos
para permiti-lo entre o povo que busca sua verdade na
revolução. Por isso o governo, por não poder dizer nem
uma coisa nem outra, esforça-se apenas para ocultar de
seus súditos a inevitabilidade da solução do dilema.

Por tudo isso, para contra-atacar o mal da guerra,
nós aqui reunidos, se quisermos de fato alcançar nosso
objetivo, devemos fazer apenas uma coisa: expor esse dilema, com clareza e determinação absolutas, diante das
pessoas que compõem o governo, assim como diante de
toda a massa de gente que compõe o exército. Para fazer
isso, devemos não apenas repetir, clara e abertamente,
aquela verdade segundo a qual um ser humano não deve
matar outro ser humano, mas também explicar que nenhuma consideração pode destruir, para as pessoas do
mundo cristão, o caráter irrevogável dessa verdade.

Por isso, convido nossa assembleia a elaborar e a tornar público um apelo a todas as pessoas, e em particular aos povos cristãos, um apelo em que, com clareza
e determinação, digamos aquilo que todos sabem, mas
ninguém ou praticamente ninguém diz, ou seja, que a
guerra não é, como reconhece agora a maioria das pessoas, uma ação particularmente boa e louvável, mas sim,
como qualquer assassinato, uma ação vil e criminosa,
tanto para os que escolhem a atividade militar por vontade própria como para os que a escolhem por medo de
punição ou por motivo de cobiça.

Em relação aos que escolhem a atividade militar por
vontade própria, eu proponho dizermos, nesse apelo,
com clareza e determinação, que, apesar de toda a sole-

nidade, o brilho e a aprovação geral que envolvem essa atividade, ela é na verdade uma atividade criminosa e vergonhosa, e mais criminosa e vergonhosa quanto mais alto o posto da pessoa na estrutura militar. Eu proporia também dizermos, com clareza e determinação, em relação às pessoas do povo que aceitam a convocação para o serviço militar por causa de ameaças de punição ou por motivo de cobiça, que, quando concordam em participar de uma guerra, estão cometendo um erro grosseiro, estão cometendo um erro contra a própria crença, contra a justiça, contra o bom-senso: contra a própria crença porque, ao ingressar nas fileiras dos assassinos, infringem a lei de Deus reconhecida por eles próprios; contra a justiça porque, por medo de uma punição por parte do governo ou por motivo de cobiça, concordam em fazer aquilo que, em sua alma, reconhecem como errado; e contra o bom-senso porque, ingressando no exército, se arriscam, em caso de guerra, às mesmas calamidades, se não ainda piores, com as quais os ameaçam em caso de recusa; e, o mais importante, agem contrariamente ao bom-senso de modo claro, porque ingressam naquele grupo de pessoas que os privam de sua liberdade e os obrigam a ser um soldado.

Em relação a ambos, eu proporia que expressássemos com clareza em nosso apelo a ideia de que, para pessoas verdadeiramente esclarecidas, e por isso livres de superstições de grandezas militares (e essas, a cada dia, se tornam mais e mais numerosas), a patente e a ação militar, apesar de todos os esforços feitos para ocultar seu verdadeiro significado, é uma coisa tão vergonhosa quanto a função e a ação de um carrasco, e talvez até muito mais vergonhosa do que isso, uma vez que o carrasco se reconhece pronto a matar apenas as pessoas consideradas prejudiciais e criminosas, enquanto o militar se compromete a matar todo aquele que lhe ordenarem matar, ainda que seja alguém próximo ou o melhor dos homens.

OS ÚLTIMOS DIAS DE TOLSTÓI

A humanidade, em geral, e em particular nossa humanidade cristã, chegou a uma contradição tão aguda entre as próprias exigências morais e a ordem social vigente que se torna inevitável mudar não aquilo que não pode ser mudado, as exigências morais da sociedade, mas o que pode ser mudado, a ordem social vigente. Essa mudança, que se faz necessária por causa da contradição interna, manifestada com especial agudeza nas preparações das matanças, tem se mostrado iminente em várias partes e, a cada ano, a cada dia, se torna mais e mais urgente. A tensão que exige essa mudança alcançou em nossa época um grau tão elevado que, assim como para transformar um corpo líquido em sólido às vezes é necessária uma pequena corrente elétrica, do mesmo modo, para transformar a vida cruel e insensata das pessoas de nosso tempo, com suas divisões, seus armamentos e seus exércitos, na vida de uma humanidade contemporânea sensata, correspondente às exigências da própria consciência, talvez seja necessário também um pequeno esforço, talvez uma única palavra. Um único esforço, uma única palavra, pode ser justamente o impulso necessário à solidificação do líquido, o impulso que, de imediato, transforma todo o líquido em um corpo sólido. Por que não seria nossa presente assembleia esse impulso? Como no conto de Andersen, em que um rei saiu pelas ruas da cidade em um cortejo solene e, enquanto todo o povo se maravilhava com sua magnífica roupa nova, uma única palavra de um menino, que disse o que todos já sabiam, mas não tinham coragem de dizer, mudou tudo. Ele disse: "O rei está nu", e a sugestão desapareceu, e o rei ficou envergonhado, e todas as pessoas, antes convencidas de que viam no rei uma maravilhosa roupa nova, viram que ele estava nu. Devemos dizer o mesmo, dizer aquilo que todos já sabem, mas apenas não têm coragem de dizer, dizer que, ainda que não se chame um homicídio por seu verdadeiro nome, um homicídio é sempre um homicídio, uma ação criminosa e vergonhosa. E é preciso dizer isso com clareza, determinação e força, como podemos fazer aqui, e as pessoas deixarão de ver o que lhes parecia estar vendo e passarão a ver aquilo que realmente existe. Deixarão de ver o serviço à pátria, o heroísmo da guerra, a glória militar, o patriotismo, e passarão a ver o que realmente é: uma matança nua e criminosa. E, quando as pessoas enxergarem isso, então acontecerá o que aconteceu no conto: os que cometem ações criminosas ficarão envergonhados, e os que estavam convencidos de que não havia ali um crime de homicídio passarão a ver esse crime e deixarão de ser assassinos.

Mas como os povos se protegerão dos inimigos, como manterão a ordem interna, como poderão viver sem o exército?

Não sabemos nem podemos saber qual será a forma de vida das pessoas que repudiarem o homicídio. Não há dúvida de que é mais natural, para pessoas dotadas de sensatez e consciência, viverem guiadas por essas qualidades do que se submeterem servilmente a outros, que ordenam matar seres humanos; por isso, essa forma de ordem social, na qual se fundamentará a vida das pessoas guiadas não pela violência baseada na ameaça de morte, mas pela sensatez e pela consciência, de qualquer modo, não será pior do que aquela que experimentam agora.

Isso é tudo o que eu queria dizer. Será muito triste saber que ofendi ou magoei quem quer que seja ou que despertei em alguém sentimentos ruins com o que disse. No entanto, eu, um velho de oitenta anos, que espera a morte a qualquer momento, teria agido de modo vergonhoso e criminoso se não tivesse dito toda a verdade, da forma como a concebo, uma verdade que, creio firmemente, é a única capaz de livrar a humanidade das inumeráveis calamidades provocadas pela guerra.

[Tradução de Denise Regina de Sales]

Das *Cartas de Tolstói*
[1895-1910]

CARTA 415. PARA A. L. TOLSTÓI

Andrei, o quarto filho de Tolstói (1877-1916), ainda não havia completado dezessete anos quando a seguinte carta foi escrita. Ele nunca concluiu o estudo secundário, desperdiçou grande parte de seu tempo entre os ciganos e levou uma vida desregrada. O projeto de casamento, objeto desta carta, não foi levado a cabo. Em 1899, Andrei Tolstói se casou com a condessa Olga Dieterichs, cunhada de Tchertkov; essa união, no entanto, não durou muito tempo. Mais tarde, ele se casou com a ex-mulher do governador de Tula. Em 1896, Andrei ingressou como voluntário no Exército e participou da Guerra Russo-Japonesa de 1905-6 e foi membro dos Tchórnaia Sótnia, organização de extrema-direita antissemita que participava de atos terroristas. Aylmer Maude conta que Andrei "fazia Tolstói sofrer de várias maneiras". Mais tarde, ele ocupou vários postos administrativos em Tambov e São Petersburgo, e faleceu durante a Primeira Guerra Mundial, com 38 anos de idade.

Iásnaia Poliana, 16 (?) de outubro de 1895.

Andriúcha,

Apesar da promessa que lhe fiz de não mais me dirigir a você, e sim esperar que você se dirigisse a mim para me

pedir conselhos (continuo esperando por isso), escrevo-
-lhe porque, em primeiro lugar, sua condição me faz sofrer muitíssimo, e penso nela sem parar; em segundo lugar, porque você entendeu de maneira equivocada várias
das palavras que eu lhe disse, e quero reparar isso para
não mais o induzir a erros; e, em terceiro lugar, porque
espero que você possa ler com mais facilidade e entender
melhor uma carta do que palavras. Peço-lhe encareci-
damente que leia com atenção e que pense com cuidado
sobre o que estou escrevendo.

O equívoco a que me refiro consiste no modo como
você tomou minhas palavras quando eu lhe disse que,
na minha opinião, não há nenhuma diferença entre se
casar com uma princesa ou com uma camponesa (eu,
inclusive, tenho em melhor conta uma camponesa do
que uma princesa); você entendeu isso como anuência
minha para, na condição em que você se encontra atualmente, casar-se com Akulina Makárova.[1] Além de não
estar de acordo, minha anuência ou até mesmo minha
indiferença significariam, na minha opinião, cometer o
maior dos pecados em relação a você, a essa moça e,
sobretudo, a Deus. Naquela ocasião, eu lhe disse que o
casamento é possível — e até necessário — quando um
jovem sente que, sem mulher, ele não consegue viver de
maneira pura, ou quando está tão apaixonado a ponto
de perder a tranquilidade e a faculdade de fazer o que
quer que seja, mas que esse casamento, que a amizade
com Bíbikov e com os Berger,[2] que beber álcool com eles
e com os camponeses, e que tocar harmônica nada têm
em comum com o casamento. Ao contrário, tal estado
de ânimo, tal maneira de passar o tempo e, sobretudo,
tal hábito de se embriagar de álcool mostram que um
homem, em tais circunstâncias, não está em condições
de se casar. Do mesmo modo que, para fazer compras,
para se preparar para uma caça, ou para escrever uma
carta a pessoa deve estar em um estado de sobriedade e

clareza, também para se casar, para fazer a mais importante coisa da vida, e que se faz apenas uma vez, é preciso ter a mente totalmente íntegra e clara, e sufocar o que lhe possa obscurecer o juízo e distrair-lhe a atenção. Você, ao contrário, desde que quis se casar, não parou de se servir de vários subterfúgios para se embriagar intensamente: tabaco, álcool, harmônica, todos os tipos de futilidades que não o deixam permanecer um minuto sequer calmo e a sós com seus pensamentos. De maneira que seu estado comprova que você não apenas não refletiu sobre o significado do ato que deseja realizar, mas que, ao contrário, não quer refletir sobre ele, e quer forçar a si mesmo a esquecer esse significado; efetivamente, não se trata de casamento, mas de um estado de excitação artificial no qual você hoje está, e contra o qual deve lutar com todas as forças para dele sair, porque o casamento jamais fará com que acabe essa excitação artificial, e esta apenas aumentará mais e mais, até levá-lo à ruína. É por essa razão que, além de não aceitar seu casamento agora, creio que esse será o mais decisivo dos passos em direção à sua própria perdição, após o qual o retorno a uma vida boa seria praticamente impossível. É bem provável que, com seu casamento, em uma semana, ou menos que isso, você perceberia que, mais do que estar com uma mulher que você não ama, você está com uma mulher que lhe é execrável pendurada ao pescoço (assim sucede sempre quando a atração está fundamentada apenas na sensualidade), e que está nas mãos vorazes e grosseiras dos pais de sua mulher, mãos que não deixarão que você, nem que seus futuros bens, lhes escape. Com o hábito que você adquiriu de afogar seus aborrecimentos no álcool, e com a ajuda desses mesmos parentes com quem você já bebe, o alcoolismo o dominará totalmente, e é terrível pensar na situação danosa em que você por certo estará dentro de dois, três, quando muito dentro de cinco anos, ou seja, na época em que estaria apenas começando a pensar em formar uma família, já que precisa tanto se casar.

E por isso volto a repetir o que já lhe disse: não há diferença entre se casar com uma princesa ou com uma camponesa, justamente porque, antes que você pense sobre qualquer tipo de casamento, é preciso se acalmar e retornar a um estado normal, que lhe permita conviver com pessoas que lhe são próximas, que lhe permita pensar com tranquilidade, que lhe permita não ofender as pessoas mais próximas a você, e sobretudo que lhe permita trabalhar, fazer qualquer coisa e viver dessa maneira durante não apenas uma semana ou um mês, mas ao menos durante o período de um ou dois anos. Para tanto, é sobretudo necessário que você deixe de beber, e *para deixar de beber é preciso deixar de andar com quem bebe*. Deus concedeu aos homens uma alma imortal e, para guiar essa alma, Ele lhes concedeu a razão. Mas eis que, para que a alma fique sem orientação, o homem imaginou um meio de refrear essa razão. E o álcool faz isso. Por esse motivo, não se trata apenas de um terrível pecado, mas também de uma ilusão, porque, sem orientação, a alma põe o homem em situação tal que o faz sofrer horrivelmente. E você já começou a sofrer, estou seguro de que está padecendo, e muito, por fazer sua mãe passar por isso (sei que você tem um bom coração e sei que a ama), e você sofre também porque tem consciência de sua degradação, degradação que quer esconder de si mesmo. Não tente escondê-la, ao contrário, tome consciência dela, arrependa-se perante Deus e, com Sua ajuda, você começará uma nova vida, na qual fixará como objetivo a sua própria integridade, sua correção e seu aperfeiçoamento moral. Para alcançar esse objetivo, dou-lhe quatro conselhos: 1) e o mais importante deles: abstenha-se de tudo que possa turvar a razão, especialmente de qualquer tipo de bebida alcoólica; 2) relacione-se com pessoas que estejam em uma posição mais elevada que a sua, seja em termos culturais, intelectuais ou até mesmo sociais e econômicos, e nunca com quem esteja abaixo de você; 3) uma mudança externa no modo de vida: vá para qualquer lugar distante dessa vida ruim que você tem levado, não permaneça nela, de nenhuma maneira; 4) renuncie aos divertimentos e às distrações, e não tema o tédio dos primeiros tempos. Faça isso com a finalidade de encontrar alguma ocupação, agarre-se a ela e passe a amá-la. O diabo se apossa de nós com astúcia, e com astúcia devemos lutar contra ele. Essas quatro regras o destruirão astutamente. De resto, se você quiser viver bem, então saberá por si só encontrar o que lhe for necessário. *Where is a will is a way.** Tomara que você consiga entender quem você é. Tomara que você consiga entender que é filho de Deus, que Ele o enviou ao mundo por amor, para que você desempenhe alguma tarefa que seja do Seu agrado, e que para tanto Ele o dotou de razão e de amor, os quais certamente lhe trarão felicidade se você os cultivar em vez de os sufocar.

Com amor, L. TOLSTÓI

CARTA 417. PARA M. L. TOLSTÓI

Mikhail Lvóvitch Tolstói (1879-1944), filho mais jovem de Tolstói, na época com dezesseis anos de idade. No final dos anos 1890, ingressou no Exército como voluntário, mas sempre foi uma fonte constante de preocupação para o pai, especialmente nos anos que antecederam seu casamento, ocorrido em 1901. Depois da morte de Tolstói, Mikhail Lvóvitch emigrou para a França, onde viveu até 1935. Morreu no Marrocos em 1944.

---

* Em inglês no original. "Se existe vontade, existe a solução."

Iásnaia Poliana, 27-30 de outubro de 1895.

Micha,

A longa carta que lhe escrevi é muitíssimo séria, extensa e abrangente, por isso pode lhe parecer desinteressante agora; por essa razão não a enviei,[3] mas gostaria de lhe dizer o que, em meu entender, é mais importante e necessário a você neste exato momento.

Sua situação é ruim porque você vive sem nenhum princípio religioso e moral; não acredita nas regras sociais de decoro da ortodoxia, da aristocracia ou da burguesia, e faz muito bem, porque são regras que, nos tempos atuais, não resistem por muito tempo, mas você não dispõe de nada de diferente com que substituí-las. O pior de tudo é que outros princípios, princípios religiosos naturais, próprios das pessoas de nossa época, princípios de acordo com os quais vivem os melhores homens do mundo, são invisíveis a você, pois estão demasiadamente perto, bem à sua frente, e é por isso que você não os vê, assim como não vemos aquilo que está bem à frente de nosso nariz. Você tem a impressão de que aquilo que professo e prego, embora não seja tolice, é algo vago, obscuro e inaplicável. Você, penso eu, nunca folheou nem sequer um de meus livros, exceto os romances, e no entanto eu professo e prego o que professo e prego apenas porque considero isso as mais precisas, claras, aplicáveis e necessárias regras de conduta, especialmente para jovens como você.

Você vive assim, sem nenhum princípio a não ser o instinto do bem — e sob a influência da luxúria que se assoberba a proporções assustadoras em virtude de sua vida luxuriosa e ociosa. Mas não é possível viver desse modo, porque o instinto do bem é sempre ofuscado pela luxúria, e uma vida como essa conduzirá invariavelmente a terríveis sofrimentos e à destruição do que existe de mais precioso em um homem: sua alma e sua

OS ÚLTIMOS DIAS DE TOLSTÓI

razão. Tal vida leva à ruína porque, se a felicidade da vida reside no prazer da luxúria, na medida em que o satisfizermos, esse prazer vai diminuindo e será preciso suscitar nova, e cada vez mais intensa, luxúria para obtermos o mesmo prazer. E esse crescendo da luxúria sempre leva inevitavelmente a outros dois prazeres mais fortes: mulheres e álcool. Nesse exato ponto a ruína é então certeira. Provavelmente você refletirá e dirá que não se entrega à luxúria com mulheres, e que está apaixonado. Não sei o que é melhor: o pecado com uma mulher ou a paixão na maneira como você a encara. Ambos são nocivos. Por isso, para que uma paixão seja pura e elevada, é preciso que ambos tenham atingido o mesmo alto grau de desenvolvimento espiritual; ademais, a paixão desperta influência benéfica quando, para a obtenção da reciprocidade por parte do objeto amado, é preciso fazer um grande esforço, e não quando — e este é o seu caso — a obtenção da reciprocidade nada mais necessite além de um acordeão; quando, para se nivelar ao objeto amado, é preciso descer ao invés de se elevar até ele, tal paixão nada mais é do que a dissimulação da luxúria, intensificada pelo encanto do primitivismo da vida do povo.

As consequências de sua atual relação com essa jovem camponesa não podem ser outras além destas: a pior de todas elas é que, antes de atingir a plena maturidade, ou seja, antes dos 21-25 anos de idade, você se case sem fazer um casamento religioso e, vivendo assim durante algum tempo, com a razão e a consciência embrutecidas, sempre pronto a se servir de algo que está o tempo todo à mão, e sobretudo nesse meio, do álcool, você se separará de sua mulher; e, percebendo que cometeu um crime, procurará esquecer-se desse crime em relações do mesmo tipo com outras mulheres e novamente com o álcool. Essa é a mais provável e a pior das consequências — a que arruína totalmente a alma e o corpo.

Menos pior seria se, antes dos 25 anos de idade, antes de atingir a plena maioridade, você se casasse de fato com essa moça camponesa na igreja; graças à sua imaturidade e insegurança, além de não elevar sua mulher a um nível moral superior, você mesmo, ao contrário, descerá a esse grau de grosseria e de imoralidade em que ela viveu e continuará a viver. Reconhecendo sua própria queda, você passará a beber ou a se entregar à luxúria ou abandonará sua mulher definitivamente. Essa é a segunda possibilidade. A terceira possibilidade, menos ruim, é que você passe os melhores, os mais importantes anos para a formação de seu caráter e seus hábitos, os anos mais ativos, anos em que ocorrem os mais importantes êxitos no desenvolvimento moral e em que se fundamentam as bases de toda uma vida, que você passe esses anos entregue a uma paixão extenuante, atordoante, paralisante (paixão que, na essência, nada mais é do que luxúria encoberta pela imaginação) e, mais tarde, acorde e compreenda que desperdiçou de maneira irremediável a possibilidade de uma futura felicidade conjugal. Essa é a melhor das possibilidades. Mas também ela é terrível, e é-me horrível prevê-la para você. Aquilo com que você provavelmente sonha de maneira vaga, sem ter ideia clara sobre como, precisamente, acontecerá, ou seja, que você desposará o objeto de seu amor e passará a viver uma vida boa, é tão improvável quanto ganhar um milhão com um único bilhete. Portanto, para que isso aconteça, em primeiro lugar é preciso, é forçosamente necessário, que você não se case antes dos 21 anos, por conseguinte, não antes de um período de cinco anos, ou de oito, dez anos, digamos sete anos, para fazer uma média; em segundo lugar, durante esses sete anos, você não deveria aprender a tocar acordeão nem a dançar, mas se habituar a todo tipo de abstinência e trabalho, e procurar não involuir no desenvolvimento dos planos mental e moral, mas evoluir e se afirmar nele para também fazer com que sua mulher se

OS ÚLTIMOS DIAS DE TOLSTÓI

eleve; em terceiro lugar, que você e ela vivam em castidade durante esses sete anos, fazendo um contínuo esforço pessoal para se aperfeiçoarem.

Por mais difícil que seja, e por mais distante que esteja de sua atual orientação de vida, isso é possível e, se você quiser tentar pôr isso em prática, eu ficarei muito feliz e o ajudarei com todas as forças. Para tanto, é preciso que você comece fazendo justamente o contrário do que está fazendo agora: você deve se abster de tudo, trabalhar duro e constantemente sobre si mesmo, trabalhar para outras pessoas ou para seu próprio aperfeiçoamento, e não para seu prazer, tal como vem fazendo.

A necessidade de se casar é legítima apenas quando o homem está totalmente maduro e, nesse momento, um encontro com uma mulher pode despertar a paixão, um sentimento exclusivo de amor por essa mulher, e esse sentimento se torna então natural, embora, mesmo assim, seja preciso não o instigar, como fazem vocês, mas lutar contra ele. Na sua idade isso realmente não passa de um capricho provocado por sua vida libertina, ociosa e desprovida de princípios, bem como o desejo de agir como os outros. Eis por que o mais importante, o que você precisa agora, é recobrar os sentidos, olhar para si próprio, para a vida das outras pessoas e perguntar a si mesmo: para que você vive?[4] E o que espera de si?

Dizer para si mesmo — como lhe sugere o animal que vive em nós — que você aspira ao máximo dos maiores prazeres e deleites e que nisso reside o objetivo e o sentido de sua vida é impossível para um homem que ainda não esteja completamente entontecido, que não tenha se transformado totalmente em um porco, é impossível porque, em nosso meio privilegiado (essa é nossa vantagem), nós agora chegamos rapidamente ao final desses deleites e vemos ao que eles nos conduzem: a guloseimas, passeios, bicicletas, teatros e assim por diante, tudo isso acaba se tornando maçante e sobra apenas uma coisa: a paixão pelas mulheres, seja de que forma for, e o álcool. Ambos arruínam a essência da alma do homem. Você dirá: por que, então, existe no homem essa atração pela mulher, mais forte que todas as outras, se o homem não deve aspirar a ela? Ela nos foi concedida, como você sabe, para a perpetuação da espécie, e jamais para o prazer. O prazer acompanha esse sentimento unicamente quando ele não representa o objetivo da vida. O prazer constitui uma recompensa apenas ao homem que não o busca e que não faz dele o objetivo de sua vida. Quando o homem o estabelece como objetivo de vida, ocorre sempre algo inverso, que destrói a vida: depravação, doenças, onanismo ou essa paixão estonteante a que você se entregou e, como consequência inevitável, a mutilação da alma e do corpo e a incapacidade para qualquer deleite. O álcool, o tabaco e outros meios de entorpecimento, como o acordeão, acompanham infalivelmente esse estado de espírito porque, ao ser obscurecida, a razão esconde do homem o caráter errôneo desse objetivo. Em primeiro lugar, tal objetivo é falso porque, ao atingi-lo, perdemos nossa vida, nossa alma e nosso corpo, e, em segundo lugar, porque ele está próximo e pode ser alcançado. Então, você desposa o objeto de seu amor, mas e depois? Depois disso, o objeto de seu amor envelhece e vem a inevitável desilusão.

Quando questionado por que razão você vive e o que espera de si mesmo, você jamais poderá responder: pelo prazer. É inevitavelmente necessário definir outro objetivo de vida, objetivo esse que, em primeiro lugar, não arruíne sua vida, nem a alma e o corpo que lhe foram dados, e, em segundo lugar, que possa sempre ser atingido mas nunca em sua plenitude, de maneira que a ele você possa recorrer sempre, ainda em vida, aproximando-se dele de forma constante. Existe apenas um objetivo como esse, que atrai involuntariamente todos os homens, e que é adequado não apenas a você, aos dezesseis anos de idade, mas também a

OS ÚLTIMOS DIAS DE TOLSTÓI

mim, que tenho 67 anos, objetivo capaz de me satisfazer tanto quanto a você, objetivo cuja realização nada pode impedir. Eu não gostaria de nomeá-lo, mas gostaria que você mesmo lhe desse um nome e que, de verdade, adivinhasse que a única, que a mais importante e prazerosa coisa que nunca ninguém poderá nos tirar, e que nunca poderá ser totalmente concluída a ponto de não haver mais nada a ser feito, não é outra senão nosso aperfeiçoamento espiritual e moral. Assim como um homem com os olhos vendados é, ao andar, guiado e desviado de todos os lugares a que não deve ir, e a quem portanto só se permite um caminho, assim também é nossa luxúria, que termina em decepção, em infelicidade, e nos empurra para todos os lados, deixando-nos livre apenas um caminho, o do aperfeiçoamento moral, e não físico e tampouco intelectual — em algumas situações talvez eu não seja forte nem sagaz (sou aleijado), em algumas situações talvez não seja possível desenvolver-se intelectualmente (porque vivo no fim do mundo, não tenho um raciocínio rápido), mas o aperfeiçoamento moral, em qualquer lugar e para todos, é sempre possível; e a felicidade que esse movimento para a frente nos proporciona é enorme, e você saberá isso se simplesmente experimentar. Além do mais, a própria busca e o fato de progredir trazem a felicidade espiritual da vida; e na maioria das vezes é nesse tipo de vida que surgem todos os prazeres humanos, quando não os procuramos nem os fixamos como objetivo, as melhores alegrias do mundo chegam até nós por si sós.

Por isso, antes de qualquer coisa, aconselho você a se voltar para si mesmo e olhar para si mesmo — o que significa duvidar seriamente de si próprio, perceber a falsidade de sua vida, reconhecer o único objetivo dela, natural ao homem, e tentar viver de acordo com esse objetivo. Experimente, e então saberá se isso é ou não é verdade. E, se você começar a agir dessa maneira, não ceda à mais comum das tentações, que com frequência afasta os iniciantes. Tal tentação consiste no fato de que, após dar início a um trabalho interno de autoaperfeiçoamento, o homem de nosso meio percebe que se encontra em uma situação de tal forma desprovida de sentido, tão distante da perfeição moral, que possui hábitos tão ruins e falsos e que há tanto trabalho a ser feito que acaba perdendo o ânimo, sente vontade de abandonar tudo e de não fazer mais nada. Uma vida moral requer que não nos aproveitemos do trabalho de outras pessoas, que não obriguemos os pobres a trabalhar para nossos caprichos; devemos nós mesmos trabalhar para os outros, pois vivemos do trabalho duro de milhões de pessoas sem nada lhes dar em troca. O que fazer? É preciso mudar; portanto, quando chegar a hora, assim o farei, mas por enquanto é preciso viver como todos, diz a tentação. Eis exatamente onde reside o engano. É como se um homem não começasse a lavrar porque o campo a ser lavrado é grande demais. Ao contrário, é preciso lavrar com ainda mais zelo. É só começar um trabalho para ver que, quanto mais ele avança, mais se torna prazeroso. O mesmo ocorre na vida. Se meu objetivo é meu aperfeiçoamento, como posso deixar de trabalhar agora porque resta muito a fazer? Faça o que primeiro lhe vier à frente, trabalhe menos para si mesmo e mais para os outros: arrume e limpe você mesmo aquilo que puder arrumar e limpar, ande com suas próprias pernas em vez de se servir de transportes, preste serviço aos outros e não a você mesmo. São tarefas que, quanto mais avançam, mais alegria nos dão. É preciso que você faça agora aquilo que puder fazer, sem menosprezar as coisas pequenas. Adiar significa enganar a si próprio. Essa é uma das coisas que aconselho, caso você queira tentar viver não para o prazer animal, mas para o aperfeiçoamento moral. Outra coisa igualmente muito importante que aconselho a você é lembrar que a razão é um instrumento que nos foi concedido para o conhecimento do bem, e portanto para que possamos nos aperfeiçoar e reconhecer o bem ideal, para que nos esforcemos, para que nos empenhemos com todas as forças para proteger nossa razão, e não prejudicar seu desenvolvimento, mas ampliar sua extensão absorvendo em nós tudo aquilo que foi criado pela razão de outros que nos antecederam, ou seja, alimentar-se das mais sensatas pessoas, vivas ou mortas, por meio de suas ideias, expressas em suas obras. Se ainda não estivermos prontos para isso, que ao menos não façamos aquela coisa horrível que atualmente todos fazemos cada vez mais, ou seja: não se entorpeça, não destrua sua razão com comidas atraentes que não são naturais ao homem ou com entorpecentes, como o álcool e o fumo.

A razão é a mais elevada força espiritual do homem, é uma parcela de Deus em nós, e é por isso que qualquer tentativa de abafá-la é o mais terrível pecado, e ele não ficará impune.

Ainda mais um — e muito importante — conselho: se você passar a seguir uma vida assim, se tentar viver para seu aperfeiçoamento moral e, em seguida, sentir-se fraco, se você se distrair e voltar aos maus hábitos que já havia abandonado, se isso acontecer, nunca desanime e não desista, ao contrário, saiba que recaídas e dificuldades são próprias de qualquer desenvolvimento, e que só não cai aquele que não possui ideais, mas vive unicamente uma vida animal. Caia mil vezes e mil vezes se levante; se você não se desesperar, estará progredindo constantemente e, conforme já lhe disse, além de uma imensa alegria espiritual, todas as alegrias profanas que você vivia antes lhe serão dadas cem vezes mais, como Cristo prometeu.

Adeus. Que Deus lhe ajude, esse Deus que está em você, em mim e fora de nós. Esta carta será também enviada a Andriúcha e a Mítia.[5] Seria uma grande alegria se ela pudesse ajudá-los a se livrar das tentações que os seduzem ou, ao menos, a reconhecer o verdadeiro caminho a seguir.

L. TOLSTÓI

CARTA 468. PARA P. I. BIRIUKOV

Pável Ivánovitch Biriukov (1860-1931) escreveu Vida de
Tolstói, *obra publicada em 1911 e baseada em numerosas
entrevistas com o autor. Biriukov foi um grande discípulo
de Tolstói e defensor da justiça social, especialmente entre
os perseguidos dukhobors.*

Moscou, 10 de abril-5 de maio de 1901.

Acabo de receber sua carta, querido amigo Pocha, e sinto-
-me muito feliz por saber que você e Pacha[6] se interessam
por minhas ideias, ideias que são também suas, e eu...

Há cerca de um mês escrevi estas linhas e, desde então,
não me aproximei mais de minha escrivaninha, pois estive
muito doente, com reumatismo e febre. Agora estou melhor. Durante esse tempo, recebi também uma boa carta de
Pacha,[7] outra de Bodiánski,[8] e vou me apressar a respondê-
-las, a responder sobretudo a mim mesmo, a essas questões sobre educação, com as quais sempre deparei e deparo
agora. Na base de tudo há algo que foi negligenciado em
nossas escolas: uma concepção religiosa da vida, não tanto
na maneira de ensinar, mas sobretudo como guia de princípios de todas as atividades pedagógicas. Uma concepção
religiosa da vida que, em meu entendimento, pode e deve
ser a base da vida das pessoas de nossa época, e que pode
bem resumidamente ser formulada da seguinte maneira: o
significado de nossa vida reside no cumprimento da vontade desse princípio infinito de que temos consciência de
fazer parte; essa vontade é a união fraterna entre todos os
seres vivos, em irmandade, servindo uns aos outros. Por
outro lado, essa mesma concepção religiosa da vida se exprime da seguinte maneira: o grande sentido da vida é a
união entre todos os seres vivos; acima de tudo, a fraternidade entre as pessoas, a ajuda mútua.

E assim é porque estamos vivos apenas na medida em que temos consciência de ser uma parte do infinito, cuja lei é a união.

Em todo caso, a manifestação viva dessa concepção religiosa, ou seja, a união entre todos alcançada pelo amor, é antes de qualquer coisa a fraternidade entre os homens: é a lei prática e fundamental da vida, lei que deve estar na base da educação; por essa razão é bom que seja e deve ser desenvolvido nas crianças tudo o que leve à união, e que se reprima tudo o que leve ao contrário. As crianças se encontram sempre — e quanto mais jovens são, mais verdadeiro isso é — nesse estado que os médicos chamam de o primeiro estágio de hipnose. E é graças a tal estado que se instruem e se educam. (Essa capacidade de sugestão que lhes é peculiar as põe sob total domínio dos mais velhos, e toda atenção é pouca ao que, e como, lhes sugerimos.) Assim, as pessoas são educadas e instruídas, sempre e unicamente, por meio de dupla persuasão: consciente e inconsciente. Tudo o que ensinamos às crianças é sugestão consciente, desde as preces e as fábulas até a dança e a música; tudo aquilo que, a despeito de nossa vontade, elas imitam — sobretudo nossa vida e nossos atos — é sugestão inconsciente. Sugestão consciente é instrução, é formação; sugestão inconsciente é exemplo, educação — no sentido estrito — ou, como denomino, iluminação. Em nossa sociedade, todos os esforços estão orientados para o primeiro tipo de sugestão; o segundo, uma vez que nossa vida é imoral, é involuntariamente negligenciado. Ao educar as crianças — e esse é o hábito mais comum —, escondem delas sua própria vida, a vida dos adultos em geral, levando-as a condições anormais (escolas militares, institutos, internatos e assim por diante) ou então transferem para uma esfera consciente aquilo que deve se originar de maneira inconsciente: preconizam regras morais de vida às quais deveriam acrescentar: *fais ce que je dis, mais ne fais pas ce que je fais.* Isso porque, em nossa sociedade, a instrução é demasiadamente privilegiada, ao passo que a verdadeira educação ou a iluminação é, mais do que negligenciada, praticamente inexistente. Se existe, existe apenas em famílias de trabalhadores pobres. E, no entanto, entre essas duas maneiras de influenciar a criança — inconsciente e conscientemente —, a mais importante delas, tanto para o indivíduo como para a sociedade, é a primeira, de longe a mais importante, ou seja, a sugestão moral inconsciente.

Tomemos uma família qualquer de *rentier* — senhor de terras —, de um funcionário público, ou até a de um artista, de um escritor, uma família burguesa, sem bebidas, sem libertinagem, sem brigas, sem ofensas, e que queira dar uma educação moral a seus filhos. Isso, no entanto, é tão impossível quanto é impossível ensinar uma nova língua à criança, se não falarmos nessa língua e se não lhe mostrarmos livros escritos nessa língua. As crianças escutarão as lições de moral, de respeito a outras pessoas, mas, de forma inconsciente, não apenas imitarão como também assimilarão como verdade o fato de que determinada pessoa nasceu para limpar sapatos e roupas, para carregar água e lixo, cozinhar, e que outras nasceram para sujar roupas e a casa, para comer iguarias, e assim por diante. Se simplesmente levarmos a sério o fundamento religioso da vida — a fraternidade entre as pessoas — não há como não percebermos que pessoas que vivem do dinheiro tomado de outros, e que obrigam outras pessoas a trabalhar para elas em troca de dinheiro, levam uma vida imoral, e nenhum sermão livraria seus filhos de uma sugestão imoral, mesmo que de forma inconsciente, que ou permanecerá com eles durante toda a vida, deturpando todos os seus juízos sobre

---

* Em francês no original. "Faça o que eu digo, não o que eu faço."

os fenômenos da vida, ou será por eles destruída após muito sofrimento e muitos erros, e com grande esforço e dificuldade. Não me dirijo a você porque, pelo que sei, você está livre desse mal, e por essa razão sua vida pode produzir apenas boas influências sobre as crianças. O fato de você estar longe de fazer tudo sozinho, e que se sirva de dinheiro para pagar o serviço de outras pessoas, não pode influir negativamente sobre as crianças se elas perceberem que sua intenção não é depositar sobre os ombros de outros o trabalho necessário à sua vida, mas o contrário.

Dessa maneira, a educação, a sugestão inconsciente, é extremamente importante. Para que seja boa e moral, é necessário — e isso pode parecer estranho — que a maneira de viver do educador seja totalmente pautada pela bondade. O que é uma maneira de viver pautada pela bondade? — perguntarão. Os graus de bondade são infinitos, mas uma vida de bondade tem um traço geral e importante: a aspiração ao fortalecimento do amor. Se os educadores tiverem esse mesmo desejo e o comunicarem às crianças, a educação não poderá ser ruim.

Para tanto, para que se tenha êxito na educação das crianças, é preciso que os próprios educadores se eduquem constantemente, que ajudem uns aos outros cada vez mais a alcançar aquilo a que aspiram. Os meios de se conseguir isso — além do principal deles, ou seja, o trabalho que a pessoa faz para si mesma, aquele que cada pessoa deve fazer em sua alma (para mim, com a ajuda da solidão e das preces) — podem ser numerosos. É preciso procurá-los, refletir, aplicá-los, discuti-los. Penso que o criticismo, empregado pelos perfeccionistas,[9] é um bom meio. É igualmente bom, penso eu, reunir-se em determinados dias e discutir maneiras de combater suas próprias fraquezas, por meios próprios ou por receitas extraídas de livros. É bom, penso eu, procurarmos pessoas infelizes, física ou moralmente repugnantes, e tentarmos trabalhar para elas. É bom, penso eu, buscarmos aproximação com inimigos que nos execram. Escrevo isso ao acaso, *au courant de la plume*,* mas penso ser esse objetivo o mais importante da esfera dessa ciência que é a educação de si mesmo, cuja finalidade é influenciar as crianças. É preciso que reconheçamos esse importante aspecto da educação para que possamos desenvolvê-lo.

Eis o esboço de um dos aspectos da questão: educação. Tratarei agora da instrução. Sobre esse assunto, penso que o conhecimento, que o ensino, nada mais é do que a transmissão daquilo que pensaram as mais brilhantes pessoas. As pessoas inteligentes sempre pensaram em três diferentes direções, ou linhas de raciocínio: 1) filosófica e religiosamente: sobre o significado da vida — sobre religião e filosofia; 2) empiricamente: extraindo deduções de observações metódicas — ciências naturais, mecânica, física, química, fisiologia; e 3) matematicamente: extraindo conclusões de teses de seu próprio pensamento — matemática e ciências matemáticas.

Esses três campos da ciência são ciências genuínas. Não podemos fingir conhecê-las, não pode haver meio-termo: sabemos ou não sabemos. Essas três categorias de ciência são cosmopolitas, pois, mais do que não separar, elas unem os homens. São acessíveis a todas as pessoas e correspondem ao critério de fraternidade entre os homens.

Quanto às ciências teológicas, jurídicas, especialmente históricas, russas, francesas, essas não são ciências, ou são ciências nocivas, que devem ser excluídas. Além do fato de haver três espécies de ciência, há também três maneiras de transmitir o saber de cada uma delas (por favor, não pense que reduzo tudo a três; eu gostaria que fossem quatro ou dez, mas aconteceu de serem três).

O primeiro e mais comum meio de transmissão são as palavras. Mas palavras em diferentes línguas, e por

---

* Em francês no original. "Ao correr da pena."

essa razão surge mais uma ciência: a das línguas, que, também elas, correspondem ao critério da fraternidade entre os homens (se houver tempo, e se os alunos assim o desejarem, talvez se deva ensinar o esperanto). O segundo meio são as artes plásticas, o desenho ou a escultura, formas de transmitir conhecimento visualmente. E o terceiro meio, a música, o canto: formas de transmitir o estado de espírito, os sentimentos.

Além dessas seis esferas de ensino, pode-se acrescentar ainda outra: o ensino de um ofício que, este também, se ajuste ao critério de fraternidade, ou seja, pessoas de cujo trabalho todos necessitem, como serralheiros, pintores, carpinteiros, alfaiates...

Assim, o ensino se divide em sete matérias.

O tempo que é preciso empregar em cada uma dessas matérias, sem contar o tempo que se deve dedicar ao trabalho necessário aos cuidados pessoais, será decidido de acordo com a inclinação de cada aluno.

Parece-me ser assim: os próprios professores distribuem o tempo, mas os alunos decidem se querem ir à escola ou não. Por mais estranho que isso possa parecer a nós, que organizamos tão mal a instrução, a total liberdade dos estudos, ou seja, que os próprios alunos, meninos ou meninas, venham estudar quando quiserem, é *conditio sine qua non* de qualquer ensino fecundo, assim como *conditio sine qua non* da nutrição é a de que a pessoa a ser alimentada tenha vontade de comer. A única diferença é que, na esfera física, a violência de nos privar da liberdade é imediatamente manifestada: vomita-se ou tem-se uma indigestão; na esfera espiritual, as consequências nocivas não se manifestam tão rapidamente assim, no período de um ano, talvez. Apenas com plena liberdade é possível conduzir os melhores alunos tão longe quanto possam ir, sem os deter por causa dos mais fracos, e os melhores alunos são os mais necessários. Apenas a liberdade pode evitar um fenômeno comum: a aversão por matérias que poderiam ser apreciadas em seu devido tempo e em liberdade. Apenas a liberdade pode dizer se determinado aluno tem aptidão para determinada matéria, apenas a liberdade não destrói a influência do educador. Como posso dizer a um aluno que não é preciso usar de violência na vida se estou exercendo contra ele a mais severa violência intelectual? Sei que isso é difícil, mas o que fazer se levarmos em conta que toda restrição à liberdade é perniciosa à própria instrução? No entanto, não é tão difícil quando estamos firmemente decididos a não cometer tolices. Meu conselho seria: A) das duas às três horas: deem aulas de matemática, ou seja, ensinem aquilo que os alunos querem saber sobre esse assunto; B) das três às cinco horas: desenho etc. Você indagará: e os mais novinhos? Os mais novinhos, se bem-educados, clamarão, eles próprios, por amor e pela rotina, ou seja, se submeterão ao fascínio da imitação: se ontem tiveram aula depois do almoço, hoje depois do almoço desejarão aula...

Em geral, imagino a distribuição do tempo e das matérias da seguinte maneira: ao todo, dezesseis horas por dia, com intervalos para descanso e jogos (quanto mais jovens forem os alunos, mais longos serão os intervalos); sugiro que metade desse tempo seja dedicada à educação, à iluminação, ou seja, a trabalhos para si, para a família e para outros, como limpar, arrumar, cozinhar, cortar lenha e outros.

A outra metade seria dedicada ao estudo. Os alunos escolheriam, das sete matérias, aquelas que mais os atraem.

Como você pode ver, tracei um esboço aproximado. Se Deus me permitir, ainda elaborarei esse assunto, mas o envio assim mesmo a você, à guisa de resposta. Meus cumprimentos a Zoia Grigórievna[10] e a Ivan Mikháilovitch,[11] de quem recebi uma carta, e a quem aconselho não prestar atenção àquilo que escrevem nos jornais. Ambos são bons trabalhadores. Saudações carinhosas a você e a sua família, bem como a todos os nossos amigos.

Em um sentido prático, e para responder às sugestões de A. M. Bodiánski,[12] eu gostaria ainda de acrescentar: não empreenda nada de novo, como mudança de lugar ou alguma predeterminação sobre como a escola deve ser; não recrute professores, assistentes nem alunos, mas aproveite as condições existentes, desenvolva o que já existe, ou, preferencialmente, deixe que o futuro o faça.

No tocante ao desenho e à música, eu ainda acrescentaria que, especialmente no caso da música [...] a carta do pequeno Gue,[13] em que ele escreve a seu pai que lhe ensinem a tocar piano, levou-me, em parte, ao desejo de escrever a você e de contribuir para essa questão. O ensino de piano é um sinal evidente de uma educação erroneamente concebida. Tanto em desenho como em música as crianças devem aprender recorrendo às coisas mais acessíveis (no caso do desenho, giz, carvão, lápis; no caso da música, a própria garganta para traduzir aquilo que veem ou ouvem). É o começo. Se depois — o que é muito lamentável — algum excepcional talento for notado, pode-se, nesse caso, ensinar-lhe a pintar com tintas a óleo ou a tocar instrumentos caros.

Para o ensino elementar de desenho e de música sei que há excelentes manuais.

Para o ensino de línguas — quanto mais melhor —, penso que todos os seus alunos precisam aprender francês e alemão necessariamente, e inglês e esperanto se possível.

E é preciso ensinar oferecendo aos alunos alguns livros em língua russa, que lhes sejam familiares, para que tentem entender o sentido geral, prestando atenção às palavras essenciais, às raízes das palavras e às formas gramaticais. Além disso, ensinar a eles, antes e de preferência, línguas estrangeiras, e não a língua materna.

Por favor, não julgue severamente esta carta, entenda-a, ao contrário, como uma tentativa de esboçar "um programa de um programa".

368   LIEV TOLSTÓI

Estive doente durante todo o inverno e ainda estou longe de meu estado normal; devido ao reumatismo, doem-me as mãos e as pernas, meu estômago vai mal e sinto uma fraqueza generalizada, mas começo a viver cada vez melhor; e a vida é tão boa que, em vez de estragá-la, a morte apenas a fará melhor.

A seu dispor,
LIEV TOLSTÓI

CARTA 471. PARA V. G. TCHERTKOV

Vladímir Grigórievitch Tchertkov (1854-1936) foi o principal discípulo e seguidor de Tolstói. Tchertkov foi também um feroz oponente da condessa Sófia Tolstaia e fez tudo o que pôde para tirar dela o controle sobre os direitos de publicação das últimas obras do escritor. Tolstói o admirava e buscou sua amizade e conselhos em seus últimos anos de vida.

Iásnaia Poliana, 28 (?) de junho de 1901.

Sinto-me muito melhor hoje. Folheei *Fruits of Philosophy*.[14] É impossível escrever e discutir sobre esse tipo de coisa, assim como é impossível discutir com um homem que tenta provar que a cópula com cadáveres é agradável e inofensiva. Um homem que não sente o que sentem os elefantes: em geral, a cópula é um ato humilhante, tanto para si próprio como para a parceira; um ato repugnante, portanto, pelo qual o homem paga, involuntariamente, um tributo por sua animalidade, e só é recompensado quando atinge seu objetivo porque, em determinados momentos, a insuperabilidade do desejo desse ato asqueroso e humilhante está embutida em sua natureza — a tal homem que,

OS ÚLTIMOS DIAS DE TOLSTÓI

apesar da capacidade de raciocinar, se encontra no mesmo nível de um animal, seria impossível explicar e provar tudo isso. Não me refiro à falsidade do malthusianismo, que tece considerações objetivas (no entanto falsas) e classifica temas em bases sempre subjetivas. Tampouco me refiro ao fato de que, entre o assassinato, entre a matança de um feto[15] e o ato da cópula não há diferença qualitativa.

Perdoe-me: é vergonhoso e abominável falar seriamente sobre esse assunto. É preciso falar e refletir sobre um tipo de perversão, ou supressão de sentimento moral, que conseguiu levar as pessoas a isso. E não discutir com elas, e sim tratá-las. Sim, é verdade, o analfabeto, o bêbado mujique russo, que acredita em Sexta-Feira,* que se sentiria horrorizado com um fato semelhante e que sempre vê na cópula um pecado, está incomensuravelmente acima dessa gente, que escreve tão bem e que tem a petulância de fazer uso da filosofia para confirmar a própria barbárie.

Adeus, por enquanto. Que bom que, espiritualmente, você esteja bem. Ontem recebi suas duas cartas. Estou muito, muito bem. Abraços meus para Gália, Jósia e Dímotchka.

CARTA 507. PARA JAMES LEY

James William Thomas Ley (1879-1943) foi um jornalista inglês e autor de vários livros e artigos sobre Dickens. Em 1902, fundou a Clifton Dickens Society, e foi um dos fundadores do jornal The Dickensian. *James Ley escreveu para Tolstói em 1904 para lhe perguntar sua opinião sobre Dickens.*

[Original em inglês]

* Na mitologia eslava oriental, santa protetora de mães e mulheres.

Iásnaia Poliana, 21 de janeiro-3 de fevereiro de 1904.

Prezado senhor,

Considero Charles Dickens o maior romancista do século XIX, e sua obra, marcada pelo verdadeiro espírito cristão, fez e continuará a fazer muito bem à humanidade.

Atenciosamente,
LIEV TOLSTÓI

CARTA 508. PARA V. G. TCHERTKOV

Iásnaia Poliana, 19 de fevereiro de 1904.

Querido amigo Vladímir Grigórievitch,

Eu ficaria feliz em responder às suas perguntas, mas, considerando o campo de pensamento ao qual pertencem, creio não ser possível, ou ao menos não sou capaz de dar respostas; posso apenas seguir o rumo do meu pensamento. Talvez algo que, nos últimos tempos, vem me ocupando nesse campo de pensamento possa, em parte, servir para responder às suas perguntas. Tentarei expor de modo aproximado algumas ideias que me são muito caras.

Retomando tudo desde o começo, penso que (é por essa razão que não me agrada que publiquem minhas ideias sobre a consciência)[16] tudo o que o homem sabe ao certo sobre a própria vida e sobre o mundo é que ele desperta para a vida deste mundo com a consciência de sua existência material como indivíduo, e lhe parece que existem ele e seu corpo, que ele pode controlar pelo pensamento, e todo o mundo à sua volta — de um pequeno inseto até Sírio —, que ele não pode dominar. Encontrando-se nesse nível (inferior) de consciência, o homem

OS ÚLTIMOS DIAS DE TOLSTÓI

geralmente não pensa no fato de que antes ele não existia, de que foi despertado pela consciência; parece-lhe,
no entanto, que ele existe — uma criatura carnal — e,
fora dele, o resto do universo. A grande maioria das pessoas começa a vida, vive e morre com essa consciência.

Mas, afora a consciência de sua individualidade como
criatura material, ao refletir, o homem se indaga sobre o
que constitui seu real ser: seu corpo ou aquilo que controla
seu corpo e pode até modificá-lo (a ponto de conseguir aniquilar sua consciência). Inevitavelmente, caso pense apenas
com rigor científico, ele deve admitir que é o seu ser espiritual que constitui a essência de sua vida; aquele que recebe
não apenas as impressões do mundo externo, mas de seu
próprio corpo. O homem conhece seu corpo apenas porque
existe um ser espiritual que toma consciência de si mesmo
em um corpo (idealismo de Berkeley). E essa consciência
de si mesmo como ser espiritual, separado dos outros seres
por limites representados pela matéria e pelo movimento,
é o segundo grau da consciência, bastante superior ao primeiro. Assim como o primeiro estágio de consciência encerra em si uma contradição interna, no sentido de que o
ser material sente, tem consciência, ou seja, executa aquilo
que não é próprio à matéria, e que é incapaz de advir dela,
também o segundo grau de consciência apresenta uma contradição igualmente insolúvel, que consiste no fato de que
o ser espiritual, ou seja, fora do tempo e do espaço, está en-
cerrado em limites e constitui uma parte de alguma coisa.
Por essa razão, um homem que pensa chega inevitavelmente ao terceiro nível de consciência, que consiste no fato de
que, em sua vida humana, ele tem consciência de si próprio
como ser individual e material (primeiro grau), e como ser
não individual, espiritual e infinito, eternamente vivo, um
ser unificado, que se manifesta de múltiplas formas (os seres) e de que sou parte, junto a formas ou seres próximos
a mim e que me limitam. Tal é, penso eu, o terceiro e mais
elevado grau de consciência, o mesmo que nos é revelado,

tanto pelo bramanismo como pelo budismo e pelo cristianismo verdadeiros. De acordo com tal concepção do mundo, eu não existo, o que existe é apenas a infinita força divina, eterna, agindo no universo, por mim, por minha consciência. A vida consiste no crescimento da consciência — transição do primeiro grau para o segundo e para o terceiro — e no fortalecimento, bem como na purificação e no revigoramento da consciência, até que ela atinja seu grau mais elevado. O sentido da vida, a alegria da vida e todos os ensinamentos morais residem nesse fortalecimento, na contínua purificação e revigoramento.

Se Deus assim permitir, um dia qualquer procurarei expor essa questão de maneira melhor, visto que, para mim, ela é muito importante e trouxe-me muitas alegrias espirituais. [Omissão de dez linhas.]

CARTA 545. PARA EUGEN REICHEL

Eugen Reichel (1853-1916), escritor alemão, autor de um livro sobre Shakespeare intitulado Shakespeare Litteratur *(1887), em que contesta a autoria de peças e sonetos atribuídos a Shakespeare, bem como a autoria de* Novum Organum, *atribuída a Francis Bacon. Reichel havia lido críticas feitas por Tolstói às peças de Shakespeare —* Shakespeare e o teatro —, *e enviou-lhe seu livro, sugerindo-lhe que publicasse sua teoria para defendê-la. A resposta de Tolstói o desaponta e ele escreve, em tom de ofensa, uma segunda carta.*

Iásnaia Poliana, 2-15 de março de 1907.

Prezado senhor,

Li seu livro com grande interesse. Seus argumentos sobre a ideia de que *Novum Organum* não foi escrito por

OS ÚLTIMOS DIAS DE TOLSTÓI

Bacon, bem como que as peças atribuídas a Shakespeare não foram escritas por ele, são muito persuasivos, mas sou demasiadamente pouco competente nesse assunto para *ein entscheidenden Urtheil zu fällen.** A única coisa que indubitavelmente sei é que, não apenas a maioria, mas todos os dramas atribuídos a Shakespeare, incluindo *Hamlet*, entre outros, além de serem desmerecedores dos elogios que habitualmente lhe fazem, também se encontram no campo literário *unter aller Kritik.*** Assim, o único ponto em que discordo do senhor é no tocante ao reconhecimento dos méritos de determinadas peças que o senhor destaca do restante.

Sua crítica às tão alardeadas peças *Lear, Machbeth* e outras está tão fundamentada e correta que seria uma surpresa se os que leram seu livro ainda se extasiassem com a ilusória beleza de Shakespeare, mas devemos ter em vista uma das características da massa: a de que suas opiniões sempre acompanham a opinião da maioria, sem nunca levar em consideração o próprio julgamento. Se não nos surpreendemos com o fato de que pessoas hipnotizadas olhem para o branco e digam, conforme lhes foi sugerido, que estão olhando para o preto, por que, então ficarmos surpresos ao ver que, diante de obras de arte de que nada conseguem entender por si sós, repetem obstinadamente o que lhes sugere a maioria das vozes? Escrevi — já faz tempo — um artigo sobre Shakespeare, *com a certeza de que não convenceria ninguém*, mas eu apenas queria declarar que não me submetia à hipnose geral. É por essa razão que penso que nem o seu belo livro, tampouco o meu, ou os numerosos artigos cujos rascunhos me foram enviados por Theodor Eichhoff,[17] ou ainda outros artigos sobre o mesmo tema, publicados pela imprensa inglesa, que recebi recentemente, convencerá o grande público.

* Em alemão no original. "Uma sentença definitiva."
** Em alemão no original. "Abaixo de toda crítica."

Examinando o processo de como a opinião pública se estabelece com a atual difusão da imprensa, graças à qual as pessoas leem e julgam os mais importantes temas sem ter sobre eles o menor entendimento, pessoas cuja cultura não lhes dá o menor direito de julgá-los, de escrever ou de publicar seus julgamentos sobre tais assuntos na imprensa e que, devido à forte divulgação feita pela imprensa, são igualmente incapazes de avaliá--los — não devemos nos surpreender com a falsidade dos julgamentos arraigados na massa, mas sim com o fato de ainda encontrarmos, de quando em quando, mesmo raramente, julgamentos corretos sobre o assunto, sobretudo em relação à avaliação de obras literárias.

Qualquer um pode avaliar pratos saborosos, perfumes agradáveis, sensações de modo geral agradáveis (ainda que haja pessoas privadas da faculdade do olfato e da visão), mas, para julgar uma obra de arte, é preciso um sentido artístico que é distribuído de maneira desigual. A qualidade das obras de arte é determinada pela massa de jornalistas e de leitores. Ora, na massa, a maioria das pessoas é tola e embrutecida no tocante à arte, e é por isso que a opinião pública sobre arte é sempre a mais vulgar e falsa. Sempre foi assim e assim é, particularmente nos tempos atuais, em que a influência da imprensa, cada vez maior, unifica as pessoas, já embrutecidas, tanto em relação ao pensamento quanto à arte. Como hoje, na arte — na literatura, na música, na pintura — é comum encontrarmos surpreendentes exemplos de sucesso e de glorificação de obras que nada têm em comum nem com a arte nem — menos ainda — com o bom-senso. Não quero citar nomes, mas, se o senhor observar as manifestações selvagens de doença mental que atualmente qualificam como arte, o senhor encontrará, por si só, esses nomes e essas obras.

Além de não esperar que a falsa glória de Shakespeare possa ser destruída, bem como a de certos anti-

OS ÚLTIMOS DIAS DE TOLSTÓI 375

gos (não quero citar nomes para não irritar as pessoas), também aguardo e vejo o estabelecimento dessa mesma glorificação de novos Shakespeares, fundamentada unicamente na estupidez e na imbecilidade das pessoas da imprensa e do grande público. Creio também que essa decadência geral do nível de bom-senso aumentará mais e mais não apenas na arte, mas também em todas as outras esferas: na ciência, na política e em especial na filosofia (ninguém mais conhece Kant, conhecem Nietzsche), e caminhará para a degradação total da civilização em que vivemos, a exemplo da queda das civilizações egípcia, babilônica, grega e romana.

Quando uma pessoa começa a falar muito, a falar sem parar sobre qualquer assunto, sem pensar e apressando-se apenas para falar o maior número de palavras no menor tempo possível, os psiquiatras sabem que se trata de um mau sinal, inequívoco de uma doença mental em fase inicial ou já adiantada. Quando, então, esse doente tem a convicção de que sabe tudo melhor do que todos, de que pode e deve ensinar sua sabedoria, é o indício evidente de sua doença mental. Nosso chamado mundo civilizado se encontra nessa perigosa e deplorável posição. E acho que ele já está muito próximo desse final que acometeu civilizações anteriores. A perversão intelectual das pessoas de nossa época, expressa não apenas na superestimação de Shakespeare, mas também em sua posição em relação à política, à ciência, à filosofia e à arte, representa o principal e mais importante indício disso.

LIEV TOLSTÓI

CARTA 557. PARA BERNARD G. SHAW

George Bernard Shaw (1856-1950) havia enviado a Tolstói, em dezembro de 1906, sua peça Homem e super-

-homem *(juntamente de um apêndice,* The Revolutionist's Handbook and Pocket Companion by John Tanner, MIRC — *Member of the Idle Rich Class). Ao lê-la pela primeira vez, em janeiro de 1907, a obra causara má impressão em Tolstói, porém em uma releitura, em agosto de 1908, e depois de fazer algumas anotações, Tolstói decide escrever a seguinte carta a Shaw para lhe expor sua opinião a respeito da peça.*

Em setembro de 1909, quando da última visita de Aylmer Maude[18] *a Iásnaia Poliana, Tolstói comentou que havia lido as peças e que gostava delas, mas que o autor tinha o defeito de querer ser original a qualquer custo. Maude falou com Shaw sobre a trama de* The Shewing-Up of Blanco Posnet *(ainda inédita na época) e contou-lhe que Tolstói parecia interessado; Maude pediu a Shaw que enviasse a peça a Tolstói. Mais tarde, nesse mesmo ano, Tolstói disse, supostamente, que havia pouquíssimos bons escritores de esquerda "excetuando-se, talvez, Shaw". (Para a reação de Tolstói à carta de Shaw que continha Blanco Posnet, ver carta 585.) Em Iásnaia Poliana, na biblioteca pessoal de Tolstói, há várias peças de Shaw com fartas anotações e comentários escritos nas margens.*

Os comentários de Shaw sobre Tolstói e sua obra incluem: sobre O que é arte? *(carta dirigida a Henry Arthur Jones, datada de maio de 1898): "É, sem nenhuma comparação, o melhor tratado sobre arte escrito até hoje por um escritor (excetuando-se Wagner)". Sobre o tolstoísmo (em uma carta escrita em fevereiro de 1900 e dirigida a R. Ellis Roberts): "Mesmo se o adotarmos, não poderemos viver eternamente da caridade mútua. Podemos simplificar nossa vida e nos tornar vegetarianos, mas a vida material, mesmo que reduzida ao mínimo, envolve problemas industriais de produção e de distribuição, e provoca o anarquismo [...] O anarquismo na indústria cria exatamente o tipo de civilização que temos hoje e [...] a primeira coisa que uma comunidade tolstoiana deveria fazer seria eliminá-lo".*

OS ÚLTIMOS DIAS DE TOLSTÓI

Shaw incluiu, certa vez, o nome de Tolstói em uma lista de cinco homens da "Grande Escola: pessoas que estabeleceram a consciência intelectual da espécie humana" (os demais eram Nietzsche, Wagner, Schopenhauer e Ibsen).

Iásnaia Poliana, 17 de agosto de 1908.

Dear Mr. Shaw,

Peço desculpas por até este momento não ter lhe agradecido pelo envio de seu livro por intermédio do sr. Maude.

Agora, relendo-o e voltando a atenção sobretudo às passagens apontadas pelo senhor, apreciei especialmente a fala de Don Juan no interlúdio (penso, contudo, que o assunto ganharia muito se fosse tratado de maneira mais séria, e não de maneira casual, como um entreato em uma comédia), bem como *The Revolutionist's Handbook*.

Em primeiro lugar, concordo totalmente com as palavras de Don Juan, quando ele diz que um herói é *"he who seeks in contemplation to discover the inner will of the world — in action to do that will by the so-discovered means"*[*] — exatamente o que, em minha língua, se expressa por estes termos: reconhecer em si próprio a vontade de Deus e realizá-la.

Em segundo lugar, apreciei em especial sua posição em relação à civilização e ao progresso, sobretudo a ideia, indiscutivelmente justa, de que, a despeito do tempo que durarem, nenhum dos dois pode melhorar a condição da humanidade caso as pessoas não mudem.

---

[*] Em inglês no original. "Aquele que busca descobrir na contemplação a vontade íntima do mundo — na ação realizar essa vontade pelos meios descobertos."

A diferença entre as nossas opiniões consiste apenas no fato de que, para o senhor, a melhora da humanidade acontecerá quando simplesmente os homens se tornarem super-homens ou quando novos super-homens nascerem; a meu ver, isso acontecerá quando os homens livrarem as verdadeiras religiões, incluindo o cristianismo, de todas as excrescências que as deformam e quando, unidos todos nessa mesma compreensão da vida — que repousa na base de todas as religiões —, eles estabelecerem relações justas com o princípio infinito da vida e seguirem as regras de vida que dele surgem.

A vantagem prática de minha teoria para libertar os homens do mal consiste, em relação à sua, no fato de que podemos facilmente imaginar que grandes massas populares, tenham elas pouca ou nenhuma instrução, possam aceitar a verdadeira religião e segui-la, ao passo que, para gerar super-homens desses homens que hoje existem, assim como para fazer nascer outros, seriam necessárias condições excepcionais, tão difíceis de se alcançar quanto a correção da humanidade por meio do progresso e da civilização.

Dear Mr. Shaw, a vida é uma coisa grande e séria, e todos nós, nesse curto período que nos é dado, precisamos nos esforçar para encontrar nosso objetivo e cumpri-lo da melhor maneira possível. Isso se aplica a todos os homens, e especialmente ao senhor, a seu grande talento, a sua maneira original de pensar e a seu modo de penetrar a essência de qualquer questão.

Dessa forma, sem temor algum, e na esperança de não o ofender, lhe apontarei os defeitos que, a meu ver, existem em seu livro.

O primeiro defeito do livro é que o senhor não é sério o suficiente. Não se pode falar, zombando, de assuntos como o objetivo da vida humana, das causas de sua perversão e do mal que permeia nossa vida de seres humanos. Eu teria preferido que as falas de Don Juan não

OS ÚLTIMOS DIAS DE TOLSTÓI

fossem as falas de um fantasma, mas as falas de Shaw; também teria preferido que *The Revolutionist's Handbook* tampouco fosse atribuído ao inexistente Tanner, mas a Bernard Shaw, que está vivo e que é responsável por suas palavras.

A segunda crítica é que as questões que o senhor aborda são de tal maneira importantes que, para pessoas com tão profunda compreensão do mal de nossa vida, e tão brilhante dom de escrever como o seu, o fato de o senhor fazer disso apenas objeto de sátira muitas vezes pode mais prejudicar do que favorecer a solução de tão graves questões.

Vejo em seu livro o desejo de surpreender, de chocar o leitor com sua grande erudição, com seu talento e inteligência. No entanto, tudo isso, além de ser desnecessário para a solução das questões que o senhor aborda, também muitas vezes desvia a atenção do leitor da essência do assunto, atraindo-o para o brilho da explanação.

De qualquer maneira, penso que esse livro não expressa suas ideias de modo amplo e claro, mas apenas em seu estágio embrionário. Creio que, se mais e mais desenvolvidas, essas ideias conduzirão à única verdade que nós todos buscamos, e da qual nos aproximamos gradualmente.

Espero que o senhor me desculpe por aquilo que possa lhe parecer desagradável nesta carta. Disse o que disse apenas porque reconheço no senhor um talento muito grande e porque tenho pelo senhor os mais amigáveis sentimentos, com os quais me despeço,

LIEV TOLSTÓI

CARTA 567. PARA S. A. TOLSTAIA

Sófia Andréievna Tolstaia (Behrs, de nascimento) (1844--1919) era filha de um médico da corte e mulher de Tolstói.

Eles se casaram em 1862, ela com dezoito anos de idade, ele com 34. Juntos, viveram um longo e fecundo casamento que terminou em briga e com a fuga de Tolstói, ocorrida em 1910, pouco antes de sua morte.

[Rascunho. Carta não enviada.]

Iásnaia Poliana, 13 de maio de 1909.

Esta carta lhe será entregue quando eu não mais estiver aqui. Escrevo-lhe já da cova para dizer coisas que, para seu bem, tantas vezes, durante tantos anos, eu quis mas não pude, não soube lhe dizer em vida. Sei que, se eu tivesse sido melhor, mais afável, teria sabido, durante minha vida, falar de modo que você me escutasse, mas eu não soube. Perdoe-me por isso, perdoe-me também por tudo que cometi contra você durante todo o tempo de nossa vida, e especialmente no começo dela. Não tenho nada a lhe perdoar, você foi tal qual sua mãe a trouxe ao mundo, fiel, boa mulher e boa mãe. Mas, por outro lado, exatamente por ser tal como nasceu, por ter permanecido assim, por não ter desejado mudar nem desejado trabalhar sobre si mesma, progredir em direção ao bem, à verdade, você permaneceu apegada a uma espécie de obstinação a tudo o que se opunha àquilo que me era caro, você fez muito mal às outras pessoas e a si mesma e foi declinando, cada vez mais, até chegar a essa situação em que se encontra agora.

CARTA 585. PARA BERNARD SHAW

[Original em inglês]

OS ÚLTIMOS DIAS DE TOLSTÓI

Iásnaia Poliana, 9 de maio de 1910.

Meu caro sr. Bernard Shaw,

Recebi sua peça e sua espirituosa carta.[19] Li a peça com prazer. Sinto enorme afinidade pelo assunto nela tratado.

Sua observação sobre a pequena influência que, em geral, a pregação do bem exerce sobre as pessoas, e sobre o mérito que os jovens atribuem a tudo aquilo que vai de encontro a essa pregação, está totalmente correta. Não obstante, a razão não se encontra na inutilidade dessa pregação, mas no fato de que os pregadores não fazem aquilo que pregam, portanto, são hipócritas.

Tampouco posso concordar com o que o senhor chama de sua teologia. O senhor traz à tona algo em que, nos dias de hoje, nenhuma pessoa séria acredita ou pode acreditar: em um Deus criador. O senhor, no entanto, parece reconhecer um Deus possuidor de objetivos precisos que lhe são compreensíveis. O senhor escreve: "Em minha opinião, a menos que concebamos Deus empenhado numa luta contínua para superar a si mesmo para a cada nascimento fazer um homem melhor que o anterior, não estaremos concebendo outra coisa que não um esnobe onipotente".

Considerando suas outras reflexões sobre Deus e sobre o mal, repetirei o que já lhe disse, conforme o senhor escreve, sobre *Homem e super-homem*, notadamente que a questão sobre Deus e o mal é importante demais para ser tratada em tom de brincadeira. Por essa razão, lhe direi francamente que as palavras com as quais o senhor conclui sua carta me causaram impressão bastante desagradável: "Supondo que o mundo não passe de uma piada de Deus, por acaso você trabalharia menos para dele fazer uma boa piada, e não uma ruim?".

Sempre a seu dispor,
LIEV TOLSTÓI

CARTA 586. PARA A CONDESSA
S. A. TOLSTAIA

Iásnaia Poliana, 14 de julho de 1910.

1) Não confiarei a ninguém meu diário atual, ele permanecerá guardado comigo.

2) Recobrarei de Tchertkov os diários antigos, e eles ficarão sob minha guarda, provavelmente em um banco.[20]

3) Se você se afligir com a ideia de que meus diários, ou de que os temas de determinadas passagens em que, tomado por impressão momentânea, escrevo sobre nossos desentendimentos e conflitos, ou com a ideia de que futuros biógrafos mal-intencionados possam usar essas passagens contra você — esquecendo-se do fato de que a manifestação de tais sentimentos efêmeros, tanto nos meus como nos seus diários, jamais poderão dar uma noção exata de nossas verdadeiras relações —, se você teme que isso aconteça, fico então feliz com a oportunidade de manifestar em meu diário, ou ao menos nesta carta, meus sentimentos em relação a você e à maneira como julgo sua vida.

Eis meu julgamento e meus sentimentos em relação a você: continuo amando-a da mesma maneira como a amei na juventude, e, apesar dos diferentes motivos que nos arrefeceram, não deixei de amá-la e ainda a amo. As razões de tal arrefecimento (não me refiro à interrupção de nossas relações conjugais — interrupção que nada mais fez além de eliminar manifestações falsas de um amor não verdadeiro) — foram: em primeiro lugar, meu distanciamento cada vez maior dos interesses da vida mundana e a repugnância que sinto em relação a eles, ao passo que, por você não ter na alma os princípios que me levaram às convicções que tenho, você não queria, nem podia, abandoná-los, fato muito natural, e pelo qual não a acuso. Esse é o primeiro ponto. Em segundo lugar (perdoe-me se o que vou lhe dizer possa

OS ÚLTIMOS DIAS DE TOLSTÓI

contrariá-la, mas o que atualmente acontece entre nós é tão grave que não se pode ter medo de dizer nem de ouvir toda a verdade), nos últimos anos seu caráter tem se tornado cada vez mais irritadiço, despótico e descontrolado. As manifestações desses traços de caráter fatalmente arrefeceram não meus sentimentos, mas a manifestação deles. Esse é o segundo ponto. Em terceiro lugar, a principal e fatídica razão pela qual eu, tampouco você, não somos culpados é nossa posição e nossa concepção diametralmente opostas do sentido e do objetivo da vida. Tudo em nossa concepção de vida caminhou em direções contrárias: seja no modo de vida, seja nas relações com as pessoas; os bens, que considero um pecado, são para você requisitos necessários à vida. Em relação ao modo de viver, para não me separar de você, submeti-me a condições de vida que para mim eram desagradáveis, mas, de seu ponto de vista, você considerou isso uma concordância, e cada vez mais um mal-entendido crescia entre nós. Houve ainda outras causas de arrefecimento pelas quais ambos fomos culpados, mas não tocarei nelas porque não vêm ao caso. O caso é que, apesar de todos os mal-entendidos ocorridos, eu não deixei de amá-la nem de estimá-la.

Eis, agora, a avaliação que faço de nossa vida conjunta: eu, um homem devasso, profundamente pervertido no plano sexual, já de certa idade, me casei com você, moça pura, boa, inteligente, de dezoito anos de idade, e apesar desse passado de lama e de vício você viveu cerca de cinquenta anos comigo, me amando, levando uma vida de trabalho pesado, dando à luz, alimentando as crianças, educando-as, cuidando delas e de mim, não cedendo a tentações que facilmente poderiam arrebatar qualquer mulher forte, saudável e bonita como você. Não posso censurá-la e não a censurarei pelo fato de você não ter me acompanhado em minha excepcional evolução espiritual, porque a vida espiritual de cada pessoa é um segredo entre ela e Deus, e da pessoa ninguém mais deve exigir nada. E, se fui exigente com você, cometi um erro e sou culpado por ele.

Essa é a exata descrição de minha relação e de meus sentimentos por você. Quanto ao que podem encontrar nos diários, sei apenas que nada de áspero e que contradiga o que escrevo agora será encontrado.

Esse é o terceiro ponto, que se refere ao que pode, mas não deve, afligi-la em relação aos diários.

4) Se, no presente momento, minhas relações com Tchertkov são indesejáveis para você, estou pronto a não mais o ver, mas quero lhe dizer que, para mim, isso não será tão desagradável quanto o será para ele, pois sei como lhe será duro. Mas, se você desejar, eu o farei.

Agora, 5) se você não aceitar minhas condições em prol de uma vida boa e pacífica, retiro então a promessa que fiz de não a abandonar. Irei embora. Partirei, certamente, não em direção a Tchertkov. Imporei inclusive a condição imperiosa de que ele não vá viver perto de mim, mas partirei impreterivelmente, porque não é mais possível viver da maneira como estamos vivendo.

Eu continuaria a viver dessa maneira caso me fosse possível suportar tranquilamente seu sofrimento, mas não posso. Ontem você foi embora nervosa, sofrendo. Tentei dormir, porém comecei não a pensar mas a sentir você, e não conseguia dormir, ouvia o relógio bater uma, duas horas e de novo despertava, ouvia, e em meu sono leve eu a via. Reflita com calma, minha amada, escute seu coração, seus sentimentos, e decida tudo da melhor maneira. Quanto a mim, devo lhe dizer que, de minha parte, decidi tudo da única maneira possível, de outro modo eu *não poderia, não poderia*. Pare, meu coração, não de torturar outras pessoas, mas de se torturar, porque você está sofrendo cem vezes mais do que os outros. Isso é tudo.

LIEV TOLSTÓI

OS ÚLTIMOS DIAS DE TOLSTÓI   385

CARTA 593. PARA MAHATMA GANDHI

*Mahatma Gandhi (1869-1948) foi um importante líder
espiritual que trabalhou em prol da independência da Índia. Gandhi foi precursor da ideia da desobediência civil.
Ele admirava Tolstói, e ambos tinham muito em comum,
como o gosto pelo vegetarianismo e uma apaixonada crença na paz e na não violência, acreditando ser esta a melhor
resposta à violência.*

Kótcheti, 7 de setembro de 1910.

Recebi sua revista *Indian Opinion* e fiquei feliz em conhecer o que nela escrevem a respeito dos adeptos da
teoria da não violência.[21] Gostaria de expressar os pensamentos que essa leitura despertou em mim.

Quanto mais tempo eu vivo — e principalmente agora que sinto com clareza a aproximação da morte — mais
forte se torna a necessidade de transmitir a outras pessoas
sobretudo aquilo que sinto tão profundamente e que, em
minha opinião, é de enorme importância, a saber: o que
chamam de não violência nada mais é que, em sua essência, a doutrina do amor, livre de falsas interpretações. Ora,
o amor, ou seja, a aspiração das almas humanas à união,
bem como a atividade que provém dessa aspiração, representa a única e suprema lei da vida humana, e todas as
pessoas sabem e sentem isso no fundo de sua alma (esse
fato se torna mais evidente em crianças); todo ser humano
tem conhecimento disso até o momento em que não se con-
funde com os falsos ensinamentos do mundo. Essa lei foi
apregoada por todos os sábios da Terra: tanto por indianos
como por chineses, hebreus, gregos e romanos. Acredito
ter sido ela muito claramente expressa por Cristo: ele chegou a dizer exatamente que essa única lei encerra toda a
Lei e, inclusive, os profetas. Além disso, ele previu o avil-

tamento a que essa lei está exposta e apontou claramente o perigo de tal aviltamento, comum aos homens que vivem por interesses mundanos, isto é, apontou o perigo de os seres humanos permitirem a si próprios defender tais interesses pela força, ou, tal como ele disse, responder com golpe ao golpe, usar de força para recuperar aquilo que lhes foi tomado, e assim por diante. Ele sabia aquilo que qualquer ser racional não pode deixar de saber, que o emprego da violência não é compatível com o amor, lei básica da vida. Enquanto a violência é praticada, sejam quais forem as circunstâncias, admite-se a insuficiência da lei do amor e, por conseguinte, essa mesma lei é negada. Toda a civilização cristã, tão brilhante em sua aparência, se desenvolveu sobre uma contradição e sobre equívocos demasiadamente óbvios e estranhos, algumas vezes conscientes, mas na maioria dos casos inconscientes.

Em resumo, quando a resistência foi incorporada ao amor, já não havia — tampouco poderia haver — o amor como lei da vida e, não havendo a lei da vida, nada poderia existir senão a violência, ou seja, o poder do mais forte. A humanidade cristã viveu dessa maneira durante dezenove séculos. É verdade que, durante todos os tempos os homens se guiaram unicamente pela violência na organização da própria vida. A diferença entre os povos cristãos e todos os outros reside apenas nisto: no mundo cristão, a lei do amor foi expressa com clareza total e precisão, como nunca antes havia sido expressa em qualquer outro ensinamento religioso, e os homens desse mundo cristão aceitaram solenemente tal lei e, ao mesmo tempo, permitiram a si mesmos o uso da violência, construindo sobre ela a própria vida. E, por isso, toda a vida dos povos cristãos apresenta contradição entre aquilo que eles pregam e a base de sua vida: contradição entre o amor, considerado a lei da vida, e a violência, considerada até mesmo imprescindível em todas as suas diferentes formas, tais como o poder dos governantes, os tribunais e os exércitos, reconhecidos e louvados. Essa contradição continuou crescendo em paralelo com o desenvolvimento do mundo dos cristãos e ultimamente atingiu o auge. Hoje a questão é obviamente uma das seguintes: ou reconhecer que não aceitamos nenhum ensinamento moral-religioso, e que nos norteamos, na construção de nossa vida, unicamente pelo poder do forte, ou que todos os nossos impostos, arrecadados à força, e que todos os órgãos judiciais e policiais e, em princípio, os exércitos, devem ser abolidos.

Agora, na primavera, durante o exame de catecismo em um dos institutos femininos de Moscou, um professor de catecismo e, em seguida, um bispo ali presente interrogaram as moças sobre os Mandamentos, especialmente sobre o sexto. Depois das respostas corretas sobre esse mesmo assunto, o bispo costumava perguntar se o assassinato era sempre proibido pela lei de Deus, a despeito das circunstâncias. E, corrompidas por seus mestres, as infelizes moças deviam responder — e respondiam — que nem sempre, que o assassinato era permitido na guerra e para castigar os criminosos. No entanto, após responder, a uma daquelas infelizes moças (e o que relato aqui não é mentira, mas um fato que me foi transmitido por uma testemunha) foi feita a habitual pergunta: o assassinato é sempre um pecado? Emocionada e ruborizada, ela respondeu com firme convicção que "sempre". E, a todos os costumeiros sofismas do bispo, ela respondia com convicção firme que o assassinato é sempre proibido, e que ele havia sido proibido já no Velho Testamento, e também por Cristo, e que não somente o assassinato, mas todo tipo de mal contra o próximo. E, apesar de toda a sua imponência e eloquência, o bispo se calou, e a moça saiu vitoriosa.

Sim, nós podemos falar em nossos jornais sobre os êxitos da aviação, sobre relações diplomáticas complexas, sobre os diversos clubes, descobertas, as mais variadas alianças, bem como sobre as chamadas obras artísticas, e podemos calar sobre o que aquela moça disse. No entanto, não devemos calar; qualquer homem do mundo cristão sente isso de maneira vaga, mas o sente. O socialismo, o comunismo, o anarquismo, o Exército da Salvação, o crescimento da criminalidade, o desemprego, o aumento do luxo excessivo dos ricos e da miséria dos pobres, bem como o espantoso crescimento do número de suicídios, tudo isso são sinais de contradição interna, que deve e não pode deixar de ser resolvida. E sem dúvida resolvida no sentido da aceitação da lei do amor e da negação de qualquer violência. É por isso que sua atividade no Transvaal, lugar que nos parece localizado nos confins da Terra, é um trabalho central, o mais importante entre todos os já realizados ultimamente no mundo, em que participarão certamente não apenas os povos cristãos, mas povos do mundo todo. Acredito que gostará de saber que entre nós, na Rússia, essa atividade também se desenvolve rapidamente sob a forma de recusa ao serviço militar, que aumenta mais e mais a cada ano. Por menor que seja o número dos adeptos da teoria da não violência, também aqui na Rússia poucos ainda recusam o serviço militar, e tanto estes como aqueles podem corajosamente dizer que Deus está com eles. E Deus é mais poderoso do que os homens.

Na aceitação do cristianismo, apesar da forma deturpada como é praticado entre os povos cristãos, e na aceitação simultânea da necessidade de exércitos e armamento para assassinatos em larga escala nas guerras, existe uma contradição tão óbvia e tão gritante que deve inevitavelmente, mais cedo ou mais tarde (parece que mais cedo), ser exposta. Essa contradição deve abolir a aceitação de qualquer religião cristã — necessária para respaldar o poder — ou abolir a existência do exército e da violência apoiada pelo exército, ambos igualmente necessários ao poder. Essa contradição é percebida

OS ÚLTIMOS DIAS DE TOLSTÓI   389

por todos os governos guiados pelo instinto de sobrevivência, tanto pelo seu, o britânico, como pelo nosso,
o russo. Esses governos reprimem essa contradição com
mais energia do que qualquer outra atividade antigover-
namental: observamos isso na Rússia e vemos isso nos
artigos de sua revista. Os governos sabem em que reside
o maior perigo para eles: em cuidar atentamente, nessa questão, não apenas de seus próprios interesses, mas
também da questão de sua própria existência.

Com toda a minha estima,
LEO TOLSTOY[22]

CARTA 607. PARA S. L. TOLSTÓI
E T. L. SUKHÓTINA

Serguei Lvóvitch Tolstói (nascido em 1863) era um dos
filhos de Tolstói. T. L. Sukhótina, ou Tânia (nascida em
1864), era filha do escritor.

Astápovo, 1º de novembro de 1910.[23]

Meus queridos filhos Serioja e Tânia,[24]

Espero — e acredito — que vocês não me recriminem
por não os ter chamado. Chamá-los e não chamar a ma-
mãe teria causado grande desgosto tanto a ela como a
seus outros irmãos. Vocês entendem que Tchertkov, a
quem pedi que viesse, se encontra em uma posição particular em relação a mim. Ele dedicou sua vida a serviço de
uma causa a que, também eu, me dediquei durante quarenta anos de minha vida. Mais do que me ser cara, reconheço — erroneamente ou não — a importância dessa
causa para todas as pessoas e, em particular, para vocês.

Agradeço-lhes pela boa relação que mantiveram comigo. Não sei se me despeço ou não, mas eu precisava dizer isso. Gostaria, ainda, de acrescentar a você, Serioja, um conselho: reflita sobre sua vida, sobre quem você é, sobre o significado da vida e sobre como todo homem sensato deve vivê-la. Essa teoria que você abraçou sobre o darwinismo, sobre a evolução e a luta pela existência, não lhe explicará o sentido da sua vida e não lhe fornecerá regras de conduta, pois, sem explicação de seu significado e de seu sentido e sem orientação constante sobre o que dela advém, a existência é lastimável. Pense sobre isso. É por amá-lo que, provavelmente às vésperas de minha morte, lhe digo isso.

Adeus, procurem acalmar a mãe, por quem tenho o mais sincero sentimento de compaixão e de amor.

Seu pai que os ama,
LIEV TOLSTÓI

CARTA 608. PARA AYLMER MAUDE

[Original em inglês.]

Astápovo, 3 de novembro de 1910.

A caminho do lugar onde desejava estar só, adoeci.[25]

[Tradução de Belkiss J. Rabello]

Dos *Diários de Tolstói*
[1900-10]

HOJE É 27 DE OUTUBRO [DE 1900].
KÓTCHETI.[1]

Pensei:

1) A vida é criação constante, isto é, a criação de novas formas superiores. Quando essa criação, em nossa opinião, se detém ou mesmo regride, quer dizer, quando se destroem as formas existentes, isso significa apenas que se constitui uma nova forma imperceptível para nós. Vemos aquilo que está fora de nós, mas não vemos o que está em nós; apenas o sentimos (se não tivermos perdido a consciência e não considerarmos o visível e aparente como o todo de nossa vida). A lagarta vê seu definhamento, mas não vê a borboleta que sairá voando dela.

2) A memória aniquila o tempo: conduz à unidade aquilo que parece ter acontecido em separado.

3) Agora mesmo estava caminhando e pensei: existem uma religião, uma filosofia, uma ciência, uma poesia, uma arte da grande maioria do povo: uma religião, embora encoberta de superstições, a fé em Deus que é o princípio da indestrutibilidade da vida; uma filosofia inconsciente: do fatalismo, da materialidade e da racionalidade de tudo o que existe; uma poesia dos contos fantásticos, dos acontecimentos reais da vida, das lendas; e uma arte da beleza dos animais, dos produtos do tra-

balho, das venezianas entalhadas, dos cata-ventos, das canções e das danças. E existe uma religião do verdadeiro cristianismo: a filosofia que vai de Sócrates a Amiel, a poesia: Tiútchev e Maupassant; a arte (não consigo achar exemplos da pintura), Chopin em algumas obras, Haydn. E existe uma religião, uma filosofia, uma poesia, uma arte da massa culta: a religião dos evangélicos, o Exército da Salvação, a filosofia — Hegel, Darwin, Spencer; a poesia — Shakespeare, Dante, Ibsen; a arte — Rafael, os decadentistas, Bach, Beethoven, Wagner. [...]

10) Pensei que, se eu servir as pessoas pela escrita, então a única coisa a que tenho direito, o que devo fazer, é desmascarar a mentira dos ricos e revelar aos pobres o engano em que eles os mantêm.

HOJE É 29 DE DEZEMBRO [DE 1900].
MOSCOU

Morreu um filho de Liev. Tenho muita pena deles. Na desgraça, há sempre uma retribuição espiritual e um enorme proveito. A desgraça significa que Deus o visitou, se lembrou de você... Tânia deu à luz um bebê morto, e ela é muito boa e sensata. Sônia está em Iásnaia. Iliá está aqui. Ele é assombrosamente infantil. [...]

É necessário anotar o seguinte:

1) Li sobre as incríveis máquinas que substituem o trabalho e os sofrimentos do homem. Mas isso, de todas as maneiras, é como inventar um aparelho por meio do qual seja possível açoitar e matar sem trabalho nem esforço. É mais simples não açoitar, e não matar. Assim também com as máquinas que produzem cerveja, vinho, veludo, espelhos e assim por diante. Toda a complexidade de nossa vida citadina está em inventar e se habituar a necessidades nocivas, e depois todos os esforços da inteligência são empregados para satisfazê-las ou para di-

OS ÚLTIMOS DIAS DE TOLSTÓI

minuir o prejuízo de sua satisfação: toda a medicina, a higiene, a iluminação e toda a nociva vida citadina. *Antes de falar sobre o bem da satisfação das necessidades, é preciso decidir quais necessidades constituem o bem.* Isso é muito importante.

2) Li *Zaratustra*, de Nietzsche, e as notas de sua irmã acerca de como ele o escreveu, e fiquei convencido de vez de que ele estava absolutamente louco enquanto escrevia, e louco não em um sentido metafórico, mas no sentido estrito, o mais exato: incoerência, saltos de uma ideia para outra, comparação sem indicar o que se compara, começo de pensamentos sem final, saltos de uma ideia para outra por contraste ou por consonância, e tudo com base na loucura — a *idée fixe* de demonstrar sua genialidade sobre-humana ao negar todas as bases supremas da vida e do pensamento humanos. Mas que sociedade é essa em que um louco como esse, e um louco nocivo, é reconhecido como mestre? [...]

5) É engraçada a opinião das pessoas de que o uso da resistência não violenta ao mal, o pagamento do mal com o bem, são regras boas para indivíduos isolados, mas que não podem ser aplicadas pelo Estado. Exatamente como se o Estado não estivesse unido às pessoas, mas apenas a alguma coisa particular das pessoas. O oxigênio tem algumas propriedades. Mas elas são apenas propriedades dos átomos, das moléculas de oxigênio. Já o oxigênio em grandes combinações adquire propriedades completamente diferentes, opostas. Esse único raciocínio de que o Estado possui propriedades opostas às propriedades humanas constitui a prova mais patente da obsolescência da forma do Estado.

6) Falam sobre a igualdade entre homens e mulheres. A igualdade no que diz respeito ao espiritual é absoluta, mas não no que diz respeito ao sexual. Nas relações sexuais (animais) a diferença é enorme. O macho está sempre preparado para qualquer fêmea, porque a relação

sexual não perturba sua atividade: os veados, os lobos, as lebres, o zangão. Sempre, muitos machos correm atrás de uma fêmea. Já a fêmea não está sempre preparada. E, quando está, então se entrega completamente, e não é capaz de nada quando está gerando seus filhos. Daqui vêm muitas conclusões.

10 DE OUTUBRO
[DE 1901. GASPRA, CRIMEIA]

Durante este tempo anotei:

1) É difícil viver somente para Deus em meio a pessoas que não entendem isso e vivem só para si mesmas. Como é favorável, nessa situação, a ajuda das pessoas da mesma fé. [...]

10) Um dos erros mais comuns e mais sérios que as pessoas cometem em seus juízos é que consideram bom aquilo que amam. [...]

13) A vida é uma coisa séria! Ah, se lembrássemos disso sempre, especialmente nos momentos de decisão! [...]

16) Os empresários (capitalistas) roubam o povo ao se tornarem intermediários entre os trabalhadores e os fornecedores de ferramentas e dos meios de trabalho, e os comerciantes também roubam sendo intermediários entre os consumidores e o vendedor. Também sob pretexto de mediação entre ofendidos e ofensores, institui-se o roubo estatal. Porém o mais terrível engano é o engano dos intermediários entre Deus e as pessoas.

13 DE DEZEMBRO
[DE 1902. IÁSNAIA POLIANA]

1) Em vão pensam os críticos que a *intelligentsia* pode guiar as massas populares (Miliukov). Ainda mais em

OS ÚLTIMOS DIAS DE TOLSTÓI

vão pensaria o escritor em dirigir conscientemente as massas por meio de suas obras. Que cada um dirija sua própria consciência para a maior clareza e a vida para a maior concordância com as exigências dessa consciência.

2) Se à pergunta "O senhor sabe tocar o violino?" você responde "Não sei, nunca tentei", compreendemos imediatamente que isso é uma brincadeira. Mas quando, à pergunta "O senhor é capaz de escrever um livro?", respondemos "Talvez possa; nunca tentei", não só não tomamos isso por uma brincadeira como permanentemente vemos as pessoas agirem com base nessa reflexão. Isso só demonstra que qualquer um pode julgar sobre a feiura dos sons absurdos de um violinista não treinado (há pessoas tão extravagantes que acham maravilhosa até essa música), mas que é necessária muita intuição e desenvolvimento mental para distinguir entre um jogo de palavras, uma frase e uma verdadeira obra de arte literária.

3) Toda a primeira metade do século XIX está cheia de tentativas de destruir o despótico regime estatal por meio de uma revolução violenta. Todas as tentativas terminaram com uma reação, e o poder das classes governantes só se fortaleceu. É claro que a revolução não pode agora superar o poder do Estado. Só resta uma saída, e é que haja uma mudança da concepção de mundo do povo, na qual ele deixe de servir à violência dos governos. Só a religião pode realizar tal mudança, e mais exatamente o cristianismo. E essa religião já está tão deformada que é como se não existisse. E o pior de tudo é que o lugar dela está ocupado. E, por isso, não só a mais importante mas a única forma de servir à humanidade em nossos tempos é exterminar o cristianismo deformado e estabelecer a verdadeira religião cristã. É o que todos consideram a coisa mais insignificante, e por isso ninguém faz nada, a não ser as mais espertas pessoas pseudoins-

truídas, que estão ocupadas com o oposto: tornar ainda mais confuso e obscuro o pervertido cristianismo.

6 DE JANEIRO DE 1903
[IÁSNAIA POLIANA]

Eu experimento agora os tormentos do inferno. Lembro toda a indecência de minha vida passada, e essas lembranças não me abandonam e envenenam a minha vida. Com frequência se lamenta que a pessoa não conserve as lembranças depois da morte. Que felicidade que isso não exista! Que tortura seria se eu, nesta vida, lembrasse tudo de ruim, todas as coisas torturantes para a consciência que fiz em minha vida pregressa. Mas, se é possível lembrar o bom, então também deve ser possível lembrar todo o ruim. Que felicidade que as lembranças desapareçam com a morte e reste apenas a consciência. [...]

24 DE NOVEMBRO
[DE 1903. IÁSNAIA POLIANA]

As pessoas (e eu me incluo entre elas) que reconhecem as bases da vida na vida espiritual costumam negar a realidade, a necessidade e a importância do estudo da vida corporal, que, é claro, não pode conduzir a nenhum resultado conclusivo. Da mesma forma, as pessoas que reconhecem apenas a vida corporal negam absolutamente a vida espiritual e tudo o que está baseado em suas deduções, negam, tal como dizem, a metafísica. Agora tenho certeza absoluta de que ambas estão erradas, ambas as opiniões: o materialista e o metafísico têm seu grande significado, se a pessoa não desejar tirar conclusões impróprias de um ou de outro saber. Do conhecimento materialista, baseado na observação dos fenômenos externos, é possível deduzir dados

OS ÚLTIMOS DIAS DE TOLSTÓI 397

científicos, isto é, uma generalização dos fenômenos, mas não se deve deduzir quaisquer orientações para a vida das pessoas, tal como com frequência tentaram fazer os materialistas, os darwinistas, por exemplo. Do conhecimento metafísico, baseado na consciência interior, é possível e se deve deduzir leis para a vida humana — como e para que viver? Isso mesmo que fazem as doutrinas religiosas, mas não se deve deduzir, como muitos têm tentado, as leis dos fenômenos nem sua generalização.

Cada um desses tipos de conhecimento tem seu significado e seu campo de ação.

7 DE MAIO [DE 1904].
IÁSNAIA POLIANA

1) Anteontem encontrei-me com um mendigo em farrapos. Conversei com ele: é um antigo aluno do Instituto Pedagógico. É um nietzschiano, *sans le savoir.*[*] E que convicção! "Servir a Deus e ao próximo, reprimir as próprias paixões, é uma estreiteza, é a violação das leis da natureza. As pessoas devem entregar-se às paixões. Elas nos dão força e grandeza." É impressionante como a doutrina de Nietzsche, o egoísmo, é a consequência necessária do conjunto de todas as atividades pseudocientíficas, artísticas e, o mais importante de tudo, pseudofilosóficas e de apelo popular. Não nos surpreendemos e não duvidamos de que, se em uma terra bem cultivada caírem sementes e se estiver quente, úmido e nada pisotear o semeado, então crescerão certas plantas. É possível também determinar com certeza quais serão as consequências espirituais de certas influências intelectuais, artísticas e científicas.

---

[*] Em francês no original. "Sem saber."

20 DE JANEIRO [DE 1905].
IÁSNAIA POLIANA

Passei muito sem escrever. Todo esse tempo. [...]

2) A música é uma estenografia dos sentimentos. Eis o que isso significa: uma rápida ou lenta sucessão dos sons, de sua altura, de sua força. Tudo isso, na fala, complementa as palavras e seu sentido, salientando aquelas nuances dos sentimentos vinculadas às partes de nossa fala. Já a música, sem fala, toma essas expressões dos sentimentos e suas nuances e as une, e nós obtemos o jogo dos sentimentos sem aquilo que os desperta. Por isso a música age de forma tão particularmente forte, e por isso a união da música a palavras é o enfraquecimento da música, é um retrocesso, é a anotação dos sinais estenográficos por meio de letras.

18 DE JANEIRO [DE 1906].
IÁSNAIA POLIANA

O tempo todo indisposto. Trabalho um pouco no *Ciclo de leitura*.

Estive pensando hoje acerca do que devo fazer eu, um velho. Tenho poucas forças. Estou visivelmente mais fraco. Algumas vezes na vida me senti próximo da morte. E — coisa estúpida — esqueci, esforcei-me em esquecer isso. Esquecer o quê? Que vou morrer e que, de qualquer jeito, seja em cinco, dez, vinte, trinta anos, a morte de qualquer jeito está próxima. Agora eu, já por causa dos meus anos, naturalmente me considero próximo da morte, e não há nem por que esquecer isso, nem é possível. O que eu, um velho sem forças, devo fazer?, perguntei-me. E me parece que não há nada a fazer, não há forças para nada. E hoje compreendi com tanta clareza a clara e alegre resposta. O que fazer? Já está demonstrado que se deve morrer. Nisso agora, agora e sempre, esteve minha tarefa. E é preciso realizar essa tarefa da melhor forma possível: morrer e morrer bem. A tarefa que está diante de nós é maravilhosa e inevitável, e nós procuramos tarefas. Isso me deixou muito contente. Começo a me acostumar a ver a morte, a agonia, não como o fim da tarefa, mas como a própria tarefa.

2 DE ABRIL [DE 1906].
IÁSNAIA POLIANA

Páscoa. Nos últimos tempos (duas semanas) me senti mal o tempo todo. Quase não escrevi. Fraqueza e mal--estar físico. Mas coisa estranha. Nesses raros lampejos de pensamento que me ocorreram, o pensamento trabalhou mais profunda e claramente que em períodos de atividade mental constante. Involuntariamente me vem à cabeça que a revelação da vida acontece de forma regular. Se me parece que a vida se detém em mim, ela não se detém, mas vai por baixo da terra e, quanto mais tiver se contido, com mais força se descobrirá depois. Se isso é verdade, será provado naquilo que eu anotei durante estas duas semanas, e que agora vou incluir. Anotei:

1) Ficou completamente claro para mim, nos últimos tempos, que a vida agrícola não é um dos diferentes gêneros de vida, mas é a vida, assim como a Bíblia é o livro, é a própria vida, a única vida humana na qual é possível a expressão de todas as qualidades humanas mais elevadas. O principal erro na organização das sociedades humanas, e aquele que elimina a possibilidade de alguma organização razoável da vida, é que as pessoas querem organizar a sociedade sem vida agrícola ou organizá-la de modo tal que a vida agrícola seja apenas uma e a mais insignificante das formas de vida. Como Bóndarev estava certo!

16 DE ABRIL [DE 1906].
IÁSNAIA POLIANA

Passaram-se cinco dias e eu estou em um estado de ânimo completamente diferente hoje. Não posso superar minha insatisfação com os que estão perto de mim. Sinto melancolia e quero chorar. Tudo me parece deprimente. Agora mesmo, depois do jantar e de uma lição com as crianças — vieram apenas duas —, sentei-me sozinho e pensei que só agora me confio plena e completamente à vontade de Deus. Aconteça o que acontecer, não havia sentido em esperar conseguir algo, nem que fosse fazendo Escrituras para crianças. Eu tinha que me render a Ele por inteiro, guardando apenas meu amor por Ele em privado e em público... e de repente chegou Sônia e nós começamos a falar sobre a madeira, sobre as pessoas que roubam e sobre as crianças que vendem coisas pela metade do preço e não pude reprimir meu descontentamento. Como se não fosse tudo a mesma coisa para mim. Senhor, me ajuda. Me ajuda. Tenho pena e nojo de mim.

31 DE JANEIRO [DE 1908].
IÁSNAIA POLIANA

Li Shaw. Sua trivialidade me impressiona. Não tem nem um único pensamento próprio, que se eleve por cima da trivialidade da massa urbana, e não entende uma só grande ideia dos pensadores passados. Toda a sua peculiaridade está em saber expressar a mais banal trivialidade de uma forma nova, deturpada artificialmente, como se dissesse alguma coisa nova e própria. Sua principal característica é sua espantosa segurança, só comparável a sua absoluta ignorância filosófica.

10 DE MARÇO [DE 1908].
IÁSNAIA POLIANA

Eis como eu vivo: quando me levanto, a cabeça está fresca e me vêm bons pensamentos; sentado no vaso de noite, eu os anoto. Visto-me, e com esforço e prazer despejo os excrementos. Vou passear. Enquanto passeio, espero o correio, de que não preciso, mas porque é um velho costume. Com frequência me proponho um desafio: quantos passos haverá até certo lugar, e conto, dividindo cada unidade em quatro, seis, oito respirações: um, e *a*, e *a*; e dois, e *a*, e *a*... Às vezes, por um velho costume, gosto de pensar que, se houver tantos passos como suponho, então... tudo vai estar bem. Mas agora me pergunto: o que é estar bem? E sei que está tudo muito bem, e não há nada que pensar. Depois, ao me encontrar com as pessoas, lembro, mas na maioria das vezes esqueço aquilo que queria lembrar — que elas e eu somos um. Em especial, é difícil lembrar durante a conversa. Depois Belka late, me impede de pensar e eu me irrito, e me repreendo por ficar irritado. Repreendo-me por ficar bravo com o galho em que tropeço. Sim, esqueci de dizer que, ao me lavar e me vestir, me lembro da pobreza da aldeia e me dói o luxo de minhas roupas e o costume da limpeza. Ao voltar do passeio, dedico-me às cartas. Uma carta de petição me irrita. Lembro-me de que é um irmão, uma irmã, mas é sempre tarde. Os elogios são pesados. Só a união expressa é alegre. Leio o jornal *Rus*. Espantam-me as execuções e, para minha vergonha, os olhos buscam as letras T. e L. N.[2] e quando as encontro é antes de mais nada desagradável. Bebo café. Não me contenho — sempre em excesso. Volto a me dedicar às cartas.

17 DE AGOSTO [DE 1908].
IÁSNAIA POLIANA

(Para uma obra de ficção)

1) A criança de uma rica família burguesa ateia e científico-liberal se dedica à igreja. Dali a quinze anos, será um revolucionário anarquista.

2) O filho dócil e sincero de um sacerdote estuda bem tanto na escola como no seminário. Casam-no e ordenam-no. A filha de seu vizinho paroquiano dá à esposa, uma vaidosa intelectual, um livro. Ele lê Tolstói e começam a surgir perguntas.

3) Um menino, o sexto filho de um mendigo cego, desperta a compaixão da mulher do líder ateu liberal. Tomam-no e levam-no para a escola; tem um talento fora do comum e obtém o grau de mestre das ciências. Volta para a terra natal, encontra-se com os companheiros, fica horrorizado, repensa tudo, nega a ciência e vê a única verdade e salvação na fé em Deus.

4) Um dos companheiros começou a comerciar, conseguiu um milhão e, sendo muito liberal, vive do trabalho dos operários.

5) O filho de uma família aristocrática leva clientes para a alcoviteira. Depois a filantropia e depois a renúncia a tudo.

6) O filho de um aristocrata arruinado, um vaidoso, faz carreira por meio do casamento; o filho discreto faz carreira como carrasco. Ele bajulava o primeiro, agora banca o importante.

7) Outro semelhante, filho de um burguês, escritor aristocrático, vive do jornalismo, sente a sujeira e não pode mais.

9 DE JULHO [DE 1908].
IÁSNAIA POLIANA

Estou pensando em escrever uma carta para ela. Não guardo ressentimentos, graças a Deus. Só uma questão se torna cada vez mais angustiante para mim: a injustiça dessa luxúria insana em meio à qual vivem os pobres e necessitados entre os quais eu vivo. Está tudo piorando cada vez mais, e se tornando cada vez mais deprimente. Não consigo esquecer nem deixar de ver isso.

Estão todos escrevendo minha biografia — e o mesmo se repete em todas as biografias: não haverá nada sobre a minha atitude em relação ao sétimo mandamento. Não haverá nada sobre aquela terrível depravação da masturbação e coisa pior, dos treze ou catorze aos quinze ou dezesseis (não me lembro quando minha libertinagem nos bordéis começou). E será a mesma coisa quanto à época de minha relação com a camponesa Aksínia — ela ainda está viva. E depois meu casamento, no qual, de novo, embora nunca tenha sido infiel à minha esposa, eu sentia um desejo repulsivo e criminoso por ela. Nada disso aparece ou aparecerá nas biografias. E isso é muito importante — muito importante por ser um vício do qual tenho consciência, e que mais do que qualquer outro me obriga a manter a razão.

10 DE JANEIRO [DE 1909].
IÁSNAIA POLIANA

Ontem escrevi, quase com entusiasmo, mas mal. Não vale a pena o esforço. Hoje não tenho nenhuma boa vontade, e o que escrevi ontem me parece fraco, simplesmente ruim. A conversa de anteontem com Andrei foi muito edificante. Começou com o fato de que eles, todos os irmãos, sofrem por falta de dinheiro.

Eu: E por quê?

Ele: Sim, porque tudo ficou mais caro e vivemos em um meio privilegiado.

Eu: É preciso viver melhor, de forma mais moderada.

Ele: Permita-me uma objeção.

Eu: Diga.

Ele: Você diz que se deve viver assim: não comer carne, recusar o serviço militar. Mas o que pensar acerca dos milhões que vivem como todos os outros?

Eu: Não pense neles, pense em si mesmo.

E ficou claro para mim que, para ele, não há outra direção além do que fazem *todos*. Ficou claro que isso é tudo que importa e que, com minúsculas exceções, todos vivem assim, e não podem viver de outro modo, porque não têm outra direção. Por isso, repreender ou aconselhar-lhes outra coisa é inútil, e para mim é prejudicial, pois desperta um mau sentimento. Há milênios a humanidade tem progredido ao longo dos séculos, e você quer ver esse avanço em anos. Ela avança porque as pessoas progressistas transformam o ambiente aos poucos, apontando para a longínqua perfeição eterna, apontando o caminho (Cristo, Buda, sim, e também Kant, e Emerson e outros), e o ambiente muda aos poucos. E as pessoas são de novo como todas as outras, mas de outro modo.

Intelectuais são aqueles que, "como todos", são intelectuais.

Não fiz nada hoje, e não tenho vontade de fazer. Escrevo à tarde, às seis. Acordei e duas coisas ficaram especial e totalmente claras para mim: 1) Que sou uma pessoa muito ruim. Digo isso com absoluta sinceridade, e 2) que para mim seria bom morrer e que eu quero isso.

Hoje estou de péssimo humor. Talvez ainda viva para me tornar um pouco menos desagradável que seja. Talvez seja para isso mesmo. Me ajuda, Senhor.

20 DE ABRIL
[DE 1909. IÁSNAIA POLIANA]

Acabei de sair à sacada e os suplicantes me assediaram. Não pude conter meus bons sentimentos em relação a todos. Ontem, umas palavras assombrosas de Serguei: "Eu", disse ele, "sinto e sei que agora tenho tal força de raciocínio, que posso discutir e resolver tudo corretamente... Seria bom se eu aplicasse essa força de raciocínio em minha vida", acrescentou ele com admirável ingenuidade. Em toda a família — especialmente entre os homens — a confiança em si mesmo não conhece limites. Mas parece que nele é maior do que em todos. Daí sua incorrigível mediocridade. Escrevo de propósito para que ele leia depois de minha morte.

20 DE JUNHO [DE 1909].
IÁSNAIA POLIANA [...]

Sim, ontem li Engels sobre Marx [...] Hoje acordei do sonho de uma clara e simples refutação do materialismo, que é compreensível para todos. Na realidade, não pareceu tão claro quanto no sonho, mas alguma coisa ficou. E é que os materialistas devem admitir o absurdo da Criação para explicar por que a matéria está constituída de tal modo que dela se formam seres separados, entre os quais eu sou o primeiro e com qualidades tais como os sentimentos e a razão. Já para o não materialista é claro que tudo o que eu chamo de mundo material é obra do meu "eu" espiritual. O mistério principal para eles é a minha singularidade e a dos outros seres.

21 DE JULHO
[DE 1909. IÁSNAIA POLIANA]

Desde ontem à noite Sófia Andreiévna está fraca e irritada. Eu não consegui dormir antes das duas ou até mais tarde. Acordei fraco. Despertaram-me. Sófia Andreiévna não dormiu durante toda a noite. Fui vê-la. Era algo alucinado. Que Duchan a envenenara e assim por diante. A carta de Stakhóvitch, sobre a qual devia ter-lhe falado, porque ela pensa que lhe escondo alguma coisa, provocou-lhe um estado ainda pior. Estou cansado e não aguento mais, e me sinto absolutamente doente. Sinto que é impossível, completamente impossível, ter uma relação razoável e amorosa. Por enquanto quero só me afastar e não ter nenhuma participação. Não posso fazer nada diferente e já pensei seriamente em fugir. Eis aí: mostre seu cristianismo. *C'est le moment ou jamais.** Quero demais ir embora. É pouco provável que minha presença aqui seja necessária para algo ou para alguém. É um sacrifício pesado e prejudicial a todos. Me ajuda, meu Deus, me ensina. Só quero uma coisa — fazer a Tua vontade, e não a minha. Escrevo e me pergunto: é verdade? Será que estou enganando a mim mesmo? Me ajuda, me ajuda, me ajuda.

22 DE JULHO
[DE 1909. IÁSNAIA POLIANA]

Ontem não comi nada e não dormi, como de costume. Foi muito difícil. Agora também está difícil, mas me sinto comovedoramente bem. Sim, amar aqueles que nos fazem mal, você diz. Então experimente. Tento, mas não dá certo. O tempo todo penso mais e mais em ir embora e fazer as disposições sobre os meus bens.

* Em francês no original. "É agora ou nunca."

23 DE JULHO
[DE 1909. IÁSNAIA POLIANA]

Decidi doar a terra. Ontem falei com Ivan Vassílievitch. Como é difícil se livrar dessa indecente e pecaminosa propriedade. Me ajuda, me ajuda, me ajuda.

9, 10 DE NOVEMBRO
[DE 1909. IÁSNAIA POLIANA]

À noite li Górki. Conhecimento das camadas mais baixas do povo, uma linguagem maravilhosa, isto é, a fala do povo. Mas uma psicologia absolutamente arbitrária, sem nenhuma justificativa na atribuição de sentimentos e ideias a suas personagens, um heroísmo cada vez maior e depois um ambiente excepcionalmente imoral. Além disso, um respeito servil à ciência.

16 DE JANEIRO
[DE 1910. IÁSNAIA POLIANA]

Acordei me sentindo bem e decidi ir ao tribunal em Tula. Li cartas, respondi algumas e fui embora. Primeiro foi o julgamento de uns camponeses; os advogados, os juízes, os soldados, as testemunhas. Tudo é muito novo para mim. Depois houve o julgamento de um preso político. Era acusado de ler e espalhar com abnegação uma ideia sobre a organização da vida mais justa e razoável que a existente. Tenho muita pena dele. Juntou gente para me ver, mas graças a Deus não muita. O juramento me comoveu. É difícil me conter para não dizer que isso é uma ofensa a Cristo.

3 DE ABRIL
[DE 1910. IÁSNAIA POLIANA] [...]

Desde cedo queria escrever sobre meu enterro e sobre o que deve ser lido nele. Lamento não ter anotado. Cada vez mais sinto a proximidade da morte. Sem dúvida minha vida, como provavelmente a vida de todas as pessoas, se torna mais espiritual com os anos. O mesmo acontece com a vida de toda a humanidade. Nisso está a essência e o sentido da vida de todos e de cada um. Por isso o sentido de minha vida, de novo, se encontra apenas em sua espiritualização. Ao fazê-lo e tomar consciência disso, sabemos que cumprimos a tarefa a nós predestinada: a autoespiritualização, e, com nossa vida, contribuímos pelo menos um pouco para a espiritualização geral.

1º DE MAIO
[DE 1910. IÁSNAIA POLIANA]

1) Uma das principais causas do suicídio no mundo europeu é a falsa doutrina eclesiástica cristã sobre o paraíso e o inferno. Não se acredita nem no paraíso nem no inferno e, no entanto, a ideia de que a vida deve ser ou o paraíso ou o inferno penetrou de tal forma na cabeça das pessoas que não se admite uma compreensão sensata da vida tal como ela é, a saber, não paraíso nem inferno, mas uma luta, uma luta incessante, incessante porque a vida só está na luta, mas não na luta darwinista de seres, de indivíduos contra outros seres e indivíduos, mas na luta das forças espirituais contra suas limitações corporais. A vida é a luta da alma contra o corpo. Com essa compreensão da vida, o suicídio não é possível, não é necessário, não tem sentido. O bem está somente na vida. Eu procuro o bem. Como então abandonar a vida para atingir o bem? Eu quero cogumelos. Os cogumelos

só são encontrados no bosque. Como então vou sair do bosque para achar cogumelos?

29 DE SETEMBRO [DE 1910].
IÁSNAIA POLIANA

1) Que horrível veneno mental é a literatura moderna, em especial para os jovens do povo. Em primeiro lugar, eles enchem a mente com o confuso e presunçoso palavreado dos escritores que escrevem para a modernidade. A principal peculiaridade e o principal prejuízo desse palavreado é que ele consiste em alusões, citações dos mais diversos, mais novos e mais prejudiciais escritores. Citam palavrinhas de Platão, Hegel, Darwin, sobre quem, aqueles que escrevem, não têm a menor ideia, junto as palavrinhas de algum Górki, Andréiev, Artsibáchev e outros sobre quem não vale a pena ter noção alguma. Em segundo lugar, esse palavreado é nocivo porque, ao encher a cabeça, não deixa nela nem espaço nem tempo para conhecer os escritores antigos que suportaram a prova não de dez, mas de cem, de mil anos.

29 DE OUTUBRO [DE 1910].
ÓPTINA PÚSTIN — *Chamardinó*

Tudo permanece igual; pior, até. Se pelo menos eu não pecar. E não tiver maus sentimentos. No momento não tenho.

[Tradução de Natalia Quintero]

Cronologia

1724	Piotr Tolstói (tetravô) recebe do tsar Pedro, o Grande, o título hereditário de conde
1821	Morre o príncipe Nicolai Volkonski, avô de Tolstói, em Iásnaia Poliana, província de Tula, a 235 quilômetros a sudoeste de Moscou
1822	O conde Nicolai Tolstói se casa com a princesa Maria Volkonskaia
1828	28 de agosto (calendário antigo). Nasce seu quarto filho, Liev Nicoláievitch Tolstói, em Iásnaia Poliana
1830	Morte da mãe
1832	O irmão mais velho, Nicolai, comunica aos outros que o segredo da felicidade terrena está inscrito em uma varinha verde enterrada em Iásnaia Poliana (onde Tolstói posteriormente foi sepultado)
1836	*O inspetor-geral*, de Nicolai Gógol
1837	Morte de Alexandr Púchkin em duelo
	Morte do pai
1840	*Um herói do nosso tempo*, de Mikhail Lermontov
1841	Morte de Lermontov em duelo
	Morte da primeira tutora, Alexandra Osten-Saken, uma tia. Os irmãos Tolstói passam a morar com outra tia, Pelageia Iuchkova
1842	*Almas mortas*, de Gógol
1844	Ingressa na Universidade de Kazan, matricula-se em línguas orientais
1845	Reprovado nos exames, transfere-se para direito. Vida dissoluta: bebedeiras, visitas a prostitutas

1846	*Gente pobre*, de Fiódor Dostoievsky
1847	Herda a propriedade de Iásnaia Poliana. Convalescendo de blenorragia, elabora um plano de autoaperfeiçoamento. Sem concluir os estudos, abandona a universidade "devido a problemas de saúde e a circunstâncias domésticas"
1848-50	Em Moscou e São Petersburgo, libertinagem e jogatina, muitas dívidas. Estuda música
1850	*Um mês no campo*, de Ivan Turguêniev
1851	Viaja ao Cáucaso com Nicolai, que serve o exército. Lê Laurence Sterne: inicia a tradução de *Uma viagem sentimental* (inacabada). Escreve *Uma história de ontem* (inacabado, primeira evidência de sua capacidade de análise psicológica). Começa a escrever *Infância*
1852	Morte de Gógol. *Esboços do álbum de um caçador*, de Turguêniev
	Entra no exército como cadete (*iúnker*); lotado na maior parte do tempo no quartel cossaco de Starogladkovskaia. Vê a ação contra os tchetchenos e escapa por pouco de ser capturado
	Infância
1853	A Turquia declara guerra à Rússia
	"A incursão"
1854	A França e a Inglaterra declaram guerra à Rússia
	Início da Guerra da Crimeia
	Como oficial, serve na frente do Danúbio. Novembro: solicita transferência para Sebastópol, então sitiada pelas forças aliadas
	Adolescência
1855	Morte de Nicolau I; coroação de Alexandre II
	Em ação até a queda de Sebastópol em agosto. Fica famoso com "Sebastópol em dezembro" e outros contos, "Sebastópol em maio", "Sebastópol em agosto de 1855" (1856), "Anotações de um marcador de bilhar", "A derrubada"
1856	Tratado de paz entre a Rússia, a Turquia, a França e a Inglaterra
	Rudin, de Turguêniev
	Em São Petersburgo, frequenta círculos literários;

CRONOLOGIA 413

relaciona-se com Turguêniev, Ivan Goncharov, Nicolai Nekrasov, Afanasi Fet e outros. Abandona o exército. Morte do irmão Dmítri
"A nevasca", "Dois hussardos", "A manhã de um senhor"

1857   Fevereiro-agosto. Primeira viagem ao exterior, a Paris (impressão inesquecível de uma execução com a guilhotina), Genebra e Baden-Baden
Juventude, "Lucerna"

1858   Inicia longo relacionamento com a camponesa Aksínia Bazikina em sua propriedade
"Albert"

1859   *Oblomov*, de Goncharov; *Ninho de fidalgos*, de Turguêniev
Funda uma escola primária em Iásnaia Poliana
"Três mortes", *Felicidade conjugal*

1860   Falecimento do irmão Nicolai, de tuberculose
Recordações da casa dos mortos, de Dostoievsky (1860-1). *A véspera*, de Turguêniev

1860-61   Emancipação dos servos (1861). Seguem-se outras reformas: instituição de câmaras municipais eletivas (*zemstvos*). Surge o movimento revolucionário Terra e Liberdade. Início da industrialização intensiva; propagação das ferrovias
Atua como árbitro da paz, ocupando-se dos acordos agrários pós-emancipação. Entra em conflito com Turguêniev e o desafia (não há duelo). Viaja à França, à Alemanha à Itália e à Inglaterra. Perde muito dinheiro no jogo. Conhece Proudhon em Bruxelas

1862   *Pais e filhos*, de Turguêniev
Cria uma revista sobre educação de camponeses em Iásnaia Poliana; abandona-a em menos de um ano. Batida policial em Iásnaia Poliana. Cogita emigrar para a Inglaterra e escreve um protesto ao tsar. Casa-se com Sófia Andrêievna Behrs (n. 1844)

1863   Rebelião polonesa
Nascimento do primeiro filho, Serguei (Tolstói e a esposa teriam treze filhos — nove meninos e quatro meninas —, dos quais cinco morreram na infância).

	Começa a trabalhar no romance "Os decembristas", posteriormente abandonado, mas que veio a ser *Guerra e paz*

Começa a trabalhar no romance "Os decembristas", posteriormente abandonado, mas que veio a ser *Guerra e paz*
"Polikushka", *Os cossacos*

1865 "Lady Macbeth do distrito de Mtzensk", de Nicolai Leskov
Primeira parte de *Guerra e paz* (intitulada *1805*)

1866 Tentativa de assassinar o tsar Alexandre II
Crime e castigo, de Dostoievsky

1867 *Fumaça*, de Turguêniev
Visita Borodino em busca de material para cena de batalha em *Guerra e paz*

1868 *O idiota*, de Dostoievsky

1869 Concluída a publicação de *Guerra e paz*

1870-1 Guerra Franco-Prussiana. Reforma do governo municipal
Os demônios, de Dostoievsky
Estuda grego antigo. Doença; convalesce em Samara (Basquíria). Começa a trabalhar em uma cartilha para crianças. Primeira alusão a *Anna Kariênina*. Lê Arthur Schopenhauer e outros filósofos. Começa a trabalhar em um romance sobre Pedro, o Grande (posteriormente abandonado)

1872 "Deus vê a verdade, mas espera", "O prisioneiro do Cáucaso"

1873 Inicia *Anna Kariênina*. Arrecada fundos durante a fome em Basquíria, onde comprou uma propriedade. Obsessão crescente pelos problemas da morte e da religião; tentação a cometer suicídio

1874 Ocupa-se muito da teoria educacional

1875 Início do movimento revolucionário ativo

1875-7 Publicação de episódios de *Anna Kariênina*

1877 *Solo virgem*, de Turguêniev
Concluída a publicação de *Anna Kariênina* em jornais (publicado em livro em 1878)

1877-8 Guerra Russo-Turca

1878 Reconciliação com Turguêniev, que o visita em Iásnaia Poliana. Trabalha em "Os decembristas" e torna a abandoná-lo. Trabalha em *Uma confissão*

CRONOLOGIA 415

	(concluído em 1882, mas proibido pelo censor religioso e publicado em Genebra em 1884)
1879	*Os irmãos Karamazov*, de Dostoievsky
1880	Trabalha em *Crítica da teologia dogmática*
1881	Assassinato do tsar Alexandre II. Com a coroação de Alexandre III, o governo restaura a política reacionária

1879 *Os irmãos Karamazov*, de Dostoievsky

1880 Trabalha em *Crítica da teologia dogmática*

1881 Assassinato do tsar Alexandre II. Com a coroação de Alexandre III, o governo restaura a política reacionária

Morte de Dostoievsky

Escreve ao tsar Alexandre III pedindo-lhe que perdoe os assassinos de seu pai

1882 Revoltas estudantis nas universidades de São Petersburgo e Kazan

Pogroms contra judeus e medidas repressivas contra as minorias

Obras religiosas, inclusive uma nova tradução dos Evangelhos

Inicia *A morte de Ivan Ilitch* e *O que devemos fazer?*. Estuda hebraico

1883 Carta do moribundo Turguêniev exortando Tolstói a não abandonar sua arte

1884 Relações familiares tensas, primeira tentativa de sair de casa

Proibição de *Aquilo em que acredito*

Obras escolhidas publicadas por sua esposa

1885-6 Tensão com a esposa sobre novas crenças. Trabalha em estreita colaboração com Vladimir Tchertkov, com quem (além de outros) funda uma editora, O Mediador, a fim de produzir literatura edificante para a gente simples. Muitos contos populares escritos em 1885-6, entre os quais "De que vivem os homens", "Onde existe amor, Deus também está", "Kholstomer, a história de um cavalo"

1886 Vai a pé de Moscou a Iásnaia Poliana em cinco dias

Passa o verão trabalhando na roça. Denunciado como herege pelo arcebispo de Kherson

A morte de Ivan Ilitch, "De quanta terra precisa o homem?", *O que devemos fazer?*

1887 Conhece Leskov

"Sobre a vida"

1888	*A estepe*, de Tchekhov
	Abandona a carne, o álcool e o fumo. Atritos crescentes entre sua esposa e Tchertkov. *O poder das trevas*, proibido em 1886, é encenada em Paris
1889	Conclui *Sonata a Kreutzer*. Inicia *Ressurreição* (no qual trabalha por dez anos)
1890	Proibição da *Sonata a Kreutzer*, embora, por solicitação de sua esposa ao tsar, a publicação seja autorizada nas Obras Escolhidas
1891	Convencido da imoralidade do lucro pessoal auferido na atividade de escritor, renuncia aos direitos autorais sobre todas as obras publicadas a partir de 1881, assim como sobre as publicações futuras. Consequentemente, sua família enfrenta problemas financeiros, e sua esposa conserva os direitos autorais sobre suas obras anteriores
	Ajuda a organizar o combate à fome na província de Riazan. Ataca o fumo e o álcool em "Por que os homens se entorpecem?"
1892	Organiza combate à fome: *Os frutos da instrução* (publicada em 1891) é montada no Teatro Mali, Moscou
1893	Conclui *O reino de Deus está em vós*
1894	Ascensão do tsar Nicolau II. Greves em São Petersburgo
	Escreve o prefácio à antologia de contos de Maupassant. Critica *Crime e castigo*
1895	Conhece Tchekhov. *O poder das trevas* é encenada no Teatro Mali, Moscou
	"O senhor e o servo"
1896	*A gaivota*, de Tchekhov
	Assiste à apresentação de *Hamlet* e *Rei Lear* no Hermitage Theatre, crítica severa de Shakespeare
	O que é arte?
1897	Faz um apelo às autoridades a favor dos *dukhobors*, uma seita religiosa pacifista, a qual é autorizada a emigrar para o Canadá
1898	Criação do Partido Social-Democrata. O caso Dreyfus na França

CRONOLOGIA 417

	Trabalha no combate à fome
1899	Generalização dos protestos estudantis Publicação de *Ressurreição* em folhetim (em livro em 1900)
1900	Conhece Maksim Górki, a quem classifica de "verdadeiro homem do povo"
1901	Fundação do Partido Socialista Revolucionário Excomungado pela Igreja Ortodoxa por escrever obras "repugnantes para Cristo e a Igreja". Gravemente enfermo, convalesce na Crimeia; visitas, inclusive de Tchekhov e Górki
1902	Conclui *O que é religião?*. Escreve ao tsar Nicolau II sobre os males da autocracia e da propriedade privada da terra
1903	Protesta contra os *pogroms* contra judeus em Kishinev "Depois do baile"
1904	Guerra Russo-Japonesa. A frota russa é destruída no estreito de Tsushima. Assassinato de V. K. Plehve, ministro do Interior Morte de Tchekhov Morte do segundo irmão mais velho, Serguei. Panfleto sobre a Guerra Russo-Japonesa publicado na Inglaterra
1905	Levante revolucionário na Rússia (Tolstói ataca todas as partes envolvidas) Motim no *Potemkin*. S. Yu. Witte nomeado primeiro-ministro Panfletos anárquicos Introdução a "Queridinha", de Tchekhov
1906	"Sobre Shakespeare e o teatro"
1908	O secretário de Tolstói vai para o exílio "Não posso me calar", um protesto contra a pena de morte
1909	Aumenta a animosidade entre sua esposa e Tchertkov, e ela ameaça suicídio
1910	Corresponde-se com Mahatma Gandhi acerca da doutrina da resistência não violenta ao mal. A esposa tenta o suicídio; exige os diários de Tolstói

dos últimos dez anos, porém ele os guarda em uma caixa-forte. Ruptura definitiva do relacionamento com ela em 28 de outubro: sai de casa em 7 de novembro: morre na estação ferroviária de Astápovo. Sepultado em Iásnaia Poliana

1911 "O diabo", "Padre Sérgio", *Khadji-Murát*, "A cédula falsa"

Notas

As seguintes notas foram redigidas por Jay Parini, organizador desta coletânea, e pelos tradutores dos respectivos textos para a edição da Penguin, em inglês.

DE *UMA CONFISSÃO* [PP. 22-36]

1   Na época em que isto foi escrito, considerava-se que a pena de morte estava abolida na Rússia. (Aylmer Maude)

DE *O REINO DE DEUS ESTÁ EM VÓS* [PP. 70-95]

1   Alexander Herzen (1812-70) — um pensador socialista russo. (Jay Parini)

2   Max Müller (1823-1900) — um fisiologista e orientalista alemão. (Jay Parini)

3   Leo von Caprivi (1831-99) — estadista e chanceler alemão. (Jay Parini)

4   Guilherme II (1859-1941) — o último imperador alemão. (Jay Parini)

420   OS ÚLTIMOS DIAS DE TOLSTÓI

DE *O QUE É ARTE?* [PP. 96-105]

1   Hauser era um órfão de caráter selvagem que, como
     então se supunha, teria sido criado por lobos nas
     florestas alemãs. (Jay Parini)

CARTA A ERNEST HOWARD CROSBY [PP. 106-18]

1   A declaração de resistência não violenta elaborada
     por William Lloyd Garrison foi adotada na Con-
     venção de Paz realizada em Boston em 18-20 de se-
     tembro de 1838. (Aylmer Maude)
2   Adin Ballou (1803-90), pastor restauracionista, fun-
     dador da Comunidade Hopedale (1824-56) e autor
     de *Christian Non-Resistance*. (Aylmer Maude)
3   O uso de um chicote por parte de Cristo só é men-
     cionado no Evangelho de São João. Nossa versão
     revista, baseada na grega, indica que o chicote era
     para "as ovelhas e os bois". (Aylmer Maude)

CARTAS SOBRE HENRY GEORGE [PP. 119-24]

1   O rublo correspondia a pouco mais que um quarto
     de uma libra. (Aylmer Maude)
2   A emancipação dos servos na Rússia foi decretada
     em 1861 e implementada nos anos subsequentes.
     (Aylmer Maude)

CIÊNCIA MODERNA [PP. 125-35]

1   Escrito como prefácio a uma tradução para o russo
     do ensaio de Edward Carpenter "Modern science: a
     criticism" [Ciência moderna: uma crítica], que inte-
     gra o volume *Civilization: Its Cause and Cure* [Civi-
     lização: sua causa e sua cura], publicado pela Swan
     Sonnenschein and Co., Londres. (Aylmer Maude)

NOTAS   421

2   A todo argumento corresponde um argumento
         igual. (Aylmer Maude)
3   Na Rússia, as rígidas teorias de Karl Marx e a so-
         cial-democracia alemã tiveram e continuam tendo
         mais aceitação que na Inglaterra. (Aylmer Maude)

CARTA A UM OFICIAL DE BAIXA PATENTE [PP. 136-43]

1   Constantino, o Grande, foi considerado um deus
         pelo Senado romano e alçado a santo cristão pela
         Igreja Ortodoxa. (Aylmer Maude)
2   A Santíssima Virgem, "Mãe de Deus" e "Rainha
         Celeste", tem um papel importantíssimo na Igreja
         Ortodoxa. (Aylmer Maude)
3   Uma prova apresentada para justificar a admissão
         na categoria de santidade é a não decomposição do
         cadáver do santo. Esses corpos milagrosamente pre-
         servados são reverenciados em capelas, mosteiros e
         catedrais e visitados por peregrinos, que oferecem
         preces no santuário, acendem velas e geralmente fa-
         zem uma contribuição em prol do estabelecimento.
         (Aylmer Maude)
4   Os ícones da Igreja Oriental não são "imagens
         esculpidas", e sim quadros pintados de um modo
         cadavérico sobre madeira; muitas vezes, são reco-
         bertos de metal gravado que deixam expostos ape-
         nas as mãos e o rosto, tornando o ícone tanto uma
         imagem quanto um quadro. (Aylmer Maude)
5   A mistura de pão e vinho administrada pelos sacer-
         dotes da Igreja Ortodoxa Oriental na celebração da
         Eucaristia. (Aylmer Maude)
6   Referência à prática comum de pendurar um ícone
         no canto de cada cômodo da casa. Esses ícones são
         chamados de "deuses", e as pessoas lhes dirigem
         orações de um modo que muitas vezes resulta em
         idolatria. (Aylmer Maude)

422 OS ÚLTIMOS DIAS DE TOLSTÓI

"NÃO MATARÁS" [PP. 152-59]

1   Com a proibição de sua veiculação na Rússia, foi feita uma tentativa de publicar este artigo em russo na Alemanha, mas essa edição foi apreendida em julho de 1903 e, em um julgamento na corte de Leipzig (em agosto de 1903), ele foi considerado ofensivo ao kaiser alemão, e ordenou-se que todas as cópias fossem destruídas. (Aylmer Maude)

PATRIOTISMO E GOVERNO [PP. 160-85]

1   Isto é, a segunda Guerra Bôer, de 1899-1902. (Aylmer Maude)

2   Os mordovianos e *tchuvaques* são de origem finlandesa e habitam principalmente a região do Médio Volga. (Aylmer Maude)

3   *Pollice verso* ("polegar para baixo") era o sinal dado, nos anfiteatros romanos, pelos espectadores que desejavam que o gladiador derrotado fosse morto. (Aylmer Maude)

4   Na acepção em que a palavra é usada no presente artigo, o traço característico de um governo é reivindicar o direito moral de infligir castigos físicos e, por determinação sua, transformar o assassinato em uma boa ação. (Aylmer Maude)

5   Boris Godunov, cunhado do fraco tsar Fiódor Ivanovitch, conseguiu ser tsar e reinou em Moscou de 1598 a 1605. (Aylmer Maude)

6   Grigóri Otriepev era um impostor que, fazendo-se passar por Dimitri, filho de Ivan, o Terrível, reinou em Moscou em 1605 e 1606. (Aylmer Maude)

7   Pugatchov foi o líder de uma insurreição em 1773-5, e acabou executado em Moscou em 1775. (Aylmer Maude)

8   Os circassianos, quando cercados, costumavam atar-se uns aos outros pelas pernas, de modo que nenhum deles fugisse e todos morressem lutando.

NOTAS   423

Verificaram-se exemplos dessa conduta quando seu
país foi anexado pela Rússia. (Aylmer Maude)

RESPOSTA À DETERMINAÇÃO
DO SÍNODO DE EXCOMUNHÃO [PP. 185-96]

1   Mateus 23: 8-10: "Quanto a vós, não permitais que
     vos chamem 'Rabi', pois um só é o vosso Mestre
     e todos vós sois irmãos. A ninguém na terra cha-
     meis 'Pai', pois um só é o vosso pai, o celeste. Nem
     permitais que vos chamem 'Guias', pois um só é o
     vosso guia, Cristo". (Aylmer Maude)

2   Cf. capítulo XXXIX, livro I, de *Ressurreição*; mas
     ver também, como uma provável causa da exco-
     munhão de Tolstói, a descrição do Chefe do Santo
     Sínodo no capítulo XXVII, livro II, dessa obra. (Ayl-
     mer Maude)

3   A iconóstase das igrejas greco-russas corresponde,
     até certo ponto, aos cancelos e à teia ocidentais.
     (Aylmer Maude)

4   Na Igreja Grega, o sacerdote mistura o pão sacra-
     mental com vinho antes de administrá-los ao co-
     mungante. (Aylmer Maude)

5   Os mantéis mencionados são os que contêm frag-
     mentos de relíquias sagradas, os únicos sobre os
     quais se pode celebrar a missa. As "lanças" são as
     pequenas lâminas com as quais o sacertode corta
     pedaços do pão sagrado, recordando a lança que
     perfurou o flanco de Cristo. (Aylmer Maude)

6   "E quando orardes, não sejais como os hipócritas,
     porque eles gostam de fazer oração pondo-se em pé
     nas sinagogas e nas esquinas, a fim de serem vistos
     pelos homens. Em verdade vos digo: já receberam
     sua recompensa. Tu, porém, quando orares, *entra*
     no teu quarto e, fechando tua porta, ora ao teu Pai
     que está lá, no segredo; e o teu Pai, que vê no segre-
     do, te recompensará. Nas vossas orações não useis
     de vãs repetições, como os gentios, porque ima-

ginam que é pelo palavreado excessivo que serão ouvidos. Não sejais como eles, porque o vosso Pai sabe do que tendes necessidade antes de lho pedirdes. Portanto, orai desta maneira: Pai nosso" etc. — Mateus 6: 5-13. (Aylmer Maude)

DE *O QUE É RELIGIÃO E EM QUE CONSISTE SUA ESSÊNCIA* [PP. 197-213]

1   Observação de Madame de Pompadour: "Depois de mim (nós) o dilúvio". (Aylmer Maude)

2   Mo-tzu viveu pouco antes de Mêncio (*c.* 372-289 a. C.), que escreveu contra sua doutrina do amor universal. (Aylmer Maude)

CARTA SOBRE A EDUCAÇÃO [PP. 214-7]

1   Esta carta foi escrita para uma pessoa próxima, pertencente à alta sociedade russa, que tem o costume de mandar os filhos ao ginásio, onde os entulham de conhecimentos, principalmente para que sejam aprovados nos exames ou obtenham certos privilégios (por exemplo, redução do tempo de serviço militar). (Aylmer Maude)

APELO AO CLERO [PP. 218-43]

1   Como o padre João de Kronstadt publicou um artigo dizendo que essa passagem mostra a ignorância da Bíblia de Tolstói, convém citar 1 Crôn. 20: 3: "[...] fê-los sair e colocou-os em trabalhos de serra, de picaretas de ferro e de machados. Assim agiu com todas as cidades dos amonitas". (Aylmer Maude)

2   Não se trata de uma referência à íntegra do Antigo e do Novo Testamentos (dos quais Tolstói não

NOTAS   425

questiona o extremo valor de muitas de suas partes), e sim a uma compilação para fins escolares que
é muito usada no lugar da Bíblia. (Aylmer Maude)

ALIOCHA, O POTE [PP. 252-9]

1   Tolstói escreveu "Aliocha, o Pote" em 1905. A úni-
     ca menção à história em seu diário se encontra em
     uma entrada de 28 de fevereiro: "Acabei de escrever
     Aliocha. Muito ruim. Desisto". A história foi publi-
     cada postumamente em 1911, com outros trabalhos
     de sua maturidade, depois de sua conversão reli-
     giosa. O príncipe Dmítri Mírski, em sua pesquisa
     pioneira *A história da literatura russa* (1949), con-
     sidera a história uma obra-prima. "Concentrada
     em seis páginas [...] é uma de suas mais perfeitas
     criações e uma das poucas que fazem esquecer o lu-
     ciferianismo e o orgulho característicos do autor."
     (Michael R. Katz)

SOBRE SHAKESPEARE E O TEATRO [PP. 260-332]

1   E. H. Crosby foi, durante algum tempo, membro
     do Poder Legislativo do Estado de Nova York; sub-
     sequentemente, transferiu-se para o Egito na qua-
     lidade de juiz dos Tribunais Mistos. Lá começou a
     ler as obras de Tolstói, que o influenciaram muito.
     Crosby o visitou e, posteriormente, com ele co-
     laborou de várias maneiras. Em um ensaio sobre
     "Shakespeare e as classes trabalhadoras", chamou
     a atenção para a tendência antidemocrática das pe-
     ças do poeta, e Tolstói iniciou seu próprio ensaio à
     guisa de prefácio ao de Crosby. (Aylmer Maude)

2   Tolstói nasceu em 1828. Este ensaio foi publicado
     em 1906, de modo que ele começou a releitura de
     Shakespeare três anos antes da publicação do arti-
     go. (Aylmer Maude)

426 OS ÚLTIMOS DIAS DE TOLSTÓI

3 Quando cita o original, assim como quando faz um resumo de seus enredos, Tolstói muitas vezes é impreciso. (Jay Parini)

4 A Declaration of Egregious Popish Impostures etc. [Declaração dos flagrantes embustes católicos], do dr. Samuel Harsnet, Londres, 1603, que contém quase tudo quanto diz Edgar em sua simulada loucura. (Aylmer Maude)

5 Georg Gottfried Gervinus (1805-71) foi um crítico e historiador alemão cujo importante estudo de Shakespeare, em quatro volumes, foi publicado postumamente. (Jay Parini)

6 Em outro de seus ensaios, Tolstói trata de uma controvérsia ocorrida em 1893 entre Zola e Dumas. Nele, Tolstói refuta a opinião segundo a qual a atividade em si, sem orientação moral, seja benéfica. (Aylmer Maude)

7 Poeta russo dotado de muita delicadeza de sentimento, durante muitos anos amigo de Tolstói. (Aylmer Maude)

DE A LEI DA VIOLÊNCIA E A LEI DO AMOR [PP. 333-9]

1 As últimas três epígrafes, Tolstói as retirou de seus próprios escritos. (Jay Parini)

DAS CARTAS DE TOLSTÓI [PP. 348-91]

1 Uma jovem camponesa da aldeia de Iásnaia Poliana. (R. F. Christian)

2 V. A. Bíbikov, filho de A. N. Bíbikov, do velho vizinho e conhecido de Tolstói; os irmãos Berger — um deles foi administrador da propriedade de Andrei em Tapticovo. (R. F. Christian)

3 Uma carta de 16-19 de outubro que não está traduzida aqui, já que trata de assunto parecido de modo ainda mais ponderoso. Mikhail Tolstói tinha

NOTAS 427

dezesseis anos na época e, tal como o irmão Andrei, encontrara uma moça na aldeia de Iásnaia Poliana, a qual ele achava que amava e pretendia desposar. (R. F. Christian)

4 Por solicitação de Tolstói, uma longa parte da carta foi suprimida neste ponto quando a versão manuscrita estava sendo copiada. (R. F. Christian)

5 Andrei Tolstói e Dmitri Diakov [um velho amigo de Kazan, onde Tolstói frequentou a universidade. Eles continuaram amigos durante toda a vida de Tolstói. (Jay Parini)]. (R. F. Christian)

6 A esposa de Biriukov. (R. F. Christian)

7 Carta em que ela se manifestou de acordo com as ideias de Tolstói sobre a educação das crianças. (R. F. Christian)

8 A. M. Bodiánski, um tolstoiano várias vezes preso e então exilado na Inglaterra. Sua carta é desconhecida. (R. F. Christian)

9 "The Perfectionists", seita fundamentalista norte-americana de 1831 que aboliu a propriedade privada entre seus membros. (R. F. Christian)

10 Zoia Grigórievna Ruban-Chtchurovskaia, sobrinha de Gue. [Nicolai Nicoláievitch Gue era filho de um escritor e amigo de Tolstói. (Jay Parini)] (R. F. Christian)

11 I. M. Tregúbov, que enviara a Tolstói algumas resenhas de seu artigo: "A minha paz vos dou...". (R. F. Christian)

12 Evidentemente, A. M. Bodiánski tinha planos de fundar uma escola de orientação tolstoiana na Inglaterra. (R. F. Christian)

13 Os dois filhos de N. N. Gue Filho moravam com Biriukov na Inglaterra. (R. F. Christian)

14 Tchertkov, ocupado com um panfleto sobre a visão tolstoiana do sexo, enviara-lhe um folheto recente defendendo a contracepção. (R. F. Christian)

15 I. e., a contracepção. (R. F. Christian)

16 Excertos dos diários de Tolstói acerca da consciência haviam sido publicados em *The Free World* em

428   OS ÚLTIMOS DIAS DE TOLSTÓI

1903. Tchertkov lhe escreveu em fevereiro de 1904 fazendo outras perguntas, e a resposta de Tolstói é uma de várias tentativas de esclarecer suas ideias sobre o tema. (R. F. Christian)

17   Theodor Eichhoff, autor de diversos estudos de Shakespeare. Também questionava a autenticidade de parte da obra de Shakespeare, mas acreditava que sete peças e dezesseis sonetos eram inegavelmente dele, ao passo que outros (inclusive *Macbeth* e *Rei Lear*) não. Eichhoff enviara a Tolstói as provas de seu estudo de *Hamlet* em janeiro de 1907. (R. F. Christian)

18   Seu amigo, tradutor e biógrafo autorizado. Maude (1858-1938) travou conhecimento com Tolstói em 1888 e, a partir de então, visitou-o várias vezes. Eles mantinham uma correspondência regular. (Jay Parini)

19   George Bernard Shaw enviara a Tolstói sua peça *The Shewing-Up of Blanco Posnet*, juntamente de uma carta em que citava o poema de Blake "The Tyger", dizendo que Deus havia criado seres tanto malignos quanto benignos e cometera erros na criação. Terminava dizendo: "Supondo que o mundo não passe de uma piada de Deus, por acaso você trabalharia menos para dele fazer uma boa piada, e não uma ruim?", ao que Tolstói se opôs devido à irreverência. Tolstói escreveu a carta em russo, Tchertkov a traduziu e a devolveu para que ele a assinasse e remetesse. (R. F. Christian)

20   Sófia Andrêievna havia doado os diários de Tolstói do período 1847-1900 ao Museu Rumiantsev, em Moscou, e os originais dos diários dos últimos dez anos se achavam em um banco de Moscou, em poder de A. B. Goldenweiser. No entanto, Tchertkov tinha cópias desses diários, e Sófia Andrêievna as queria recuperar. Uma vez escrita esta carta, Sacha [sua querida filha Alexandra Lvóvna Tolstói (1884-1979) (Jay Parini)] foi encarregada de ir buscar as cópias em posse de Tchertkov e levá-las de volta à

NOTAS   429

mãe. Seriam depositadas em um banco de Tula sob
os cuidados de Mikhail Sukhotin. Tendo seu desejo
satisfeito, Sófia Andrêievna, que andava extremamente angustiada, acalmou-se temporariamente.
(R. F. Christian)

21   Esta carta foi publicada no jornal de Gandhi no
      Transvaal, o *Indian Opinion*, no dia 26 de novem-
      bro de 1910, traduzido para o inglês por Tchertkov.
      (R. F. Christian)

22   Assinada em inglês no original. (R. F. Christian)

23   Aproximadamente às oito horas da manhã de 31
      de outubro, Tolstói embarcou em um trem em Ko-
      zelsk em companhia das três pessoas. Sua intenção
      era ir para o sul, para o Cáucaso: eles compraram
      passagem para Rostov sobre o Don. Entretanto, à
      tarde, entre quatro e cinco horas, Tolstói começou
      a tremer, apresentando febre alta. O grupo decidiu
      desembarcar na estação seguinte, que era a de Astá-
      povo, cerca de 220 quilômetros a sudeste de Tula. O
      chefe de estação ofereceu-lhe espaço em sua casa na
      própria estação, e lá Tolstói se instalou. No dia se-
      guinte, enviaram este telegrama a Tchertkov, e tam-
      bém pediram a Sacha que o fosse buscar. Tchertkov
      chegou a Astápovo às nove horas da manhã do dia 2
      de novembro, com Sergeienko. (R. F. Christian)

24   Esta última carta aos filhos de Tolstói foi ditada
      para Sacha, pois ele estava muito debilitado para
      escrever. (R. F. Christian)

25   A última carta de Tolstói, ditada para Tchertkov e
      escrita em inglês, mas inacabada devido a seu ex-
      tremo cansaço. É a resposta a uma carta que ele
      recebeu de Maude antes de partir de Iásnaia, inda-
      gando sobre sua saúde e perguntando o que fazer
      com as cinquenta libras que restavam dos fundos
      dos *dukhobors*.
      Tolstói perdeu a consciência por volta das cinco
      horas da manhã de 7 de novembro e morreu uma
      hora depois.

DOS *DIÁRIOS DE TOLSTÓI* [PP. 389-407]

1   Kótcheti era a casa de campo de Tânia, uma das filhas de Tolstói. (Jay Parini)

2   "T. e L. N." se referem ao próprio Tolstói, como Tolstói ou Liev Nicoláievitch. (Jay Parini)

1ª EDIÇÃO [2011] 2 reimpressões

Esta obra foi composta em Sabon
e impressa em ofsete pela Geográfica
sobre papel Pólen Soft da Suzano S.A.
para a Editora Schwarcz em julho de 2021

A marca FSC® é a garantia de que a madeira utilizada na fabricação do papel deste livro provém de florestas que foram gerenciadas de maneira ambientalmente correta, socialmente justa e economicamente viável, além de outras fontes de origem controlada.